歐陽泰
TONIO ANDRADE
陳信宏——譯

決戰熱蘭遮

中國首次擊敗西方的關鍵戰役

The Untold Story of China's First Great Victory over the West

Lost Colony

國內外媒體好評

《決戰熱蘭遮》是中國人在台灣與歐洲人打過的第一場規模宏大的戰爭，並且還獲得徹底的勝利，開創了明鄭政權。曾經有過許多人寫過這場戰爭。歐陽泰卻還能別開生面，在《決戰熱蘭遮》這本書中，兼走全球史（global history）與微觀史（microhistory）的路數，以大見小、以小見大，把一段看似老掉牙的往事，說得虎虎生風；他還帶進像是氣候與氣象這類的要素，把視野從人文拓展到自然。結合巧妙的文筆與豐富的想像力，他說出了許多他人不曾講過的故事。

陳國棟
中央研究院歷史語言研究所研究員

戰爭史、或軍事史在研究上相當困難，除非熟讀戰爭雙方指揮者、參與者、不同的見證者留下的一手史料，否則無法細述雙方的武器、戰略、遭遇的困難以及指揮者的考量。本書作者歐陽泰細密地處理史料，將一場十七世紀的鄭、荷之戰描述得歷歷如繪、將敵對雙方的指揮者、參與者寫得栩栩如生，是一本老少咸宜的好書。更重要的是這場戰爭是台灣歷史的一部分，在過去教育中不備、模糊的部分，都得到澄清，從而重新認識決戰熱蘭遮鄭國姓戰勝之役，不僅是「歐洲與中國的第一場戰爭」，也是決定台灣未來歷史的重要一役。

許雪姬
中央研究院台灣史研究所所長

《決戰熱蘭遮》是一本引人入勝的歷史佳作！喜愛微觀敘事的讀者，可以在其中看到十七世紀台灣島嶼舞台上的各種大小人物及其活動。欣賞宏觀分析的學者，可以觀察作者如何從全球史、氣候史、軍事史及東西交通史的多重視角，重新解析一六六一至一六六二年的鄭荷之戰。當瀏覽完全書的精彩故事，你將發現國姓爺不再是遙不可及的民族英雄，而是個性分明的傑出軍事家。荷蘭人不再是歐洲先進文明的代表者，而是近代早期東亞海域貿易與軍事活動集團的一員。透過歐陽泰的生花妙筆與嚴謹論證，我們也將開始質疑進步西方與落後東方的刻板印象，並反思歐亞歷史大分流的主流解釋。台灣史原來就是世界史！

張隆志
中央研究院台灣史研究所副研究員兼副所長

宏觀細膩（或緻）的史學研究，深入淺出的文學敘事；歐陽泰不僅寫歷史，也說故事。

李毓中
國立清華大學歷史研究所副教授

歐陽泰將十七世紀中葉在台灣西南一隅發生的戰事，描繪為當時東西兩大先進軍事強權的戰爭，讓原本各自在歐亞範疇內從事研究的軍事史學者及其主張，得以相互對話檢視，重新釐清近代世界變局。他總能將古老艱澀的檔案文獻，輕易轉化為生動的故事，以深富情感和幽默的敘事手法，栩栩如生地再現歷史場景，使閱讀成為愉悅的享受。

李文良
國立台灣大學歷史學系教授

交會台海時空的鄭荷大戰

台灣史上驚心動魄的一頁是一六六一年四月底至一六六二年二月一日的鄭成功與荷方對峙。有關此一歷史大事，少有論著能將其中的來龍去脈詮釋得清晰且引人入勝，本書是難得的一本。

鄭荷關係貫串鄭芝龍、鄭成功、鄭經祖孫三代，荷人據台則是「荷屬東印度公司」在十七世紀向東方拓展的結果。兩者在台灣海峽兩岸，從福建沿海經澎湖到台灣交會，迸出「鄭荷大戰」，也是中西大戰的激烈戰火。

本書引用豐富且大量的中西第一手史料及圖片，並以文學筆法書寫。儘管如此但並非虛構，而是有根有據：一邊夾敘夾議，一邊佐以自然科學的氣候變遷、槍砲製造、戰艦構造，還有築城技術等因素。

作者歐陽泰對比中西雙方史料，以此當作解釋歷史、襯托歷史的祕密武器，深度十足，精彩萬分。

想要理解荷據時代的台灣史，必讀本書，作者治學功力值得肯定。而譯者陳信宏真正做到信、雅、達，他把原著精闢地呈現給中文讀者了。

這是一本紮紮實實的好書，任何對台灣歷史有興趣的朋友，請展卷研讀！

林德政
國立成功大學歷史學系教授

《決戰熱蘭遮》演活了復國者與紅毛番在十七世紀大航海時代的對抗與戰爭佈局，在疾病、風災、海象、城堡、部隊、火砲與戰船等各種場景與道具的加持下，最終國姓爺延平王獲得了最佳男主角獎，至於力挽狂瀾而落敗的福爾摩沙總督則獲得了男配角獎。這是一部突顯舊帝國主義時代鬱金香國度海外分公司強力防護東亞島嶼的優質外片，另方面，這也是一部力倡反清復明強烈意圖的海商集團總執行長，如何構思東都再起與反擊台海西岸清帝國的金獎國片，值得一看再看。

鄭政誠
國立中央大學歷史研究所教授兼所長

若你以為歐陽泰這本書講的只是台灣史的故事，那你就大錯特錯，他其實說的是全球史，而且是修正主義式的全球史。

這幅全球史圖像述說著國姓爺與荷蘭東印度公司間的衝突，跳脫了過往軍事史學者偏於亞洲或歐洲的單一觀點，其中敘事的手法宛如小說般精彩，令人驚豔。

蔣竹山
國立東華大學歷史學系副教授

這本書可以當成一部精彩刺激的小說來讀，內容充滿了海盜、神氣活現的人物、血腥的斬首、同志之間的背叛，以及陸上與海上的戰役——只不過這部小說恰好是眞人實事——它也可以當成一部充滿啓發性的著作，探討中國與西方之間鮮爲人知的第一場戰爭，並且探究世界史上一件最大的未解之謎：自從哥倫布的時代以來，爲何是歐洲殖民了世界，而不是中國？無論如何，本書看完之後必定會讓你意猶未盡。

賈德・戴蒙
《槍炮、病菌與鋼鐵》及《大崩壞》作者

充滿了引人入勝的軼事、多彩多姿的細部描寫以及當代小說的刺激情節，歐陽泰的著作重新界定了修正主義者與新傳統主義者的辯論，亦即歐洲在早期現代時期的支配地位，是否——以及有多少程度——反映了歐洲在科技與軍事方面勝過亞洲的優越性？本書的分析不僅獨具創見，也深富說服力。

利伯曼（Victor Lieberman）
密西根大學歷史系教授

奠基於對中國與荷蘭文獻的深入閱讀，歐陽泰的《決戰熱蘭遮》檢視了令人著迷的詮釋性議題，探討早期現代時期世界各地區不斷變化的軍力本質。這是一部論述堅實又重要的著作，講述了一個絕佳的故事。

衛思韓（John E. Wills，又譯魏而思）
《1688：從康熙皇帝到希臘浪人，那年的全世界》作者

這部引人入勝又描寫詳細的著作，企圖在歐洲軍事卓越主義長久以來的辯論當中找到平衡點。歐陽泰檢視亞洲與歐洲軍隊的一場關鍵衝突，窺探了荷蘭在亞洲的殖民活動，以及荷蘭與中國南方投機

活動經常具備的共生關係，從而說明中國人如何藉由採用及反制敵人的軍事科技，而在堅忍與運氣的協助下取得了台灣。

拉方（Michael Laffan）
普林斯頓大學歷史系教授

目次

推薦序／
改變台灣命運的戰爭

陳秋坤
（台灣史專家，中央研究院台灣史研究所研究員退休）

台灣是打出來的。如果沒有外力入侵，台灣內部再怎麼亂，最多是部落、村莊、各大姓氏豪族、區域性祖籍分類械鬥，乃至官逼民反的小刀會揭旗反亂等類型的武裝鬥爭，從來沒有因內亂導致主權變遷。然而，在短短三百多年內（一六二〇至一九四五年間），卻有三場戰爭改變了台灣的政體，將台灣從孤立的島嶼提升為國際貿易要站，統一到中國，乃至獨立建省，回到孤島情境。

最早是一六六一年鄭成功海上艦隊向荷蘭人宣戰，從外海入侵，包圍熱蘭遮城長達九個月，逼迫荷蘭交出主權。一六八三年從鄭家軍投奔清朝的施琅，率領戰船打敗東寧王朝部隊，統一台灣。一八七四年日本派兵征服南恆春半島的土著牡丹社人，促成清廷「認領」整個台灣島嶼，「化番為民」，最後則脫離福建，獨立建省。至於一八九五年台灣割讓日本，以及一九四五年二戰後台灣回歸中國，雖然影響台灣主權，不過，它們是在台灣以外，國與國之間戰爭下的談判結果。按照軍事革命理論，外來戰爭確實是改變台灣歷史面貌的最大基因。據說，大陸近年極力建造海上艦隊，並將其中最大的一艘航空母艦命名為「施琅號」，是否作為改變台灣命運的利器，仍待觀察。

在三場影響台灣面貌的戰役中，要屬第一場戰爭最具有世界史的意義。這是一場由台灣海峽海盜和海商集團所集合的船舶戰艦，對抗十七世紀全世界最強大的荷蘭東印度公司艦隊的戰爭；它也是近代史上，中國人軍隊第一次打敗西方勢力的故事。直到今天，許多歐洲歷史學家仍然不能相信，為何當時船艦配備精良，駕駛技術優秀，能夠繪製海圖，逆風行駛，且船側裝置大砲，海軍士兵訓練嚴格的荷蘭艦隊，會敗給一群駕駛唐船，沒有海圖知識的東亞海盜集團。他們認為，荷蘭東印度公司歷經歐洲戰場的歷練，先後打垮葡萄牙和西班牙等歐洲海上霸權，絕對可以打敗世界上任何勢力。荷蘭人之所以被鄭成功打敗，一定是有戰備以外不能克服的因素，例如：運氣欠佳，天氣太壞，或領導人一時判斷錯誤等原因。

本書作者歐陽泰先前發表多篇學術論文，秉持軍事革命論，認為歐洲國家從十六世紀開始，利用精良武器和講究組織的軍隊，尤其是大砲、火藥和善於在四季各種海流航行的船艦，早已橫征歐亞，變成全球政治經濟核心。不過，有一位編輯獨具慧眼，看到他一篇討論荷蘭東印度公司被鄭成功打敗退出台灣的文章，覺得甚具世界史的涵意；他建議作者，將文章擴大，運用荷蘭文、中文和世界各地文獻，描寫一六六一年到一六六二年鄭成功軍隊如何入侵，包圍稜堡，利用戰術，誘使荷蘭人承認戰敗，交出台灣主權。

作者接受編輯的建議，大幅改寫論文，希望寫出一本比較通俗易懂的中外戰爭史。結果不但沒有令人失望，而且讓所謂學界中人感到興奮，開創一個中西軍事史的新領域。本書體裁活潑而豐富，敘述嚴謹而不失風趣。例如，講到鄭成功父子，說他們長相英俊貌美，熟讀中國傳統戰書，善於謀略，知敵善變。尤其是鄭成功，他的皮膚白皙，在武士道世界長大，精於刀、箭，無可匹敵，對屬下具有絕對的權威，隨時可砍人腦袋。不過，他也說鄭成功身上到處是疤痕，最後罹患梅毒第三期，挖眼發瘋而死。相對的，他形容荷蘭在台灣最高、也是最後一任長官揆一，則是暴躁易怒，睚眥必報，性格怪異的領導。後來揆一被逐出台灣，被判刑幽禁在無人小島期間，撰寫了一本《被遺誤的台灣》（*'t Verwaerloosde Formosa*），努力替自己辯護。

歐陽泰相當同情揆一的遭遇，因爲丟掉台灣這塊荷蘭帝國「王冠上最美的一顆珍珠」，畢竟不只是砲彈、鋼鐵、火藥和病菌的因素。十七世紀中葉全球天氣變遷，導致風暴、水災和海嘯頻繁出現，也促使歐亞國家的征戰更爲動盪不安。歐陽泰在分析荷蘭人敗戰的多種因素之外，不禁慨嘆，或許「天意」，才是人類事物的最高決定因素。例如，一六六一年鄭成功十數萬軍艦爲何能夠在天霧瀰漫的短時間內，闖入狹窄多沙的鹿耳門河道？一六六二年揆一曾經想盡各種辦法阻擋，他還一度爭取到巴達維亞總部派遣救援台灣的艦隊，誰知當天天氣晴朗，看不出有任何「戰爭氣息」，領航司令乃率隊開拔台灣。揆一眼睜睜看著最後的救援機會就這樣溜走，也只能終日垂頭喪氣，感嘆自己被上帝丟棄。

歐陽泰先前已出版過一本有關早期台灣歷史的專書《福爾摩沙如何變成臺灣府？》（二〇〇七）；當時，他以敘述體寫法，描述十七世紀初期，荷蘭人、西班牙人和漢人，從不同時期，採用槍砲、鋼鐵和農耕方式，陸續征服台灣土著，將獵場闢成水田，使台灣變成南中國米糧供應中心。現在這本書，則以荷蘭人和鄭成功的海戰和包圍戰爲中心，訴說中國人打敗荷蘭人包含更深刻的歷史意義。他引用最新的中西戰爭研究報告，指出十七世紀歐洲普遍使用大砲和火藥等武器，其實源自中國元、明以來的持續發明；歐洲人從絲路獲得火砲知識，經過頻繁戰爭的試驗，逐步改良，變成稱霸世界的精良武器。相對的，明朝政府向來重視西洋的火砲技術，經常打撈廢船武器，重新複製。鄭成功很早就從出身海盜的父親鄭芝龍手上，獲得葡萄牙船艦的造船技術、新式武器和火藥砲彈等配備。爲此，在一六六一年攻台前夕，鄭成功便不斷派遣船艦，試探荷蘭人的守備和攻擊要點。荷蘭人記錄台灣事物的官方文書——《熱蘭遮城日誌》（*De Dagregisters van het Kasteel Zeelandia*），則登錄荷、鄭兩方頻繁往來的信函；當時，鄭成功雖然讚美荷蘭人的船艦和大砲，其實始終未將荷軍看在眼裡，好像隨時都可跟他們打一仗。這不是吹牛，也不是不自量力。鄭成功的龐大船艦隊伍和幾十萬的兵馬，對付荷蘭人兩千名守軍，當然有勝戰把握。更要命的問題是天候、海潮、暴風雨和運氣，都不是站在荷蘭長官揆一這邊。

想知道鄭成功爲何看出機會，趁機而入，一舉擊敗荷蘭人；而揆一爲了什麼理由，會在被送上斷頭台前，懊惱地問上帝：時也？命也？

這本書將提供你所有想得到的答案。

推薦序／

這是我們歷史的一部分

蕭瓊瑞
（國立成功大學歷史系所教授，國內知名美術史學者，曾任台南市政府首任文化局長，主持《熱蘭遮城日誌》〔江樹生中譯〕的首冊出版）

作為一個大半生在台南府城度過的文化工作者，我極樂意、也極榮幸能爲本書的出版說幾句推薦的話，也分享我和這個城市，乃至這個島嶼歷史的深刻感情。

二〇〇〇年的元月，千禧年的第一個月，也是台南市政府文化局正式成立的第一個月，那時我們爲《熱蘭遮城日誌》中文翻譯版的首冊舉行了新書發表會，活動地點刻意選在熱蘭遮城遺址的城牆殘跡前。在樂團音樂的背景襯托下，我選擇了日誌中的幾則記載，高聲地朗讀給所有出席的貴賓、朋友們聽：

一六二九年十月一日：那艘快艇Slooten號從北方抵達此地。該船於七月偕同快艇Domburch號、Diemen號及公司的戎克船駛離此地。帶來的消息，跟上述快艇Diemen號帶來的相同，別無其他消息。

十月四日：快艇Domburch號從北方來停泊在港道前面，於同月五日入港。她爲要進行通商交易，曾於北緯三十二度，沿中國海岸漂航，但毫無收穫。上個月十三日正漂航於眾多島嶼之間時，遭遇強風；因此猜想：跟她一起自大員出現的那艘戎克船，可能已在上述島嶼擱淺遇難了。

十月九日：有一個新港居民，奉新港議會的命令來此地通報，有目加溜灣人和麻豆人共約五百人，已經來到他們地區南邊附近，計畫要在夜裡攻擊上述新開始建造的房屋，他們不願意我們在那裡又開始砌磚造屋，而且還計畫要偷襲這城堡。

十一月十日：無特別的事，天氣跟昨夜一樣，濛濛細雨，有風……

相距三百七十餘年，同樣的地點，朗讀著這些古老的記載，「東印度公司」對我們而言，似乎不再是一個歐洲殖民帝國的組織，而成了我們歷史的一部分。那樣的時代，有船、有貨物、有漂流、有抗爭、有風、有雨……

歷史的建構，文獻扮演了重要的角色，這是我第一次深切地體驗到。

二〇一二年，適逢荷、鄭決戰熱蘭遮三百五十周年的紀念，由耶魯大學歷史學博士、任教於埃默里大學的歐陽泰教授所撰寫的《決戰熱蘭遮》，中譯本由時報文化初次出版，讓我再次領略文獻如何化爲具體歷史故事的巨大震撼與迷人魅力。

序幕由一場象徵性的斬首行刑展開，受刑者不是別人、正是那位在熱蘭遮擔任東印度公司大員地區末任長官的瑞典人揆一。這位背負著「喪失福爾摩沙」罪名的官員，日後遭到長期的監禁，卻也以《被遺誤的台灣》一書，來澄清非戰之罪的委屈。

作爲歐洲與中國的第一場戰爭，歐陽泰以史詩般的筆法，重現了國姓爺謎一般的傳奇生平，和這場海陸大戰勝負的關鍵；尤其從氣候變遷所造成的政治動亂，乃至國姓爺傳承中國豐富軍事智慧的角度，爲全書置入了嶄新的學術觀點，讓人感受到和以往截然迥異的歷史認知與感動。

作爲這場台灣最大海陸戰爭的歷史現場，台南迄今仍然保有許多相關的歷史古蹟；《決戰熱蘭遮》一書，優美的文筆和傑出的敘事手法，透過成功的翻譯，讓原本生硬的古蹟和冷僻的文獻資料，散發迷人的故事魅力與知識強度。

福爾摩沙海面的浪濤依舊拍岸、熱蘭遮的城牆殘跡依然矗立、風仍輕輕吹拂……熱愛歷史文化的你，漫步古蹟，手中不能沒有這本《決戰熱蘭遮》。

新版導讀／

鹿死誰手未可知——軍事史研究的再起

翁佳音
（中央研究院台灣史研究所副研究員）

一六六二年，國姓爺鄭成功戰勝商業帝國的荷蘭而進占台灣，是世界史大事件，津津樂道與稱頌者不乏其人。但像我一樣苦惱者可能也不在少數。根據史料紀錄，鄭荷之戰，鄭方動員的兵數達兩、三萬，船隻兩、三百艘以上；荷方兵員、民眾前後加起來，不足兩、三千人，船艘亦未逾數十隻。荷人兵寡力薄，卻在孤城中堅持九個多月。戰爭結束，鄭方至少損失九千人以上，荷方則在六百至一千六百人之間。梅花鹿雖落入國姓爺之手，然而，不用一代時間，江山又易手滿清異族。如此，鄭家軍戰功彪炳之外，總是有些令人難以啓齒的陰翳。

另一方面的苦惱，是有些歷史讀物，在有意與無意中，老是將荷蘭東印度公司領有台灣的三十餘年間，描繪成西方近代理性殖民經營的代理人，原住民與漢人則爲陪襯、被近代化的角色。這些苦惱，其實是歷史學界的老問題。近代的歷史觀，深受十九世紀西方崛起、稱霸之影響，形成一種「正統」觀念，認爲十六世紀以來，西方在思想、制度與科技，已凌駕東方。因此，不少人會用十九世紀的船堅砲利、帝國主義圖像，去想像十七世紀的東西會遇與衝突。哇，鄭成功以傳統武力擊潰西洋近代船堅砲利！然而，這是時代錯置（anachronistic）的歷史思考，往往看不到歷史精彩與意義層面。

美國歷史學者歐陽泰長期以來便相當關注上述議題，並且對這個問題作了不少研究上的回應。他上一本大作《福爾摩沙如何變成臺灣府？》，即論述台灣海域已有華人勢力與網絡，新闖入的荷蘭、西班牙殖民者，終究力量有限，到頭來，台灣還是華人的（社會）。套句歐陽泰在這本新書所用的術語，十七世紀，依然是東西世界「勢均力敵」（The age of parity）的時代。這本新書，是承續上一本書的旨趣，繼續進行他對上述「正統」西洋優越史觀的「修正主義」主張，以及再自我修正的敘述與分析。

比起前一輩的歐美東亞研究者，他更能廣泛運用中外文獻，以及近現代研究者之成果。他用編年序列方式，分析了從鄭芝龍開始，到鄭成功、鄭經海上勢力與荷蘭人之間的數次戰爭。他認爲就武器、軍紀與兵法上，荷蘭不見得占上風，這方面，他依然維持十七世紀東方中國優越的主論。不過，歐陽泰也提出一些對歷史修正主義的修正。他認爲荷鄭的圍城之戰能持久，甚至是荷船以寡敵眾，關鍵是西方軍事科技在十六、七世紀時已發展了文藝復興式、外圍有稜形堡（bastion）的城堡，以及船舷砲。從軍事史角度而言，我相當同意歐陽泰的主張。新軍事科技的演進確實讓火網更具威力，難怪鄭軍傷亡慘重，連當時（明清時代）的華人都諷刺鄭成功「暴師半載，使壯士塗肝腦於火輪、宿將碎肢體於沙磧」。本書已透露我一開始所說的苦惱。

本書副題爲中國首次擊敗西方的關鍵戰役，對喜愛軍事史的讀者而言，當然不用我再介紹。上個世紀九〇年代，我即聽說現代歷史學界比較不注意的軍事史有鹹魚翻身的傾向。軍事史不僅只研究武器、軍團組成與戰術，連氣候、疾病，甚至是性，都可圍繞著戰爭來講。進一步而言，軍事史甚至能構成雄壯史詩，以及日常生活細末的歷史影像。當然，這要看作者組織與敘述技巧。這方面，我不得不佩服歐陽泰的處理相當成功。史料充足，故事性強，全書少有冷場。譬如，他連鄭成功在台灣戰場指揮困頓之餘，還努力與妻妾敦倫而有數名遺腹子的英雄本色細節，都寫入書中。

然而，好書總是要勉強挑剔一番，如此才會引誘讀者延續有意義的話題。本書可能主要是以英語讀者為主，所以從台灣的立場來看，文中若干地方可再斟酌。例如，書中講鄭氏海戰大捷，固然鄭家軍的紀律與孫子兵法奏效，但無可諱言，鄭方的人海戰術也不能略過不談。中方勝利，往往慘勝居多。料羅灣海戰，中方損失兩百多艘大小船隻，可謂代價慘重。另一方面，作者多次提到荷蘭船可逆風行駛，中國船不行，但書中用《經國雄略》之「沙船」附圖，圖中文字卻明說沙船「能調戧使逆風」。顯然，雙方船隻的性能，還是可以繼續討論。

同樣，也許因為原書以英語世界讀者為主，所以儘管經名家之手翻譯，讀起來不免異國風味濃郁。第一版內文中部分人物與地名，甚至是歷史研究者慣用的專有名詞，原先處理的並非很完滿。但這不能怪譯者，目前國內所謂荷蘭、明鄭時代的研究，在歷史學研究上的累積，算是比較貧乏。此次再版，出版社請歷史學出身的查忻教授進行局部修正，相信應會讓讀者更有台灣，或中國福建的臨場感。

當然，若眞的要刻薄挑剔，本書譯文還是有可再修正之處，譬如一五〇頁圖十六，有「鳳梨園」

與「窄峽」的譯語，其實本土歷史研究者已指出「鳳梨」就是林投樹，「鳳梨園」就是林投樹叢。「窄峽」，我多年前也已經確證是台南的「瀨口」。若讀者手拿這本書，去當地邊看邊體會，一定更生動。我不能講太多，讀書與研究樂趣就在這裡，請讀者自己開採。

最後，我順著歐陽泰注意疾病的故事作最後結語。書中提到西班牙神父李科羅說鄭成功死於劇烈的「日射病」。日射病西班牙語爲tabardillo，照十七、八世紀的觀點，是屬斑疹熱之流，與其他歐語typhus、typhoid fever（傷寒）相同。長達半年以上的圍城之戰，雙方文獻充斥著兵民罹患地方病（landsiekte），或高燒熱病（heete koortse, coorsen）。中方「驚聞海東水土惡，征人疾疫十而九」、「死者甚多」等等記載，讀來怵目驚心。文獻所載之地方病，通常是指流行病、瘟疫。鄭荷交戰時期的疫病，是瘧疾、霍亂，或斑疹傷寒？我非專家，不能妄斷。鄭成功死因，歷來說法也不一。但當時大清中國獲取的情報，一致說他「發狂身死」，與李科羅神父聽聞大抵相同。中國統帥發狂，是人格偏差之精神症狀，還是戰爭和瘟疫下的犧牲品？我想，後者的可能性也不低。清代文獻中所說「南淡水之瘴，作寒熱，號跳發狂」，斑疹傷寒亦有這般譫妄症狀，鄭成功死前狂走、嚙指與抓破面目，或許敗在身負摧毀不理性人間重任的病菌與病毒。

寫到這裡，不免令人想到一句名言：「是社會主義戰勝，還是虱子贏了？」台灣梅花鹿鹿死誰手，十七世紀是否中國首次「大敗」西方，看來今後還是有得爭。我期待歐陽泰教授這本再版新書，依然持續著國內外的討論熱度。

人物介紹（大致按出場順序排列）

揆一（Frederick Coyet）——一六五六至一六六二年間擔任台灣長官；遭鄭成功擊敗。被同僚與本國同胞當成代罪羔羊。

鄭成功——即國姓爺，又稱延平郡王、招討大將軍，賜姓朱。他是一名軍閥，畢生致力於反清復明大業，並且征服了台灣。

鄭芝龍——鄭成功的父親，是個相貌俊美的海盜，攢積了大筆財富。

李旦——鄭芝龍的師父，年老而富有，精通明朝的通商活動。可能是同性戀。

鄒維璉——正直的明朝官員，痛恨荷蘭人，曾試圖促使鄭芝龍切斷與荷蘭人的關係。後來在鄭芝龍的運作下被迫去職。

普特曼斯（Hans Putmans）——荷蘭派駐台灣的長官，任期自一六二九年至一六三六年。曾與鄭芝龍並肩作戰，後又與他反目成仇，並於一六三三年敗在鄭芝龍手下。

海盜

李魁奇——鄭芝龍手下的海盜首領，在鄭芝龍接受朝廷招安之後，回到海上率領鄭芝龍原本的部眾反抗他。荷蘭人同意協助鄭芝龍攻打他們。

鍾斌——李魁奇手下的海盜頭頭，後來背叛自己的領袖，投入鄭芝龍的陣營，協助荷蘭人打敗李魁奇。

劉香——海盜首領，差點打敗鄭芝龍。

明朝皇帝

隆武——明朝自立皇帝，在福建立朝抗拒清廷，非常器重國姓爺，於一六四六年為大清帝國所殺。

永曆——明朝自立皇帝，立都於中國西南邊陲，在一六六二年遭清廷俘獲處死。

錢謙益——國姓爺的老師，也是晚明數一數二的著名詩人。滿洲人在一六四五年攻入南京後，他就變節降清；這項決定，使他餘生都為之蒙羞。

鄭氏家族

鄭鴻逵——受封為定國公，是國姓爺最鍾愛的叔叔。靈熕大砲即是他所發明。

鄭聯——國姓爺為奪得廈門而處死的堂兄。

鄭芝莞——國姓爺的堂叔，因未能守住廈門而遭國姓爺處死。

鄭泰——國姓爺的繼兄，拒絕為國姓爺在台灣的部隊運補米糧。

黃梧——被國姓爺降級之後投靠清朝，並提供國姓爺陣營的內部資訊，以及打擊他的方法。

蘇茂——國姓爺手下的一名高階指揮官。他在一六五六年，因打輸一場戰役而遭國姓爺處死。此舉促使蘇茂的一名親人與黃梧共謀投奔敵營。

楊英——國姓爺的戶官。

順治——清朝的年幼皇帝，曾試圖勸誘國姓爺投靠大清帝國。

李科羅（Victorio Riccio）——義大利傳教士，在國姓爺治下的廈門居住多年。一六六二年，國姓爺命他帶領一支代表團，向西班牙人統治的菲律賓要求進貢。

甘輝——國姓爺手下的高階指揮官，在一六五九年建議國姓爺攻打南京，結果在那場慘敗的戰役當中，遭清軍俘獲處死。

張煌言——明朝忠臣，也是文筆優美的作家。一六五九年，國姓爺溯長江而上時，曾提出建言，後來反對其轉戰台灣的決定。

何斌——在台灣爲荷蘭人擔任通譯的漢人。後來因一項醜聞爆發而逃逸，爲國姓爺獻上台灣地圖。

楊朝棟——一名逢迎諂媚的國姓爺部下，在其他將領反對侵略台灣時，發言表示贊成。後來成爲台灣府尹。

馬信——鄭軍將領，率領部隊圍困荷蘭要塞熱蘭遮城堡。

拔鬼仔（Thomas Pedel）——過度自信的荷蘭軍事指揮官。因自己兒子受傷而憤怒不已，結果因率領火槍部隊對國姓爺軍隊發動一場愚蠢的襲擊而遇害。

陳澤——國姓爺陣營裡的傑出指揮官，以巧妙的策略打敗拔鬼仔，又以巧妙的策略挫敗荷蘭人在海灣裡發動的攻擊，但後來卻遭台灣原住民以巧妙的策略擊敗。

貓難實叮（Jacob Valentine）——荷蘭派駐在台灣的地方官，也是揆一的副手。向國姓爺投降後，獻出位於台灣島的普羅民遮城，並且成爲國姓爺的俘虜。

梅氏（Philip Meij）——戰爭初期遭國姓爺擄獲的荷蘭土地測量員，針對他被俘期間的經歷，寫了一份生動的記述。

韓布魯克（Antonio Hambroek）——一名身在台灣的傳教士，因故遭國姓爺處死。他後來成爲一部荷蘭著名劇作的主角。

范德蘭（Jan van der Laan）——荷蘭艦隊司令官，於一六六〇年率領一支艦隊抵台，因爲當時謠傳國姓爺即將侵略台灣。但他並未發現侵略的證據，於是自行離開。揆一厭惡他，他也厭惡揆一。

費爾勃格（Nicholas Verburg）——爲一六四九至一六五三年間的台灣長官，後來成爲巴達維亞的評議會議員。揆一厭惡他，他也厭惡揆一。

卡烏（Jacob Cauw）——一六六一年夏季赴援台灣的艦隊指揮官。揆一厭惡他，他也厭惡揆一。

哈梭威爾（David Harthouwer）——荷蘭官員，滿心想要離開台灣，但揆一沒有遂他的願。

大肚王——台灣中部一個原住民王國的神祕首領，在一六六一年夏季打敗了國姓爺手下戰力最強的一個鎮。

赫特（Melchior Hurt）**與克雷沃克**（Jacob Clewerck）——荷蘭低階官員，無意間成了外交使節，並且意外踏上一場前往中國南方的漫長艱困之旅。

耿繼茂——駐守福建的靖南王，是清初數一數二的重要人物，希望與荷蘭建立結盟關係。

李率泰——福建總督。與耿繼茂共同尋求荷蘭人的合作，以便打敗國姓爺。

卡森布魯（Jacob Casembroot）——荷蘭派駐台灣的高階官員，與哈梭威爾及揆一爭吵不和。

羅狄斯（Hans Radis）——日耳曼中士，從荷蘭陣營叛降國姓爺，並且爲他提供了極其重要的軍事建議。嗜喝米酒。

前言

一場死刑

今天，五十歲的揆一即將以叛國罪遭到處死，但他認爲這項判決極度不公。他們強迫他跪在行刑台前的沙土上，面對著巴達維亞河（Batavia River）。他若是仍享有自由之身，要搭船離開這裡，簡直易如反掌，只要支付二斯托伊弗*，即可搭乘渡船前往中式帆船與東印度商船往來航行的爪哇海。或者，也可以朝反方向沿著運河航行。這裡的運河和阿姆斯特丹一樣雄偉，只不過荷蘭沒有鱷魚。開曼運河、虎運河、犀牛運河——這些運河的兩旁都種有棕櫚樹與開滿花朵的羅望子樹叢，其花香幾乎足以蓋過河水的腐臭味，以及收糞人的糞臭。

巴達維亞號稱東方女王，是荷屬東印度的首府。揆一能夠自由探索巴達維亞，已經是好幾年前的事了。這些年來，他都被軟禁在自己家裡，只能透過窗戶欣賞這座城市的繁華風貌。外面行人來來往往，有腰佩細劍、頭戴寬邊帽的荷蘭人，也有身穿紗籠與背心的爪哇女子、頭上纏著頭巾的馬來商人，以及身穿絲袍的漢人男子。這些漢人男子長髮飄逸，又散發著香氣，以致新近抵達的船員，經常將他們誤當成女人。街道上偶爾會出現漢人的遊行隊伍，伴隨著敲鑼打鼓與嗩吶的聲響，還有乩童手舞足蹈，抬著五顏六色的神像，讓信仰虔誠的荷蘭人緊張不已。就連非洲奴隸看起來都比他自由，穿著寬鬆的馬褲來來去去。[1]

這天上午，群眾紛紛湧向刑場，因爲揆一不是尋常的死刑犯。他既非打架鬧事的水手，也非臨陣脫逃的士兵。他原本位高權重，是少數享有特權的人物，能夠騎馬、乘坐馬車，或者搭乘掛有絲綢窗簾的轎子，下轎時還有僕人在一旁爲他遮擋這熱帶地區的陽光。只有東印度評議會議員可以享用最大的陽傘，而他們就在絞刑台旁的石砌城堡內管理著荷蘭帝國的殖民地（圖一）。揆一曾任評議會議員，若是仕途順遂，甚至可能當上總督，統治荷屬東印度，並掌管富麗堂皇的宮廷——與歐洲某些國王的宮廷相比毫不遜色。

但他運氣不好，最後擔任的職務是台灣長官。台灣是荷屬東印度當中面積最大的殖民地，富裕程度也是數一數

圖一：巴達維亞城堡一景，時間爲一六五六年左右。畫面右邊的馬匹隊伍後方，可以看見司法大廈，揆一的行刑處就是在這座大廈前方。貝克曼（Andries Beeckman），作於一六五六年左右，繪於帆布上的油畫，108 x 151.5公分。（阿姆斯特丹國立博物館許可翻印。）

* stuiver，爲荷蘭舊時貨幣。二十斯托伊弗等於一荷蘭盾。

二。這項職務原本該是他進一步升遷的墊腳石，但台灣卻遭明朝軍閥國姓爺的攻打。揆一竭盡全力苦撐，在形勢極度不利的情況下，堅守了九個月，終究仍不得不投降。返回巴達維亞後，他的同僚連讓他提出報告的機會都不肯給。他們沒收了他的財產、剝奪了他的階級與特權，他的妻子也被趕出原本的教會，只能加入另一所地位低微的教會。他們把揆一當成代罪羔羊，彷彿他是故意投降一般。

但他也不是好欺負的對象。他在此過程的每個階段，都不斷抗拒。首先他企圖訴諸同僚的正義感，盼望統御萬物且知曉靈魂的上帝能夠扭轉他們的心意，促使他們爲他洗刷冤屈，正如同他所寫的，讓他能夠「在往後許多年再度享有爲國家提供忠心服務的機會與榮幸」。[2]然而，上帝並未扭轉他們的心意。他們非常惡劣，先是強迫他搬離其住宅，當他堅決拒斥之後，就將他幽禁在屋內的一個房間裡。他們禁止他寫信寄回家鄉，並阻止他閱讀自己精心保存的日記與文件，但卻又利用這些紀錄來對付他，甚至扭曲事實，將一切事物都以最不利於他的方式呈現。他雖不像他們受過律師訓練，卻頑強又細心。他以程序理由提出抗辯，拒絕簽署文件，也不肯繳交宣誓書，不斷地提起抗議聲明與反訴。因此他的審判程序，僵滯了數年之久。

他們終究還是獲勝了。現在，他只能聆聽庭吏宣讀他的判決。[3]這名庭吏面無表情地唸道，揆一身爲台灣長官，事前就知曉國姓爺有意侵略，卻未能促使該殖民地的軍民預先做好準備。堡壘缺乏防禦，也沒有囤積糧食，更只有發臭的水井。他任由國姓爺率領部隊航越海峽，登陸上岸。他還未與敵人交鋒就拱手讓出一座昂貴的堡壘，也放棄了該殖民地最富庶的城市，任由對方那群海盜劫掠其中的米、肉和酒。然後，他又像個膽小鬼一樣躲進熱蘭遮城堡，只懂得在這座主要塞的厚實城牆內謀求自保，卻根本沒有嘗試驅走國姓爺。結果，國姓爺連在城牆上打個洞都沒有，揆一就投降，交出了這座城堡，任由對方取走一切物資，包括倉庫裡滿滿的絲綢、糖與白銀。揆一大可將這些珍貴物資運走，但他卻沒有這麼做。庭吏最後念道，他的種種作爲，危害了荷蘭東印度公司以及在台灣扎根經營的教會，更遑論那些遭到國姓爺刑求、砍頭以及釘上十字架的男男女女。

劊子手舉起大刀，在揆一的頭上一揮而過。叛國罪必須處以死刑，但司法評議會決定饒他一命。這只是一場象徵性的行刑。揆一眞正遭受的懲罰，是財產充公，以及終生監禁於一座孤島上。幾個星期後，他就被帶走了。

巴達維亞的官員們都鬆了一口氣。不過，他們若以爲放逐揆一，便可從此封住他的口，那就大錯特錯了。

揆一帶來的問題

在潮濕的海島上，揆一不斷地思考寫作，而他身在歐洲的親人，則是卯足全力營救他。他的弟弟是著名的外交官，設法說服了荷蘭攝政王奧蘭治威廉（William of Orange）插手這件案子。揆一獲得釋放後，一回到阿姆斯特丹，就立刻出版了《被遺誤的台灣》這本書，[4]聲稱荷蘭喪失台灣不是他的錯，應歸咎於那些監禁他的人。他以出色的文筆與縝密的思緒提出自己的論點，說當初評議會要是依他的要求派船艦與部隊、照他的提議撥款從事堡壘的補強工程，要是他們少花點心思謀求自己的前途，多用點心力維護帝國的利益，國姓爺必然會鎩羽而歸，台灣也就仍屬於荷蘭所有。

揆一的著作獲得廣泛閱讀，而他以嘲謔的文字描寫頂頭上司，至今仍爲史學家所依樣畫葫蘆。不過，在經過了三百五十年之後的今天，學者最感興趣的，乃是他與迫害他的人士所一致認定的這項假設：即荷蘭人有可能打敗國姓爺。[5]

國姓爺率領的部眾是當時亞洲最強大的一支軍隊，共有十五萬人，差點就攻占了中國。在他進軍台灣的時候，這支部隊的人數雖已有所減少，但與荷蘭在整個東印度地區的兵力相比，仍多出十倍。而且，國姓爺是集全軍之力攻打台灣，荷蘭的部隊卻是分散各地，從日本出島至非洲沿岸，範圍廣達幾萬英里之遠。當時巴達維亞頂多只能集結兩千人支援揆一。這樣的兵力，眞的有可能抵擋得了數以萬計身經百戰的漢人士兵嗎？還有另一個同樣重要的因素：台灣距離國姓爺位於中國內地的基地，只有一百英里遠，巴達維亞卻是位於兩千英里之外，阿姆斯特丹更是遠達一萬六千英里。國姓爺在增援兵力方面，顯然占有荷蘭人無可相比的優勢。

這不是一個無聊瑣碎的問題，而是攸關另一個重大謎團，一個深深吸引過馬克斯・韋伯（Max Weber）乃至賈德・戴蒙（Jared Diamond）等許多重量級思想家的謎團：位於舊大陸邊緣的西歐國家，原本就亞洲標準而言，堪稱是落後的國家，爲何卻在十六世紀開始稱霸全球？

關於歐洲爲何能夠占據新大陸，現在已大致有了共識。重點就在於槍砲、病菌與鋼鐵。[6]然而，摩洛哥人、鄂圖曼土耳其人、古吉拉特人（Gujaratis）、*緬甸人、馬來人、日本人、漢人及其他無數民族也同樣擁有槍砲、病菌與鋼鐵，所以歐洲的崛起究竟還有哪些因素？歐洲國家爲什麼能夠建立全球性的帝國——先是葡萄牙與西班牙，接著是荷蘭與英國——不僅占領美洲，還擴張至全世界的各個角落？

以前，史學家回答這個問題的方式，通常是指稱歐洲擁有優越的文明：歐洲人的政治組織、經濟結構、科學與技術都比較先進。不過，亞洲史學在過去數十年來的成長，已經對這種觀點提出了質疑。每當有人指稱歐洲在任何一個領域具有優勢——例如財產權、人均所得、勞動生產力或火砲製造——不久就有亞洲史學家指出這樣的說法並不正確。歐洲優越論已然崩解，看來也不太可能有機會再度崛起。

視界廣及全人類的史學家——即所謂的全球史學家——對此一現象的回應則是重新設想全世界的歷史，提出一套歷史修正主義的世界史模型。[7]他們認爲發展程度最高的亞洲社會其實與西歐國家的發展進程相似，而且歐洲與亞洲的分歧乃是相當晚近才出現的現象。歐洲與亞洲的分歧點不在哥倫布啓航的一四九二年，不在達伽馬（Vasco da Gama）繞過非洲的一四九七年，不在英國與荷蘭東印度公司成立的一六〇〇或一六〇二年，甚至也不在一七五七年，亦即英國將領克萊武（Robert Clive）在著名的普拉西戰役（Battle of Plassey）當中打敗印度大軍，讓大英帝國得以正式進駐印度的那一年。這些歷史修正主義史學家指出，無論在經濟或科技方面，西歐與亞洲許多地區原本都大致勢均力敵，直到十八世紀末期，才在工業化與隨之而來的經濟革命之下產生了變化。[8]

＊南亞印度民族之一，舊譯「瞿折羅人」，在中世紀曾建立國家，十九世紀上半葉遭英國殖民統治。印度獨立後，該族族人活躍於印度各界。

這是一種激進的論點。傳統論述把歐洲描繪成黑暗世界裡的一盞啓蒙明燈，但歷史修正主義史學家卻把西方的崛起視爲歐亞發展此一大架構中的一部分，而歐亞發展乃是一場創新共享的深遠歷史，亞洲社會更是這項發展的原動力。

不是所有人都喜歡這套歷史修正主義的模型。一群學者曾對歷史修正主義者提出抨擊，對於他們打算推翻數百年來由亞當・斯密（Adam Smith）乃至布勞岱爾（Fernand Braudel）等傑出思想家所建構的論述深感挫折。有些人甚至指控歷史修正主義者扭曲史料與邏輯，認定他們的動機不是出於學者對證據的熱愛，而是對政治正確的信奉，是意識型態的狂熱，目的在推翻西方的領導地位、譴責歐洲中心論。[9]

歷史修正主義者回應，舊式的世界史觀的確是以歐洲爲中心，原因是這種史觀成形的時候，我們對於亞洲還一無所知。他們認爲新的資料必須反映在新的理論當中。爲支持自己的論點，雙方都紛紛舉出令人興奮的數據：格但斯克（Gdansk）非技術建築工的薪資水準、史特拉斯堡（Strasbourg）在十七世紀的每人穀物消費量、印度北部的牲畜運貨能力。然而，這些爭辯卻遲遲得不出結論。

其中一個核心爭議點就是工業化時代之前的歐洲殖民活動。歷史修正主義者的說法如果正確，歐、亞之間的大分流確實出現於一八〇〇年左右，那麼歐洲國家在先前三百年間的四處征服該如何解釋？舊理論的捍衛者認爲歐洲的殖民活動本身即是歐洲較爲進步的證據，但歷史修正主義者反駁，歐洲的強權其實比一般假設的要脆弱得多，尤其在亞洲更是如此。當時歐洲各國在亞洲所能控制的陸地殖民地少之又少，而且無論在資金、安全與貿易機會等方面，都極爲仰賴亞洲國家。此外，歷史修正主義者也指出，歐洲國家之所以能夠擴張至亞洲的海域，純粹是因為亞洲國家任由它們這麼做。歐洲獲益於亞洲海域的權力眞空，因為好運而得以闖入亞洲這個洞開的防衛缺口。

我本身屬於歷史修正主義者。我的第一本著作檢驗了自一六二四年起，荷蘭在台灣的殖民地的誕生與成長。[10]我在那本書中指出，荷蘭之所以能夠殖民台灣，不是因為科技或經濟組織方面的優越，而是因為中國、日本與朝鮮國的政府都無意經營台灣。我寫道，隨著國姓爺在一六五〇年代崛起，這種現象也就改變了。國姓爺追求的目標是攻下北京，滅清復明；但他發現自己達不到這項目標之後，便決定轉而進軍台灣。在講述他征服台灣的一個簡短章節裡，我提到他打敗荷蘭人根本不費吹灰之力。我認為他的兵力極為強大，荷蘭人絕對不可能戰勝他。因此，我強烈支持歷史修正主義模型，也認為歐洲的擴張，背後最重要的因素不是科技能力，而是政治意志。[11]

這是我當時的信念，至今也大致抱持相同的看法。不過，在那本書出版之後，有人請我撰寫一篇文章，探討國姓爺侵略台灣的經過。當時我一口答應下來，心想這件工作不必花費太多力氣，只需再額外找些資料，填補我在那本書中概述過的那段故事即可。然而，當我開始埋首查閱史料之後，卻發現兩件出乎我意料之外的事情。

第一，史料來源豐富得令人難以置信。其中充滿形象鮮明的人物：國姓爺膚色白皙、長相英俊且滿身疤痕，擎起武士刀與弓箭，可謂所向無敵。他說起話來咄咄逼人，牙尖嘴利，眼目靈活，經常咆嘯怒吼，砍人頭顱毫不手軟。但除了他以外，還有以下這些各式各樣的角色：英勇的鄭軍將領甘輝；自信過度、幾至荒謬的荷軍指揮官拔鬼仔；逢迎媚上又多愁善感、寫信都不免被淚水沾濕筆墨的荷蘭人貓難實叮；辯才無礙但時運不濟的明朝自由鬥士張煌言；一名勇敢但欠缺思慮的漢人農夫；兩名大膽的非洲男孩；一名言行粗鄙的日耳曼酒鬼；一名滿懷恨意且患有語言缺陷的荷蘭艦隊司令官。當然，也包括做事謹慎細心又傲慢自負的揆一。史料文件裡充滿生動的對話與描寫、戲劇性的情節與各種陰謀詭計，而且中文史料還詳細記載國姓爺的軍事部署，包括戰陣安排、船隻種類、作戰策略等等；這些史料在西方學界裡，鮮為人知。

但我發現的第二件事情、同時也是最重要的一點，則是我原本的認知並不正確。率領一千兩百名士兵作戰的揆一，其實大有可能打贏這場戰爭。我的發現明確挑戰了我原本信奉的歷史修正主義模型：原來荷蘭在部分領域的科技水準，確實具有決定性的優越。這項發現令我大感意外。此外，在闡釋西方崛起的各種理論當中，我的發現也證實了其中最引人入勝的一套模型，亦即「軍事革命論」此一傳統世界史正統模型的一套變體。

根據軍事革命論的觀點，前工業化時代的歐洲國家，擁有一項超越世界其他地區的關鍵優勢，那就是頻繁的戰爭。這項論點指出，歐洲國家經常互相征戰，因此愈來愈精通於戰事。頻繁的戰爭造就了創新的大熔爐，促使歐洲發展出全世界殺傷力最猛烈的槍砲、訓練最精良的部隊、武力最強大的船艦，以及防護最堅固的堡壘。

歷史修正主義人士及其批判者都援引軍事革命論，但雙方看待的角度各自不同。歷史修正主義者承認歐洲國家的軍事能力稍微優於其他歐亞國家，但不注重這項優勢的科技面向，也不認為這項優勢反映了歐洲的整體優越性。反歷史修正主義者則指稱歐洲的軍事優勢反映了歐洲社會領先亞洲社會的現象，包括經濟、政治、行政、科學與技術等各個方面。[12]

更複雜的是，軍事史學家本身對歐洲在軍事方面的領先幅度，也爭論不休。這項爭論的代表，爲兩名英國學者之間的平和論戰。一方是帕克（Geoffrey Parker），他乃認眞細心的研究者，曾在世界各地數以百計的檔案處與圖書館內從事研究工作。他在軍事革命論方面撰寫了一部深具影響力的原創性著作，以極具說服力的細膩論點，指出歐洲軍力在全球舞台上具有優越地位。他認爲歐洲在戰爭方面的科技與組織性優勢，能夠用來解釋歐洲何以在工業化之前控制全世界百分之三十五的土地面積。而這場論戰的另一方，是帕克的好友布萊克（Jeremy Black）。這位學識驚人的學者著作等身；他認爲歐洲與世界其他地區的科技落差幅度不大，能夠輕易被彌補。他提出的論點也同樣極具說服力。[13]

這場論戰難以得出結論，原因是我們對歐洲以外的戰爭所知極少。史學家向來都把焦點集中在歐洲的戰爭上，相關研究在軍事史領域的書籍與文章當中占了絕大部分，數量比其他著作多出二、三十倍。

不過，近來有一群年輕學者將注目焦點轉向中國軍事史。他們的結論已撼動了學術界，因爲他們提出證據充分的論點，指稱軍事革命並非始於歐洲，而是中國。

中國的軍事革命

「明朝在一三六八年的創建，」史學家孫來臣寫道：「爲『軍事革命』揭開了序幕——不僅在中國，就早期現代時期的世界史而言也是如此。」[14]孫來臣接著指出：「中國的『軍事革命』促成了中國軍力的現代化，也使得中國成為早期現代世界的軍事超級強權，更是第一個『火藥』帝國。」[15]明朝（一三六八年至一六四四年）的創立者展開了這場革命。他以大砲對付鄰國之後，這些鄰國便立即仿製同樣的武器。明帝國邊界冒出一個個的火藥國家，而這些國家也進一步侵略其鄰國，擴張領土。[16]新科技以中國為中心迅速向外傳播，從而對全球歷史造成影響。其他史學家也證實了孫來臣的這項發現。[17]

這種觀點的改變非常引人注目。我們必須記住，闡釋西方崛起的標準模型在當初出現的時候，許多西方人仍然以為火藥是歐洲獨自發明的產物。[18]實際上，直到一九七〇年代，西方史學家仍認為槍砲是歐洲發明的；中國雖然發明了火藥，但卻沒有想到把火藥塞進金屬管內，用來發射砲彈。[19]現在，我們知道真正的槍砲最早在十二世紀中葉就已出現於中國。[20]在明朝於一三六八年成立之前的殘酷戰爭當中，槍砲成了中國軍隊的主要武器。

中國軍事革命學派的成員承認歐洲的槍砲水準在十六世紀之後超越了中國，於是中國反倒回頭模仿歐洲的新式設計。然而，反歷史修正主義者雖然主張中國仿造歐洲槍砲的行為，證明了歐洲的現代化程度較高，中國軍事革命學派卻從中得出相反的認知。他們指出，中國之所以能夠在那麼短的時間內仿造歐洲的槍砲，正是因為軍事革命始於中國。史學家石康（Kenneth Swope）寫道：「歐洲人將其武器帶到亞洲，並不是引進了新科技，只是補充及擴展了戰爭發動者原有的選項。」[21]

明朝向來非常重視火器，還特別設置專責製造火器及訓練砲手的行政部門。葡萄牙的槍砲在十六世紀抵達中國之後，朝廷立刻成立了一個機關對這些槍砲進行研究。後來威力更強大的西方火砲在十七世紀抵達中國，明朝官員也加以仿造，甚至從荷蘭與英國的船隻殘骸中打撈火砲，藉由逆向工程的方式學習其製造方法。[22]

因此，我們必須把軍事革命視為一種遍及整個歐亞大陸的現象。這種現象始於中國，傳播至世界各地，最後抵達動亂不安又征戰不休的歐洲國家。歐洲國家迅速習得這些新科技，然後經過幾百年的猛烈戰爭，又把這些進一步發展的科技帶回亞洲，為日本、朝鮮與中國所熱切學習。這項奠基於詳細研究的觀點，支持了歷史修正主義的立場：亞洲的已開發地區與歐洲，都一致沿著類似的路線發展。

儘管如此，中國軍事革命學派的史學家無法判斷歐洲與中國的武器孰優孰劣，原因在於他們的研究焦點都集中在亞洲內部的戰爭，正如大部分的軍事史學家把研究焦點集中在歐洲內部的戰爭那樣。有些關於歐洲武器的論點，必須接受仔細的檢驗：亦即一般認為歐洲在人員訓練、防禦工事與船隻設計方面具有優勢的說法。要衡量歐洲與亞洲的相對軍事力量，就必須檢視歐洲國家與亞洲國家之間的戰爭，但出人意料的是，這方面的研究卻是少之又少。

而其中最重要的一場戰役，就是國姓爺與荷蘭東印度公司之間的衝突。

歐洲與中國的第一場戰爭

一六六一至一六六八年間的中荷戰爭，是歐洲與中國的第一場戰爭，也曾是歐洲與中國軍隊之間意義最重大的一場武裝衝突，此一地位直到兩百年後，才被鴉片戰爭所取代。[23]當然，歐洲在鴉片戰爭當中使用的是威力強大的工業化輪船，結果清帝國以慘敗收場。而中荷戰爭採用的武器，則是當時最先進的大砲、火槍與船隻，結果中國戰勝。

歷史修正主義者與反歷史修正主義者都明確提及這場戰役，但兩者從中得出的結論並不相同。歷史修正主義者認爲國姓爺打敗荷蘭，證明歐洲在亞洲的強制性權力頗爲有限。[24]反歷史修正主義者卻反駁指出，國姓爺之所以能夠戰勝，純粹是因爲他採用了歐洲的軍事科技，所以這場戰役其實支持了舊模型。

哪一方說得對？本書將循序漸進地提出我的完整論證，但我願意在此先概述我的研究發現。荷蘭的優勢並不在於大砲與火槍。如同揆一所認知到的，國姓爺軍隊的大砲威力並不遜於荷軍，這點也已爲華人史學界所證實。舉例來說，台灣的一名學者指出，只要對國姓爺的火砲及其使用方式加以分析，就不免令人「訝異於他麾下軍隊的現代化程度」。[25]此外，荷蘭的火槍部隊雖然採用本國發明的排槍射擊法，能夠達成連續射擊的致命效果，但面對國姓爺的部隊，卻無用武之地。實際上，中國早在兩百多年前就發展出排槍射擊的方法。[26]國姓爺的士兵訓練精良、紀律嚴明，又受到妥善的領導，因此荷軍部隊的陣式無可避免地潰散，導致人員四散奔逃。

所以，荷蘭的優勢其實在於這兩者：文藝復興堡壘與舷側砲戰艦。文藝復興堡壘是軍事革命模型的核心要素，而荷蘭人在台灣建造的這麼一座要塞，就阻礙了國姓爺的攻擊（圖二）。國姓爺打過的圍城戰雖然不下數十次，也攻陷過更大的堡壘與更厚實的城牆，但卻無法自行找出方法破解荷蘭堡壘的交叉火力。直到他獲得荷方一名叛降人士的協助——就是我先前提到的那個言行粗鄙的日耳曼酒鬼——才終於得以克服荷軍的防守。

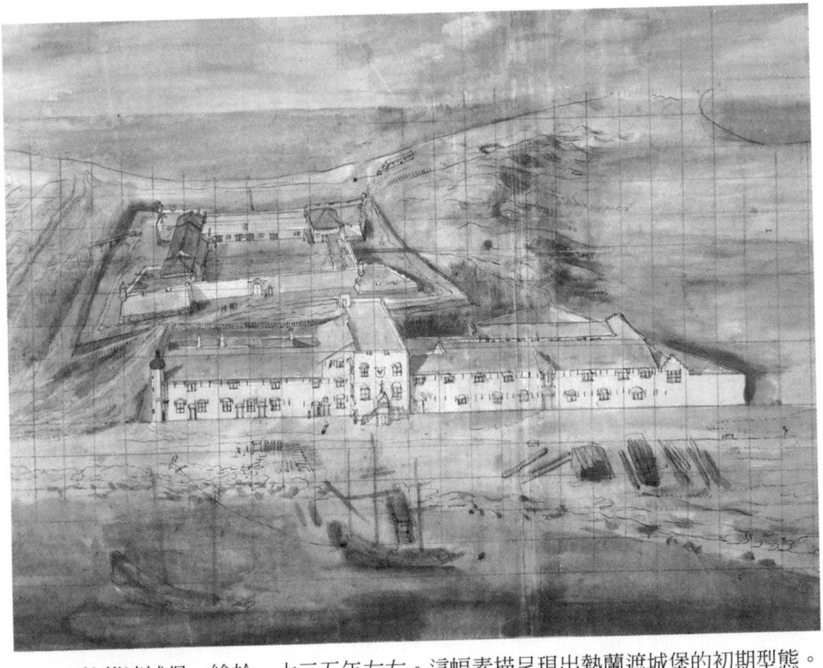

圖二：熱蘭遮城堡，繪於一六三五年左右。這幅素描呈現出熱蘭遮城堡的初期型態。這是一座古典的正方形文藝復興堡壘，四個角各有突出的稜堡。熱蘭遮城下方的建築物是倉庫與宿舍，其中最醒目的就是矗立於中央的總督府。這些建築物後來又因外牆包圍，而被稱爲「下城」，原本的堡壘則以「上城」稱之。這幅畫的作者可能是著名的製圖師芬伯翁（Johannes Vingboons），由首勒蒙（David de Solemne）的原畫描摹而來。（海牙國立檔案館許可翻印，VELH Verzameling Buitenlandse Kaarten Leupe: Eerste Supplement, finding aid number 4.VELH, inventory number 619.118。）

至於有關荷蘭船隻的論點，則稍微複雜些。在此只需簡單說明一點，即荷蘭的船艦正如軍事革命模型預測的一樣，在深水作戰中能夠輕易擊敗中國戰艦。這點可明確見於中國的史料。而且，中國與荷蘭對於海戰的描寫，都顯示中國的戰艦指揮官必須採用奇招，才能克服荷蘭海軍的優越性。除此之外，荷蘭的船隻似乎還有另一項優勢：逆風而行的能力遠遠超越中國船隻。這是支持歐洲航海能力優越性的一項古老論點，有些人也很可能會提出異議。[27]不過，我們後續將會看到，荷蘭人逆風航行的能力差點扭轉了戰局，在戰爭中的一個關鍵時刻令國姓爺訝異不已，也導致他的將領陷入一片慌亂。

這些要點以及該場戰爭的其他資料都堪爲軍事革命模型的佐證，由此得出的結論，則是介於歷史修正主義者及其反對者的立場之間。反歷史修正主義者認爲荷蘭在戰爭方面的科技水準高於中國，這種看法確實沒錯；但歷史修正主義者認爲這項落差不大，可輕易被彌補的觀點，也一樣正確。國姓爺使用的武器，比一百年前的武器還要先進，所以我們不該輕易採信以往的舊式論述，認爲亞洲社會停滯不前，歐洲社會則是充滿活力。過去四十年來大量出現的亞洲歷史資料，已明確指出這種論點全然不實。

就許多方面而言，亞洲與歐洲社會都沿著類似的道路前進，邁向專門化、商業化、更有效的農業技術以及更致命的武器。不過，歷史修正主義者也應該承認，至少在特定的領域當中，歐洲社會的發展確實比較快。也許歐、亞兩洲不是在一八〇〇年突然出現大分流，而是從十六世紀開始出現速度逐步加快的小分流。在許多領域當中，這種小分流可能難以察覺或是根本不存在。不過，隨著數十年悠悠而過，分流的速度愈來愈快，結果到了工業化時期——也就是西方的大起飛——這樣的分流變得極為迅速，以致事後回顧起來，彷彿是一場突然發生的劇烈變動。

這些關於歷史修正主義辯論的論點都很重要，但本書不只是一部長篇論述，也是針對這場深具重要性但欠缺理解的衝突所撰寫的敘事史。歷史文獻與教科書經常提及中荷戰爭，但無論在任何種語言裡，卻都不曾有人利用中西現存史料，針對這場戰爭從事重大研究。[28]史學家無疑會再發掘新文件，並且在本書中發現錯誤與疏漏，但我希望這部著作能夠促成世人對於全球史當中這起引人入勝的事件，有更多了解。

撰寫本書確實為我帶來許多樂趣。在我閱讀史料的過程中，有一點令我深感著迷，就是天氣——地球本身——竟然在其中扮演了重要的角色。風暴不只一次扭轉了這場戰役的局勢。在戰爭還沒開始之前，一場颱風就摧毀了台灣的一座荷蘭堡壘，並且大幅改變這座堡壘所在的沙洲，以致荷蘭人根本無法加以重建。揆一因此難以抵禦國姓爺的入侵。此外，原本有支救援艦隊應揆一的要求逆風前來，卻遭到另一場風暴的阻撓，導致其中一艘船隻撞上陸地，更重要的是，破壞了揆一原本希望達成的出其不意的效果。暴潮、出乎意料的洋流、怪風——自然的力量一次又一次改變了戰局的發展。我因此認定，自然力量是這場戰爭中最重要的一項因素。

我稱之為「自然力量」，原因是在我眼中看來，種種影響因素都體現了這個優美絢麗但對人類漠不關心的宇宙所具有的不可預測性。如同我一個身為植物學家的朋友所說的：「星辰怎麼可能會關心某個銀河邊緣的一群黏菌呢？」[29]不過，那時候的荷蘭人與漢人，當然不這麼想。雙方都認為冥冥之中必然有一股崇高的力量干預著人間事務：荷蘭人稱之爲上帝，漢人稱之爲老天爺。儘管他們雙方的宇宙觀與神學觀各自不同，但卻都認爲風暴與潮汐、饑荒與洪水乃是天意。交戰雙方都認爲上天站在自己這邊——或者應該站在自己這邊——這顯然是人的本性。

我之所以一再提及自然的力量，主要是受到史料當中記載的影響；但我會對這點深感共鳴，則是因爲我也企圖理解當前這個時代：如今，氣候災難的陰影揮之不去，自然界更是即將發揮人類史上前所未有的衝擊力。自然界在十七世紀中葉也曾造成重大的衝擊，就在本書描寫的事件發生之際，全球氣候突然迅速降溫。降溫本身也許不至於造成太大的問題，但溫度下降，卻伴隨了劇烈的氣候不穩定，正如全球暖化也將帶來同樣的影響。當時陸續發生了水災與旱災、蝗災與饑荒、暴動與叛亂。強盜四處橫行，政府垮台的情形更是空前絕後。實際上，若非因爲十七世紀的全球氣候危機，中荷戰爭說不定根本不會發生。國姓爺也許會成爲一名儒生，忙著寫詩以及追求科舉功名；荷蘭統治台灣的時間，也可能會再延長幾個世代。

那麼，國姓爺戰勝是因爲他正好受到天氣的眷顧嗎？非也。儘管運氣扮演了一定的角色，國姓爺卻是贏在他的領導能力。比起荷軍，他的部隊訓練比較精良、紀律比較嚴整，更重要的是，將領的指揮能力也比較出色。再加上中國「戰爭之道」的豐富軍事傳統，國姓爺與他手下的將領於是一再挫敗荷軍。

直到今日，西方與中國仍普遍存在一種想法，認爲中國人並不重視戰爭。然而，我們已逐漸發現這種觀念有多麼不符事實。實際上，近來就有一位中國史學家指出：「在一八〇〇年以前，中國的軍事傳統是世界上其他民族都無可比擬的。」[30]

因此，中荷戰爭爲我們帶來軍事史方面的珍貴教訓。這場戰役發生的時候，中國與西方的科技水準大致相當，和當今的狀況比較相似，而不像其他的中西戰爭——如鴉片戰爭、八國聯軍以及韓戰，都是發生在西方科技遠遠勝過中國的情況下。軍事史學家向來假定有一種「西方的戰爭方式」，一種「西方獨有的作戰方法……使得歐洲人成爲文明史上最致命的士兵」。[31]不過，這種論點的支持者通常對中國軍事傳統一無所知。在中荷戰爭裡，中國軍隊的戰略、戰術與領導作爲都較爲傑出，且這一切背後的行動守則，都是取自中國源遠流長的歷史，一段與歐洲史一樣充滿戰爭的歷史。我閱讀的中文史料，攙雜了許多古代經典的智慧，如《孫子兵法》與《三國演義》。實際上，中國史學家向來認爲國姓爺之所以能夠戰勝荷蘭人，正是因爲他精通中國傳統的軍事智慧。[32]

在我的學術生涯中，我經常覺得自己似乎走在鋼索上，試圖在歐洲中心論與過度以亞洲爲中心的論點之間取得平衡。每當我開始覺得自己重心不穩時，我發現最好的做法，就是向史料求救。歐洲文獻明確記載了荷軍如何一再敗於鄭軍將領的謀略下，中文文獻也毫不諱言「紅夷」的武器與船艦較爲精良。雙方都深深認爲自然的力量——無論是全能的上帝還是天意——乃是人類事務的至高決定因素。

所以，且讓我們回到十七世紀初，在戰爭開始之前，當時揆一的前任官員正忙著奠定荷蘭帝國在東印度的基礎。他們試圖在利潤豐厚的對明貿易當中分一杯羹，從而發現自己需要漢人的協助。他們結識的其中一名漢人，就是國姓爺的父親：一個名叫鄭芝龍的海盜。鄭芝龍協助荷蘭人把台灣這座殖民地發展為荷蘭海上帝國「王冠上最美的一顆珍珠」，[33]荷蘭人則是協助鄭芝龍成為全世界最強大的海盜，而他也善用這個地位，攢積了大筆財富，收入甚至超越荷蘭東印度公司。由於他的財富與權勢大致上都遺留給了他的兒子，因此我們可以說，荷蘭東印度公司其實協助造就了後來打敗他們自己的人。

第一章

情緣難割

我們初次瞥見國姓爺的父親鄭芝龍，是在他還是個小男孩的時候。當時他一如往常，正在搗蛋。據說他和他的兄弟總是在家鄉泉州的街道上到處玩耍，他們的父親則是在泉州知府的手下擔任職員。當時一定是五月或六月，也就是荔枝成熟的季節——這種水果的白色果肉富含水分又甜美，還帶點花香。鄭家兄弟看到一串荔枝垂掛在一根長出圍牆外的樹枝上，便開始丟擲石塊，想把那串果實打下來。不料其中一顆石頭飛越圍牆，擊中了知府的頭。男孩們一哄而散，卻都被抓了回來，押到知府面前。由於鄭芝龍長相清秀討喜，知府看了他一眼，便微笑說：「汝當貴，且封侯。」[1]就這麼放他走了。

這段記載也許不是真的，但如同中國歷史上許多傑出者的軼聞，這則故事也鮮明捕捉了人物的性格。真實的鄭芝龍就像故事裡的小男孩一樣：四處闖蕩、摘取樹上的水果、惹上麻煩，結果反倒因禍得福。他的崛起速度極快，令人嘆爲觀止又難以置信，以致讓人不禁覺得命運必然在其中插了一手。

他的命運和荷蘭人緊密交纏，至少這是一名痛恨荷蘭人的明朝官員後來提出的說法。「情緣難割。」他寫道。[2]我們後續將會看到，該名官員也未能拆解這段情緣，自己反而遭到罷官。

要了解鄭芝龍的命運如何與荷蘭人牽扯上關係，我們必須從他兒時的家鄉福建談起。這是一個山多田少的省分，貧窮又孤立，因此孕育了許多前往海上追求財富的冒險家，包括漁夫、商人與海盜。

鄭芝龍最早的傳記作者寫道：「閩俗羞貧而輕死，故其富者以通番爲業，貧者即劫掠爲事。芝龍徒眾既盛，二者兼行。」[3]

圖三：罕見的明朝貿易路線圖，年分也許可追溯至一六二〇年代。這幅引人入勝的明朝地圖似乎製作於泉州，也就是鄭芝龍兒時的家鄉。圖中畫出了明朝範圍廣泛的貿易路線，從泉州通往日本、馬尼拉、越南、暹羅、印尼群島，乃至麻六甲海峽。實際上，這份地圖暗示了船隻的航行距離有時候也可能超越麻六甲海峽。圖左的一段文字說明了橫越印度洋而通往亞丁、阿曼與荷莫茲的方向。史學家的判斷如果沒錯，這幅地圖確實製作於一六二〇年代晚期，那麼即有可能正是由鄭氏家族所繪，說不定還是由鄭芝龍監製而成。（牛津大學包德廉圖書館許可翻印，MS Selden supra 105。）

我們不清楚是什麼原因迫使鄭芝龍到海上謀生。一份史料指稱他將手伸入繼母裙下調情。[4]其他史料沒有明確記載他犯了什麼過錯，只描述他父親在街道上持棍追打他，結果鄭芝龍跳上了一艘船。[5]

他有許多船隻可供選擇。閩人是中國最傑出的航海家。我們習於聽聞歐洲貿易航線，但在遠東地區，福建的船運量與商品價值都超越歐洲各國，而且是世界各國都比不上。龐大的福建帆船向北航至日本，向南航至越南、暹羅、爪哇、蘇門答臘與麻六甲海峽（圖三、四）。[6]這些福建商人每到一個地方，就在當地建造住宅與寺廟，許多人也選擇在海外定居下來。在一五〇〇至一九四五年的歐洲殖民期間，住在亞洲海外的閩人比歐洲人還多。實際上，即便在歐洲殖民地裡，閩人也比歐洲人多。鄭芝龍的一個舅舅就住在澳門的葡萄牙殖民地，距離福建約是一個星期的航程。最後鄭芝龍來到澳門與他同住。

澳門是個充滿異國風情的地方，有如中國沿岸的一塊葡萄牙國土，充滿了廣場、教士與響亮的鐘聲。一座宏偉的大教堂矗立於城鎮中央的山丘上，日本工匠雕刻著其正面的石牆，刻出船隻、獅子、身穿長袍的人像、吹奏著號角的天使。在其中一幅雕刻畫裡，一名女子飄浮在一條多頭蛇的上方，旁邊的中文圖解寫著「聖母踏龍頭」。這位聖母有些類似明代的航海保護神媽祖，而且必定有哪些特質吸引了鄭芝龍，才會促使他選擇在此受洗。他信奉天主教的虔誠程度並無定論。有些葡萄牙人在多年後指稱他「要不是褻瀆神，就是無知至極，竟然一同焚香敬拜耶穌基督及其他偶像」。[7]不過，另外有些史料則是指稱他終其餘生都定時參加正式彌撒。[8]

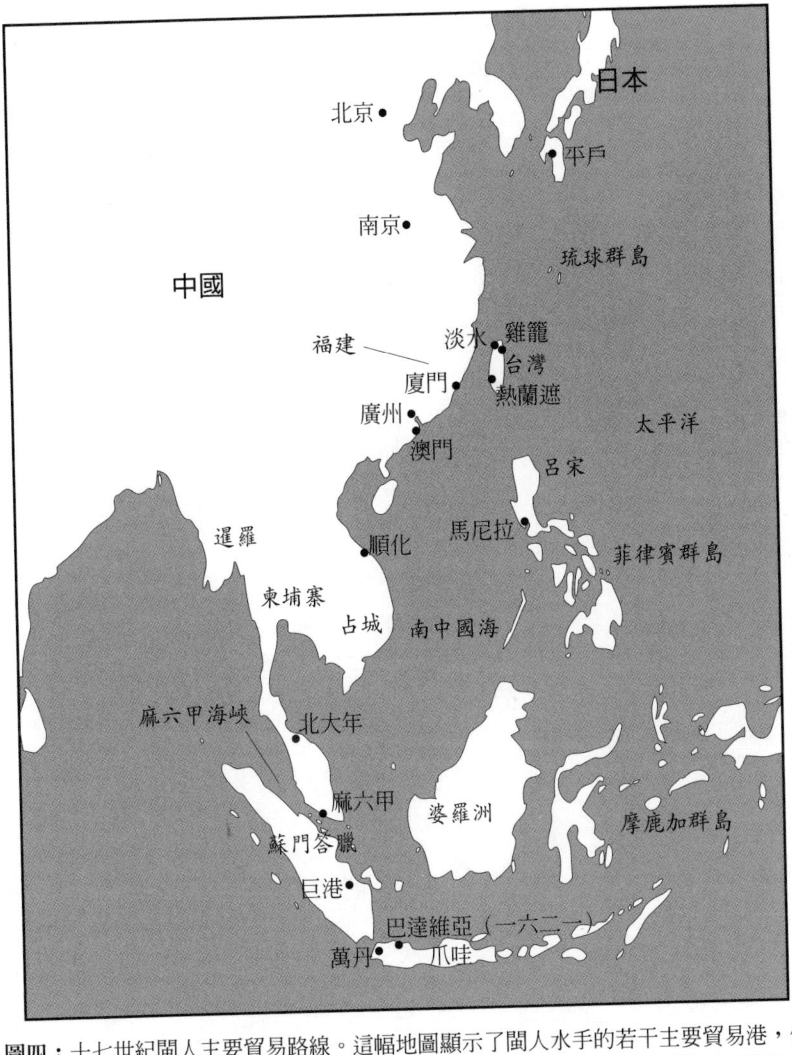

圖四：十七世紀閩人主要貿易路線。這幅地圖顯示了閩人水手的若干主要貿易港，但必須指出的是，另外還有許多他們經常出入的海港並未標示於圖中。連最乏人問津的偏遠海港，也都可以見到閩人的蹤跡，而且不局限於沿岸區域。每當荷蘭人探索新的地區，經常都會發現閩人早已搶先了他們一步。實際上，荷蘭人經常與閩人合作，閩人在嚮導、調停及通譯等方面，扮演了重要的角色。

他的舅舅要求他運送貨品到日本，因此他才會在平戶上岸。這是一座小海港，擠滿了來自世界各地的船隻：葡萄牙、西班牙、英國、荷蘭與大明。[9]當時日本人民尚未被禁止出海，英國人尚未離開，西班牙人與葡萄牙人尚未遭到驅逐，荷蘭人與漢人也尚未被限制只能在長崎的一座小島上活動。

在平戶，鄭芝龍引起了李旦這名富有的福建老翁注意。他們也許有性方面的關係。鄭芝龍現存最早的傳記指出：「芝龍少年姣好，以龍陽事之。」[10]這份傳記的作者是鄭芝龍同時代的人，但我們對他所知不多，因此無法判斷這段文字的眞實性。福建人對於同性相戀並不掩藏，鄭芝龍家鄉那個地區的航海人更是如此。後來的一份史料探討了「納男妾」的行爲，以不以爲然的語氣指出，許多縉紳都納有俊童僕役，俗稱「契弟」。這位作者寫道：「甚有良家子弟亦不免爲匪人所誘，以致失身者。殷富之家，大都以販洋爲業，而又不肯以親生之子令彼涉險。因擇契弟之才能者，驅之危地，利則歸我，害則歸人。在貧者則藉此希圖致富。」[11]鄭芝龍是否自願擔任李旦的契弟，利用這樣的關係致富呢？

如果是的話，至少他不受李旦獨占。他還結識並迎娶了一位日本女子，名叫田川松。[12]他們婚後生下了國姓爺，但鄭芝龍沒有留在家裡等待兒子出生，而是拋下懷孕的妻子，和李旦一同與荷蘭人會面。

李旦與歐洲人關係緊密。他原本與英國人相當友好，直到他們發現他暗中侵占他們的錢財，才因此決裂。現在則換成荷蘭人需要幫忙——鄭芝龍隨同李旦到澎湖與他們會面時發現了這一點。澎湖是一組地勢低矮的多岩群島，位於台灣海峽（圖五），距離中國海岸八十英里，台灣海岸三十英里。

荷蘭人在那裡建造了一座堡壘，位於一個深水灣上，在一座漢人廟宇旁邊。他們逼迫漢人俘虜在炎熱的太陽底下從事建造工作，疲累而死的人不知凡幾。他們原本希望把這座堡壘當成參與對明貿易的基地，但明朝官方卻在工地附近集結數千人的部隊，與荷蘭人發生了數次衝突。不過，明朝部隊的指揮官不想對這群紅毛番過度進逼，於是同意讓李旦和他那名俊美的徒弟介入調停。[13]

他們說服了荷蘭人離開。由於明朝政府沒有主張對台灣的所有權，因此荷蘭

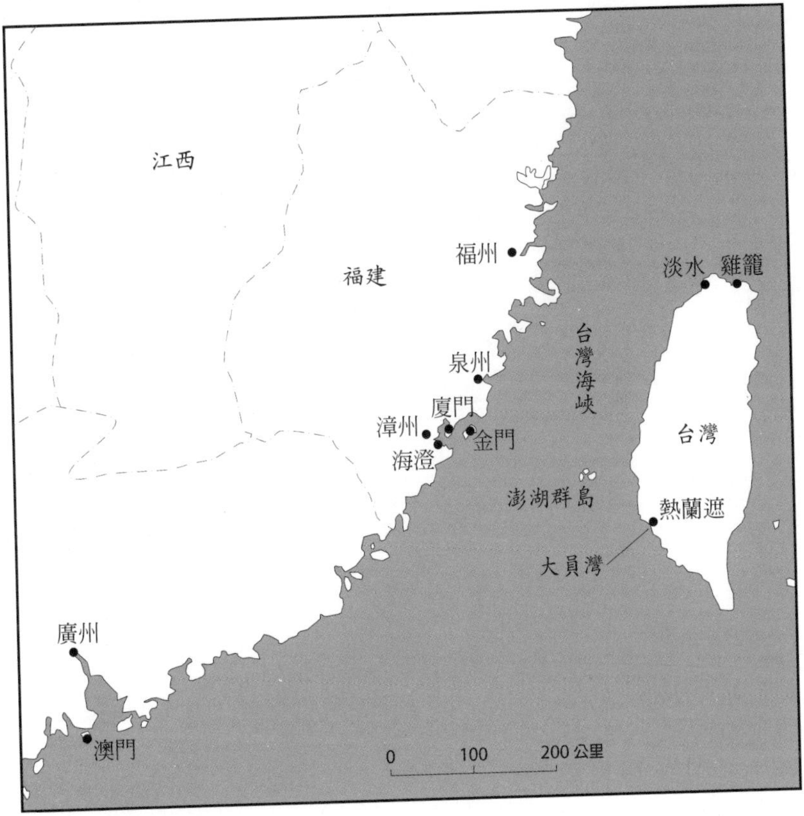

圖五：台灣海峽。

人拆除了他們的堡壘，航行至台灣，在台灣南岸外海的一片狹長土地上另外興建了一座堡壘，稱之爲熱蘭遮城堡（圖六）。

荷蘭人需要通譯，於是提供了鄭芝龍這份工作，以葡萄牙語和他交談。他與這群荷蘭人共同生活了一段時間，目睹了這座殖民地的興起：他們在距離一個閩人村落不遠的熱蘭遮城底下首先建造了倉庫，接著在海灣對面的台灣本土上建立了另一個聚落，然後說服前來墾殖台灣的閩人移民在這個聚落定居下來。此外，他們與住

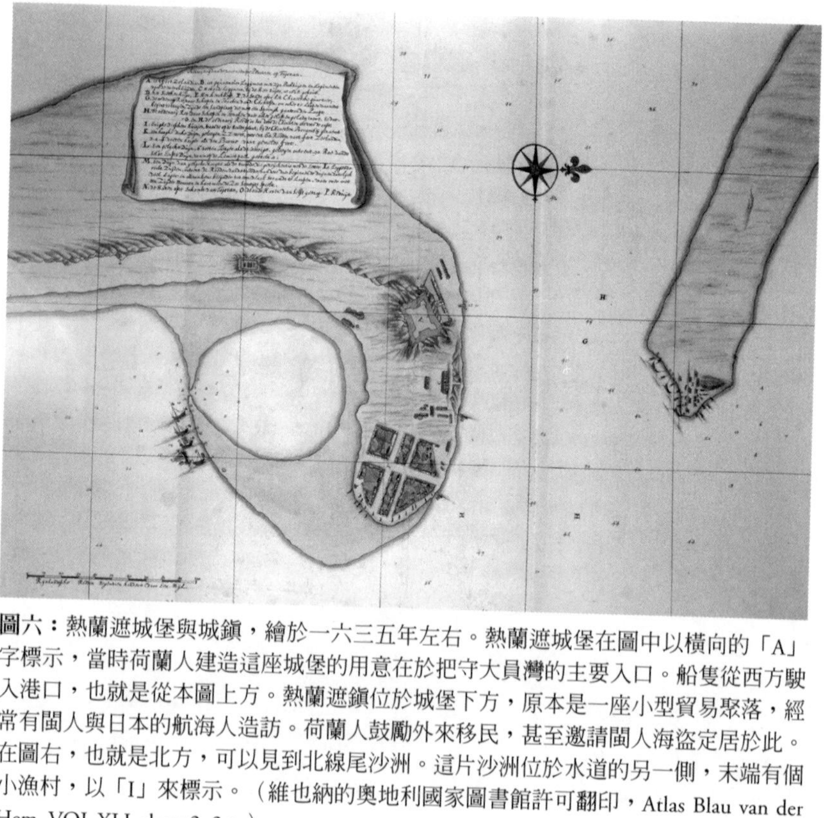

圖六：熱蘭遮城堡與城鎮，繪於一六三五年左右。熱蘭遮城堡在圖中以橫向的「A」字標示，當時荷蘭人建造這座城堡的用意在於把守大員灣的主要入口。船隻從西方駛入港口，也就是從本圖上方。熱蘭遮鎮位於城堡下方，原本是一座小型貿易聚落，經常有閩人與日本的航海人造訪。荷蘭人鼓勵外來移民，甚至邀請閩人海盜定居於此。在圖右，也就是北方，可以見到北線尾沙洲。這片沙洲位於水道的另一側，末端有個小漁村，以「I」來標示。（維也納的奧地利國家圖書館許可翻印，Atlas Blau van der Hem, VOL XLI, sheet 2, 2。）

在台灣內陸寨子的獵頭族展開爭鬥，又與滿懷戒心的日本商人互相競爭。

鄭芝龍對於荷蘭人如何處置那些以台灣爲基地的閩人海盜尤其感興趣。荷蘭人沒有驅離這些海盜，也沒有把他們抓來當成奴隸，而是邀請他們定居在熱蘭遮城堡附近的城鎮，並且雇用他們爲武裝民船，鼓勵他們攻擊航向澳門或馬尼拉的商船。[14]

對於荷蘭人而言，利用海盜獲利堪稱順理成章，因爲荷蘭人本身也是海盜。實際上，低地省聯合共和國這個新國家的創立，有一部分必須歸功於「海上乞丐團」：一群向西班牙爭取獨立的武裝民船人員。一六〇二年，荷蘭政府成立聯合東印度公司，目的不只在於賺取財富，也在於攻擊西班牙與葡萄牙。政府允許該公司招募部隊，標舉紅、白、藍的旗幟（其中的紅色原本都採用奧蘭治王室的象徵顏色橘色，藉以向王室致敬），並可採購品質精良的火槍與大砲——這些武器產品在荷蘭經濟中占有重要地位。[15]政府將船艦與大砲借予該公司使用，甚至爲其賦予代表國家宣戰及媾和的權利。至於征戰中取得的戰利品，則算是公司的利潤。[16]

因此，荷蘭人與閩人的海盜打交道，只不過是依著他們的本性行事而已，而閩人的海盜也非常願意合作。就連李旦自己也請求標舉橘白藍的旗幟出海擄掠，但他的要求遭到拒絕，原因是荷蘭人在這時還不願得罪明朝官員。[17]不過，在李旦於一六二五年去世之後不久，荷蘭人就開始大肆發放旗幟。他們那名俊美的通譯也想分一杯羹，於是辭去通譯的工作，回頭當起了海盜。[18]

鄭芝龍可能一直都是個海盜。實際上，有些中文史料指稱他協助創立了一支以台灣爲基地的海盜團。這個海盜團的創始成員原本結識於日本，共同對天發誓相互效忠：「雖生不同日，死必同時。」[19]鄭芝龍有可能爲這群海盜擔任臥底，向他們通報荷蘭人的活動。這樣的猜測並不牽強。就在同一時期，也有一名漢人通譯暗中與海盜合作，荷蘭人直到事後才發現。[20]

荷蘭人不但沒有反對鄭芝龍辭去通譯職務，還鼓勵他發展海盜事業，並且在他遭遇麻煩的時候給予協助。一六二六年初，他的船隻緩緩駛向停泊處，只見船上桅杆斷折，船殼也破洞漏水。荷蘭人允許他航經岸邊大砲，進入港口接受維修，而荷蘭官員則數算著屬於他們的戰利品。「我們接收了半數，」荷蘭長官寫道：「一如當初的協議，約是九百六十枚銀幣。」[21]這是一筆不小的金額，差不多等於今天的十五萬美元；但相較於另一次收穫，卻又是小巫見大巫了。在另外那一次，鄭芝龍向他們繳付他俘虜而來的九艘唐船及船上的貨物，總值超過白銀兩萬兩。[22]換算成今天的幣值，約是五百萬美元。

荷蘭人認爲鄭芝龍只是個平庸的通譯，卻是個傑出的海盜。[23]到了一六二七年，他手下已有四百艘唐船與數萬名水手。[24]他們在中國沿海恣意劫掠，俘虜商船，侵襲城市，甚至擊敗明朝官軍。明朝官員緊張了起來。位處閩省南方的兩廣總督如此上奏北京：

鄭賊固甚么麼，而狡黠異常，習於海戰；其徒黨……三萬餘人矣。其船器則皆製自外番，艨艟高大堅致，入水不沒，遇礁不破，器械犀利，銃砲一發，數十里當之立碎。[25]

這名官員接著寫道，政府本身的船隻相較之下則是數量少、船體小又脆弱、大砲又朽鈍不堪，以致抵擋不了鄭芝龍的攻勢。

特別令明朝官員感到擔憂的，是鄭芝龍與荷蘭人的關係：「至芝龍，則所資者皆夷艦，所用者皆夷砲。」[26]有些人甚至發現了他雇用歐洲人與日本人的證據。[27]

當然，他們知道他的成功不只是因爲荷蘭人的幫助。他是個狡黠的戰術家，擅長以計謀取勝。有一次，他與部屬假扮成地方上的民兵部隊，潛至官軍後方，結果打了一場決定性的勝仗。[28]另一次，他利用一小支誘餌船隊引誘閩人艦隊駛入埋伏，結果絕大部分的船艦不是被擊沉，就是遭到俘虜。[29]

他也善於公關，所以儘管他靠著搶劫與收取保護費營生，卻爲自己打造了劫富濟貧的海上羅賓漢形象。[30]他的跟隨者大幅增加，也有證據顯示他努力阻止部下劫掠鄉村。明朝一名兵部尚書寫道：「芝龍……能不妄淫殺、不妄焚掠以假竊仁義之名，故附之遂以日眾。」[31]許多人也因爲明朝的饑荒所迫而投入他的麾下。一份中文史料指稱，他曾一度在十天內新增數千部眾，這些人都是逃避饑荒的難民。[32]

最令人震驚的是他崛起的速度。如同一名官員所寫：「夫芝龍初起，亦不過數十船耳；當事不以爲意，釀至百餘。未及一年，且至七百；今且千矣。此莫非吾民；何以從賊如是之多？……歸之如流水也。」[33]

明朝官員意識到他們抵抗不了鄭芝龍的兵力，於是開始考慮其他選項。自古以來，政府就習於招安德行良好的反叛分子。這種做法背後的理論認爲，賢良的皇帝與正直的官員可以感化叛亂人士，讓他們改邪歸正。這種做法通常是不得已之下所採取的手段，而且通常是在朝代衰頹的時候。

官員紛紛上奏北京，提議採行此一做法。鄭芝龍家鄉的泉州知府寫道：「龍之勢如此，而不追、不殺、不焚掠，似有悔罪之意，今剿難猝滅，撫或可行。不若遣人招諭，許立功贖罪。」[34]鄭芝龍鼓勵這樣的上疏，至少中央政府的官員這麼認爲：「在芝龍，實無一日忘撫；地方士民苦賊，亦群上書撫、按代芝龍求撫。」[35]

到了這個時候，北京其實已別無選擇。朝廷的海軍毫無用處，沿岸地區更已陷入動亂。福建饑荒現象嚴重，愈來愈多的當地人都投入了海盜的陣營。一名明朝官員思量當下的情勢，認爲終究還是「不得不出於撫」。[36]

鄭芝龍歸順朝廷

於是，在一六二八年初，鄭芝龍順服朝廷官員，接受了官方授予的階級與職銜。他誓言忠心服事皇帝，彌補過去犯下的罪行。

他的權勢立刻下滑，原因是他的追隨者需要錢，但這時他已不能再四處劫掠。他向部分手下贈予土地或提供官職，但大多數人都回到了海上。他的一名部屬成了這群人的首領。這個人名叫李魁奇，不久之後就強大得有如當初的鄭芝龍，率領數千部眾以及四百艘武裝唐船。[37]他侵入鄭芝龍的沿海基地，迫使他和家人避走他方。

鄭芝龍向荷蘭人請求協助。這時台灣換了一位新長官，名叫普特曼斯。他與鄭芝龍頗爲相似，也極富行動力，又是天生的航海家。他來自米德爾堡（Middelburg）——一座北海的海港，天氣總是陰沉多雨，又因居民信奉喀爾文教派而顯得肅穆寂寥——在官場中的升遷速度極快，又比先後幾任妻子都活得還長。他在一六二九年當上台灣長官，當時伴隨在身邊的是第二任妻子，後來在任期過了一半的時候娶了第三任。普特曼斯對他統治之下的殖民地頗感憂心。他需要有更多漢人商人前來台灣，更多的唐船、更多絲綢、更多瓷器。鄭芝龍對他說，荷蘭人如果可以幫忙剷除漢人海盜，就能夠在中國打響名號，屆時官員也將允許他們從事貿易活動。[38]他贊同代表鄭芝龍出戰海盜的做法。「如此一來，」他寫道：「我們即可獲得一名眞誠可靠的盟友。沒有人會比他對我們更有用。」[39]

於是，在一六三〇年二月，普特曼斯率領一支艦隊前往中國，並與李魁奇手下一個名叫鍾斌的海盜指揮官結盟（鍾斌對李魁奇忍無可忍，原因是李魁奇曾對他高吼：「別再煩我，不然我就砍了你的頭！」）。[40]普特曼斯對李魁奇的艦隊正面開火，鍾斌則繞到後方。這支中荷聯軍乾淨俐落地採行了典型的兩面夾攻戰術。「我們在前方以強大火力攻擊，」普特曼斯寫道：「鍾斌則是從後方襲擊。李魁奇的唐船連開火的機會都沒有。」[41]

打贏這場仗之後，鄭芝龍舉行了一場慶祝活動。普特曼斯獲邀在鄭芝龍的基地上岸，並且被人帶到一座漢人廟宇。鄭芝龍贈予他一面刻有該場戰役圖樣的金牌，一名明朝官員則是頒給他更多的獎牌，還有鍍金長袍與銀幣。

普特曼斯想要與那名官員商談自由貿易的議題，但那人卻匆匆離開了。由於普特曼斯的盟友鍾斌沒有現身領取獎牌，因此那名官員慌慌張張地前去請示上級。普特曼斯沒有取得貿易方面的保證。[42]

他非常氣憤，要求鄭芝龍實現承諾，打開貿易大門。然而，鄭芝龍的立場相當尷尬。福建剛來了一位新任巡撫，他不喜歡鄭芝龍，不喜歡荷蘭人，也不樂於見到番人在中國的城市裡領取獎牌。

戰鼓擂起

這位新任巡撫名叫鄒維璉，也就是寫下「情緣難割」那句話的官員。他與普特曼斯及鄭芝龍是不同類型的人。鄭芝龍兒時在街道上玩耍撒野，鄒維璉卻是忙著背誦《孟子》。他一路通過科舉，從院試、鄉試乃至會試。在中國爲數三億左右的人口當中，每三年只有三百個人能夠達到這樣的成就。他的的確確是個萬中選一的人才。通過科舉之後，他就在官場中依序往上爬。一六三二年，皇帝派他到福建處理荷蘭人與海盜的問題。

鄒維璉認爲，要驅走海盜，就必須驅走荷蘭人，而且不是只有他抱持這樣的觀點。舉例而言，一名兵部尚書就把海盜問題歸咎於荷蘭人。他寫道：「自紅夷據彭湖……始有下海從夷者——如楊六、楊七、鄭芝龍、李魁奇、鍾六諸賊皆是：此賊起之一……賊外附紅夷。」[43]

鄒維璉可能連一個荷蘭人都沒見過，卻深信自己不喜歡他們。他寫道：「紅毛一番遠去中國四萬里，晨昏晝夜皆相反……其人深目長鼻，赤鬚朱髮，其性賊虐尚讎殺，諸夷畏之。」[44]

他認爲自己的前任官員對待荷蘭人的態度太過軟弱，未能阻止他們造訪福建。先前的官員甚至還允許荷蘭「酋長」（即普特曼斯）在一座中國城市的城牆內搭乘馬車。這種任由外夷與漢人共處的行爲非常危險。他寫道：「臣觀自古華夷混處，釀禍非小。」[45] 他認爲，若是繼續讓荷蘭人任意出入中國，將有如「養癰」之舉。[46]

然而，鄭芝龍雖然奉命疏遠荷蘭人，卻似乎鼓勵他們與漢人往來。[47]鄭維璉猜測這是因爲鄭芝龍過去仰賴荷蘭人的幫助，因此仍然對他們心懷感恩。「情緣難割。」他寫道。不過，他決意要試圖割斷這樣的情緣，因爲當下的狀況促使「夷益大膽無忌」。[48]

他有一點是對的：普特曼斯的確愈來愈好戰。但鄭維璉沒有預期到的是——鄭芝龍也同樣沒有預見到這點——普特曼斯已開始對鄭芝龍懷恨在心。

這時的中國船都已不再航至台灣，而每當荷蘭人航行至中國，眾人也都紛紛走避。普特曼斯不曉得鄭芝龍面臨了鄭維璉及其他人的壓力。在他眼中，他只覺得鄭芝龍一切的承諾都「煙消雲散」了。[49]隨著他的挫折感逐漸累積，他開始對所有中國人心生厭惡。「想來實在可嘆，」他寫道：「與中國通商原是這麼一件好事，偏偏漢人卻是個虛狡、奸詐、不可信賴、卑怯懦弱又滿口謊言的民族。」[50]

普特曼斯擬出了一份打敗鄭芝龍的計畫。他寫道：「從漢人海盜身上，即可得知如何能夠向明朝皇帝施壓。看看鄭芝龍、李魁奇與鍾斌等人——每一個海盜只要掌握了權勢，立刻就會有另一人將他推翻並取而代之，其勢力之大迫使明朝官員必須採取各種方式以求控制他們，包括對他們授予官銜……我們只要以部分戰利品做爲利誘，還怕無法取得一支漢人部隊嗎？」[51]

他計算著，閩人水手的平均年所得只有三、四兩白銀，而且通常還比這個數字低上許多。[52]這樣的收入差不多只是荷蘭東印度公司水手薪資的十分之一而已。[53]只要花費低廉的代價，即可打造一支龐大的漢人海盜艦隊。

於是，他在一六三三年夏天率領一支艦隊前往中國，大砲擦得乾乾淨淨，火槍上油上得閃閃發亮，旗幟在明亮的陽光下獵獵飄揚。[54]他寫信給漢人海盜，結果他們就開始陸續加入他的陣營，每次一、兩艘帆船。這是荷蘭人與鄭氏家族的第一次衝突。

海盜戰爭

如果沒有中國的科技，普特曼斯率領的艦隊就不可能存在。中國人發明了火藥、大砲與槍枝，還有羅盤。普特曼斯的海圖所使用的紙張，也是中國人發明的成果。長久以來，中國一直是世界的科技發電廠，而這些工具在中國出現之後，即傳播至西方，在數百年後受到歐洲人的採用。然而，普特曼斯的船隻面對鄭芝龍陣容龐大許多的艦隊，會有什麼樣的後果？他的船艦會比鄭芝龍的更有威力嗎？

世界史的歷史修正主義學派通常不願評斷歐洲的技術、科學或經濟能力與亞洲相比孰優孰劣，而寧可將焦點放在全球性的比較上。的確，世界史課程中經常提到中國的航海技術不僅不遜於歐洲，甚至猶有過之，而且歷史的發展大有可能翻轉過來，由漢人殖民世界各地，而不是歐洲人。為了證明這項論點，歷史教師通常會舉鄭和為例。

鄭和下西洋的壯舉無疑是歷史上的巨大成就。普特曼斯率領的船隻與鄭和相比不免相形失色。鄭和的艦隊堪稱空前絕後，有如一座座漂浮於水上的城市，載運兩萬八千人。這些艦隊搭載的人數恐怕比當時倫敦的人口還多。[1]鄭和的艦隊踏勘了澳洲，也航行至印度與非洲。他們在途中的每個大港口幾乎都入港停留，以其聲勢威嚇各地的國王、王公及酋長。經過三十年後，這樣的航海活動卻戛然而止，主要是因為明帝國認為這麼做只是浪費金錢。每一本世界史教科書都有介紹鄭和的章節，而且通常都會提出這項結論：中國擁有稱霸海洋的技術，只是選擇了不這麼做。

不過，事情當然沒有這麼簡單。根據軍事革命論的觀點，歐洲的舷側砲帆船——這是種堅實的船隻，兩側架設著一排排的大砲——相較於亞洲的戰船具有決定性的優勢。軍事革命論學派的長老帕克提出一項細膩的論述，指稱歐洲船隻雖然具有優勢，但亞洲人也懂得採用歐洲科技，有時候也得以在海上擊敗歐洲人。[2]另外有些人則認為歐洲其實不占有多少優勢，甚至指稱在工業革命之前，歐洲的航海技術相對於亞洲並沒有顯著的優越性。[3]更有人指稱科技不是歐洲得以建立海洋帝國的主要因素，認為歐洲國家**願意**以海軍力量輔助貿易活動才是最重要的原因，尤其這種態度在世界史上乃是一種不尋常的現象。此外，歐洲各國在亞洲的海洋侵略活動之所以能夠成功，原因是他們根本沒有遭遇抵抗。[4]

然而，這一切爭論都缺乏實質根據。歐洲內部以及歐洲列強之間的海上戰爭雖然留下了大量文獻，卻沒有什麼人研究過帆船時代的歐洲與非歐洲國家之間的海上戰爭，特別是一七五〇年以前的時期。[5]歐洲與中國之間的衝突更是如此，尤其是中國看起來應該是個理想的比較對象，因為中國曾經控制了亞洲海洋的海上強權，而且在過去數千年來又一直是全球的科技領袖。

即將爆發於普特曼斯與鄭芝龍之間的鬥爭，包括了中、歐之間一場規模最龐大的海上武裝衝突。這場海上衝突比起鄭芝龍的兒子在三十年後攻打荷蘭人的任何戰役都還要龐大，而且此一紀錄直到兩百年後才被鴉片戰爭打破。此外，這場衝突也記載於荷蘭與中國雙方的史料當中，因此提供了一個獨特的機會，可讓我們試著回答有關歐洲海軍力量的問題。

世界史學家都不太敢宣稱歐洲具有科技方面的優越性，但十七世紀的中國人卻沒有這方面的顧慮。明朝一名官員寫道：「彼舟如山，我舟如垤。」[6]由於荷蘭船隻非常高大，因此難以攻打，更幾乎不可能強行登船。此外，荷蘭船隻看起來也異常堅固。鄭氏家族本身出版的一本傑出著作就指出：「紅夷所造巨艦大如山，而固如鐵桶，堅不可破……終莫能當之者，縱横海外，不患破損。」[7]（見圖七）

這種堅固的船隻可以搭載重武器。明朝的官方歷史記載是一部經過朝廷學者精心編撰的史書，其中指出：

（荷蘭人）所恃惟巨舟大礮。舟長三十丈，廣六丈，厚二尺餘，樹五桅，後為三層樓。旁設小牕置銅礮。桅下置二丈巨鐵礮，發之可洞裂石城，震數十里。[8]

中文史料裡有許多提及荷蘭船艦優於中國的文字，但我只再引用一段就好。痛恨荷蘭人的福建巡撫鄒維璉以類似於《明史》當中的描述文字指出：

其舟長五十丈，橫廣六、七丈，名曰夾板，內有三層，皆置大銃外向，可以穿裂石城，震數十

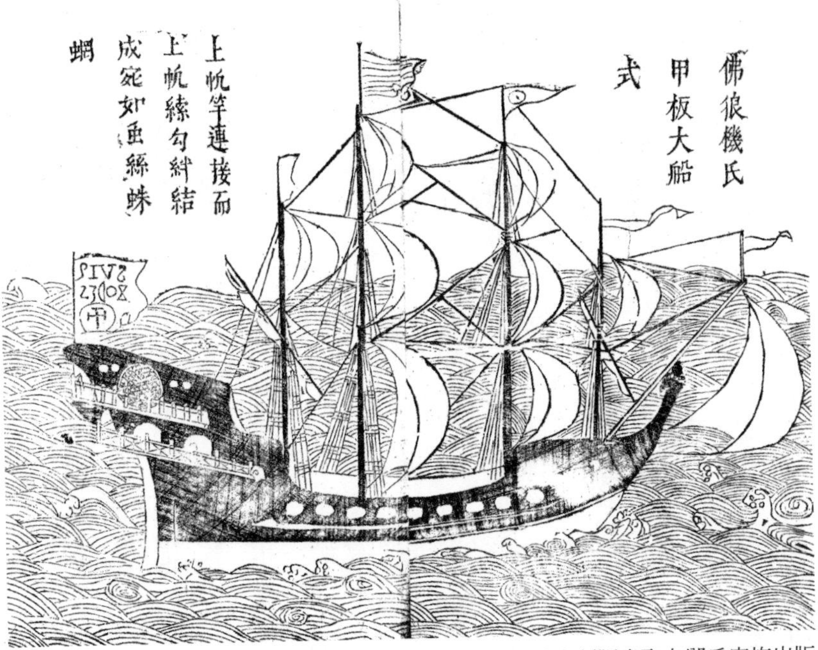

圖七：西方夾板船圖，繪於一六四六年。這幅西方船隻的木刻版畫取自鄭氏家族出版於一六四六年的一本戰略手冊。畫面右方刻著「佛狼機氏甲板大船式」等字樣，左方的文字則是說明船上複雜的索具，稱其糾結交纏有如蜘蛛網。圖中所繪雖是伊比利亞船隻，可能是葡萄牙的船隻，但手冊裡的文字也提及荷蘭人，指稱他們比伊比利亞人「強悍」。「嘗為海患，不時駕巨艦入內海游蕩劫掠，商船遇者，人貨俱空。深為可恨。」摘自鄭大郁，《經國雄略》，〈武備考．卷八〉。（哈佛燕京圖書館許可翻印。）

里，人船當之粉碎，是其流毒海上之長技有如此者。[9]

紅夷究竟是怎麼學會建造這種令人望而生畏的「夾板船」呢？一則中文故事爲這個問題提供了一個答案。鄭和的艦隊曾經停泊於荷蘭，當時綠眼勾鼻的窮困荷蘭人沒有船隻，而向鄭和詢問他那些神奇的海上載具是如何運作的。鄭和沒有回答，心知這些蠻夷要是有了船隻，就有可能渡海前來劫掠中國。不過，荷蘭人鍥而不捨地一再追問，於是他只好取出一根老舊的毛筆和一張紙，畫出一個大大的橢圓形。他在橢圓形中央畫了三條橫線，接著散開筆毛，在紙上塗抹了幾個污點，然後把紙張交給對方。他認爲自己這麼亂塗亂畫將可讓荷蘭人摸不著頭腦，但他錯了，他們利用這張圖畫自行設計船隻。鄭和畫的三條橫線成了三層甲板，因此他們的船隻比唐船來得更高又更堅固，而且每層甲板都裝設了巨大的火砲。鄭和塗抹的污點成了一套繁複的索具，用來控制十幾面帆，而唐船卻只有簡單的繩索控制少少的幾面船帆。這則故事指出，爲什麼荷蘭人來到中國的時候，他們的船艦比中國船隻堅固了許多倍的原因。[10]

當然，這則故事不是眞的。鄭和從來不曾到過歐洲，荷蘭人也自古以來就懂得航行。然而，這則故事卻揭示了漢人有多麼害怕又欽佩歐洲人的船隻。

必須指出的一點是，中國的觀察家並不認爲荷蘭人的優勢在各種狀況下都有效。《明史》指出：「然以舟大難轉，或遇淺沙，即不能動。而其人又不善戰，故往往挫衄。」[11]

普特曼斯必然不會同意這段話。實際上，他認爲他與他的艦隊能夠迫使明朝「遵從我們的意思行事」。[12]

但他不知道的是，鄭芝龍已開始打造一支新的艦隊。正如歐洲人採用了中國的科技，鄭芝龍也採用了荷蘭的科技。當然，他這麼做已有好幾年之久，但在一六三三年，他將這種做法提升到了一個新的層次。

他這支新艦隊的主力是三十艘按照歐洲式設計建造的巨大船隻，[13]每一艘都有兩層經過強化的大砲甲板，與荷蘭戰艦一樣，可以架設三十或三十六具大型火砲，而大部分的唐船只能架設六至八具小型火砲（圖八）。這些新式的戰船甚至具有歐式砲門，並且設有滑動砲架，上面裝有環釘與繩子，能夠拉向後方以裝填砲彈。這些都是很重要的創新。帕克的說法如果沒錯，那麼西班牙無敵艦隊在一五八八年之所以會遭到英國擊敗，就是因爲西班牙的戰艦缺乏這樣的構造。[14]無論如何，普特曼斯對此深感驚豔。「在這個國度，」他後來寫道：「從來沒有人見過像這樣的艦隊，有著如此精美、巨大而且武器犀利的唐船。」[15]

偷襲

這支艦隊建造於鄭芝龍位於廈門的總部。這是一座地勢陡峭的小島，與中國大陸距離極近（圖九）。[16]這座小島的深水港口是中國南方最佳的港口，一名義大利傳教士甚至稱之爲世界上數一數二的良港。[17]這個港口受到一座稱爲鼓浪嶼的小島屏蔽，因此不會遭到海浪的侵襲。今天，鼓浪嶼上矗立著一尊高大的國姓爺水泥雕像，眺望著廈門明亮的天際線。但在當初，鼓浪嶼上沒有雕像，也沒人

圖八：大明戰艦素描，繪於一六三七年左右。這幅罕見的素描所描繪的大明戰艦，是英國人曼迪（Peter Mundy）在一六三七年於廣州附近看到的。他指出，儘管這艘戰船像歐洲船隻一樣有兩層砲門，卻只能搭載輕武裝；他也判斷這艘船本身不太堅固。鄭芝龍的帆船戰艦——至少是遭普特曼斯擊毀的那些船艦——則是體積比較大，也堅固許多，能夠架設數排重砲。（牛津大學包德廉圖書館許可翻印，MS. Rawlinson A. 315, plate no. 29, Peter Mundy's Travels。）

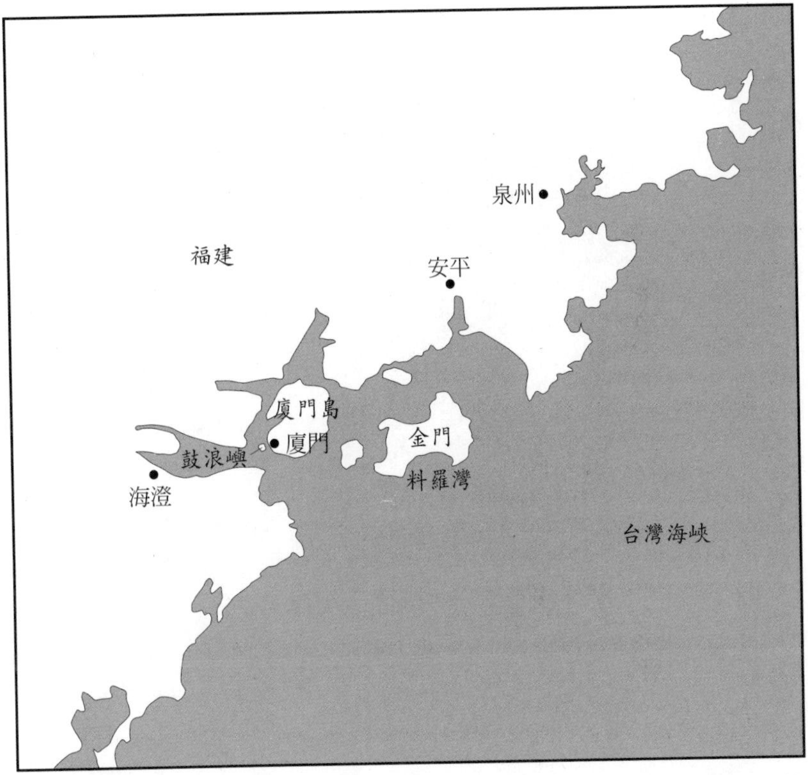

圖九：鄭氏家族的基地：廈門與金門。鄭氏家族以廈門與金門這兩座島嶼做為根據地。廈門擁有一座港口，不僅水深極深，且有天然屏障，不受海潮侵襲。義大利傳教士李科羅稱之為「舉世無雙」。

注意到有九艘荷蘭船隻在深夜停泊於島嶼的彼端，正好在視線之外。

第二天黎明，普特曼斯將他的艦隊分爲兩股勢力，分別進擊。[18]一股繞過鼓浪嶼東側，另一股繞過西側，讓鄭芝龍的船隻無路可逃。結果，他才發現根本不必這麼費心。他完全沒有遭遇抵抗，船隻直接就駛入了鄭芝龍的艦隊當中。數以百計的黑髮人員在新造的船艦上來往奔忙，對來敵毫無戒心，因爲他們以爲這些荷蘭船隻是友善的。鄭芝龍在先前寫給普特曼斯的最後一封信充滿了安撫的語氣，保證每年將發放八份許可，讓滿載絲綢與瓷器的唐船前往台灣。普特曼斯沒有回信，但鄭芝龍完全沒有預期到接下來會有這樣的發展。

普特曼斯的旗艦率先開火。震耳欲聾的砲聲迴盪於海灣裡，他也隨即降下荷蘭國旗，換上紅色戰旗。這是典型的海盜作風：展開攻擊之後隨即更換旗幟。不久之後，所有的荷蘭船隻都換上了紅色旗幟，也砲火全開。唐船上的工人紛紛跳入水中，游泳上岸。

當時的情勢已可明顯看出對方根本無從抵抗。爲了節省火藥，普特曼斯於是下令大砲停火，派遣船員划船，以人工方式摧毀大明艦隊。停泊於下風處的唐船被縱火焚毀，位於上風處的船隻則是被砍劈破壞。荷蘭人很失望，發現船上沒有財物可供劫掠——這些船隻都空無一物，只有火藥與砲彈——但他們還是取走了五十門鐵砲，並且把砍劈下來的船隻碎片當成薪柴。只有三艘大型帆船逃過一劫。荷蘭部隊只有一人傷亡，原因是一名水手在縱火的時候不慎喪生。

鄭芝龍震驚不已。[19]「你的行爲與海盜無異！」他寫信向普特曼斯指出：「你難道以這樣的舉動爲傲？無預警即發動攻勢？……你若事先告知，我就會正大光明地與你在戰場上兵戎相見，無論何方戰勝，都可勝得理直氣壯；但我以為你是以朋友的身分前來，是來從事貿易與商業活動的。」[20]他並且誓言報仇：「我會伺機而動。不要以為你和你的艦隊能夠在大明的航道裡停留多久。」[21]

不過，普特曼斯卻如入無人之境，在航道上劫掠村莊又俘虜船隻。明朝的軍隊驅不走他。一名明朝將領寫道，紅毛番的火砲威力太強，而且「夷船高大，我船低小，不能仰攻」。[22]

普特曼斯不只要劫掠財物，更是意在封鎖海岸，以便迫使鄭芝龍同意他的要求：與明朝自由通商、在鼓浪嶼建立貿易基地、在福建省首府福州派駐永久大使[23]（這些要求與英國人在兩百年後的鴉片戰爭中所提出的條件頗為相似）。

他確信自己的封鎖行動產生了效果。他寫道：「鄭芝龍希望我們已經達成和平協議，因為在戰爭當中不可能紡絲。」[24]他認為鄭芝龍「害怕不已」，[25]不只是害怕荷蘭船隻，也害怕普特曼斯誘募而來的那些海盜。[26]到了九月底，已有四百五十名海盜加入荷蘭艦隊，而且每天都還不斷持續有人加入。[27]

「我們相信，」普特曼斯寫道：「這項行動將主要由那些海盜付諸實行，並且達到理想的成果，但我們的船隻還是必須留在這裡提供協助。」[28]鄭芝龍也試圖引誘這些新進的海盜倒戈，但普特曼斯並不擔心。「這些海盜相互之間的猜疑心非常重，」他寫道：「因此他們的首領之間所發生的一切事物都會傳入我們耳裡。」[29]

然而，普特曼斯的偷襲卻造成了一個意外的後果：鄭芝龍與鄒維璉因此緊密結盟。這兩人的背景與作風都極不相同，原本也互相看不順眼。他們的不和甚至鬧到了充斥黨派傾軋的北京朝廷，鄒維璉指控鄭芝龍沒有認真執行海防任務，鄭芝龍則是利用自己的人脈誹謗鄒維璉。[30]但為了對抗荷蘭人，他們現在已然攜手合作。

福建巡撫通常駐紮在福州，距離廈門有幾天的路程。不過，鄒維璉卻把巡撫衙門遷到海澄縣這座港口城鎮，就位於廈門上游。[31]在鄭芝龍重新建造唐船的同時，鄒維璉則是忙著召集人手。沿海各地的將領陸續率領艦隊抵達福建，而且與鄭芝龍一同向鄒維璉矢言誓死打敗荷蘭人。面對紅夷，他們絕不退卻。

普特曼斯對明朝的這些準備活動一無所知，仍然繼續四處劫掠，同時保留詳細的紀錄。小船都只載運西瓜、稻米或鹹魚。一艘唐船載運了家具：二十四張塗了亮漆的餐桌、六十八張椅子、十二面圓桌、六只墨硯盒及一箱硯台。比較有利可圖的是大型遠洋帆船，載運丁香與胡椒粉、象牙與鹿皮、絲綢與檀香木。不過，最豐富的收穫出現在一艘來自馬尼拉的船隻。這艘船載運了兩萬七千九百九十四枚銀幣，價值相當於今天的六百萬美元。在普特曼斯發動偷襲之後的六個星期裡，他和他的會計估計他們掠奪了價值六萬四千零一十七・二五銀幣的財貨，約等於今天的一千三百萬美元。[32]

鄭芝龍知道秋風會帶來風暴，因此靜靜等待時機。[33]到了十月，就在普特曼斯與幾個海盜同盟考慮著如何攻擊一座沿海島嶼的時候，他們遭遇了一陣足以將樹木連根拔起的強風。[34]他的旗艦撞上另外一艘船，失去了船錨。接著，又傳來一陣碰撞碎裂的聲響。他的船殼撞上尖銳的礁石而裂開。[35]

他以爲自己會跟著船隻一起沉入海底，但有些船員爬上岸，然後幫他手腳並用地爬上陸地。「多虧神的恩典，」他寫道：「幾乎所有人都平安上岸。」[36]他的另外一艘船隻，還有其他幾艘小船，也都遭遇了相同的命運。同行的海盜則損失了二十艘左右的唐船。[37]他相當沮喪：「這對於公司真是一場損失重大的不幸災難。」不過，他後來聽聞海盜說這場風暴對鄭芝龍造成的損失更加慘重，不禁感到欣慰了一點。[38]然而，這似乎是鄭芝龍故意放出的假消息，藉此鬆懈荷蘭人的心防。[39]

普特曼斯率領艦隊往北航行至比較安全的水域。他接近廈門的時候，斥候回報說有一支明朝艦隊停泊在那裡。他對這項消息不以爲意。畢竟，只不過是五、六艘大型帆船戰艦和二十艘小型戰艦而已。不過，海盜指稱另外還有一支艦隊藏在廈門後方。他們力勸普特曼斯發動先制攻擊，趁著鄭芝龍與鄭維璉完成準備之前摧毀這支艦隊。

普特曼斯拒絕了他們的提議。也許他應該同意的。

孫子言：「兵者，詭道也。」

普特曼斯拒絕發動另一場偷襲之後不久，一名信使帶來了一封戰書。鄭芝龍寫道：「皇帝豈能容許一條賤狗將頭擱在他的枕頭上？……你想打仗，就到廈門來吧，這樣明朝官員即可看著我們打敗你。」[1]這封信由二十一位明朝將領共同署名。

這樣的語氣是一百八十度的大轉變。在普特曼斯到處劫掠的時候，曾經接到幾封鄭芝龍寫來的信件，其中大都絲毫不帶威脅的口吻。他也收過幾封明朝官員寫來的信件，語氣都很客氣，只是內容籠統又頑強不屈。實際上，這些信件都是鄭芝龍僞造的，藉此讓普特曼斯以爲自己即將贏得明朝的讓步。[2]普特曼斯甚至曾對這些假信件提出了令人難堪的回覆，指稱雙方一旦達成和平，即可永保友誼，而且他也將剿除沿海地區所有的海盜，並且向皇帝殿下呈貢荷蘭火槍與「火砲的新發明，能夠施展極大的威力」。[3]

因此，普特曼斯對鄭芝龍的這封戰書吃了一驚。他認爲這封信粗魯無禮，充滿了自吹自擂。「他們若是對我們發動攻擊，」他寫道：「願神協助我們奉祂的聖名戰勝敵人，打垮這個滿是雞姦者的奸邪民族。」[4]

普特曼斯在廈門外海幾英里處的金門島沿海下錨，就在一個布滿海灘的新月形海灣外，稱爲料羅灣（圖十）。這個地點看起來很完美，一方面能夠避風，同時又便於通往較深的水域。荷蘭的船隻在深水區域擁有優勢，因其索具繁複而具有逆風航行的能力。他與他的盟友下錨停泊，靜靜等待。海盜的船隻上都掛著藍色三角旗，上面寫著「VOC」的字樣，代表荷蘭東印度公司（Verenigde Oost-Indische Compagnie）。如此一來，這些船隻即可與鄭芝龍的唐船有所區隔。[5]

一早，他就聽見一艘警戒船發出警告砲聲。鄭芝龍的艦隊繞過金門駛入了視線當中。普特曼斯估計對方約有一百五十艘唐船，其中五十艘左右是大型戰艦，但他自信能夠擊潰這些船隻。他下令部隊暫勿行動，靜待敵人接近。

鄭芝龍一看見普特曼斯的船隻，不禁覺得對方的姿態傲慢不已。當時「天纔黎明」，他寫道：「果見夷船夾板九隻，自恃負嵎，賊哨五十餘隻，往來駕使。」[6]他知道荷蘭船隻擁有正面交火的優勢。若是他先前建造的那些大型帆船還在，由於那些船隻設有經過強化的大砲甲板，又有歐式砲架，那麼他也許就會與普特曼斯正面對決。不過，他現在率領的卻是一支混雜的艦隊，其中包括幾艘皇家

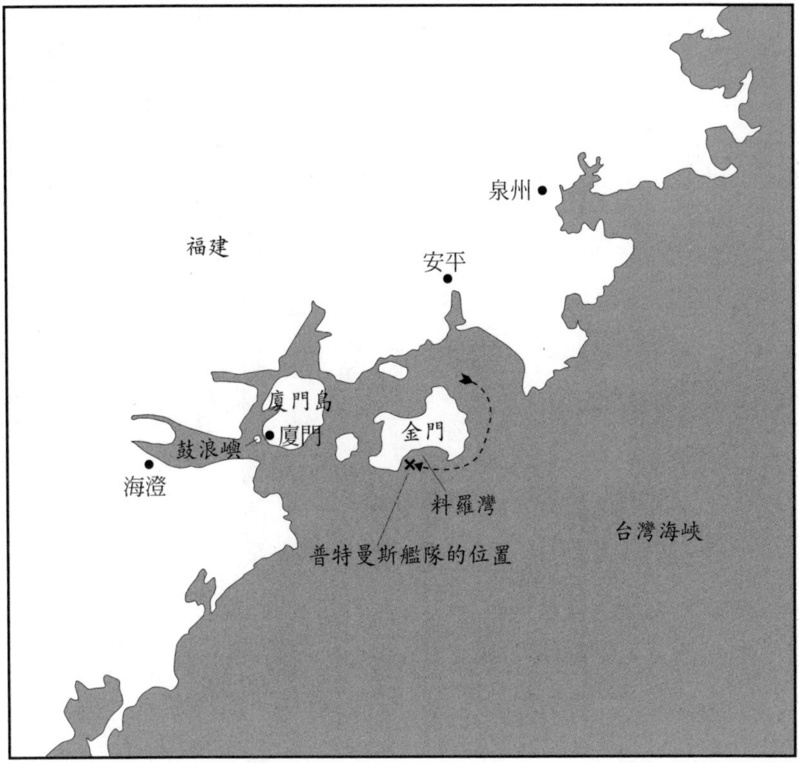

圖十：料羅灣海戰，一六三三年十月。

船艦、幾艘商船，還有幾艘他自己的船隻。

於是，他與鄭維璉準備了一批燃燒彈。中文文獻裡有《台灣外記》這麼一部著作，內容雖以眞實事件爲基礎，細節描述卻添加了作者自己不少的想像，於是針對這起戰事也提出了許多精彩的描寫。[7]鄭芝龍叮囑手下將領：「夾板堅牢難破，須用火攻，方得取勝。汝可選帶慣水者……將大竹鋸筒，每人腰間帶兩箇。」[8]這些敢死隊以竹筒當作救生圈，把他們划的小艇撞進荷蘭的船隻，點火之後立即跳入海中，再由己方人員拉上船。這些火攻船上都裝滿了易燃物品，包括乾草、竹片、麻油、棕櫚油、硝石與硫磺。[9]另一份中文文獻當中記載的物品卻令人難以理解：瓠篙、神煙、礮石、神沙、毒火。[10]此外，這些火攻船也裝設了「狼牙」：亦即帶有鉤釘的鐵鍊，可將火攻小艇與敵艦牢牢勾在一起。

火攻船通常是無甚價値的小艇，但鄭芝龍想要矇騙普特曼斯，讓他以爲這會是一場標準戰役。因此，他的火攻船都是他旗下最大的帆船戰艦。如同傑出的魔術師，他首先以言詞迷惑對方。在戰書裡，他大肆吹噓自己的艦隊，聲稱他要讓所有人看見他打敗普特曼斯，讓眾人自行判斷誰才是比較優秀的指揮官。他的水上炸彈更是做好了各種欺敵的準備。這些火攻船不僅看起來像是威力強大的帆船戰艦，而且船上也部署了大砲與士兵。

他的計謀奏效了。普特曼斯寫道：「我們可以看見這些船隻充分配備了大砲與人員，而且看起來英勇無畏，因此我們認定這些都是戰艦，並且預期我們將會在神的幫助下戰勝對方。」[11]他極富自信，認爲自己的九艘戰艦連同他的海盜盟友，足以摧毀由一百五十艘武裝唐船組成的艦隊。他甚至認爲自己只要停泊在原地不動就可以擊潰對方。

在開戰之前，鄭芝龍向手下將領引述了古人的一句格言：「兵之情主速。」這句話出自《孫子兵法》，寫於兩千多年前。鄭芝龍說明了火攻船必須迅速逼近荷蘭戰艦的重要性，否則荷軍的槍砲火力便可能造成死傷，導致士兵心生害怕。要維持士氣，他們就必須迅速對敵人造成損害。

的確，這些中式帆船的航行速度非常快。普特曼斯原本打算開往深水區，卻意識到他來不及起錨。「我們待在原地不動，」他寫道：「看看我們能夠對敵軍取得什麼優勢。」[12]

他沒有預期到對方的船隻會直接衝向他的艦隊，實際上正是如此。[13]荷軍的火槍與大砲立即開火，「銃彈如雨，」一名中方將領表示。[14]另一人寫道：對方「大銃火器齊發」，但我方官兵仍奮勇進擊。[15]漢人視爲英勇的舉動，在普特曼斯眼中卻是瘋狂的行爲：「漢人官兵湧了上來，猶如發瘋絕望之人，完全不顧性命，對於大砲、火槍及火舌烈焰都毫不畏懼。」[16]

唐船撞上一艘荷蘭船隻，隨即被人點火，瞬間化爲一堵火牆。[17]「那些唐船，」普特曼斯在他的日記裡寫道：「突然之間升起高聳駭人的火焰，燃燒得極爲猛烈，看起來令人難以置信。」[18]在普特曼斯眼中，這樣的自我犧牲簡直是瘋子的行徑。「他們彷彿喝醉了酒或是喪失了理智，對自己同胞的安全毫不在乎。」[19]大火燒到了船尾的火藥室，只聽見轟隆一響，船隻爆炸之後，便帶著船員以及數十名漢人士兵沉入水裡。

鄒維璉在事前曾明白指出，俘虜荷蘭船艦者得首功，因此就在第一艘荷蘭船艦沉入水裡的同時，士兵已爭相登上另一艘，奮力砍殺船員。他們被逼退一次、兩次，但第三次即攻陷了甲板，「打死、燒死、沉死紅夷不計。」[20]近百名荷蘭人遭到俘虜，數十人遭到殺害。鄭芝龍寫道：「夾板焚者，火焰沖天，夷眾溺者，屍浮滿目。擒斬纍纍。」[21]

「這時候，」普特曼斯寫道：「我們才意識到眞相：這整支艦隊其實是一批火攻船。他們根本無意作戰，而是要衝向我們，縱火焚燒的船隻。儘管這些都是武裝精良的大型船艦，都是絕佳的帆船戰艦，他們卻還是採取了這種做法。」[22]他手下的將領驚惶不已，慌張地鋸著錨索。「我們不可能取勝，」普特曼斯寫道：「因爲他們人多勢眾，與我們的人數比達二十比一，而且又不顧自身性命。」[23]

普特曼斯在遭到緊密追擊的情況下，開向海上。鄭芝龍後來報稱他差點抓到了普特曼斯：「僞夷王之船已在掌中，即可坐縛。詎意外洋風狂波濤，粗惡夷船，戧風遠洋。」[24]鄭芝龍與他的手下繼續追趕，但卻「愈追愈遠」。[25]看來荷蘭船隻在逆風航行上仍然占有優勢。

普特曼斯那天上午指揮的九艘船隻只有五艘逃了出來。其中三艘遭到擊沉（兩艘歐洲船隻與一艘唐船），另外還有一艘則是遭到圍攻而無法還擊。普特曼斯逃到安全距離之外，回頭看見那艘船隻仍然懸掛著荷蘭旗幟，於是派出最快的船隻回去設法協助那艘船逃脫，然後便立刻航向台灣。

勝者得利

鄭芝龍打了一場漂亮的勝仗。在他的官方報告裡，他指稱攻擊過程極爲順利，「眞如摧枯拉朽。」[26]他讚揚船隻的指揮官都同心協力，士兵也英勇不已：「將士渾身是膽，各效一臂。」[27]他列出了這場戰役的戰利品：六門大型火砲、兩門小型火砲、十六支火槍、十一把番劍、一頂鐵盔、六筒火藥、七本番書、一面海圖、三件鐵甲。[28]他也列出荷蘭俘虜，將其姓名音譯成中文。這份名單沒有留存下來，但荷蘭方面的紀錄顯示當天總共損失了九十三名東印度公司員工。[29]我們無法確知究竟有幾人遭到殺害，又有幾人遭到俘虜，但鄭芝龍與鄭維璉宣稱他們「生擒僞出海夷王呷吣嗶吧」。[30]他們還俘虜了海盜，包括兩名海盜之妻，以及數名日本海盜，蓄著頭髮捲在頭頂的日式髮型。[31]

明朝官員將此一勝利稱爲「海上數十年奇捷」。[32]鄭維璉寫道：「說者皆曰閩、粵自有紅夷來數十年間，此捷創聞。」[33]鄭芝龍雖然口氣比較狂妄，卻說得更爲精確。他寫道，這場勝仗「似足以揚中國之威，而落狡夷之魄矣」。[34]

紅夷沮喪不已。普特曼斯的上司稱之爲一場災難。[35]普特曼斯認知到自己的計畫已然破滅。「這場敗戰，」他寫道：「嚴重削弱了我們的實力，我們因此意識到本季已無法在沿岸地區再有任何作爲。」[36]他在次季同樣覺得實力孱弱，而他的上司也下令要求他保持謹慎：「除了突圍之外，不要從事其他任何軍事行動，主力船艦切勿接近大明，也不要涉入險地，以免遭到大明如料羅灣之役那樣猛烈頑強的襲擊。」[37]

所幸，普特曼斯沒有必要與明朝進一步交戰，因爲鄭芝龍仍有用得著荷蘭人的地方。畢竟，他因爲他們而得以聲名遠播，許多人並且聲稱只有他才能夠控制得了荷蘭人。現在，他只需要滿足荷蘭人一定程度的需求，讓他們無意再挑起戰端即可，而他新近獲得的名氣又使得這件工作更爲容易。先前他一再遭到如鄒維璉這樣的中國官員攔阻，認爲應將荷蘭人徹底驅走才是正道。於是，鄭芝龍取得影響力之後所做的第一件事情，就是促使朝廷撤換鄒維璉。[38]

可憐的鄒維璉對於鄭芝龍的地位提升其實幫了不少忙。儘管他們先前意見不合，鄒維璉還是上奏朝廷稱許鄭芝龍。他寫道，這名前海盜雖然一開始似乎不是眞心想要驅逐番夷，甚至仍與他們有所往來，但經過他的訓誡之後，終於體認了他的智慧與公正。他接著指出：

> 芝龍慷慨男子，幡然悔悟，誓天剿夷，破家賞士。其持久之未發，實圖謀於萬全……拚死於前衝。勞苦功高，心跡已白。今既能爲補過之孟明，臣當如王猛之待鄧羌，請加顯擢，以酬奇績。[39]

實際上，鄒維璉對於打贏這場仗的功勞並不下於鄭芝龍。他負責協調事務、調集兵力，並且要求這些部隊服從鄭芝龍的指揮。此外，他也提供了大部分的財源。因此，鄒維璉遭到撤換其實不公平。皇帝後來才意識到自己的錯誤，爲了彌補他，於是親書「天下第一清忠」的匾額頒賜給他，還下詔爲他加升三級，並賜任一項重要官職。鄒維璉來不及上任即告去世，因此皇帝對他的褒揚便刻在他的墓碑上。有些人聲稱這些字樣仍然清晰可辨，只不過人像與馬匹的石雕已然損毀。[40]

鄭芝龍藉著除掉鄒維璉表明一點：得罪他是不智的。實際上，一名中國史學家認爲當初皇帝要是沒有撤換鄒維璉，鄭芝龍也許還可受到克制，勢力不至於成長得那麼迅速，世界史說不定會有不同的發展。[41]

不過，鄭芝龍此時已然手握重權。沒有了明朝官員的反對之後，他爲荷蘭人提供了通商特權。這也許是他一直以來都想做的事，避免他們成爲敵對勢力，而只是一股可以控制的威脅力量，藉此鞏固他的權勢。有時候，他會讓他們到沿海通商，但他更常派遣船隻到台灣，每艘船都懸掛著繡有「鄭」字的旗幟。他和他的中間人可以控制荷蘭人取得的絲綢數量以及他們支付的價格。大體而言，他認爲讓荷蘭人滿意對他自己有利。

在這樣的通商措施之下，台灣於是繁榮起來，普特曼斯也因此將其軍事精力轉向殖民地。他鎮壓獵頭族、掃蕩走私販，並且爲成長奠定了基礎。他與福建的投資者密切合作，督導開墾了稻田與甘蔗園，並且吸引了數以千計的福建移民前來台灣。他們在田裡耕種、製糖、獵鹿、製作磚塊、建造房屋、鋪設道路、經營渡船服務，爲殖民地帶來了興旺的發展。普特曼斯及其後繼官員擴建了熱蘭遮城堡，並且在海灣對面興建一座新堡壘，其中設有一座植物園與一間迎賓館，還有一座涼亭，用於接受土著的覲禮。這兩座堡壘旁的閩人村落都繁盛不已，逐漸發展為城鎮，不但有石塊鋪成的道路與瓦片屋頂的房屋，市集更是充斥了來自世界各地的商品。[42]

鄭芝龍的中間人也在這些市集裡。實際上，他的中間人可說到處都是。不久之後，他已無疑掌握中國海外貿易的霸權。但他要徹底稱霸，還必須克服一大挑戰，也就是打倒一個名叫劉香的海盜。劉香差點就打敗了他，但鄭芝龍仍以他一貫的靈活與毅力勝出。到了一六四〇年代，出入福建港口的船隻幾乎全都懸掛著他的旗幟。這些船隻不全是他的（儘管他宣稱自己的商船隊擁有一千艘船隻），但幾乎所有人都必須懸掛他的旗幟，並且付費享受各種相關特權。

只要是在他的港口出入的船隻，都必須向他繳交過路費。中文史料指稱他對每一艘遠洋船隻收取三千兩白銀，一年收取的金額約為一千萬兩。[43]這樣的數字如果沒錯，那麼每年他光是過路費的收入，就已相當於荷蘭東印度公司的全年收益：不只是台灣或巴達維亞的收益，而是公司所有屬地的總收益，從日本到香料群島，乃至印度、非洲、阿姆斯特丹。[44]當然，荷蘭的史料記載非常詳細也極為可靠，但中文史料裡對於鄭芝龍的收入都只有質化的記載，而且資料不多，因此我們對於這樣的比較必須謹慎為之。儘管如此，在鄭芝龍龐大的收入當中，一千萬兩只是其中的一部分而已。他也藉著與日本及東南亞直接通商而獲利，一年也許可賺得兩千或三千萬兩。[45]除此之外，他還有其他收入來源，包括租金、土地收益及賄賂——我們對這些收入所知不多，但金額必定也非常可觀。看起來他每年的收入很可能是世界聞名的荷蘭東印度公司的三至四倍。[46]

根據各方說法，他是中國數一數二的富豪，藉著海上事業「致富敵國」。[47]他在泉州以南一個名叫安平的地方（見圖九）興建了一座有城牆保護的院落。一份中文史料指出：「其守城兵自給餉，不取於官。旗幟鮮明，戈甲堅利。」[48]有一條運河直接通至他的住宅，據說還通入他的臥房，以便他能夠在緊急時刻立即登船。[49]

他的財富為他帶來了影響力。[50]一份史料指稱他「交通諸貴人間，浸以大顯」。[51]他確保自己的兄弟、家族成員與追隨者都獲得晉升。一六四〇年，他本身被擢升為福建總兵，成為朝廷中數一數二的高官。[52]一份史料指稱鄭氏家族的財富與權勢「振於七閩」，[53]另一份史料更稱「八閩以鄭氏為長城」。[54]

對於一個亂丟石頭、愛吃荔枝的海盜而言，能夠爬升到這樣的地位實在令人驚奇。不過，就在諸事順遂之際，世界卻出現了改變。饑荒、洪災與瘟疫紛繁而至，病害、乾旱、蝗災與盜匪也猖獗不已。賦予他崇高地位的朝代陷入崩解，接著便見光頭戰士策馬入侵。

上天之怒

明朝的瓦解是一場全球危機的部分結果。史學家帕克寫道：「十七世紀中葉，全球各地同時發生了許多國家瓦解的案例，其數目之多，乃是空前絕後。」[1]學者寫出這樣的話可說非常大膽，而且帕克又是一位極為審慎的研究者，是史學家中的史學家。然而，他和其他人卻深信十七世紀發生的革命、暴動與戰爭之多，達到了史無前例的規模。實際上，他們認爲十七世紀中葉發生的戰爭比其他任何時代都多，而且此一紀錄直到第二次世界大戰才被打破。[2]他們將這個時期稱爲「十七世紀的普遍危機」。

十七世紀中葉爲何會如此動盪不安？答案簡單而駭人：氣候變遷。當時天氣的變化不大，至少絕對比不上二十一世紀可能出現的劇烈變動，只是氣溫下降了一、兩度而已。然而，光是這樣就足以撼動世界各地的社會與經濟。由此產生的動亂造成了千百萬人死亡。單是中國的人口，在十七世紀中葉的減少幅度就多達五千萬，比當今加州、奧勒岡與華盛頓三州的人口加總起來還多。[3]

首先是從火山爆發開始。一六四一年一月，菲律賓的若干西班牙士兵聽見爆炸聲。他們以爲是伊斯蘭好戰分子發動攻擊。接著，天空陰沉下來。到了中午，天色已變得比夜間還黑，伸手不見五指。火山灰如雨般飄落。這些士兵距離噴發處相當遠。這場火山爆發的威力非常強大，連越南與柬埔寨都感受得到，影響距離將近一千英里。[4]

當今的學者將菲律賓這場火山爆發的威力歸爲六級，而且這還不是十七世紀中葉唯一的一場。環太平洋地帶在一六三八至一六四四年間總共發生了十二場大型火山爆發，是有史以來的最高紀錄。這些火山噴出千百萬噸的硫磺灰，懸浮在大氣中，遮蔽了太陽。[5]

除了陽光遭到遮蔽之外，太陽本身的亮度也有減低的趨勢。自從一六四五年以來，太陽活動就降到了史上最低的程度，而且持續了七十年。這是由太陽黑子的數目減少而得知的。朝鮮、中國與歐洲的天文學家都忠實記錄了此一現象。

這樣的雙重因素造成溫度降低，對地球大部分地區都造成影響。麻薩諸塞灣結了厚厚的一層冰，使得該殖民地的居民訝異不已，印地安人也說這種情形已有好幾個世代不曾發生過。在美國西部，低溫導致生長季節縮短，此一現象也反映於樹木年輪特別緊密的分布。這種情形同樣可見於義大利北方。在十八世紀初，以生長於十七世紀中葉的樹木所製造出來的史特拉底瓦里小提琴，之所以具有後來的製琴師都無法仿造的共鳴，可能就是這個原因。在斯堪的那維亞半島，一六四一年是歷史紀錄當中最冷的一年。在阿爾卑斯山脈，冰河侵入了農場與村莊。在法國，寒冷的天氣導致作物生長遲緩。一六四〇至一六四三年間，法國的葡萄收成時間比往常整整晚了一個月。日耳曼中部在一六四〇年八月結凍——請注意，是**八月**。日本原野上覆蓋了厚達一英尺的冰，而且一六四一與四二年也出現了不尋常的降雪。[6]

不過，不只是溫度降低而已，降雨型態也改變了。墨西哥谷在一六四一年夏季完全沒有下雨，次年夏季也下得很少。作物紛紛枯萎，玉米價格因此漲到了饑荒時期的水準。菲律賓、印尼群島、越南、朝鮮、台灣與日本部分地區都發生了乾旱。巴塞隆納與馬德里的居民祈求上天降雨，非洲撒哈拉沙漠以南的許多地區都枯旱不已，查德湖的水位更是降到有史以來最低。一六四一年，埃及尼羅河的水位也降到了史上最低。[7]

另外有些地方則是多雨成災。在一六四〇與四一年，萊茵河的水位兩度漲到有史以來最高。荷蘭在一六四三年遭遇大洪水，水位極高，事後可以看見牛、羊、雞的屍體掛在樹枝上。[8]英格蘭、蘇格蘭與愛爾蘭的降雨量都達到史上高峰；而在地球另一端的日本，則是在一六四一年因為降雨不斷而導致稻米無法收成。[9]

不過，中國遭遇的災害最為慘重。從一三七〇年乃至今天，十七世紀中葉是中國溫度最低的時期，同時也是最乾旱的時候。一六四〇年是中國北方過去五百年來最乾旱的一年。次年的一六四一年也差不多一樣糟糕，並且發生了有史以來最嚴重的一場旱災。大運河在山東境內的河段於七月乾涸，這是從來不曾發生過的狀況。同年夏季，蝗蟲摧殘了中國東部各地即將收成的作物。一六四二年，在中國亞熱帶南方部分極少結凍的地區，魚塘水面竟然結成了五英寸厚的冰。這些地區的稻米通常一年可以兩熟，但此時已不是那麼一回事。

接著便發生了饑荒。當時甚至有報告指稱飢民挖出死人的屍體充飢。[10]河南省一名地方官員寫到，他任職的地區在十一個月間陸續遭逢旱災、蝗災與洪災。他這麼寫：「(人)皆黃肥腫頰，眼如諸膽。」他希望自己能夠充分傳達他們飢餓的哀嚎以及在天寒地凍中的哭叫。[11]城裡滿是挨餓的民眾，豪華的宅第空無一人。蘇州原是富裕之地，滿是優雅的運河與著名花園，如今卻出現人吃人的慘狀，儘管官方施以嚴刑重罰，還是遏止不了這樣的行為。「不意余適當其厄。」一名觀察者寫道。[12]

明朝衰亡

在這種情況下，即便是最傑出的政府也不免焦頭爛額，而明朝一度是個偉大的朝代，曾經稱霸海洋、興建全世界最龐大的宮殿、重建長城與大運河，並且促成長久的和平、經濟成長與人口擴張。然而，到了十七世紀中葉，明朝的官員陷入黨派傾軋，而當時的崇禎皇帝又約束不了他們。他的前任皇帝完全拒絕朝臣覲見，寧可在宮裡做木工爲樂。崇禎比他好得多，但不曉得該信任誰，因爲他手下的大臣不斷相互攻訐。他罷黜一個接一個的官員，鄒維璉就是因爲鄭芝龍的誹謗而遭到崇禎罷黜。在明朝將近三百年的統治期間，總共有過一百六十名大學士，其中五十名都是任命於崇禎在位的十七年間，平均一年三名。

崇禎試圖因應當時的天災。他派遣視察官員、組織救援行動，並且舉行祈雨儀式。[13]這種祈雨儀式是他身爲天子的職責之一，因爲他是上天與人世的中介。根據傳統思想，上天賜福給天子及其朝代，賦予他統治天下的神聖權利，稱爲「天命」。身爲上天挑選的統治者，他因此必須負責請求上天爲人世帶來和諧的狀態。

他的祈求沒有產生效果。旱災與嚴寒仍然持續不斷，飢餓的民眾成了盜匪。中國歷史上雖然不乏流寇，但從來不曾同時出現那麼多。[14]烏合之眾匯聚成大軍。一六四四年，這麼一支大軍攻入了北京。

崇禎鳴鐘召集百官，卻沒人出現。他於是走到一座山丘底下——那是他喜歡且經常在此休憩之處——把一條繩子拋上一根樹枝，自縊而亡。[15]

不久之後，數以千計的光頭戰士從長城接海之處的關口入侵中原，這是一群自稱滿洲人的游牧民族後代。他們的領袖寫信向明朝一位權高勢重的將領指出：「予聞流寇攻陷京師，明主慘亡，不勝髮指！用是率仁義之師，沉舟破釜，誓不返旌；期必滅賊，出民水火。」[16]滿洲人自詡天命所歸，許多漢人也予以支持，包括那位接到滿洲領袖書信的明朝將領。

滿洲人打敗了流寇，進駐北京，將他們年僅六歲的大汗推上皇帝寶座。他的年號定爲順治，中國也從此出現一個新的朝代：清朝。

儘管數以百萬計的漢人都按照滿人規定的髮型，把前顱的頭髮剃光、後顱的頭髮編成辮子，鄭芝龍卻仍然蓄著一頭長髮，並且宣稱他將復興明朝。一開始，他支持南京一個標舉大明國號的政權，但這個政權不到一年就遭滿人部隊擊潰。他接著又效忠於另一個明室政權，這個政權位於福建首府福州。

這名新任的明室皇帝看起來頗有希望。他的衣裝與飲食都相當樸素，也婉拒各種奢華享受，拒絕下屬爲他建造宮殿，也不納嬪妃。他決意避免先前幾任皇帝的錯誤，因此積極處置政務，仔細聆聽他未生子息的皇后所提出的忠告。他唯一的娛樂就是看書，對於臣下呈獻的圖書都欣然接受。出外打仗的時候，他也會隨身帶著數千冊書。

他最想做的事情就是打仗。他的年號爲隆武，意爲武功昌盛，而他也誓言將滿人逐出中原。和其他明室親王不同的是，他早已具有作戰經驗。多年前，他曾試圖募集一支軍隊抵抗流寇，但朝廷卻因猜忌而將他囚禁起來，以致他的成年生活有大半都是在被監禁的狀況下度過。他現在重獲自由之身，滿心只想打仗。他在一六四五年八月登基之後，隨即宣布要親自率軍出征，從福州出發，分由多處山隘進擊，遏阻清軍的進展。[17]

鄭芝龍認爲如此匆促出兵未免不智。他另外提議一項計畫：建立一支軍隊，經過嚴格訓練之後再著手北伐。鄭芝龍說他雖可利用自己的貿易收入提供資助，但還是需要額外的資金，因此他提出了新的稅收政策：課徵土地稅、販賣官職、強烈鼓勵官員與富戶自願捐輸（若有人拒絕捐款，即在其門口寫上「不義」二字）。[18]他的許多建議都付諸實行，但這些政策帶來的收入還是不夠，於是一再抱怨自己欠缺資金。

更糟的是，當初在北京與南京導致明室覆亡的黨爭，現在又在福州撕裂了隆武的宮廷。一方是鄭芝龍及其黨羽，另一方則是通過層層科舉而取得官職的文官。雙方對於孰尊孰卑與座位排列等問題爭吵不休，彼此之間也相互指控。有些人遭到罷黜，有些則是辭官抗議。一名彈劾鄭芝龍的官員遭到盜匪割下一隻耳朵，案情卻一直未能釐清。也有人指控鄭芝龍以木板毆擊朝廷大臣。[19]

黨派傾軋影響了戰事。後來皇帝下令鄭芝龍出兵，這名前任海盜和他的兄弟不是抗拒、拖延，就是配合得心不甘情不願，一再宣稱他們糧餉不足。[20]皇帝於是對鄭芝龍的忠心起疑。

他的懷疑沒錯。鄭芝龍確實私下與滿人有所接觸。後來鄭芝龍向親人透露他打算投靠清朝，他們都敦促他重新考慮，其中反對態度最強烈的是他的兒子。

鄭芝龍當初拋棄在日本的兒子被帶回了中國，而且已經長成一個高大魁梧又才智傑出的青年。鄭芝龍仍帶有深厚的海盜性格，不僅行事務實，而且只重視自己和自身家族的利益，但他這個兒子卻體現了另一種理想：他認爲榮譽和忠誠先於家族與孝道。這樣的人格差異極爲懸殊，後來也間接促成了鄭芝龍的喪生。不過，他當初既然拋家棄子，任憑兒子由日本武士養大，對於這樣的結果，自然怨不得人。

日本武士

後來成爲國姓爺的男孩在一六二四年出生於日本，就在荷蘭人興建熱蘭遮城堡的時候。在他誕生的三天前，一條雙眼發亮的海怪在他母親的住家附近浮出水面。這條海怪起伏翻騰，甩尾舞動，噴水如雨。然後，就在他母親分娩的最後，這條海怪又突然消失了蹤影。靜默中響起金鼓聲，而且一股芬芳的氣味瀰漫在街道上。他的母親昏了過去，夢見一條大魚游向她的腹部。一道光芒照亮了她的房子，並且射上天空。鄰居以爲是房屋起火，紛紛趕來幫忙。不過，他們趕到之後卻發現沒有煙也沒有火焰，只有開懷不已的鄭芝龍對著他們說他生了一個兒子。眾人微笑說：「令郎後日必大貴！」[1]

實際上也許沒有發生這些事情。鄭芝龍根本沒有在家看著兒子出生。另外還有許多關於國姓爺的故事，我們大概也都可以將其視爲傳說：例如他把一隻海龜妖怪變成一座島嶼、把劍插入地面而湧出井水，以及消滅了惡鬼與怪物。[2]儘管台灣有許多地方把他當成神明崇拜，但我們不必這麼做。

不過，在他的傳奇當中還有許多細膩的面向，這些我們又該如何看待呢？關於他的各種戲劇性事蹟實在令人難以抗拒，原因是他的人生確實充滿戲劇性。他和他的父親在一場內戰當中各自選擇了敵對的兩方。這種情形無論在什麼樣的文化背景中都不免引人注目，但在篤信儒家思想的中國更是如此，因爲孝道乃是中國人心目中的核心美德。兒子應當順從，並且把家人（尤其是父親）擺在第一位。不過，英雄又應該正直不阿。在國姓爺的人生裡，孝順父親與效忠明朝互相衝突。如同學者唐納德・基恩（Donald Keene）所寫的：「歷史上沒有幾個人物的人生比國姓爺更富有戲劇色彩。」[3]

難怪史學家都深深著迷於基恩所謂的「生動多彩的故事，深具各種優點，獨獨不具眞實性」[4]。最令人懊惱的問題在於史料的本質。國姓爺及其集團所留下的一切資料——稅收紀錄、部隊的戰功以及來往信函——幾乎全都在三百多年前遭到清朝銷毀。清朝、荷蘭、西班牙、葡萄牙與日本方面的史料雖有幫助，卻都只能提供外部觀點。若想窺探他的組織內部狀況，就只能仰賴少數的早期文獻，其作者要不是屬於國姓爺組織裡的一員、與傳播這樣的傳奇故事帶有利害關係，不然就是以風聞或訪談而來的資料做為撰述基礎。這兩種類型的作者都喜歡戲劇性的故事，結果這些故事也就像四處流傳的硬幣一樣，每轉一手就變得更爲閃亮。

國姓爺本身似乎也鼓勵這樣的故事。他爲自己塑造的公眾形象，是個正直不屈的好漢，不惜爲大我犧牲家族利益。當然，他有**可能**眞的是個正直不屈的好漢，不惜爲大我犧牲家族，而許多史學家也這麼認爲。不過，另外有些人則指稱他其實沒有表面上那麼忠於理念。[5] 我們無法確知哪一種說法才是對的。國姓爺喜歡保持神祕性。他曾一度寫信向揆一指出，他不喜歡別人知道他內心眞正的想法或意圖。他寫道：「我既不透露，怎麼可能會有人知道我心裡的想法以及我眞正的意圖？」[6]

我傾向於認爲國姓爺是眞誠的。大部分的證據都支持這種觀點。儘管我這樣的想法可能是受到那些傳說的引誘，以致踏上了基恩反對的那種路途，但我還是忍不住認爲國姓爺在日本的童年可能奠定了他的人格基礎，爲他灌輸了他的人生美德：正直剛毅，以及武士對主人的忠心。這是日本武士守則的基本德行，而且我們也有理由相信他兒時接受過武士的訓練。

我們對他的幼年生活幾乎一無所知，但他遭到父親遺棄之後，顯然由母親及其家族撫養長大。[7]有些作者試圖證明他的母親是幕府或高級貴族的女兒，但她似乎生長於一個低階武士家庭，屬於「足輕」這個階級，是無權騎馬的步兵。可以確定的是，國姓爺同母異父的弟弟田川七左衛門是足輕。[8]

在那個時代，日本男童在兩、三歲就開始佩劍。[9]他們年紀輕輕就接受武術與識字訓練——這是武士教育的兩大柱石。國姓爺的童年在日本的平戶島上度過，據說他曾在那裡跟隨花房先生習劍。[10]那裡有一棵老樹的標示牌寫著：「鄭森往昔在壺陽，講武修文鍊鐵腸。此樹當年親手植，到今蟠踞鬱蒼蒼。」[11]傳統說法指稱他在離開日本之前種下這棵樹向他的老師致敬。

此外，還有一幅國姓爺六、七歲時的畫像。畫面中的男孩蓄著一頭長髮，手握武士刀，背部挺直，雙腿微蹲，彷彿裝出騎馬的模樣。[12]學者認爲這幅畫證明了國姓爺在抵達中國之前，就曾在日本接受過軍事技能的訓練。[13]

他父親在他七歲那年派人前來接他，於是他的訓練因此中斷。他離開母親，就在明朝崩解前夕來到中國。這位年輕的武士對於大明有什麼看法？他在日本住的是一棟簡樸的房屋，現在他不但來到全世界最富有的國家，還被帶到了一幢宏偉的宅第。他家族的旗幟高高飄揚在牆上，飄揚在航行於其私人運河裡的船隻桅杆上，也飄揚在守衛宅第大門的部隊所擎舉的旗杆上。

財富爲國姓爺帶來了絕佳的教師，雖然他的母語可能不是中文，學習表現卻優於他的父親。到了十一歲，他就已經熟讀了中國經典裡最艱澀的一部書：《春秋》。這是所有經典當中最具軍事色彩的一部，描繪了一個標舉忠誠、榮譽及英勇的古代世界，與他剛離開的武士世界頗爲相似。在日本武士的故事當中，戰士寧可自戕，也不肯背叛自己的主人或者做出不榮譽的行爲。忠誠與正直是武士守則的一部分，而他顯然認爲當時的中國欠缺這樣的特質。實際上，他後來甚至也認爲自己的父親缺乏這種特質。他寫信向鄭芝龍指出：「蓋自古大義滅親……兒初識字，輒佩服《春秋》之義。」[14]

這個男孩學習非常認眞，甚至能夠閱讀沒有加上斷句標點的古籍——這就像閱讀荷馬史詩的希臘原文，而且所有字母完全連在一起。他在十四歲通過童子試，後來也通過了更加困難的鄉試，儘管有些證據顯示他的父親曾經試圖賄賂考官。[15]他被送到學風鼎盛的南京，據說一名老算命師曾驚嘆道：「此奇男子……命世雄才。」[16]

他在南京追隨中國最有名的學者錢謙益學習。錢謙益暱稱他爲「大木」，但指的不是他的外貌身材，而是他的學術潛力。這個暱稱典出孔子，因爲孔子曾把教學比擬爲木雕：這兩種活動都必須以取得良好的材料爲前提。有一次，孔子的一名學生在課堂上睡著，孔子於是感嘆此人不可教。他說：「朽木不可雕也。」

然而，錢謙益在正直與忠誠的古代美德上卻是個極糟的榜樣。滿洲人在一六四五年攻入南京，他就是最早投靠他們的其中一個著名學者。[17]根據若干中國史料的記載，他的妾曾敦促他忠於明朝，以自殺之舉表明自己的忠心。錢謙益投靠清朝的決定導致他背負終生抹除不掉的惡名。直到今天，他仍被視爲變節的代表人物。[18]

不過，國姓爺卻是忠於明朝，他的父親起初也是如此。南京陷落之後，他前往福州服侍明室新繼位的隆武皇帝（就是那位生活樸素、喜歡看書的皇帝）。一份史料指出，國姓爺初次覲見隆武之時，皇帝輕撫著他的背，說：「惜朕無一女配卿，卿當盡忠吾家，無相忘也。」[19]此外，隆武還以罕見的舉動象徵性地收養了他，爲他賜予國姓，並且改名成功。今天，中國與台灣都習慣稱他爲鄭成功，但當時大部分的人，包括隆武在內，都稱他爲「國姓」。[20]荷蘭人、英國人、西班牙人與葡萄牙人都熟知他這個稱謂，因此西方普遍稱他爲國姓爺。我在本書中也採用這個名稱，因爲這個名號正適合這位投注一生致力於復興其朝代的人物。而且，這也是他本身偏好的稱謂。

隆武待他有如親人，以通常只有駙馬享有的禮儀接待他，[21]還賜他一把尙方寶劍——這是古代皇帝權威的象徵——以及一枚印信，上面刻著「招討大將軍」的字樣，這是國姓爺一生接受過的各種榮譽當中最受他喜愛的一項。他之所以偏好這個頭銜，也許是因爲其名稱與日本幕府的「征夷大將軍」頭銜頗爲相似。

選邊站

然而，國姓爺在不久後就面臨了一個困難的抉擇。一則深富戲劇性的故事指出，有一天國姓爺看到皇帝神態沮喪地坐在皇位上，於是對他說：「陛下鬱鬱不樂，得無以臣父有異志耶！臣受國恩，義無反顧，誓當以死報陛下！」[22]皇帝面露微笑，爲他這幾句話感到欣慰不已，於是封他爲御前營內都督，並且下令由他鎮守仙霞關這道通入福建的主要山隘之一。

鄭芝龍命令兒子撤兵讓清軍入閩。當時是一六四六年秋，鄭芝龍想要向清朝證明自己站在他們那邊。國姓爺拒絕了父親的要求。他父親的一名手下來到營裡與他見面，但國姓爺向他表明自己絕不可能擅離職守，而且他父親也一定要供應糧餉。他說：「吾妻妾簪珥，皆脫以供軍需。」[23]為證明他所言不虛，他的妻妾於是把身上的珠寶飾品都卸了下來。那人懼怕之餘，隨即趕回鄭芝龍的總部。他轉述國姓爺的話語之後，鄭芝龍勃然大怒，吼道：「癡兒固執乃爾，吾不發糧，彼能枵腹出戰哉？」[24]他拒絕供應糧餉，結果國姓爺的部隊就在缺糧的情況下紛紛逃散。國姓爺只好撤離山隘。

隆武覺得自己遭到背棄，於是認定不能再仰賴鄭芝龍的協助，而決意親自出征。國姓爺懇求皇帝不要涉險，趴伏在地，啜泣著稟奏道：「陛下當自為計！」隆武抹去眼中的淚水，令國姓爺起身。[25]他說他已決心要這麼做。他自行出兵，結果遭到清軍包圍，投井自盡。[26]

這則故事——國姓爺撫慰皇帝、鄭芝龍撤除對兒子的支持，以及國姓爺懇求皇帝不要出征——也許虛妄不實，卻合乎已知的事實：鄭芝龍確實堅持從山隘撤軍，隆武也的確御駕親征而遭害。此外，我們也有充分理由相信隆武把軍隊指揮權託付給國姓爺。[27]然而，這則故事可能有過度簡化的問題。另外有些史料對國姓爺的忠心提出了質疑。一名作者寫道：「隆武每意有所向，成功輒先得之，以告芝龍。」導致宮廷陷入混亂。[28]

我們無法知道在早期那段時間，國姓爺是否眞的為了忠君而不惜違抗父親。但明確可知的是，他在不久之後就確實與父親決裂了。

清軍攻入福建之後，向鄭芝龍致函表示，清廷「鑄閩粵總督印以相待」。[29]這個官職非常吸引人。鄭芝龍一旦接受，財富與權勢都可望超越先前在明朝宮廷裡的狀況。

他向兒子透露自己有意接受，但國姓爺隨即表示反對。一份史料指稱國姓爺對父親說：「父教子忠，不聞以貳，且北朝何信之有？」[30]他哭泣求懇，但鄭芝龍態度堅決，另外有些文獻指稱鄭芝龍這麼指責兒子：「喪亂之天，一彼一此，誰能常之。若幼，惡識人事。」[31]

鄭芝龍帶著一支由非洲士兵組成的衛隊前去與清朝的官員會面。這些士兵是鄭芝龍透過自己與葡萄牙人的關係而募集的，除了負責保護他之外，也是一種身分表徵。[32]清朝一名貝勒與他握手言歡，並且飲酒相談。不過，這名貝勒仍然心感擔憂，原因是鄭芝龍的兒子以及鄭氏家族的許多成員仍未投靠清朝。[33]於是，清兵在深夜突襲鄭芝龍的軍營。[34]根據歐洲方面的記載，他的非洲士兵雖然英勇奮戰，卻未能護得主人周全。[35]鄭芝龍遭到俘虜，被帶到北京軟禁了起來。

清軍繼續南下，攻陷了泉州。這裡就是鄭芝龍兒時的故鄉，也是他當初投石打荔枝的地方，現在則是國姓爺母親的居住地，因爲她終於被接到了中國。有些記載指稱她遭到清軍凌辱強姦而上吊自殺，因此鄭成功取得她的屍身之後，親自洗滌了她的肚腸才予以下葬。[36]但無論讀者是否相信這段事蹟，這個故事還是對國姓爺的傳奇增添了更豐富的色彩，爲他呈現出深愛母親的形象，也爲他終生痛恨清朝的心態提供了動機。

事後，國姓爺據說又從事了另一項深富戲劇色彩的舉動。他除去讀書人的頭巾與服裝，在孔廟前面放火燒掉。他對著祭壇磕了四個頭，祝禱說：「昔爲孺子，今爲孤臣……謹謝儒服，唯先師昭鑒之！」[37]他把雙臂高舉過頭，一拳握在一掌裡，然後躬身敬禮。這是傳統上向對方表示尊敬的一種告別舉動。[38]這起事件若是眞的發生過，顯然就像是中國古典小說裡一個充滿戲劇性的場景：主角投身追求一項明知不可而爲之的目標。[39]

他追求的目標看起來確實不可能達成。明朝皇帝已然遭害，清軍不斷進逼南下，鄭氏家族四分五裂，國姓爺的叔伯輩掌握了軍隊、船隻與錢財。國姓爺只擁有一小群手下和幾個冠冕堂皇的頭銜：招討大將軍、忠孝伯、國姓。

然而，他卻發展成爲南明最所向披靡的一位將領，旗下部眾超過十萬人，更是清朝最害怕的對手。他差點就推翻了勢力強大的清朝，只可惜終究還是功敗垂成。

爲將之道

國姓爺擁有兩艘帆船，或者也許只有一隻小船，端看你相信誰的記載。[1]他沒多少錢——也許只有一千兩金子——[2]也無法確定能否弄到更多，因爲廈門與金門的基地及其收入都受到他的長輩們所控制。這些長輩也控制了鄭氏家族的陸軍與海軍，所以國姓爺只有幾十個部下。

最重要的是，他也缺乏軍事經驗。有些文獻指稱他在此之前與一般文弱書生一樣，對武事毫無接觸，「未嘗一日與兵枋，」[3]但這樣的記載並不符合事實。儘管如此，他當時唯一的重大任務，亦即鎮守仙霞關抵禦清兵，顯然在父親拒絕供糧而導致部眾潰散之後以失敗收場。儘管他頭銜顯赫，卻只能算是個紙上談兵的將領。他讀過兵書，也熟悉中國軍事傳統當中豐富的歷史與格言，但實際帶兵打仗卻是另一回事。

他帶領著跟隨者登上廈門附近的一座小島。[4]他們舉行了一場儀式，誓言復興明朝。[5]他不是反抗勢力的唯一領袖。中國的各個沿海省分出現許多類似的團體，也都立下了類似的誓言。[6]這些人得知中國內陸又出現了一位新的明朝皇帝，自稱爲永曆皇帝，於是紛紛向其表示效忠，並且努力募集兵員。國姓爺是其中最成功的一位。

國姓爺在南澳募兵，部眾人數因此增加至三百人。[7]過去跟隨他父親的部分將領認爲他有潛力，於是向他效忠。不過，他的部隊在此時仍然勢單力薄，也只有幾艘粗劣的船隻，所以初期的戰役都不順利。[8]他在港口城市海澄打了敗仗，接著在泉州與鄰近的同安又兩度戰敗，而且清軍爲了報復他，還屠殺當地居民，以致「同安血流溝」。[9]

差不多在這個時候，有個名叫楊英的人士投入了國姓爺的陣營。這個人在史料中的記載少之又少，中國學者甚至連他出身何處都不知道（出身這項資訊在中文傳記裡是如此重要，通常緊接著在姓名後面提及，甚至先於生卒日期）。然而，他卻是國姓爺生平中最重要的一個人物，因爲他留下了一部日記。

一九二二年，這部日記的一份抄本在泉州附近被人發現，紙頁都已殘破長黴，由國姓爺的子孫保存下來，已有數百年之久。其中有些紙張遭到蟲蛀，有些頁面佚失，內容的用語也有些古怪之處，但對於國姓爺的功業提供了精確的陳述。[10]楊英寫道：「凡所隨從戰征事實，挨年逐月，採備造報。」[11]他對國姓爺的組織擁有深入了解，原因是他本來是一名稅吏，在國姓爺的陣營裡逐步爬升。他的《先王實錄》是我們探究國姓爺的最佳史料，是唯一沒有遭到清朝焚毀的大篇幅第一手史料。

楊英跟著國姓爺在饑荒與戰敗的災厄當中，從福建南下至一個稱爲「潮」的地方，其沼澤遍布的海灣與地勢崎嶇的島嶼，都由流寇、海盜及軍閥占據。這些強人盤據的寨子都不隸屬明朝也不隸屬清朝，並且將地方上的稅收納爲己用。國姓爺想要奪取這些收入以支持其反清復明的大業。

透過楊英的目光，我們可以得知國姓爺如何學習應用中國傳統的軍事原則。他的日記裡到處可見古人的格言——**相度地利**、**須以計取**、**先拿地民**——我們也見到國姓爺引述這些格言，並且付諸實行，打了一連串漂亮的勝仗。達濠、霞美與青林這三座寨子都擁有威力強大的火砲與數以千計的武裝人員。國姓爺爲了攻下這三處據點，首先利用當地嚮導了解地勢，並且設立埋伏，還下令部隊**示弱誘敵**，等敵人出兵之後再由伏軍截擊側翼，使其**頭尾不能相顧**。第一座寨子遭到徹底擊潰，另外兩座也就立刻投降了。[12]

國姓爺是一位積極的指揮官，總是不怕危險而親身投入作戰。有一次，幾個盜匪佯裝投降，然後突然拔劍衝向他。他胯下的馬匹一驚之下人立而起，導致他跌落地面。他的部下即時救了他，但過程畢竟極爲驚險。[13]另一次，他與一名參軍站著視察和平寨的險要地勢，突然有一顆子彈擊中了那名參軍的右手。當時若不是國姓爺剛好轉身，這顆子彈勢必命中他。他驚嚇之餘，原本有意放棄攻打這座寨子，但他手下的一名將領堅持進兵，結果他的部隊登上城牆，攻進寨子，盡數屠殺寨內的居民。[14]

攻下多座寨子之後，他接著挑戰較爲困難的目標。其中最大的挑戰是一個名叫郝尚久的將軍，他是一位勢力龐大的指揮官，自稱效忠於明，但國姓爺認爲他的忠心令人懷疑。國姓爺採用了他後來最愛用的戰術：示弱誘敵。他視察地形，找出幾個理想的埋伏地點，然後率領大軍進行佯攻，以引誘郝尚久出兵。他的計謀奏效，郝尚久中伏戰敗，手下的主要將領遭到俘虜，士兵四散潰逃，屍橫遍野。[15]

郝尚久退入他的要塞，亦即潮州這座港口城市。潮州為地方首府，擁有農業與貿易稅收。國姓爺率軍圍城。他一度與幾名將領在高山松石下飲酒，被郝尚久的探子發現，而回報了他們的位置。國姓爺的管家阿三正提壺斟酒，突然被砲彈擊中而粉身碎骨，但國姓爺沒有受傷。據說那名探子對此一奇蹟訝異不已，驚嘆道：「王者不死。」楊英喜歡這段事蹟，因為這個故事顯示上天支持國姓爺追求的目標。不過，國姓爺沒有攻下潮州。郝尚久決定剃頭投靠清朝，清朝也立刻派遣援軍前來。於是，國姓爺只好撤軍。

儘管如此，國姓爺卻因為在這兩年裡四處攻打盜匪而獲得了經驗、人力與收入來源。接下來，他就要重振鄭氏家族的雄風了。

穩固的基地

廈門與金門這兩座島嶼不僅是他父親的軍事基地，也是他家族收入的主要來源，因為這兩座島嶼扼守了中國最繁盛的航道（見圖九）。國姓爺想要取回這個根據地，但兩座島嶼都受到他的長輩所盤據。[16]據說國姓爺曾向部下表示：「兩島吾家臥榻之側，豈容人鼾睡！」[17]史料顯示鄭氏家族各個領袖之間的關係已愈來愈水火不容。[18]國姓爺埋怨指出，他的長輩在那兩座島嶼上「虎踞橫行」。[19]

一六五〇年秋季，他出海航向廈門。一份文獻指稱他在中秋節當天抵達，他的堂兄鄭聯酒醉，睡倒在廈門郊外不遠處的一個山洞裡。鄭聯的部下無法叫醒他。等到他終於醒來之後，才發現國姓爺已經控制了廈門。他前去會見這位堂兄，兩人互揖為禮之後，國姓爺微笑說道：「兄能以一軍見假乎？」[20]鄭聯不曉得該怎麼回答。國姓爺的守衛執劍上前，鄭聯才結結巴巴地表示同意。[21]控制金門的另一名堂兄則是逃亡出海，拋下許多將領，結果這些將領都投靠了國姓爺。另外還有一位叔叔手上仍握有勢力龐大的獨立部隊，亦即定國公鄭鴻逵，但國姓爺與他關係良好。無論如何，鄭鴻逵的駐紮處遠在南方，支配了流寇與海盜。[22]

因此，在短短一天多的時間裡，國姓爺就取得了中國最重要的通商港口、一支四萬人的軍隊，以及一支強大的海軍。

接著，他收到了明室新皇帝的求救信息——這位皇帝的宮廷位於中國南方內陸一個叢林茂密的偏遠隱祕地區。清兵正朝著他們節節進逼。

國姓爺宣稱他將立刻出發。不過，他手下的將領並不贊同。一名將領表示：「藩主統師勤王，先帝在天之靈，實鑒昵之。但……中左根本，亦難捨也。」[23]

然而，國姓爺心意堅決。「我家世受先帝厚恩，捐軀難報，今有旨吊（調）師……義當趨赴，豈暇謀及身家？」[24]在中文裡，「義」字經常用於表示與自利相對的概念。武士守則裡也有這個字，而國姓爺在中國古代經典當中所仰慕的也正是這種精神，一種英雄的特質。國姓爺在這句話裡明確凸顯出自身利益（或是家族利益）與德行之間的對比。

另一名將領也懇求他不要赴援。施琅是他手下最有才幹的一名將領，曾協助他明白如何運用信號旗、瞭望塔以及訓練方式。[25]施琅說他夢到南行將會發生不好的後果，懇求國姓爺三思。[26]不過，國姓爺沒有答話，[27]而是卸除施琅的指揮權，逕行出發。

國姓爺的海軍在海上航行之際，突然起了一陣風暴。他所搭乘的船滿載著銀子、米和稅簿，被風吹著直向危險的礁石衝去。他爬上一艘小船，由部下划著穿越滔天大浪，登上另一艘遠離礁石的船隻。海浪湧上甲板，把工具及海圖都沖洗一空。到了黎明，風暴終於平息，國姓爺登上甲板查看，對於艦隊的狀況以及丟失於風暴中的財物、人員與稅簿焦慮不已，但該船的船長安慰他說：「此番若非藩主忠義，天地呵護，亦難保全矣。」[28]幾乎所有人都安然度過了這場風暴，但不久之後就從廈門傳來了壞消息。

國姓爺把他的基地託付給一位名叫鄭芝莞的堂叔。不過，一支清朝軍隊對廈門發動偷襲，鄭芝莞怕抵擋不了敵人，於是把自己的財物搬運上船，航行出海，將島嶼拋在身後。國姓爺的妻子兒女匆忙攜帶少數物品逃亡，其餘的財物都落入清兵手裡，城鎮也遭清兵縱火焚毀，烈焰照亮了夜空。[29]

國姓爺的部下都想立刻返回廈門，但國姓爺拒絕了他們的請求。「奉旨勤王……咫尺天顏，豈可半途而廢？國難未報，遑顧家爲？」[30]根據楊英的記載，國姓爺當時承擔了極大的壓力，不但「哭聲遍聞」，[31]而且將領紛紛進諫指出：「三軍各懷家屬，脫巾亦是可虞。」[32]最後，國姓爺覺得自己別無選擇，只好南向行禮，揮淚說道：「臣冒涉波濤，冀近天顏，以佐恢復，不意中左失守，將士思歸，脫巾難禁，非臣不忠，勢使然也。」[33]

他返回基地之後，發現自己的錢財遭到劫掠一空——那是他家族的積蓄，共有黃金百萬及數百鎰的珠寶。[34]他得知自己的親人不但未能捍衛廈門，甚至還協助清兵渡水，不禁勃然大怒。[35]一份文獻指出，他抓起故隆武帝的賜劍，斬斷了自己的頭髮，藉此表示對長輩的惱怒，因爲頭髮乃父母所賜，因此割髮是不孝的行爲。他的一名叔父試圖爲自己的行爲開脫，指稱他協助清兵乃是出自無奈，因爲他的哥哥鄭芝龍在清廷手中，而且他們還威脅要傷害他。這名叔父表示，在孝道的要求下，他必須保護自己的長輩。不過，國姓爺明確表示忠義比孝道更重要。他召來堂叔鄭芝莞，並且命人取劍。他手下的將領紛紛懇求他重新考慮，但國姓爺仍將鄭芝莞與一名將領斬首，並且插在木樁上示眾。

清兵在廈門劫得的戰利品還包括數十萬斛的米，[36]以致國姓爺手下的士兵無糧可食。在不得已的情況下，國姓爺於是再次發動一連串的攻勢，首度對清軍獲得了重大勝利。

他和他的部下熟知福建每個隱祕的海灣與褊窄的峽谷，並且利用他們與當地人的關係施行了大膽的計策：**以逸待勞，以飽待飢**。

國姓爺就是在這個時期眞正成爲獨當一面的領袖，親自率軍攻擊、在行伍前方訓話激勵士氣、隨時因應清兵的戰術、調整軍力以及建立新部隊：例如讓一隊隊壯丁，手持兩英寸厚的藤牌，藤牌能夠抵擋清兵的箭矢，事後還可捲起，利用柄上的刀刃削砍敵人的馬匹。他成立了一個專門的局處，督造藤牌及其他武器，如火箭、火筒、火罐。[37]他不但在謀略上勝過清軍將領，在戰場上也一再戰勝清軍。[38]

這樣的成就促使許多獨立軍閥向他效忠，其中有些人擁有相當尊貴的頭銜：定西侯、平夷侯、英義伯。另外有些地方領袖則是開門迎接國姓爺大軍。一開始，開門投降的主要都是小寨小鎮，但在一六五二年初，鎮守海澄（這是中國最重要的一個港口，鄭維璉在二十年前即是在此策畫攻打普特曼斯）的清軍將領致贈國姓爺一只玉玦，宣稱願舉城投降。國姓爺抵達該城的時機恰到好處。楊英寫道：「原港內水淺，大船難以進港；是日潮水漲起數尺，藩坐駕直入，泊中權關下，澄人驚謂從古未有。」[39]

楊英指出，當地人將此一事件比擬於古代的一項奇蹟。古時候，漢朝在民變與宮廷鬥爭當中衰亡，一位名叫劉秀的英雄爲了復興漢室而努力奮戰。他的部隊遭到一支大軍追擊，一路逃至黃河邊。就在他們望河興嘆之際，河水突然結凍，劉秀全軍於是得以安然渡河。他們過河之後，冰層又隨之融解，阻斷了追兵。[40]劉秀後來復興漢室，又爲漢朝延續了兩百年的國祚。這則事蹟與上帝分開紅海協助以色列人逃亡的聖經故事頗爲相似。海澄港在國姓爺抵達時正好漲潮，也被視爲上天的旨意，表示國姓爺命中註定將如劉秀中興漢室一樣復興明朝。當然，國姓爺的水手對潮汐漲落的時間相當熟悉，而這也不是他們最後一次利用漲潮載運部隊登陸。多年之後，揆一也將在訝異之中領教到這一點。

不過，國姓爺的命運看起來確實出現了轉變。他的戰役愈來愈龐大，打的勝仗也愈來愈乾淨俐落。他發展出了新的指揮體系與信號系統，以協調他規模不斷成長的軍隊。他的軍營若是相距太遠，或是受到山丘阻隔，就無法使用旗號傳遞訊息，於是他發展出煙霧信號，並且構築三、四十英尺高的瞭望塔以供觀察信號。其中一種信號表示敵軍準備出兵，另一個信號表示敵軍已經迫近，還有一個信號表示發動攻擊。此外，他們也利用號角傳遞詳細命令：何時射箭、何時發射火箭與大砲，以及何時使用盾牌、槍和劍。[41]這些新式信號系統的初次試用非常成功，敵人「披靡退敗……積屍遍野」。[42]

控制了福建鄉間大部分地區之後，接下來就該把目標對準各大城市了。

戰局逆轉

在國姓爺的基地附近，最重要的一座城鎮是漳州，人口將近一百萬人（見圖五）。如同大部分的中國城鎮，漳州也有厚實的城牆保護。實際上，漳州的城牆又厚又高，以致國姓爺決定不硬攻，而是採取「久困之計」，封閉該城的所有出入通道。[43]他督建了攻城工事——壕溝、架設大砲的柵欄以及低矮的土牆。他築壩攔住河水，並且開挖一條運河，打算引水灌城，但後來因爲這項工程太過艱困而只得放棄。清朝派兵馳援，但被國姓爺擊退。清朝又出動海軍進攻廈門，結果還是大敗而歸。

這場圍城持續了六個月，城裡的米糧都已食盡。一名中文作者指出，生還者的敘述「酸楚悽痛，亦誰忍讀之」。[44]城內居民爲了取得食物不惜代價，以四塊金子換取一碗稀粥，[45]也有許多人吃老鼠、麻雀、樹根、樹葉、皮革、紙張，[46]甚至還有吃人的情形：父親吃兒子、哥哥吃弟弟、妻子吃丈夫、母親吃子女。[47]一名生還者憶述道：「夜敲瘦骨，如聽瓦聲。第宅萬戶，門巷洞開，落落如遊墟墓。饞鼠飢鳥，白晝蹲踞几上。」[48]

有一段敘述特別令人不忍卒讀。一名平素慷慨仁慈的士人將自己反鎖在房裡，以免自己忍不住食用家中的糧食，並且囑咐妻兒無論他如何號叫都不得開門。在他的哭叫聲停止之後，一名鄰居男孩取得了這名士人的屍身，正準備煮來吃，卻注意到屍體的肚皮裡隱約可以見到文字。原來那名士人吃了自己的書。男孩因此把筷子拋在一旁，寧可餓死。[49]城裡餓死的人數也許多達七十萬，約占所有居民的百分之七十至八十。[50]

經過六個月的圍城之後，清朝派遣一支騎兵部隊前來解圍。國姓爺一如往常用計誘敵，先由主力部隊與敵軍正面衝突，然後在敵人暴露了側翼之後，再下令林裡的伏兵出擊。清軍遭到衝散，但立刻又集結了起來。國姓爺占據上風位置，利用火箭與槍砲攻敵，但風向卻在此時突然轉變，而把煙霧吹回了他這邊，以致他的部眾互相看不見彼此，也看不到旗號。清軍再次進攻，國姓爺的士兵紛紛逃散。他試圖重新集結兵員，並以中軍的菁英部隊反擊，但已經太遲。他的許多高階將領都已遭殺害。

清軍繼續進逼海澄，心知若他們能拿下海澄，即可遏阻國姓爺的氣勢，並且動搖國姓爺對福建的控制。如此一來，國姓爺反清復明的大業可能就此戛然而止。不過，國姓爺招募當地人加固城牆，又構築防禦柵欄。清軍的工人也忙碌不已——兩萬名工人搬運補給品與重型大砲，在國姓爺營地旁的一條河溝對面紮營。

清軍發動攻擊，連續一星期日夜不斷轟炸國姓爺的軍營。國姓爺驅不走他們。鄭軍的防禦柵欄被夷爲平地，士兵只能瑟縮在洞裡，傳令兵也怕得不敢出外傳遞命令。兵將開始於「營中偶語」。[51]

根據楊英的記載，國姓爺看出了將領臉上的恐懼神色，於是對他們說：「此城不守，尙圖恢復？」[52]並表示想走的人可以自由離去，但「本藩於此土，生死以之」。[53]

參軍對他說：「雖死無可去之理，恐將領未喻藩意耳。」[54]

國姓爺取出皇帝賜給他的招討大將軍印。這枚印信代表他的權威，蓋在他的每一份信件與命令上。印信總是受到嚴密的保護，因爲印信一旦被人奪走，就象徵了徹底的失敗。他說：「爾爲我持此招討之印，遍諭軍中。朝廷以此畀我，我惟有效死勿去而已。」[55]

這項舉動產生了效果。將領看到這枚印信之後，隨即冒著砲火趕來國姓爺營裡商討攻守事宜。他以酒招待諸將，並且發表了激勵人心的訓話。英勇的提督甘輝引用了數百年前一位抵抗蒙古的愛國志士所說過的話：「人生自古誰無死，留取丹心照汗青！」[56]所有將領因此勇氣勃發：「此城是大家今日死忠營也！」

他們也許喝得太多了一點，因為國姓爺後來爬上一座瞭望台，對於眾人懇求他待在底下以求安全的規勸毫不理會。他說：「死生有命在天，虜砲如我何？」[57]敵軍士兵看見他站在高處指點著他們的位置，只有一名部下手持藤牌在旁保護，於是紛紛將砲口對準他。他的將領才剛把他勸下來，正好就有一枚砲彈擊中了他的座椅。[58]

回到地面上之後，他擬定了一份計畫：

虜……數日夜用過熕炮不知幾千遍……昨偵探來報，虜營中火藥錢糧不繼……我諒今晚必大擊一番，明早黎明，必併力來決一戰。如不勝，必退走矣。虜之伎倆在吾掌中，料之審矣……彼若欲過河時，必用空砲助其聲勢，愚我耳目，斷無自擊之理。[59]

他下令武器專家何明沿著河岸埋藏火藥與竹筒引線，並且要求其他將領埋伏於壕溝裡等待轟炸結束，以便次晨迎擊涉水過河的清兵。根據孫子的說法，守衛河岸的時候，一定要等待敵人渡河渡至一半才展開攻擊。國姓爺奉行這項原則，命令將領不得在清兵開始渡河之前發動攻擊。他說：「各依軍令軍法而行可也。」[60]

夜色降臨之後，敵營如他預測的砲聲大作，他的軍營被轟炸得「盡如平地」，[61]但官兵都安然掩蔽在壕溝裡。

清兵在即將天亮之際開始渡河，首先是工人扛著過河車而來，接著即是身著盔甲的士兵。國姓爺的部隊開火攻擊，清兵也立刻回擊。楊英寫道：「矢如雨下，人難站立。我兵站坐死拒。」[62]隨著天色漸亮，清兵開始在河岸集結。國姓爺下令點燃引線，於是地雷一一爆炸，無數的敵軍被炸飛至空中。煙霧散去之後，只見河裡滿是死屍。他的部隊隨即從洞中一湧而出，擊潰了生還的敵兵。

這是一場傳奇性的勝仗。楊英寫道：「此一敵也，死中得生，何啻背水之戰。非本藩善戰親督，不至是也。」[63]

皇帝的肯定

海澄之役打響了國姓爺的名聲。不久之後，他就收到了兩名互相敵對的皇帝分別來信。永曆皇帝封他為王，這是人臣所能享有的最高爵位。國姓爺婉辭了這個頭銜，指稱自己還沒有資格領受這樣的榮譽，而是請求皇帝封賞他手下的將領。另外一封信則是來自清朝皇帝，信中賜予國姓爺一個頭銜，並且邀他投靠清廷，擔任福建的行政長官，信中並允許他將若干府據為己有，同時保持對海上貿易的控制權。

當時的清朝皇帝順治還是個少年。他的信試圖以儒家道德論述說服國姓爺轉換陣營。順治寫道：「朕念父子大倫，慈孝天性，父既爲功臣，子豈願仇敵？」[64]順治並且附上鄭芝龍的信，他在信中又命令、又鼓勵、又誘引國姓爺叛明投清。國姓爺的幾個弟弟也從他父親在北京的住處前來見他，並且努力誇大其詞，聲稱他若是不接受清廷的議和，他們的父親就會遭到殺害。

在儒家傳統中，個人對於家族的忠心比起對帝王的效忠還要重要。孔子的《論語》有個著名的篇章，提到一個人吹噓著自己國家的國民極爲正直，如果父親偷了羊，兒子也會揭露其罪行。孔子聽完之後答道：「父爲子隱，子爲父隱，直在其中矣。」[65]個人對於家族的忠心應當高於政治上的忠誠。

然而，國姓爺完全不以爲然。他對他的弟弟們說：「爾凡子未知世事！……我一日未受詔，父一日在朝榮耀。我若苟且受詔削髮，則父子俱難料也！爾勿多言，我豈非人類而忘父耶？箇中事未易未易。」[66]

儘管如此，他還是持續與清廷商議，有些史學家認爲他考慮過接受清朝的議和條件，他對明朝的忠心其實沒有那麼純粹。一名史學家寫道：「不宜過度宣揚其忠烈事蹟。」[67]其他史學家則強烈反對這種看法，指稱國姓爺對明朝的忠誠度極爲深刻，甚至稱得上是「狂熱」。[68]

哪一種說法才對呢？我傾向於後者。別的不提，至少我們可以確知他利用這段停火期間鞏固他的據點以及積聚糧餉。[69]他心知清朝會對這樣的舉動感到懷疑，於是寫信向他們指出：「以數十萬之眾，按甲待和，雖議可俟，而腹決不可枵。」[70]清廷同意他繼續籌集糧餉。

另外一個原因，則是他的公眾形象非常強調忠義。他顯然不認同當時那個把自身利益及家族利益看得比道德還重的中國社會。這點也許反映了他在日本的生長背景——至少許多日本作者都抱持這種觀點。[71]無論如何，他的聲明都把大義置於家族利益之上。當初明朝皇帝請求他南下赴援，他便立刻動身。他的部將指稱廈門的防守力量太薄弱，但他卻答稱家族的財富與安全比不上做正確的事情。[72]後來廈門遭到攻陷，他的家族財富也被劫掠一空，但他依舊拒絕回頭，並且說：「國難未報，遑顧家為？」[73]儘管他終究在將領的堅持下返回廈門，卻還是顯得百般無奈，聲稱他是因為害怕士兵叛逃而不得不然。

此外，他也對古代典籍中記載的義舉表達仰慕之意，彷彿認為他那個時代的中國迷失了方向。他說，他向來「佩服春秋之義」。[74]

他經常利用公開場合表達自己的感受。一六五二年，一個名叫庫成棟的人帶著一名清朝將領的頭顱前來投靠國姓爺。[75]庫成棟原是那名將領的僕人，但他刺殺了自己的主人，希望能因此獲得國姓爺的獎賞。然而，國姓爺卻說：「僕隸之人而戕其主，是大逆也；大逆何以勸後？」下令將庫成棟斬首。庫成棟聽到這個命令不禁大驚失色。「寬我一死，必有望風續至者，八閩可不勞而定也。」國姓爺的部將也紛紛為他求情。

不過，國姓爺心意堅決。「得八閩者，一時之私利也；誅叛逆者，萬世之公義也。吾終不忍以一時之私利而廢萬世之公義！」庫成棟終於還是遭到斬首。[76]這不是國姓爺唯一一次公開表揚忠義的概念並且懲罰自私的行為。[77]他這麼做乃是為了證明自己不是只要打贏一場戰爭，而是要重拾中國的價值觀與美德。

我們永遠無法確知國姓爺究竟有沒有考慮過接受清朝的議和條件。在他寫給他父親的信裡（他知道清廷一定會看到這些信件），他聲稱自己雖然願意投靠清朝，卻對他們心懷疑慮，而且對他們提供的條件也不甚滿意。也許他是刻意藉此讓清廷忙著提出新的條件，因為他私底下表現出來的態度顯然堅定得多。根據楊英的記載，國姓爺的弟弟不斷懇求他：「二使此番失意而回，大事難矣！我等覆命，必無生理，並太師爺亦難！」[78] 國姓爺答道：「我意已決，無多言也！」[79]

儘管他的話說得如此斬釘截鐵，卻還是與清廷持續商議了一年。信件與使者不斷往返，也出現了更多揮淚懇求的場景，「日夜涕泣。」[80]

有些文獻指稱這樣的商議令他深感沮喪——儘管他心意已決，卻還是不免感到煎熬：「賜姓義不就撫；然父子之情，恆於中夜起立北向，私自哀慟。」[81]

這種富有戲劇色彩的故事不免讓史學家心存懷疑，但有一項強而有力的證據足以反駁那些認為國姓爺暗懷二心的學者：就在商議進行的同時，他也忙著建立政府、壯大軍隊，並且準備對中原發起一場大規模的攻擊。

海上霸王

一六五五年春，就在議和的信使往返不停的同時，國姓爺與他手下的參議「坐論海王」。[1] 他們建立了政府，將廈門改名為思明州，並且依照明朝行政傳統設置六官：兵官、吏官、禮官、工官、戶官、刑官。這是個明朝的鏡像據點，完全仿造永曆皇帝在西方一千英里外的雲南省所領導的政府。[2]他們還成立了儲賢館與育胄館。[3]重要人物陸續抵達，包括明室的高級官員、著名學者以及王公貴族。一份文獻記載道：「島上衣冠濟濟，猶有昇平氣象。」[4]就連過去曾經有望繼任皇帝的明室親王魯王也來到了廈門，而被奉居於金門。[5]

國姓爺的心力主要投注於建構軍力。他興建了一座操練場，其中還有一棟供教練住宿的高樓，以及一座能夠俯瞰操場的觀察台。他稱之爲「演武亭」。[6]完工之後，他就登上台觀看每個部隊的表現。

他對自己看到的結果不滿意，於是親自更改訓練方式，創立所謂的「五（點）梅花操法」。他親自教習，逐一指正每個隊伍的缺點。然後，他又寫下這種操練法，並且印行爲手冊。[7]

他舉行了盛大的閱操典禮。他發現其中一隊行伍不齊，於是命令該隊的指揮官——同時也是他手下階級最高的其中一名將領——在操場上接受四十棍的懲罰。其他將領紛紛爲他下跪求情，於是國姓爺將他降了一級。然而，這位將領卻因此抑鬱驚憂而病倒。其他操練成果不佳的將領不是遭到軍棍責打，就是用箭刺穿耳朵。[8]

但比起蔡飛，他們都還算幸運。蔡飛回報指稱自己在戰場上遭清兵擊敗，結果國姓爺立刻下令將他斬首，而且還把他的頭顱插在竿子上示眾。[9]

斬首示眾是眾所接受的軍法，但國姓爺已愈來愈以嚴厲著稱。他指派監紀隨軍出戰，記錄並回報未能嚴守紀律的官兵。監紀身上都帶著一面紅旗，上面寫著這段嚴厲的文字：「軍前不用命者斬，臨陣退縮者斬。」[10]指揮官與將領也不得赦免。而且犯過者皆是先斬後報。[11]

嚴厲與殘酷僅有一線之隔，而國姓爺似乎跨過了這條界線。「在他掌權的十五年間，」住在廈門的一名西班牙傳教士寫道：「據估他處死了超過五十萬人，其中許多都只是犯了輕微過錯，而且還不包含戰死於沙場上的無數官兵。」[12]（這名傳教士將他的暴力傾向歸因於他承繼的日本傳統。）[13]這個估計數字雖然嚴重誇大，但即便是支持國姓爺的記載，也提到他脾氣暴躁。他通常會怒吼斥責，但更可怕的反應則是「不以透過威脅或責罵的方式表達憤怒，而是發出令人膽寒的假笑」。[14]

他的嚴厲偶爾也不免導致部下叛逃。一六五六年，他手下的高階將領蘇茂打了一場敗仗。蘇茂做了一項錯誤決定，導致五百多名士兵死亡。國姓爺氣憤不已，將他斬首處死。另外還有其他在戰場上表現不佳的將領，也都受到了懲罰。其中一個名叫黃梧的將領遭到降級並調至海澄縣，恰巧鎮守當地的指揮官正是蘇茂的親人，結果兩人共謀舉城降清。[15]這起事件重重打擊了國姓爺。海澄不僅是重要的港口與稅收來源，其中的倉庫也儲有二十五萬石糧粟，以及無數的大砲、槍枝與軍用器材。[16]

此外，黃梧叛變帶來的長期傷害更是嚴重。他對國姓爺心懷怨恨，因而與清廷積極合作。[17]他向清廷透露了國姓爺的祕密網絡，以及這些網絡在清朝占領地區的分布。藉著這些資訊，清廷得以切斷國姓爺的若干收入與情報來源。[18]此外，黃梧還提出了更激進的計畫。他向清廷獻策，建議他們挖掘鄭氏祖墳，褻瀆其中的骸骨，並且提議封鎖福建的貿易。清朝之所以施行嚴苛的遷海令，強迫福建所有沿海居民移居到離岸十公里處，有一部分必須歸因於黃梧的建議。[19]這些政策雖是後來的事情——遷海令直到一六六一年底才施行——但失去黃梧仍是一大挫敗。國姓爺如果不那麼嚴厲，這件事情就不會發生。

國姓爺似乎也變得愈來愈驕傲，又愈來愈易怒。蘇茂的部隊死於橋上之際，一位年輕的清朝親王正率領三萬大軍進入福建。國姓爺大多數的部隊都出外打仗，以致廈門防衛空虛。國姓爺沒有召回在外征戰的部隊，而是下令全員撤退，迫使官員與各顯貴要人打包走避。兩名官員出言埋怨，指稱他應當召回在外作戰的部隊。

國姓爺勃然大怒，下令將這兩人斬首。在叔父鄭鴻逵的勸說下，他才改爲責打八十棍，這仍是極爲嚴酷的懲罰。他不喜歡自己的權威受到挑戰，於是寫一封措辭尖銳的信，指稱那兩名官員干預了他的統治作爲，引起其他人無謂的恐慌與疑慮。他寫道：「清朝豈無宿將？遣此乳臭豎子！豈意在戰耶？不過藉兵再逼我和耳……所以併空思明以疑之。」[20]他將自己比擬爲中國史上最受崇敬的戰略家諸葛亮，因爲諸葛亮在一則著名的故事裡也曾面臨類似的狀況。故事中，諸葛亮的部隊在外作戰，敵人卻正好在這時前來攻打他的總部。於是，諸葛亮打開城門，坐在城牆上飲酒撫琴，並且叫兩個孩子在他身旁玩耍以加強效果。敵軍指揮官看見這個情景，生怕諸葛亮設有埋伏，於是立刻退兵。

國姓爺說他採行的正是同樣的計策。楊英指稱眾人聽了國姓爺的解釋之後，紛紛表示嘆服：「藩主妙算無遺，非小人所能知也。」[21]當今的學者都採信這段記載，對國姓爺高明的計謀崇仰不已，但我不確定國姓爺的行爲是否眞的那麼值得讚揚。[22]在空城計的故事裡，諸葛亮自信又安詳，但國姓爺卻是一點都不鎭靜。撤離根據地也絕對不像是富有自信的模樣。結果，這支滿洲軍隊根本不堪一擊，國姓爺的海軍輕輕鬆鬆就驅退了他們。不過，他發怒的這起事件卻顯示他已愈來愈心高氣傲。實際上，一名史學家就指出，他贏得這場海戰之後表現出了過度自信的態度，認定「清朝控制中國的力量薄弱，而且愈來愈趨衰微」。[23]

接下來，他企圖對敵人主動發動攻擊，「搗其心腹，」[24]卻因爲這樣的過度自信而遭遇挫敗。

北伐

國姓爺的計畫很簡單：深入清朝占據的地區，攻下南京。南京是中國南方的古都，也是明朝原本的都城所在。他相信自己只要取得南京，國人必然望風而歸，共同抗拒清朝。[25]

他命人製造更多的大型船隻，並且加以重新編組，每一艘都裝上一面特殊的牌照。他操練部隊，舉行了特殊的閱操典禮。槍枝、大砲、砲彈、裝甲、火箭、盾牌、劍、矛是否都保養良好？船隻的堅固程度是否耐得了海上的風浪？旗幟是否清潔明亮？

他舉行餐宴，他的夫人也宴請官員、將領與士兵的妻母子女，由於人數太多而必須分成七次逐批招待。[26]

大軍動身出發，但一支清朝部隊進逼廈門，國姓爺只好率軍回防。

他在次年又嘗試了一次。這一次，他打造了一支新部隊，士兵全都穿上從頭包覆至膝蓋的重鎧甲，一般人稱他們爲鐵人，但其正式名稱爲虎衛，盾牌與頭盔都畫上凶惡的虎面。只有能夠提起三百斤石獅繞行的人，才可申請成爲虎衛，而且還不一定會獲得選用。他們必須證明自己精於矛、盾與弓箭，也必須持五十磅重的劍互相比畫。

他命令所有人都登上船隻，包括妻子、兒女乃至高級官員。畢竟，新都一旦建立之後，他們就必須立刻進駐統治。

義大利傳教士李科羅在一六五八年六月見到了這支即將開拔的大軍。他寫道：「這是中國海域有史以來最強大的艦隊。」他估計船隻約有一萬五千艘，「儘管有些人堅持實際數目甚至更多。」武裝士兵共有十萬人、軍馬八千匹，還有各式各樣的補給品以及數以千計的水手。有些中文史料估計的數字更多。一份文獻指稱這支艦隊共有五萬艘船、十七萬武裝步兵、五千騎兵及八千名鐵人。[27]一般的共識則是認為這支遠征軍約由十五萬名士兵組成。[28]我們可以想像這麼一支強大的軍隊——堪稱全世界最大——能夠為觀者帶來什麼樣的印象。「那幅景象令人震驚又嘆為觀止，」那名傳教士寫道：「艦隊在水面上占據的範圍極廣，以致海洋看起來有如一大片禿木森林。」[29]

這片森林向北進發，但國姓爺同樣未能抵達南京。這次的問題在於龍，至少這是楊英提出的解釋。[30]

長江出海口處有兩座小島，是溯江航行之前的最佳憩息地。其中一座島稱為猴山，另一座稱為羊山。這兩座小島都無人居住，但羊山島上有一間古廟的遺跡，稱為羊山王廟。

國姓爺的引港都督說：「這個地方充滿神奇的力量，有兩條龍潛居於深水下，其名分別為矇、瞽。」這兩條龍對於噪音非常敏感，因此他警告國姓爺必須嚴令部隊保持靜肅。船上絕對不得敲擊金鼓，也不得焚燒紙錢——這兩種行為正是迷信的水手喜歡用來祈求好天氣的做法。

國姓爺認為這是無稽之談，因為義軍必受天意佑護。他縱橫海上這麼多年，從來不曾見過像兩條龍這樣的妖魔力量。他任由部隊敲擊金鼓、發射大砲。

不久，烏雲遮蔽了天空，接著出現雷鳴與閃電。大浪打在船隻上，大雨傾盆而下。天黑得連人站在面前也看不清楚，只聽見四處傳來呼救聲以及破裂撞擊的駭人聲響。

國姓爺的一名將領對他下跪懇求道：「藩主上應天生，請上拜棚拜告，著風息浪。」

國姓爺拒絕他的請求，說：「天意有在，豈人所能求禱？」

風暴愈來愈大。不久之後，許多官員都在顛簸不已的船上跪在他面前。

他終於依順他們的請求，四拜祈禱。風暴隨之消散，海水也平靜了下來。

無論這場大颱風是不是由視力不佳的水中蛟龍所引起，總之對國姓爺造成了一大挫敗。他的艦隊被風浪沖散，損失了數十艘船艦。[31]數千人因此失蹤，其中兩百多人是他的家人，包括六名侍妾與三個兒子。[32]學者估計死亡人數多達數千人，[33]另有數百人雖然游上岸，卻遭到捕捉。[34]

國姓爺苦笑一聲，下令找回死者的屍體，予以下葬。[35]他返回基地，處死了幾個人，然後開始修理船隻。

次年，一六五九年，他又嘗試了一次。這次他通過那兩條龍的關卡，航入了長江（圖十一）。

在鄭芝龍即將降清之前，國姓爺曾警告他說：「魚不可脫淵。」現在，國姓爺自己卻把海洋抛在腦後。他在沿海地區占有極大的優勢，原因是滿人不懂海戰。他的船隻雖可航行於長江上，但這種行船方式與海上大不相同，而且這也是他第一次深入清朝腹地。

另一項同樣重要的因素是，這裡是個陌生的國度。這裡的居民雖然同是漢人，所說的語言卻與閩語極不相同，就像西班牙語和羅馬尼亞語的差異一樣大，而且習俗也大為不同。在此之前，國姓爺向來仰賴他在福建的聯絡人，那些人熟知每一座山丘、每個隱祕的海灣以及每一條山澗。現在，他卻不再握有這樣的地理知識。

不過，還是有些當地人能夠幫助他。不只是漁夫與商人，還包括和他一樣心向明朝的反抗陣營領袖。

其中一人即是張煌言，他反抗清朝的時間甚至比國姓爺還長。而且，他也曾參與其他明朝效忠人士在長江上率領的攻擊行動。國姓爺挑選他擔任自己的主要顧問，實是明智之舉。只可惜他沒有聽從張煌言的建言。

石頭城

國姓爺的主力艦隊抵達長江口之時，張煌言說：「崇沙乃江海門戶，且懸洲可守；不若先定之為老營。」[36]國姓爺拒絕此一建議，而繼續向前進發。[37]

要抵達南京，他就必須控制瓜州地區，該處的河道比較狹隘，水流也比較湍急。清朝在這裡的江面上設置了一條鐵索，稱為滾江龍。艦隊要通過這道關卡，必須先派人剪斷這條鐵索，而且這支先鋒部隊必須冒著砲火的危險，因為清軍在岸上設置了許多活動砲壘。國姓爺派遣張煌言協助執行這項艱困的任務。張煌言寫道：「余念國事，敢愛軀命，遂揚帆逆流而上。」[38]他身先士卒，搭乘名為沙船的快艇逆江航行，並且在沙洲上插旗指引國姓爺的主力艦隊（圖十二）。

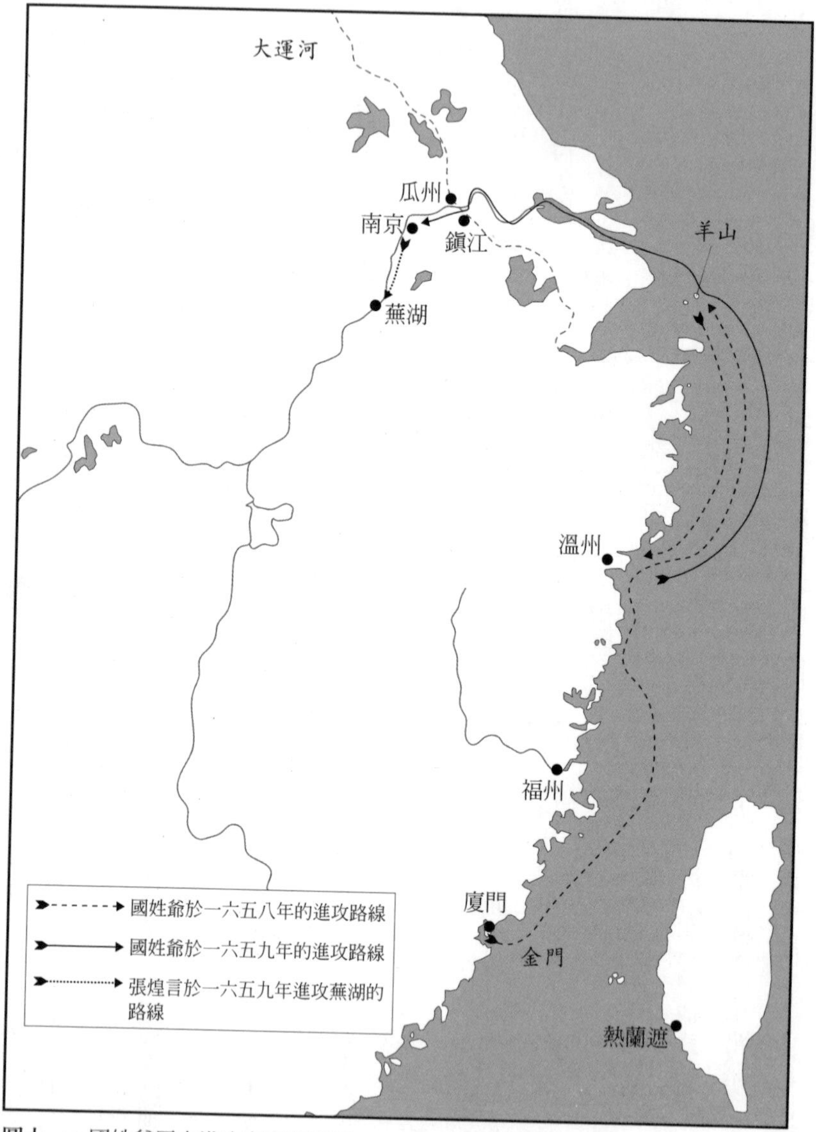

圖十一：國姓爺歷次進攻南京路線圖，一六五八至一六五九年。

這支部隊抵達瓜州的時候雖然天氣晴朗明亮，但風強水急，清兵的大砲也怒吼如雷。張煌言後來寫道：「水軍之傷矢石者，且骨飛而肉舞也。」[39]他高呼下令：擊鼓！以整齊的節奏划船！潛水員閉氣潛入水裡，企圖切斷鐵索，小船上的士兵則攻擊岸上的砲壘。那些砲壘是極爲巨大的建築物，由厚杉板築成，每座砲壘裝載五百名士兵與四十門大砲。楊英寫道：「船遇之立碎，此項最利害。」[40]先鋒部隊共有數百艘船隻，經過這番激戰之後只剩下十七艘。不過，鐵索終於剪斷，國姓爺的部隊也奪下了三座活動砲壘。

滾江龍剪斷之後，國姓爺即可進攻瓜州。他的陸上部隊對清軍發動猛烈攻擊，砲船在江上以火力支援。一支英勇的小隊登上城牆，在牆頂豎起旗幟，眾官兵於是立刻蜂擁前進。敵軍潰陣逃散，但國姓爺早已派了一支部隊繞到城後。逃亡的敵兵都遭到捕捉殺害。國姓爺下令搜查城內，只要發現滿洲人就格殺勿論。溝井裡都塡滿了屍體。[41]

這是一場非常重要的勝仗，因爲瓜州坐落於大運河上，而大運河乃是北京與南方富庶地區之間的主要交通動脈。不過，長江對岸又有另一個重要目標：鎭江。他們必須奪下這座要塞，才能控制長江。就在國姓爺準備攻城事宜之際，張煌言又向他提出建言：何不派一小支海軍部隊溯江而上，「先搗觀音門，」[42]藉此分散敵人的注意力？

國姓爺認爲這個構想非常好，何不由張煌言自己領導這支部隊？而且，張煌言搗擊了南京之後，何不繼續溯江前往蕪湖，看看能否拿下那座港口？此舉不但可迷惑敵軍，而且張煌言要是出乎意料拿下了蕪湖，明軍即可同時控制南京上游與下游的門戶，使得清廷更難派兵來援。

沙船
沙船之制起自直隸崇明等
處江揚沙上之賊多乘此船
行刼江中人見其利捷遂倣
式造以禦盜其船底平身輕
不畏淺閣又能調戧使逆風
至於遠出大海搜窮洋破巨
浪難與倉漁等船並論倣沙
泮淺梗之處用此最宜

圖十二：沙船圖，繪於一六四六年。這幅木刻版畫描繪了一艘沙船，這是一種堅實的船隻，張煌言在一六五九年即是利用這種船隻對「滾江龍」發動攻擊。圖左的文字指出：「其船底平、身輕，不畏淺閣，又能調戧使逆風。」張煌言率領這些沙船迅速逆流而上，遠在國姓爺的主力艦隊之前。摘自鄭大郁，《經國雄略》，〈武備考・卷八〉。（哈佛燕京圖書館許可翻印。）

張煌言對於這項任務並不熱中。蕪湖是一座大城，「七省孔道，商賈畢集。」[43]如此一來，他將必須深入敵境。他寫道：「余一書生耳，兵復單弱，何能勝任！」[44]但他還是接下了命令。他率領一小隊平底沙船朝著上游而去。

他對沿途民眾的熱烈歡迎深感訝異。小船穿梭於他的艦隊中，獻上瓜果，一點都不害怕，彷彿根本不曉得這是一支軍隊一樣。他寫道：「余顧而樂之，以爲儼然王師氣象矣。」[45]不過，他也注意到民眾心中其實滿懷恐懼。他們說他們想要效忠明朝，但需要部隊的防護，也需要有官員治理。一個地方的民眾在雨中焚香下跪，磕頭懇求他上岸駐紮於他們的城裡。他沒有多餘的人手，也害怕自己耽誤時辰，於是繼續前進。

這一年長江的水又滿又急。他的船隻雖然靈巧，但前進速度還是不快。他擔心主力部隊的航行速度又會更慢，如此便可能危及整個攻擊行動。

他欣聞國姓爺打了一場俐落的勝仗，順利攻占鎮江。敵軍徹底潰敗，死屍遍布於田野上，血水流滿溝渠，生還者四散奔逃。[46]不過，他接著又得知了國姓爺下一步打算做什麼：在鎮江稍事停留，讓當地人瞻仰軍容。國姓爺讓官員與將領穿上特殊的紅袍與冠帶，然後令他們與部隊一同在鼓聲與號角的伴奏下列隊進城。[47]民眾紛紛出門觀看，街道與市集都擠滿了人，遊行隊伍則從河邊水門繞城走向甘露寺。[48]楊英寫道：「時觀者傳聞，謂之天兵。」[49]事後，國姓爺又繼續待下來，準備舉行宴會。他們日夜不斷吃喝舞樂。[50]這種展示財富與權勢的舉動正是他的策略，以便鎮江大勝的消息能夠廣爲傳播，動搖敵人的決心，使「狡虜破膽，南都不攻自下矣」。[51]

張煌言不像國姓爺那麼有信心，他並不認為清廷已搖搖欲墜。他擔心國姓爺進軍南京的時程延宕得愈久，清朝就愈有時間派遣援軍前來。他寫信敦促國姓爺趕緊行動，引用孫子的話寫道：「兵貴神速。」[52]他估計國姓爺的鐵人部隊一日可行軍三十里。這樣的速度雖然緩慢，但只要認眞趕路，仍可在五天內抵達南京，足以取得先機。但他警告國姓爺勿由水路進軍。他寫道：「若從水道進師，巨艦逆流遲拙，非策。」[53]

甘輝是國姓爺手下最忠心也最有經驗的將領之一，他也提出了同樣的建言。他引用另一句古代格言：**兵貴先聲**。[54]他說：「乘此大勝，狡虜亡魂喪膽，無暇預備，繇（由）陸長驅，晝夜倍道兼程而進，逼取南都。倘敢迎戰，破竹之勢，一鼓而收。」[55]如同張煌言，他也認為由水路進軍速度太慢，足以讓敵軍有機會增援。

國姓爺一度試圖由陸路進發，但許多將領都埋怨不已。[56]他的部隊不習慣當地環境，不但天氣炎熱，他們也深感疲累，許多人甚至已經病倒。他手下的將領都認為由陸路兼程進軍的做法並不明智，尤其是當時大雨不斷，以致河流都難以跨越。國姓爺終於決定放棄張煌言與甘輝的建議，而讓部隊都登上了船。

張煌言聽到這項決定，不禁大感訝異。他已抵達南京，將沙船拉上觀音門下的淺灘，並且已經與清軍展開交鋒。他在當地紮營兩夜，但完全沒有見到國姓爺的船隻出現。另一方面，敵軍的動作卻相當快。有幾支戰力精良的清軍部隊剛從南方征戰回來。他們聽聞國姓爺的主力部隊尙未抵達南京，隨即派遣這幾支部隊搭乘快艇順流而下到南京赴援。張煌言寫道，清軍「發快船百餘載勁虜……順流而下，擊棹如飛」。[57]他雖試圖阻截，卻沒有成功。

由於國姓爺遲遲不至，張煌言於是依照先前的命令，派人溯江前往蕪湖，高舉明軍旗幟到處衝撞。國姓爺的計策似乎產生了效果。各地的使者紛紛前來宣示效忠，或者表達投靠之意。他們對國姓爺的龐大軍力及其所打的勝仗深感興奮。其中有些簡直有如奇蹟，例如張煌言的四名士兵與四名鐵人嚇走一百名清兵，奪下江浦這座江港。[58]這起事件還被編成了童謠：「是虎乎？否。八員鐵將，驚走滿城守虜！」[59]攻陷蕪湖之後，張煌言前往協調各部隊，同時也接見了更多使者。七府、三州與三十二縣都派了代表謁見張煌言或國姓爺。[60]張煌言忙著協調這些人，指稱自己「席不暇暖」。[61]

然而，國姓爺卻沒有任何急切的樣貌。他的部隊在鎮江遊行示眾後，過了兩個星期才抵達南京，接下來又無所作爲。

國姓爺認定南京城即將投降。他的部隊攔截了若干信件，其中描述了城牆內的狀況。其中一封信以驚恐的語氣提及國姓爺的部隊——「藩師二十餘萬，戰船千餘艘，俱全身是鐵，箭射不透，刀斬不入」。[62]另外還提及瓜州與鎮江兩役的清兵生還者「魂魄尤驚」。[63]信件中請求北京救援，指稱南京的情勢「危如纍卵，乞發大兵南下，救援撲滅，免致燎原焰天」。[64]

國姓爺認爲這封信證明了他的計策確實奏效。他欣然表示：「似此，南都必降矣。」[65]他命令該城的領導人降服，並且派人抄寫招諭，綁在箭上射入城內供民眾閱覽。[66]

他的將領卻沒有那麼樂觀。甘輝比較勇敢，說出了心裡的憂慮。他對國姓爺報奏說：「大師久屯城下，師老無功……請速攻拔。」[67]

國姓爺沒有同意。攻城將導致太多傷亡。不如讓敵人召集援軍吧！屆時將會有一場大戰和一場大勝利，然後南京就會投降。至於現在，國姓爺說，南京周圍的地區都已陸續投靠明室陣營。南京城將會遭到孤立，除了投降外別無選擇。[68]

甘輝返回營裡等待，國姓爺則忙著招待來訪的使者。四名熱切的年輕人前來請求國姓爺賜予牌札印信，以便自行招募兵員。他們見到國姓爺的部隊之後，不禁驚嘆道：「人傳天兵不虛，虜不足敵矣。」[69]國姓爺也因此深感自豪。一切跡象似乎都顯示他已在勝利邊緣。

張煌言滿心挫折地寫道：「延平大軍圍石頭城者已半月，初不聞發一鏃射城中。」[70]他得知國姓爺甚至也沒有從南京派遣部隊攻占其他要塞，以致許多重要地點仍在清朝控制之中，不禁大感震驚。他指出：「句容、丹陽，實南畿咽喉地，尙未扼塞。」[71]這表示清廷仍可派遣援兵往赴南京，每個地方已派個幾百人，並逐漸集結了起來。這些人也送出補給品——糧食、運輸船乃至馬匹。當初那群清朝援兵爲了搭乘快艇而不得不拋下馬匹，現在又得以騎著新運到的馬匹趕在國姓爺之前抵達南京。[72]

張煌言再次寫信給國姓爺，信中指出：「亟宜分遣諸帥，盡取畿輔諸郡。若留都出兵他援，我可以邀擊殲之……俟四面克復，方可以全力注之，彼直檻羊、阱獸耳。」[73]無論如何，他敦促國姓爺趕緊行動，什麼樣的行動都好：「頓兵堅城，師老易生他變。」[74]

他說的沒錯。國姓爺在南京紮營兩星期之後，他的一名軍官叛逃投敵。有些史料指稱他是個賭徒，欠了數萬銅錢，[75]另外有些記載則指稱他違抗了一項命令，害怕自己會遭到斬首。[76]他呼喚南京城牆上的衛兵，爬上他們垂下的繩子，然後向清軍透露了地雷與大砲還有隱藏弩弓的所在處。他說當時正是進攻良機：「營中令雙日盡解甲，明日又成功生日，諸將上壽，必置酒。」[77]

城外，就在城牆偏離長江處，國姓爺設置了幾座大營，有些在一座稱爲獅子山的山丘上，有些在山腳下。那名叛降的軍官指稱那裡的部隊極爲鬆懈，每天都脫下頭盔沐浴，還看戲作樂。[78]

國姓爺似乎也知道那座營地不堪一擊。他聽聞該營的指揮官余新放縱士兵捕魚玩樂，於是派人前往調查。不過，余新聲稱自己刻意表現出粗心大意的模樣，乃是一項狡黠的計策，打算藉此引誘敵軍出城。他已安置大砲，能夠封鎖從城牆通往外面的道路，所以他的營地其實固若金湯。他表示，他如果不示弱，敵軍絕對不敢出城，因爲他們曾敗在他手下，對他害怕不已。他說他採行的計策就像古代名將張飛一樣，當時張飛佯裝示弱，誘使敵軍來犯，然後再加以擊潰。國姓爺回答他不認爲余新的能耐足以和張飛相提並論，警告他不要太一廂情願，以免畫虎不成反類犬。[79]他甚至打算派兵增援，但又改變了主意，認爲一營戰敗也不至於累及全軍。

然而，清軍卻準備發動突襲。從前，南京的城牆有一道門就位在余新紮營地點的附近，但將近兩百年前爲了加強城防而封了起來。現在，工人在夜裡悄悄鑿穿城牆，在黎明前鑿通了隧道。[80]

在那名叛降軍官的指引下，他們發動了攻擊。一支小隊爬上城牆，由上方垂降而下，踏著城外興建於牆邊的房屋屋頂前進，一面全力嘶吼。其他人則是從城牆上挖開的洞口中衝殺而出。有些洞口顯然挖通到百姓的屋子裡，因此高聲喊殺的清兵彷彿從居民當中冒了出來。

情況一片混亂：黑煙、大砲的怒吼、士兵的吶喊、余新的部眾遭到截殺的嚎叫聲，以及他們試圖游泳逃生的打水聲。有些人逃了出去，但大多數不是被殺就是遭到俘虜。大部分的軍官都不幸喪命，余新本身則是被清兵活捉。[81]

國姓爺派出援軍，但已經太遲了。清軍已經在城牆外站穩了陣腳。

第二天，國姓爺在城南的將軍山列陣迎戰，但他和他的將領對那個地區都不熟悉。[82]他們把各軍的陣營安排得相距太遠，以致協調不易。清軍繞到他們後方發動攻擊。

那是一場艱困的戰役。清軍的騎兵下了馬，占領山丘，然後衝下山坡，將國姓爺的部隊一路追趕到河邊，然後他們才因登上船而得以逃生。

國姓爺的幾名將領在尾端斷後，也許是爲了讓撤退的部隊不至於亂了秩序，也可能只是因爲他們被敵人困住，無法突圍到河邊。[83]

其中一人是甘輝，就是國姓爺沒有聽從他的建言的那位將領。他遭到了俘虜。有一則故事指稱他被帶進南京審訊，拒絕在清朝總督面前下跪。他看見余新及其他同志跪下，隨即踢了他們一腳，叫他們起來：「癡漢尚欲求生乎！」[84]他又說對了。他們全都遭到了處死。

國姓爺搭船順流而下，在次日抵達鎮江，這時才意識到他損失了甘輝以及其他許多大將。楊英指出，國姓爺認知到損失的慘重程度之後，不禁嘆息說道：「是我欺敵之過，輕信余新所致也。」[85]不過，他的恢復力非常強。他引用了另一句諺語：**勝敗常事**。儘管遭遇了挫敗，還是得繼續走下去。不然還能怎麼樣？

張煌言的意見則比較強烈。他寫道：「初意石頭師即偶挫，未必遽登舟；即登舟，未必遽揚帆；即揚帆，必且復守鎮江。」[86]他取出毛筆，寫了一封帛書，並且請一名僧侶盡速帶給國姓爺。他在信裡寫道：「上游諸郡俱爲我守，若能益百艘相助，天下事尚可圖也。倘遽舍之而去，如百萬生靈何！」[87]

不知道國姓爺是不是收到了這封信，但總之他沒有採行信裡的建議。他繼續朝下游而去。根據若干記載，張煌言的一名門徒、一個住在鎮江附近的貧窮書生，看到艦隊經過，於是划船晉見了國姓爺。他說：「公何以非十年之力，辜天下望？」國姓爺沒有答話。他忍著淚水再次開口：「公兵勢尚強，奈何以小衄挫志？彼戰勝而惰，轉帆復進，南都必破，失此事機，復欲再振，其可得乎？」他握著國姓爺的手哀哀痛哭。國姓爺於是命令手下將他帶走。[88]

艦隊抵達了海洋，東打西突，藉此迷惑清朝，然後回到了廈門。

張煌言只能望著大局興嘆。他取得的各個地方不是再次歸順清朝，就是被清兵奪回。他無法往下游走，只好朝上游逃亡，最後拋下沙船，翻山越嶺。這場路途非常艱難，他還得喬裝改扮。行走了一千英里之後，他終於抵達了海岸。他沒有放棄，仍然一再敦促國姓爺再次出兵。不過，國姓爺已經決定了一項新計畫：攻取台灣。張煌言認爲這是個非常糟糕的主意。國姓爺手下的將領也這麼認爲。荷蘭人也同樣這麼覺得。

天未厭亂

就在國姓爺的殘兵敗將在廈門重新集結之際，清軍已經攻進了福建。更糟的是，他們擁護的永曆皇帝竟然失蹤了。清軍把他追趕到了緬甸去。沒有人知道他是否還活著。

一六六一年初，國姓爺召集手下將領開了一場祕密會議。他說：「天未厭亂……去年雖勝達虜一陣，僞朝未必遽肯悔戰。」[1]他表示，該是採行一項大膽行動的時候了。「我欲平克台灣，以爲根本之地，安頓將領家眷。」[2]

在場的將領沉默無語，但臉上都露出「難色」。[3]傳統上，中國乃是以海爲界，海外的土地向來被視爲化外之地。[4]漢人就算想過台灣這個地方，也只認爲那是個充滿凶暴的獵頭族與瘴癘沼澤的地方；並且也不是全無道理。

一個名叫吳豪的將領開了口。[5]他說他到過台灣，可以證言當地是個充斥疾病的地方，而且海灣水淺，大型戰艦難以駛入。[6]

不過，國姓爺卻有別的資訊來源。實際上，他手下有個人，不但一輩子都住在台灣，也與荷蘭人密切合作。實際上，這個人甚至認識荷蘭人的領袖，包括揆一在內。

這個人名叫何斌，爲人聰明靈巧。儘管中文的著作經常將他描繪成一位英雄，但他實際上卻顯然是個流氓，是個詐財的騙子。[7]

何斌

何斌的出身和國姓爺的父親差不多，原本也是爲荷蘭人擔任通譯。此外，他也和鄭芝龍一樣，利用自己與荷蘭人的關係攢聚了大批財產。不過，鄭芝龍的財富來自海外，何斌卻是在台灣島內致富。

一六二〇年代期間，在國姓爺的父親仍是海盜的時候，台灣還是個蠻荒之地，居民只有獵頭族與少數漢人海盜。不過，到了一六四〇至五〇年代期間，也就是何斌積聚財產的時候，台灣已然成爲荷蘭東印度最富裕的一座殖民地，而且島上居住了大批漢人，人數還不斷成長。台灣島上有商店、工作坊、鐵匠鋪、教堂、學校、孤兒院、醫院、市政廳與豪華的宅第，並且興建了一座新的港口建築，包括碼頭、船塢與石砌防波堤。街道以磚塊鋪成，馬路以石板鋪成，還有渡船碼頭和運河，以及搭有遮棚的市集。

最重要的是，台灣的平原上滿是一望無盡的稻田與甘蔗田。何斌本身擁有部分田地。這些田地是他家族經由一場醜聞取得的，這也是他人生中眾多醜聞中的第一起。他的父親曾經擔任通譯，但荷蘭人一度逮到他私下向福建商人收取費用，也就是他抽取他們與荷蘭人成交每一筆交易的佣金。這是違法的行爲，但他卻在荷蘭人的鼻子底下這麼做了許多年才被發現。而且，荷蘭人發現之後雖然惱怒，卻也知道自己需要他，所以還是決定不對他施以懲罰。他們認定他之所以這麼做，純粹是因爲他的薪資不足以償付債務，於是他們又給了他一大片土地，讓他種植稻米而不必繳稅。這是一件非常慷慨的禮物。何斌在他父親去世之後繼承了這片土地。[8]

不過，這些稻田在他日益成長的財富當中只占了一小部分。在欣欣向榮的台灣經濟裡，到處都可見到他的身影：貿易、專賣制度、貸款，以及和其他漢人或荷蘭人合夥投資。他似乎也涉足不動產業。在台灣殖民地最繁忙熱蘭遮鎮也有不少他的產業。他有一幢位於濱水區的大宅第，而他最重要的一項成就、同時也是他最主要的一個收入來源，則是市秤。

當時的許多荷蘭城市都有市秤——其中有些成了現今的觀光景點，因爲市秤通常都是相當宏偉的建築——但熱蘭遮鎮的市秤卻是出自何斌之手，且這幢建築又爲他帶來了另一項醜聞。他在一六五〇年代初期向台灣的統治機構荷蘭福爾摩沙議會提出設置市秤的構想，聲稱這麼做可以幫助漢人商人，以免他們一再遭到假秤所騙。議會認爲這項構想非常好，於是核准他興建市秤，並且任命他爲市秤管理人。這個職位油水極豐，因此位於巴達維亞的東印度評議會認爲東印度公司應該多分得一點收益。於是，評議會議員命令台灣公開拍賣市秤管理人的職位。何斌不曉得用什麼方式阻止了這場拍賣，也許是藉由賄賂換一前任的台灣長官，結果以遠低於該職位價值的代價，取得三年的市秤管理人任期。一名荷蘭稅務官員爲此氣憤不已，提出申訴，何斌因此被剝奪職務，該項職位才終於確實舉行了拍賣。共有三名漢人商人一同開出最高價，但何斌終究還是說服了荷蘭人讓他繼續擔任市秤管理人，他聲稱願意支付與得標價格相同的價錢。那三名漢人商人雖然提出抗議，何斌依舊保住了這個職位。三名商人只好抱著滿腹牢騷回家。[9]

他們三人不是唯一對何斌不滿的福建商人。另外七人則與他們聯合向荷蘭方面寫了一封史無前例的抗議信函。他們寫道何斌「在荷蘭官員面前裝出正直誠信的模樣」，實際上卻爲了「滿足他永不饜足的貪婪」而不惜從事違法勾當。[10]他們說他賄賂稅吏，並且竊取貧窮勞工的錢；還說他把新來的漢人商人誘騙到他家，然後用詭計訛詐他們的財物。[11]他們指控他說謊、勒索、偷竊以及敲詐。

荷蘭官員完全沒有調查這些指控。何斌的財力愈來愈雄厚。

另外還有其他醜聞：可疑的貿易投機行爲、在拍賣活動中採用欺詐手段。但何斌總是不受影響。

一部分是因爲荷蘭人需要他。他與國姓爺的陣營有紐帶關係，而國姓爺在中國的崛起已在台灣造成了震動。

在一六五〇年代，國姓爺需要更多收入以支應軍隊的開銷，於是開始擴展貿易航道，派遣唐船直接前往東京（今河內）、柬埔寨、巨港與麻六甲。這些都是荷蘭人擁有貿易利益的港口。巴達維亞的官員擔心他會損及他們的利潤，[12]於是寫信給他——他們自認語氣溫和有禮，並且附上禮物——要求他退出他們的市場；同時也提出威脅——同樣自認語氣溫和有禮——指稱他若是拒不從命，他們將會採取行動。[13]國姓爺沒有聽從他們的話，於是他們扣押了他的兩艘船。其中一艘逃了出來，另外一艘船上價值豐厚的貨物則遭到了沒收。[14]

國姓爺的反應是對台灣發動禁運，禁止福建船隻前往台灣，「無論多小的船隻或木板皆不許，」並且指稱違反禁令的船隻將懲以處死船員與沒收貨物。[15]爲以儆效尤，他對一名違反了禁令的唐船船長開鍘。那名船長在廈門遭到處決，他的船員全部都被剁掉右手。[16]

由於台灣極度依賴中國船，殖民地的經濟因此在禁運措施下崩解。漢人商店裡的貨架上空無一物；農夫的作物賣不出去；勞工遭到解雇，只能乞討爲生；學校缺乏紙張；商人陷入破產。東印度公司的營收驟降。「這種現象若是長久持續下去，」荷蘭官員寫道：「公司在台灣的經營將徹底毀敗。」[17]他們祈求上帝毀滅「鄭芝龍那個傲慢暴虐的雜種兒子」。[18]但當時是一六五六年，正是國姓爺鼎盛之時。

揆一就在這個時候接任台灣長官，而他的優先任務就是要重振台灣經濟。他和他的顧問決定派遣何斌以特使的身分謁見國姓爺。

何斌的表現非常傑出。他回到台灣之後，向揆一表示他已化解了一切誤會。他說他只要提及台灣的前任長官，國姓爺就暴怒不已；因此他只向國姓爺指出台灣已經換了一位新任長官，名叫揆一，是個「公正、善良又有智慧的人……深受所有人的愛戴與讚揚」[19]，國姓爺對此相當欣喜，願意立刻重新開通貿易往來。當然，他要求荷蘭人不得再扣押他的船隻，也針對其他幾項次要議題提出條件，但總之將會取消禁運。

然而，何斌並沒有對揆一述說眞實的經過。根據楊英的記載，何斌其實是這麼對國姓爺說的：「紅夷酋長揆一……年願納貢和港通商，並陳外國寶物。」[20]納貢與進獻外國寶物是前明的傳統做法，由低等國家（在中國眼中，其他所有國家都是低等國家）派遣大使向皇帝下跪磕頭，承認他為地緣政治上的老大哥，尊崇明朝政府的優越性。揆一要是知道何斌把荷蘭描述為一個願意向國姓爺納貢的低等國家，一定不會高興。

而且，何斌代表揆一向國姓爺提出的承諾還不僅如此。楊英指出，何斌表示紅夷願意每年向國姓爺繳納五千兩白銀、十萬枝箭桿與五十噸硫磺的稅。[21]向國姓爺納稅的說法如果洩漏出去，必然會激怒荷蘭官員。

許下這些承諾之後，何斌一方面必須實現諾言，另一方面又不能引起荷蘭人的懷疑。於是，他開始自行進納這些「貢品」，即私下向台灣出港駛往中國的船隻收取過路費以支應這項開銷。[22]

揆一聽說這筆過路費的傳聞後，向何斌提出質問，但他堅決否認。揆一相信他的說詞，因為正如他所寫的：「這樣的事情若是發生在這裡，絕對不可能不引起居民的譁然騷動。」[23]

揆一並未進一步調查動機的原因，在於他在巴達維亞的上司對於他與中國重啓通商的成就讚許不已。[24]揆一需要何斌。何斌經常代表他前往廈門，向國姓爺呈遞官方信札，何斌的船隻也載運了軍事物資，包括箭桿、魚腸、羽毛與大麻。此外，船上還載有號稱由揆一所呈獻的「貢銀」。

一六五九年，一名焦急的福建商人要求會見揆一，結果何斌的詭計因此敗露。這名商人曾經簽署多年前針對何斌而向荷蘭當局提出的那封抗議信函。他向揆一表示，傳聞是眞的，何斌確實向從台灣出港的唐船收取過路費。這名商人提出極爲詳盡的細節，以致揆一無法繼續漠視這些證據。他逮捕了其他漢人商人，結果他們也在刑求之下坦承傳聞是眞的。他們向揆一出示何斌親自簽字的過路費收據。過路費非常高，許多商人都因此無法繼續經營下去。另外有些人則是向何斌借貸。[25]

揆一逮捕了何斌。[26]他被判有罪，因此丟了通譯的工作，其他職務也都遭到免除，並且被處以三百里爾（Real）*的罰金。這樣的懲罰輕得令人訝異。揆一顯然希望何斌還能繼續和他合作。不過，何斌卻逃往廈門。他留下大筆債務，但帶走了一幅地圖。[27]

進攻台灣

國姓爺召集將領討論侵台事宜之際，就提到了這幅地圖。他說：「何廷斌（即何斌）所進台灣一

* 里爾是荷蘭統治台灣期間所使用的貨幣，以白銀爲材料鑄成，重七十二至七十三錢。

圖，田園萬頃，沃野千里，餉稅數十萬。」[28]他表示，台灣顯然可以成為他們的新基地。此外，何斌也指出據守台灣的紅夷部隊不到千人，「攻之可唾手得者。」[29]

國姓爺的將領深知激怒他絕對是不智的行為，只有吳豪提出反對意見（他後來遭到處死，表面上宣稱與此無關，而是因為他犯了另一項過錯）。另一個名叫楊朝棟的將領則是表達贊同，聲稱這是一項極佳的構想，而且一定可以成功。他後來被晉升為首位台灣府尹。

對於攻台構想感到不安的，不是只有國姓爺的將領。他的士兵沒有被告知此次出征的地點，但他們面對各項準備工作的眼光卻愈來愈顯焦慮。他們的集結地是金門島的料羅灣，也就是國姓爺的父親在二十五年前擊敗普特曼斯的那片沙灘海灣。隨著船隻做好準備，開始裝載補給品——包括犁與各種農場工具——他們也跟著意識到這次出征絕對不是像先前那樣的沿岸旅程。[30]士兵紛紛開始逃跑。國姓爺派人將他們抓了回來。[31]

他對河流致祭，祈求上天賜福，然後下令將領與部隊立刻登船，也許是擔心又會有更多逃兵。何斌也登上了船，擔任嚮導。艦隊開動，只見海面上布滿桅杆。

航越台灣海峽是非常危險的事情。荷蘭人的船隻雖然堅實，卻也認為台灣海峽是「風勁浪強的水域」[32]（圖十三）。漢人水手也這麼認為。根據中文的航海文獻，前往台灣的航程首先必須穿越所謂的紅水溝——一片水色偏紅的安全海域。不過，如果風向正好，那麼船隻立刻就會抵達可怕的黑水溝，這是一段寬達二十英里的水域，深不可測，而且海流又急又混亂。據說黑水溝充滿穢氣，又有兩頭蛇盤據其間。若想安全通過，一般的做法都是屏住氣息，對著水裡投下紙錢。[33]

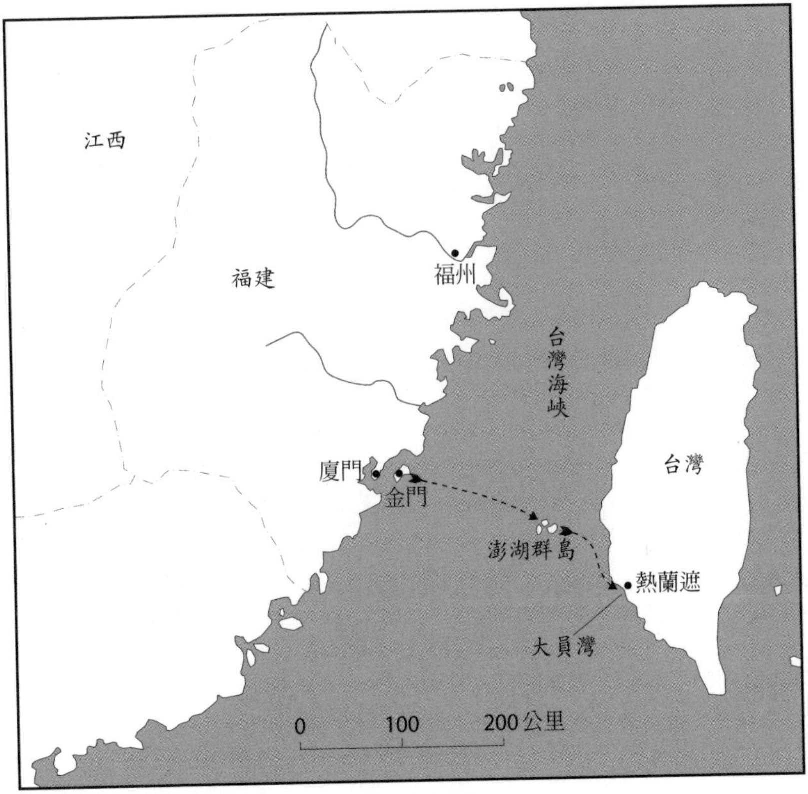

圖十三：國姓爺航越台灣海峽，一六六一年四月。

當然，這裡不僅僅是一片險惡的海域。一份記載台灣海峽的中文史料提到了生物發光的美妙景象。「海波夜動，焰如流火，天黑彌爛。船在洋中，可擊水以視物。一擊而水光飛濺，如明珠十斛，傾撒水面，晶光熒熒，良久始滅。」[34]

國姓爺的航程一開始相當順利。風向正好，因此他們在第二天晚上就抵達了澎湖群島。荷蘭舊堡壘的遺跡位於此處，國姓爺的父親曾在荷蘭人遷往台灣之前勸說他們放棄這座堡壘。那是三十六年前的事，正好發生於國姓爺出生的那一年。

不過，接下來就開始起風，以致他們無法繼續前進。後續的三天大雨不斷，風也吹襲不停。天氣終於平靜之後，他們才再次出發，但才航行至澎湖群島最後的兩座島嶼——東吉嶼和西吉嶼，就遭遇逆風，不得不回頭。

國姓爺擔憂不已。何斌說航行到台灣只要短短幾天，且台灣糧倉充實，因此艦隊只攜帶幾天的糧食。[35]補給品的存量已降至危險的程度。國姓爺命令楊英到澎湖各島上尋求補給，但他踏勘之後卻帶回了壞消息。澎湖居民不種穀物或稻米，只種番薯、大麥與黍稷。他收集了所有的作物，卻也只有一百石左右，「不足當大師一餐之用。」[36]

這項消息令人驚恐。國姓爺決定冒險。他下令艦隊向北方進發。有些官員下跪奏請他等待天氣晴朗再出發。

他以一段振奮人心的演說回應他們的疑慮。他引用河流結凍的古老故事，提到劉秀為了復興漢室，儘管去路遭到河流阻擋，還是憑著信心奮勇前進，結果河水及時結凍，正好讓他的軍隊得以通過，顯示上天站在他這一邊。[37]國姓爺不需要講述後續的故事，因爲他手下的將官都知道劉秀後來復興了漢朝。實際上，國姓爺只講了四個字就足以代表這則故事。這種傳承自古代的知識是中國文化的一個引人入勝之處，能夠將遠古的過去融入當前的世界，是今天的西方人已經不再懂得的做法。維多利亞時代的學童也許還能夠在橄欖球場上高呼凱撒的名言「我來，我見，我征服」而引起共鳴，但現代的西方人（至少是美國人）已與這種傳統脫節。直到今天，中國人仍然通曉許多古代的典故。國姓爺對他的部下說：「冰堅可渡，天意有在。天意若付我平定台灣，今晚開駕後，自然風恬浪靜矣。不然，官兵豈堪坐困斷島受餓也？」[38]他們都聽得很明白，於是遵循了命令。

針對這段從澎湖出航之前的訓話，另外一個版本的記載則指稱國姓爺擺設香案對天祈禱：「若果天命有在，而成功妄想，即時發起狂風怒濤，全軍覆沒。苟將來尚有一線之脈，望皇天垂憐、列祖默佑，助我潮水，俾鷁首所向，可直入無礙，庶三軍從容登岸。」[39]

無論他當時說了什麼，總之他出航的時候雨勢仍然未歇。雨水不停落下，海浪搖蕩著船隻。不過，雨勢到了夜裡即告休止，船隻因此得以順利前進。看來天意顯然贊同這次出征。不久之後，他的龐大艦隊就使荷蘭人大吃一驚，也讓他們害怕不已。

國姓爺並不知道，上天其實早在五年前就爲他鋪好了路。當時一場大風暴剷平了荷蘭的一座堡壘，以致大員灣——荷蘭殖民地總部的所在處——的兩處入口，有一處因而洞開。

第二章

一場猛烈駭人的風暴

揆一見過最可怕的風暴，發生於國姓爺入侵的五年前。那場風暴在一段不尋常的平靜之後展開。天色突然改變，幾滴雨滴落在屋瓦上。接著，風開始大了起來。天黑之後，可以聽到海浪拍擊著城堡外的海岸，就在沙丘的另一側而已。強風從南方襲來。這點很奇怪，因爲這個季節吹的應該是北風。

強風吹襲了一整個晚上，到了陰暗潮濕的早晨仍然不見停歇。從城堡裡可以看見海水朝著東邊滾動，至於北側通往大員灣的水道，也翻騰著白色的浪花。有些漢人的船隻翻覆了，因此揆一派了幾個人到碼頭去，把東印度公司的兩艘船隻——一艘遊艇和一艘等著裝載貨物的輕便貨船——頭尾牢牢拴在石牆上。另外一艘名叫紅狐號的輕便貨船停泊於外海，船身隨著海水東甩西盪，船上的工作艇下水之後也遭到海浪打翻。

颱風沿逆時針方向旋轉，因此風既然從南方吹來，這個颱風一定位於西方，在台灣海峽上。台灣遭遇的颱風，大部分都是侵襲人口稀少的東岸，因此西岸的稠密人口通常得以逃過直接襲擊，只會遇到已經被島上高山減弱了威力的風暴。不過，這次的颱風卻直撲西岸而來，正中荷蘭人與漢人聚落的核心分布地帶。

第二天入夜之後，風的呼嘯聲又更加激烈。在長官官邸內，揆一聽著這場颱風逐漸增強，成爲「一場猛烈駭人的風暴，沒人有過這麼可怕的經歷」。[1]建築物都爲之震盪。這樣的強風能夠把棕櫚樹連根拔起，甩到牆上將牆壁撞破，但更令人擔憂的是水。熱蘭遮城堡興建於一片突出於海中的沙洲上（圖十四）。這座沙洲愈是向北方，沙丘愈多，接著又彷彿突然改變了主意一般，一個急轉彎向內，猶如一根枯瘦的手指指著台灣本島。熱蘭遮城堡就坐落在這個彎曲處，背靠著幾座沙丘，正門面對著海水。這片海水平日爲他們帶來各式各樣的財寶，包括棉花、辣椒、瓷器、絲綢與銀子，現在卻只見大浪沖激著石砌碼頭。城堡的主要部分大概不會有危險，因爲這個部分建築於一座高岩上，厚實的城牆環繞著一片大型廣場，廣場上有房屋、兵營與監獄。

不過，長官官邸與教堂，以及主要倉庫和住宅，則是都位於他們所謂的下城。這一長排比鄰建成的建築物原本直接面對防波堤，但後來在這兩者之間又構築了一道厚實的長牆。興建這道牆的目的是要防止海盜、日本武士及西班牙人入侵，現在卻正好能夠阻擋海浪（圖十五）。

風暴肆虐了一整夜，風雨不斷從門縫與窗縫中滲入。颱風的強度在午夜左右達到高峰，幾個小時後即開始逐漸減弱。

到了早上，荷蘭人眨著眼走出室外，發現上下城堡都完好無損，不禁鬆了一口氣。雖然有幾扇窗戶破了、幾處屋頂被掀開，但沒有重大損傷。

不過，他們打開大門之後，映入眼簾的便是一片狼藉。下城底下的防波堤已被完全沖走。向左通往海灘以及向右通往熱蘭遮鎮的沿岸長牆也被沖倒，有些石塊散落得極遠，而且牆邊的石徑也被水沖刷一空。有些用於防護海岸遭到侵蝕的大岩石被沖得不知去向，原本繫在這些岩石上的船隻則是撞得殘破不堪，桅杆也都斷折碎裂。在海灣裡，一艘名叫梅爾森號（Maerssen）的輕帆船船身微斜地漂浮

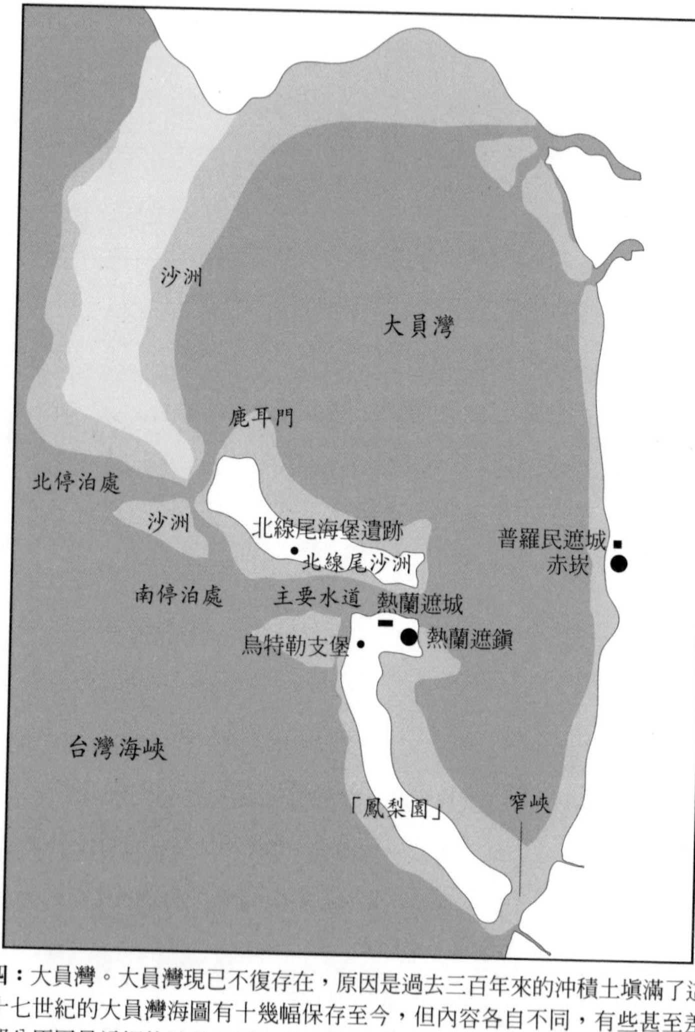

圖十四：大員灣。大員灣現已不復存在，原因是過去三百年來的沖積土填滿了這座海灣。十七世紀的大員灣海圖有十幾幅保存至今，但內容各自不同，有些甚至差異極大。部分原因是這裡的地貌即便在當時也不斷變化。每次一有颱風來襲，就可能造成島嶼的出現或消失。這幅重新繪製的地圖乃是基於一幅一六三五年的海圖（見圖十八），其中可見到熱蘭遮城堡坐落於細長的沙洲上。水道對面是北線尾沙洲，上有北線尾海堡。這座堡壘毀於一六五六年那場猛烈駭人的風暴，從而爲國姓爺開了一條通道，讓他後來得以從水淺曲折的鹿耳門進入大員灣。

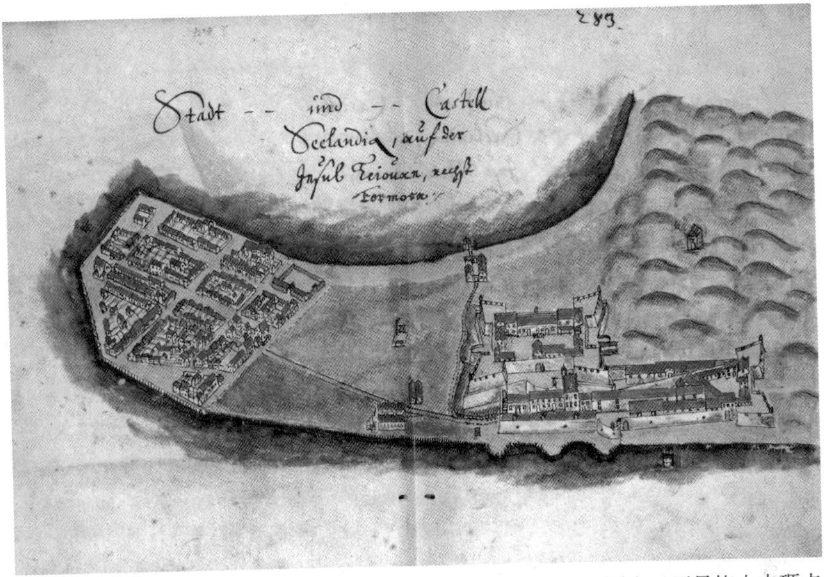

圖十五：熱蘭遮鳥瞰圖，繪於一六五二年左右。這幅精緻的地圖由日耳曼旅人史瑪卡爾登（Caspar Schmalkalden）所繪，他在一六四〇年代末至一六五〇年代初曾旅居台灣。他寫道，在台灣，「我放下槍枝，成了勘查員，」因此這幅地圖畫得相當精確。在這個時候，熱蘭遮城堡除了方形的上城之外，已經擴建增添了下城，總督府則是下城裡許多建築物當中最醒目的一棟。另外值得注意的是水道上的屋外廁所，位於下城底下，還有從城堡穿越平原通往熱蘭遮鎮的石徑。（埃爾福特／哥達大學暨研究圖書館許可翻印，Chart B, fols. 282v-283。）

在水面上。這點原本不值一提，問題是梅爾森號曾在前個月的另一場風暴中沉入水裡，深深埋在泥沙底下。現在，梅爾森號漂浮在距離先前位置超過一百公尺的地方。揆一認爲，「要不是極度龐大的力量，應該不可能造成這樣的結果。」[2]

在城堡以東一百公尺處的沙洲末端，熱蘭遮鎭成了一片「荒地」。[3]其磚鋪街道上滿是木板、泥沙與傾倒的船隻。海港周圍（三面）的房屋都被夷爲平地，包括才剛建好的豪華屋舍，例如何斌的新宅第。熱蘭遮鎭全鎭都不得幸免，每一條街道上都散落著瓦礫與屍體，其中許多都是漢人婦女及兒童，不是被淹死，就是被倒塌的牆壁壓死。

鐘聲與敲鑼聲紛紛響了起來。揆一下令打更人向居民宣布，在殘骸中竊盜打劫者，處以一年的苦役。居民開始清理與重建的工作。

然而，有些東西卻無法修復。在熱蘭遮城堡前方的水道對面，還有另一座沙洲，名叫北線尾。在北線尾沙洲青草茂密的海岸上，原本有一座漁村，但這座漁村現在已經完全消失，一點蹤跡也沒有留下，連一根梁柱或是一塊地基都沒有。最令人擔心的是，在那座沙洲的中央，越過幾個沙丘和一叢細瘦的鳳梨樹，原本有一座重要的堡壘守衛著另一條通入大員灣的水道，稱爲鹿耳門。[4]颱風也夷平了這座堡壘。堡壘的原址只剩下一丘沙土和磚塊而已。五名士兵當場死亡，其他人則逃了出來，健全者拖著斷了腿的同袍逃向安全處所。他們說堡壘在午夜倒塌，就是颱風威力最強的時候。

揆一派工人挖出屍體，也派工程師勘查堡壘殘骸。他們回報指出，這座堡壘已經不可能重建，原因是颱風徹底改變了北線尾沙洲的地形。過去四十年來，領航員總是把北線尾沙洲上高大深色的沙丘當成地標，只要看到那些沙丘，就知道自己已經接近了熱蘭遮城堡。然而，現在那些沙丘都已被沖刷殆盡，只剩下一片平坦的海灘。

海圖可以重畫，但沙丘不可能重造。北線尾沙洲上沒有任何地方可以興建新的堡壘。要是敵人來犯，荷蘭人該怎麼守衛大員灣呢？熱蘭遮城堡仍然守著主要水道，但這下鹿耳門已完全無法防守了。揆一認爲這是「公司在這場風暴中遭遇的最大不幸」。[5]

有時候，人唯一能做的就是向上天求助，因此揆一與他的同僚決定舉行一天的禁食祈禱活動，「祈求上帝解除祂對這座島嶼降下的災禍。我們因爲犯了許多罪過，而在台灣感受到了祂的懲罰，在這座島嶼上見到可怕的暴風與猛烈的洪水，淹死了至少八百人。」[6]

那天晚上，彷彿上帝對他們的祈禱提出答覆，北線尾沙洲傳來了響亮的爆炸聲。第二天早上，前去查看的人得知爆炸聲發自堡壘遺跡底下。當時看守遺跡的士兵圍坐在一堆篝火旁，結果就在薪柴燒盡，只剩下餘火微微燃燒之際，他們附近的沙地底下卻突然傳來了爆炸聲。那些士兵猜想，可能是掩埋在地底下的榴彈爆炸了。[7]

也許這場爆炸聲響可以算是初步的不祥預兆。五年後，在國姓爺即將抵達之際，又有其他許多預兆陸續出現。

霧氣瀰漫的早晨

在台灣這座「人間樂園」，一六六一年四月最後一天的清晨沒有見到陽光，只有濃重的霧氣。[1]熱蘭遮城堡的銅砲擦得乾乾淨淨，也裝填了彈藥，哨兵在霧裡瞇著眼眺望遠方。他們知道（所有人都知道）國姓爺可能會來犯。距離城堡五分鐘路程的熱蘭遮鎮幾乎空無一人，客棧都封上了門窗，空蕩蕩的住宅也都上了鎖。[2]大部分的漢人居民都已逃離鎮上，躲在岸邊等著船隻來接他們離開。[3]

當時有不少古怪的報告。身穿荷蘭服裝的漢人在夜裡鬼鬼祟祟地遊蕩；[4]一名剃頭的漢人在探查原住民村落的時候被逮；漢人盜匪闖入一名農夫的家裡，用烙鐵燙了他。有些士兵指稱有個人在熱蘭遮城堡前方的主要水道浮出水面，而且連續浮出三次，然後又消失無蹤。他們過去查看，卻什麼都沒有發現，而且也沒有得到任何人落水或溺水的消息。同一天，有些人聲稱看到了一條美人魚，其長髮在太陽下猶如黃金一樣閃閃發亮。那條美人魚同樣浮現了三次，然後又消失無蹤，彷彿傳遞著什麼警訊。[5]

有些人在城堡與城鎮之間的平原上聽到尖叫聲。另外有些人則說他們在那裡看到一場鬼魂間的戰爭，兩支鬼魂大軍互相衝突，發出令人毛骨悚然的號叫。他們望向海上，更看見停泊在港灣入口外的三艘船隻發出無聲的砲火。奇怪的是，船上的水手說他們在同一個時間卻是看見城堡展開無聲的砲擊，「但天一亮之後，我們全都看見根本沒事。」[6]

一般士兵喝醉了米酒，說出這樣的故事並不令人意外。然而，揆一本身的官方日記通常都以莊重的筆調客觀記錄各項事務，卻也提到一條狗生下兩隻幼豹，而且這兩隻幼豹誕生不久之後即告死亡。他指出：「這是一件非常奇怪的事情，在當地從來不曾發生過。」[7]

後來一名士兵寫道，這一切都預示了即將發生的災難。[8]有些人認為對這些異常現象感到憂心根本毫無意義，而且他們的論點也非常有力。畢竟，揆一在前一年也因擔憂國姓爺來犯而驚慌不已，並且堅稱侵略行動迫在眉睫。他要求上司緊急派遣援兵，於是他們派出了一支增援艦隊。艦隊抵達之後，司令范德蘭待了一小段時間，卻愈來愈不耐煩。

他指控揆一過度恐慌，聲稱國姓爺絕不可能進攻台灣，就算他真的膽敢來犯，荷蘭人也可輕易擊退他的軍隊，因為漢人「不是士兵的材料，只是一群娘娘腔」。[9]他認為揆一拒絕聽他的話乃是對他的侮辱。他愈來愈厭惡揆一，揆一也同樣厭惡他，稱他為「毫無理性德蘭」（在荷語中與他名字的發音頗為相近），並且還提出一長串的辱罵：「范德蘭對國家與政治事務的熟悉程度……差不多和伊索寓言裡的那頭豬一樣，粗俗無禮到了極點，自以為是、自尊自大、目中無人、愚蠢頑固，舉止神態都充滿了敵意與粗野的表現。」[10]福爾摩沙議會裡也出現不少火爆場面。范德蘭說他想率領艦隊離開台灣，去攻打澳門的葡萄牙人，但揆一拒絕讓他這麼做。上尉拔鬼仔是荷蘭人在台灣的一大戰將，我們後續還會提到他不少令人皺眉的判斷——他提議，他們應該直接派個人去問問國姓爺究竟有什麼意圖，也許能順便查看他正從事著什麼樣的準備工作。[11]

這個主意實在愚蠢不已。孫子說：「兵者，詭道也。」這句話如果沒錯，那麼怎麼可能有人期待敵人會對自己誠實相待？使者航行到了廈門，獲得國姓爺的接待。他問國姓爺正在從事什麼樣的作戰準備，國姓爺答道：「我不習於公開我的計策。實際上，我通常會聲東擊西。」[12]荷蘭使者認爲這句話相當狡猾，但國姓爺其實不過是引用了中國的古老諺語而已。國姓爺交給使者一封信，請他轉呈給揆一。他在信中寫道：「閣下依然懷疑我對荷蘭的善意，似乎認定我暗中圖謀以敵對行動侵略你的土地。這只是奸邪小人捏造的謠言。」[13]國姓爺表示，他忙著攻打勢力強大的清朝，哪有空理會福爾摩沙這麼一座「只長著草的小島」？[14]他向揆一指出，無論如何，他總是經常散播謠言以蒙蔽敵人。他問道：「我既不透露，怎麼可能有人會知道我心裡的想法以及我眞正的意圖？」[15]但實際上，國姓爺在這個時候已經有意攻打台灣，只是在等待適當的時機而已。[16]

他的信函完全無助於平息台灣的爭論。范德蘭懷著怒氣離開台灣，帶走了最有經驗的軍官與最精良的船艦。他留下的三艘船隻正是冒出幽靈砲火的那三艘。他離開後不久，各種不祥的預兆就開始出現了。

這時候，早晨的陽光驅走了濃霧，顯露出海面上數以百計的桅杆，多得彷彿一片密林。大砲開火，鐘聲響了起來，傳令兵騎著快馬飛馳而出。國姓爺來了。

天意的徵象

等到霧氣消散，已經來不及阻止國姓爺航入大員灣，直搗荷蘭殖民地的核心地帶了。他的船隻已經進入鹿耳門，也就是通入大員灣的兩條水道之一。[17]鹿耳門的水深不及熱蘭遮城堡旁的那條水道，但毫無防守。這裡原本的荷蘭大砲都已被埋在好幾噸重的沙土下，就在一六五六年那場駭人的颱風所摧毀的堡壘旁邊（圖十六）。

要穿越鹿耳門並不容易，這裡不僅水淺，航道又頗爲曲折，到處都是隨著風暴變換位置的沙洲，對於國姓爺這種吃水極深的遠洋唐船而言相當危險。不過，國姓爺卻受益於一項奇蹟，至少這是楊英的說法：「先時此港頗淺，大船俱無出入，是日水漲數尺，我舟極大者亦無□□*，□天意默助也。」[18]

雖然楊英感謝上天的眷顧，實際上國姓爺的進攻行動卻是經過精心策畫。他抵達的日子——四月三十日——正是新月出現之際，也就是潮水高漲的時候。[19]他先前也曾使過類似的伎倆。一六五二年，他的海軍趁著滿潮抵達海澄縣，直接航至主要的宮衙建築物前，令當地居民大吃一驚。楊英也把那次事件描述爲奇蹟，稱之爲天意的徵象。

這一次，國姓爺差點錯過了滿潮。若非他不顧大雨，立刻離開澎湖，他的艦隊就會卡在大員灣外，暴露於天候的侵襲。[20]也許上天確實幫了點忙。

一陣騷亂

揆一召集福爾摩沙議會舉行緊急會議。就目前看來，熱蘭遮城堡顯然安全無虞。這點令人欣慰，

*編註：全書中出現的「□」，皆爲古籍中之漏字。

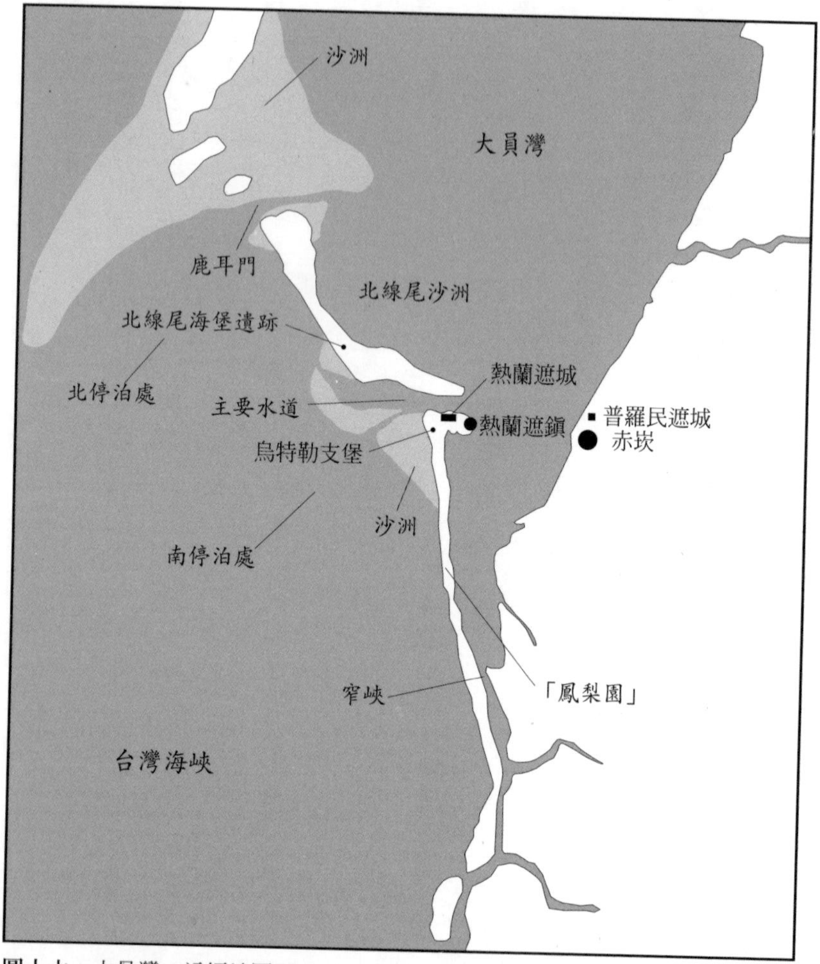

圖十六：大員灣。這幅地圖顯示了一六五六年左右的大員灣地形。海灣有兩個入口，主要水道由熱蘭遮城防守。鹿耳門雖然比較淺，水道也比較曲折，但荷蘭人知道他們必須對此處加以防守，以免侵略者航入大員灣裡，所以才會在北線尾沙洲上建造北線尾海堡。然而，一六五六年那場猛烈駭人的風暴摧毀了北線尾海堡，此後便沒有再重建。於是，國姓爺抵達的時候，即可藉著滿潮航越鹿耳門，繞過熱蘭遮城堡，率領其大軍在普羅民遮城北部幾英里處的台灣本島登陸。這幅地圖參考自一六五六年的一幅海圖（見圖十九）。

因為大部分的部隊與大砲都駐紮在這裡，還有許多高階官員也是。其他人則是住在熱蘭遮鎮，就在一百碼外而已。

但有些行政官員、學校教師、傳教士及士兵卻與家人住在鄉間。揆一的第一道命令就是派人傳布警訊，通知他們到熱蘭遮避難。[21]

接著，他下令釋放荷蘭囚犯以及被鐵鍊鎖住的犯人。原本是士兵的囚犯，都發給槍枝並且送回原單位。他派守衛押著奴隸到熱蘭遮鎮把補給品搬進城堡，也下令麵包師傅烘焙硬麵包。

他和其他議員討論如何處置熱蘭遮鎮的漢人居民，也就是那些沒有封起房屋逃離的居民。過去這段時間以來，荷蘭人與這些漢人共享繁榮的生活，且大致上也都和平共處。結果，揆一派遣士兵到鎮上，把富有的漢人逮捕起來帶進城堡，其他人則被下令待在屋子裡。

不過，他們沒有遵守命令。一長串的漢人難民徒步逃離城鎮，經過磚造醫院，然後沿著狹長的沙洲南下，穿越長滿了鳳梨的沙丘。[22]荷蘭巡邏隊試圖迫使他們回頭，但許多人還是逃了出去，有些人甚至把一名荷蘭下士打得差點重傷而死。揆一心想：「一般居民都這麼對待我們了，誰知道敵人對我們住在鄉間的同胞會施以什麼毒手？祈求上帝保護他們免於敵人的暴力侵害。」[23]

國姓爺的下一步會怎麼做呢？荷蘭人在城堡裡看見幾艘小型唐船在一座名叫油車行村的村莊附近探勘登陸地點。油車行村位於台灣本島，與鹿耳門隔著海灣相望。不久之後，國姓爺旗下數十艘比較大型的船艦就乘著滿潮航行過去，並且開始讓人員上岸。[24]原本生活在荷蘭統治下的數百名漢人居民，為他們獻上了一車車的武器與補給品。看來他們似乎許久以前就已投靠了國姓爺。

最先上岸的是騎兵部隊。一名荷蘭騎兵向熱蘭遮回報指出，他看見一百匹以上的馬兒在油車行村附近甩頭擺尾，每匹馬背上都騎著一名強大的騎士，身上的武器在陽光下閃閃發光：一把劍、一根駭人的長矛，還有一張弓。這支騎兵部隊的領袖——之所以知道他是領袖，原因是有人在旁撐著一把紅傘幫他遮陽——身上穿著歐洲人的服裝。[25]這人可能是國姓爺手下的將領馬信，他在往後幾個月的戰爭中扮演了重要角色。[26]

國姓爺顯然把目標對準了荷蘭人在台灣的另一座主要堡壘——普羅民遮城。這座堡壘與熱蘭遮城堡隔著海灣相望，從熱蘭遮的城牆內即可清楚看見。普羅民遮城就位在大員灣岸上，旁邊是台灣的另一座大市鎮赤崁。

的確，國姓爺的部隊開始朝著赤崁與普羅民遮城進發，鼓聲隆隆作響，號角嘹亮不絕，旗幟在風中飄揚。

這是一項非常聰明的行動。揆一和他的同僚都預期國姓爺一定先攻打熱蘭遮城堡，但他卻繞過了他們的防衛布置。他要是拿下普羅民遮城，台灣本島就等於被他占領。如此一來，熱蘭遮城即不免遭到包圍。

揆一深感憂心，普羅民遮城裡的人員更是嚇破了膽。該城指揮官貓難實叮打算用船隻把婦女和小孩送到熱蘭遮城堡，但妻子拒絕離開丈夫、兒童號哭、眾人尖叫大吼，結果這項計畫終告無從實現。另一方面，鄭軍經爬上堡壘後方的山丘，開始紮營，只見數百座白色帳篷在馬廄與美麗的植物園後方冒了出來。

貓難實叮決定祈求上帝的幫助。他還沒祈禱完，敵軍的鼓聲與號角聲就又再次響起，並且有一千名以上的鄭軍衝向堡壘，他們頭上的鋼盔與手上的長矛在陽光下閃爍著亮光。普羅民遮城的砲手開火轟擊。海灣上也打來了更多砲彈，原來是一隊荷蘭船隻從熱蘭遮城趕來支援。

鄭軍散了開來，拖著死者尋求掩護，但有一個人卻跌倒在堡壘前方的地上，拒絕投降。荷蘭人不斷對他開火，槍彈不斷射入他的皮肉裡，但他卻對著堡壘的磚牆射出一枝又一枝的箭。後來，堡壘內有個非洲男孩把他射入城內的一枝箭拿來反擊，正中他的腹部。那人因此翻身滾到一旁，然後才四肢著地爬著離開。如果國姓爺的士兵都像這個人一樣勇敢，那麼這絕對會是一場苦戰。

數十名火槍兵從大員灣裡的荷蘭船隻登上岸，跨越泥灘跑到了普羅民遮城面對海灣的正門。揆一原本派出兩百名火槍兵，但其他人卻都返回了熱蘭遮，也許是因為太難登陸，也可能是因為一顆子彈劃過了他們的領袖身旁，以致他心生畏懼。

天黑之後，貓難實叮派遣士兵放火燒毀赤崁的木造糧倉，以免稻米落入國姓爺的手中。在火光當中，荷蘭火槍兵對著在赤崁的房屋之間露出「鼠頭」的敵兵開槍。被擊中的敵兵都沒怎麼呻吟號叫。

揆一在熱蘭遮城堡內看見了火光。他在午夜出外巡視一遭，然後回到下城的長官官邸，試圖休息一下。明天想必會有更多的交戰。

國姓爺的連番勝仗

根據軍事革命論的說法，歐洲人之所以能夠稱霸世界至少是他們在十九世紀之前所控制的地區主要是因爲他們擁有比其他民族優越的槍砲、船隻與堡壘。因此，在國姓爺展開侵略的頭幾天，荷蘭的火槍竟然敗給中國的長矛，荷蘭的船艦敗給唐船，一座荷蘭堡壘也在鄭軍的圍攻下投降，這樣的發展也就不免引人好奇。荷蘭人的這些失敗，可以讓我們對歐洲擴張的軍事論點獲得什麼樣的理解？

首先來談談火槍。火槍最早在一五五〇年代出現於義大利，後來逐漸成爲「戰場之王」，徹底改變了歐洲的戰爭。[1]腰刀、戟、十字弓與長弓，原本都是傳統歐洲戰爭的典型武器，卻在火槍出現之後陸續消失。到了十七世紀中葉，大部分的歐洲步兵部隊都由火槍兵組成，再由長矛兵加以保護。

火槍崛起的關鍵在於其簡易的使用方式與強大的威力：這種槍枝能夠把沉重的鉛彈射出一百碼以上的距離，並且能夠射穿重裝甲。然而，火槍最大的缺點在於其射速緩慢。在十六世紀，就連最有經驗的火槍兵也只能每一、兩分鐘射擊一發。火槍的射速在十七世紀雖然有所改善，卻還是比長弓慢了十倍。

有一種方法能夠彌補這種射速方面的不足，亦即所謂的「排槍射擊法」。這種做法的原則很簡單：把槍手排列成幾個長排，每一人站在另一人後面。第一排先開槍，然後退到後方重新裝填，第二排接著開火。就在第二排退到後方重新裝填的時候，第三排又接著開火，以此類推。排槍射擊法似乎至少曾經三度由不同民族獨立發明過。根據歷史記載，這種做法最早在一三八七年出現於中國，當時中國的槍手利用排槍射擊法對付敵軍的一支大象部隊。[2]排槍射擊法的第二次發明，是在十六世紀末的日本。[3]第三次則是在歐洲，由荷蘭人所發明。這種做法需要嚴密的協調與紀律。荷蘭指揮官對於部隊的訓練有如著了魔一樣。開槍與重新裝塡的行爲都被分解爲一連串的個別動作，並且繪成圖示印行於軍事訓練手冊當中。最早的訓練手冊將火槍的操作方式分解成三十二個步驟，後續的手冊又添加了更多步驟。這類訓練手冊廣爲流傳，翻譯爲各大歐洲語言版本，而且荷蘭的操練檢查官也備受歐洲各國歡迎。因此，荷蘭的火槍技法也就迅速散播了開來。[4]

荷蘭人帶著他們的火槍兵前往殖民地。熱蘭遮大部分的士兵要不是砲手或長矛兵，就是火槍兵。過去的事實證明他們在戰場上非常有效。一六三〇年代，普特曼斯率領的荷蘭勢力之所以能夠在台灣迅速擴張，主要就是火槍兵的功勞，其致命的火力打得原住民毫無招架之力。

荷蘭火槍兵也有效壓制了漢人反抗人士。一六五二年，一個名叫郭懷一的農民號召了一支五、六千人的農民大軍，企圖趕走荷蘭人，自行占領台灣。他們集結於一片田野上，揮舞著旗幟與矛叉，口中高喊：「殺！殺盡荷蘭狗！」他們攻入赤崁，抓了幾個荷蘭人，剁掉他們的鼻子與耳朵、挖出眼睛、割掉生殖器，然後把他們的頭顱插在竹竿上。

面對這批數千人的群眾，荷蘭人派出了一百二十名火槍兵。他們搭乘渡船橫越大員灣，來到赤崁，進攻這群在岸上等待的敵人。他們在深及腰部的水中下船，按照隊形前進。他們一旦能夠點燃引線，並且保持火藥乾燥，便隨即開火，一排接著一排。反抗群眾其實可以一舉湧上撂倒他們，但這支隊伍嚴守紀律。反抗群眾四散奔逃，荷蘭兵在後追趕。五百名反抗群眾在那天遭到殺害，後續幾天又有四千人喪命。這支火槍隊凱旋返回熱蘭遮城，以一根木樁插著反抗首領的頭顱。荷蘭兵連一人都沒有受傷。[5]

國姓爺的部隊雖然比那些農民反抗分子擁有更精良的武裝，攜帶的卻仍是傳統武器，就像火槍在歐洲取代了的那些武器：劍、斬馬刀與弓箭（圖十七）。

既然如此，這些士兵是怎麼打敗荷蘭火槍兵的呢？畢竟，那些火槍兵可是全世界最先進的火器科技的代表呢！我們可以先問荷蘭火槍兵為什麼打了敗仗，因為這個問題的答案很簡單：領導他們的是個有勇無謀又過度自信的軍官，名叫拔鬼仔，鄭軍的領導人則是一位明智又多經戰陣的將領，名叫陳澤。

火槍兵

我們先前已經質疑過拔鬼仔的判斷力。當初就是他建議派遣使節詢問國姓爺是否有意攻打台灣。在這個晴朗的早晨，也就是國姓爺侵略台灣的第二天，他又比平日更加莽撞，原因是他非常生氣。他的兒子差點死在鄭軍的手下。

他的兒子在清晨抵達熱蘭遮城堡，受傷的手臂只藉由一小塊皮肉連接著肩窩。鄭軍把他的家庭教師砍成碎片，還有另外兩名荷蘭護衛也不得幸免，而且他還被迫目睹了整個過程；其中一個漢人士兵以可怕的斬馬刀砍中他的肩膀，但他逃了出來。[6] 一名荷蘭士兵——他是那天在拔鬼仔的領導之下得以生還的少數人之一——後來描述了拔鬼仔上尉看到自己的兒子之後有多麼暴怒。這名士兵寫道，拔鬼仔立刻下令鼓手擊鼓，召集了他手下最優秀的士兵，然後要求揆一准許他率領兩百四十名火槍兵對鄭軍發動攻擊，儘管敵軍多達好幾千人。揆一同意了。[7]

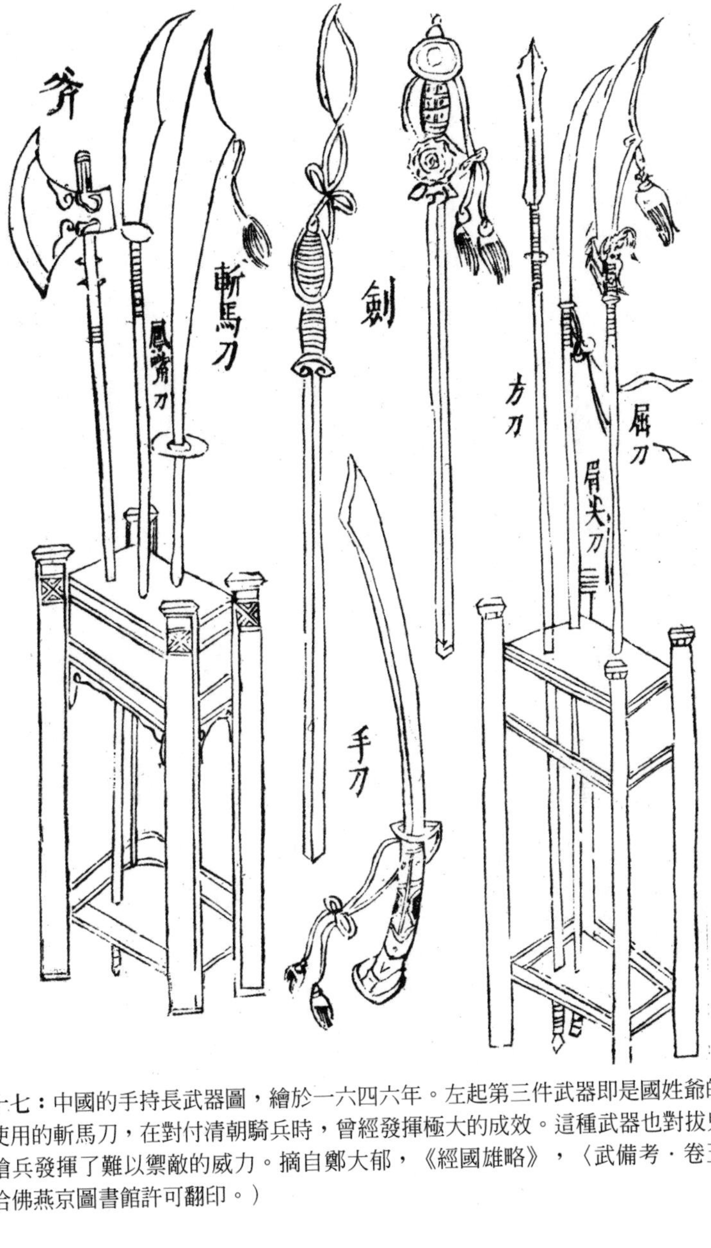

圖十七：中國的手持長武器圖，繪於一六四六年。左起第三件武器即是國姓爺的士兵所使用的斬馬刀，在對付清朝騎兵時，曾經發揮極大的成效。這種武器也對拔鬼仔的火槍兵發揮了難以禦敵的威力。摘自鄭大郁，《經國雄略》，〈武備考・卷五〉。（哈佛燕京圖書館許可翻印。）

於是，拔鬼仔率領部隊齊步穿越熱蘭遮城堡的庭院，鼓聲在院中迴盪不已。他們走出拱門，在外面的碼頭登上一艘武裝輕便貨船以及幾艘被人遺棄的舢舨。

航越狹窄的水道之後，他和他的部下登上了一片長滿青草的海岸，旁邊可以見到幾間遭到燒毀的漁夫小屋。這裡是北線尾沙洲的南端。這座細長的沙洲上滿是高低起伏的沙丘，往北延伸將近十公里，北端即是鹿耳門。

在和平時期，北線尾沙洲只對漁民具有吸引力。但在這個時候，由於這座沙洲位於通入大員灣的兩條水道中間，因此成了戰爭中的關鍵戰略地點（圖十八）。

在一六五六年遭到那場猛烈駭人的風暴所摧毀的荷蘭堡壘，原本位於北線尾沙洲的另一端，現在國姓爺的部隊就在堡壘遺跡附近搭設帳篷。這裡早期曾有一位名叫奴易茲（Pieter Nuyts）的台灣長官（他是個脾氣暴躁的人，一名史學家稱他「魯莽毛糙」），就曾預見這樣的災難性後果。他寫道：「敵人（他指的是西班牙人或日本人）要是發現這裡（北線尾沙洲）是台灣的關鍵戰略地點，就會竭盡全力攻下此處，從而扼住我們的咽喉。我們的船隻將無法進出，他們則可任意由內部或外部攻擊我們。」[8]

這正是國姓爺的盤算。他知道自己只要控制了北線尾沙洲，即可確保大員灣的自由出入。因此，他在這裡部署了一鎮的兵力。這支部隊的指揮官是陳澤，一位對抗清朝近十五年的沙場老將。[9]陳澤的鎮裡包括了國姓爺軍隊裡最菁英的部隊：鐵人部隊。他也有裝設了大砲的船隻在水上守護。

他在前一天就開始讓部隊上岸。他的部隊必定餓壞了，因為最早下船的二十幾名士兵在沙丘上往

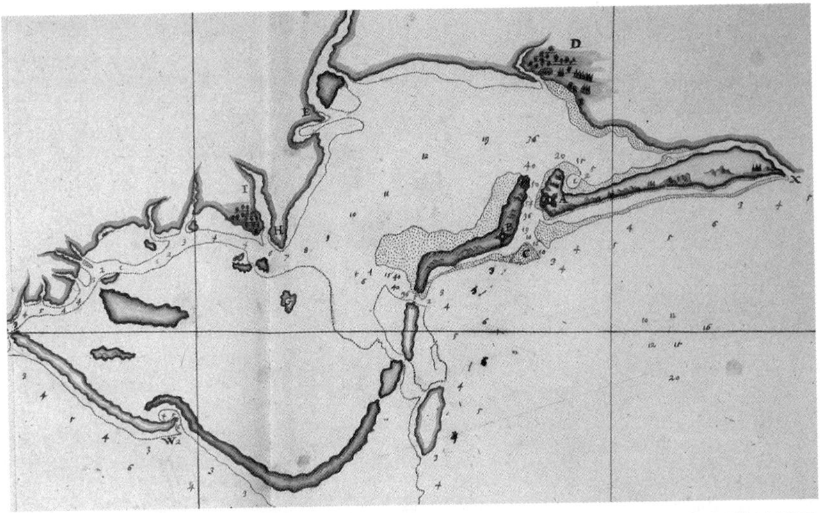

圖十八：大員灣及其兩條出入水道的早期海圖，繪於一六三五年左右。右側的沙洲是熱蘭遮城堡所在處，以「A」來標示。左側的沙洲（即位於北方）是北線尾沙洲。標示著B的建築是北線尾海堡，摧毀於一六五六年那場猛烈駭人的風暴。鹿耳門位於北線尾沙洲的末端，夾在北線尾與左側的沙洲之間。這是一條狹窄又曲折的水道，但國姓爺藉著一陣異於尋常的漲潮而順利航越。拔鬼仔上尉與陳澤的戰役發生於北線尾海堡的遺跡附近。（經維也納的奧地利國家圖書館許可翻印，Atlas Blau van der Hem, vol. XLI, sheet 2。）

南跋涉了一、兩英里遠，來到正位於熱蘭遮城堡水道對面的漁村。他們以譏嘲的態度在那些小屋附近插了一面旗幟，開始抓取豬隻與雞隻。揆一對這樣的挑釁忍無可忍，於是派兵前往驅趕。那群鄭軍人數太少，因此隨即逃開，拋下先前抓到的獵物，但帶走了他們的旗幟。他們後來又因飢餓而再度回來。這一次，荷蘭人先讓他們聚在一處，然後才發射大砲轟擊他們。揆一接著又派了一隊士兵放火燒毀那些茅草屋。

拔鬼仔的火槍兵在這座燒毀的漁村旁上岸。當他站在沙洲上，思考著勝敗機率的時候，心裡究竟想著什麼？在這座小小的沙洲上，鄭軍的人數約有兩千人之多。

他對士兵發表了訓話。我們不知道他究竟說了什麼，因爲他沒能活著回來提出報告。不過，別人聲稱他當時是這麼說的：「漢人是膽小鬼、娘娘腔，他們禁不住火藥的味道和火槍的聲響。只要雙方一交鋒，他們有幾個人中槍倒地之後，他們就會立刻轉身逃跑。」[10] 拔鬼仔駐紮在台灣超過二十年之久，一路從下士晉升到上尉——這是殖民地的最高軍階。他鎮壓過反抗人士，也對付過海盜。他說不定向他的士兵提醒了一六五二年的漢人反抗活動，當時一百二十名荷蘭火槍兵——比現在站在北線尾沙洲上的部隊還少了一半——就擊敗了一群人數比陳澤的部隊還多的農民大軍。揆一後來寫道，大部分的荷蘭人都因爲那場勝利而認定二十五個漢人還抵不過一名訓練有素的荷蘭士兵。[11]

拔鬼仔率領部眾祈禱，然後帶著他們走向陳澤的營地。他們繞經沙丘，穿越一小叢林投樹，荷蘭人皆稱之爲鳳梨樹。[12] 大員灣在他們的右邊，載運他們過來的三艘小艇在海灣上跟隨著他們，大砲都裝填了火槍彈，準備用來轟擊敵軍。火槍兵偶爾可在他們的左方瞥見大海，那邊有三艘高大的荷蘭船隻正航向一支鄭軍的艦隊。

在他們前方遠處的海灘上，敵軍的營地插滿了三角旗，也滿是頭戴閃亮頭盔的士兵。敵軍開始列隊，然後朝著他們行進。

拔鬼仔的火槍兵又經過更多沙丘，並且走出了林投樹叢。北線尾沙洲在此處變得比較平坦也比較寬闊，成爲一片平原，正是火槍最能發揮效果的地形。拔鬼仔命令士兵散開，以便有更多人能夠同時開槍。

生還者回憶道，在這個時候，熱蘭遮城堡傳來兩聲砲響。那群火槍兵轉過頭，見上城粗大旗杆上的旗幟升起又降下。這是要求他們回頭的信號。拔鬼仔接受的命令是：「在避開任何可能的危險下，以最謹慎的方式對敵人造成最大的傷害。寧可無功而返，也不要讓自己置於險地。」[13]但拔鬼仔對於城堡發出的警訊不予理會。

不久之後，火槍兵就首度清楚看見了敵人。鄭軍列隊行進，成百上千，高舉著頂端尖銳的金屬長矛，上面懸掛著絲質三角旗。有些旗幟呈細長狀，像船隻的旗幟一樣。另外有些則是像軍旗一樣的大面長方形旗幟，懸掛在更長的旗杆上。這些旗幟滿是顏色——紅、黑、藍、銀、金——而且許多都繡有圖像，在荷蘭人眼中看起來像是蛇與龍以及妖魔鬼怪。敵軍士兵都戴著擦得光滑閃亮的鋼盔，手上的長矛足以把人刺穿，身上的鐵甲則是垂到膝蓋。[14]在他們的後方與旁側，騎在馬上的軍官一面高喊命令，一面舉劍指畫。

他們沒有火槍。實際上，如同一名荷蘭觀察者所寫的，國姓爺的部隊看起來非常古老，就像頭上有簇飾的羅馬軍隊一樣。儘管他們有少數槍枝，看起來卻都龐大又笨重。他們的主要武器就和他們的裝甲一樣，看起來十分老舊：劍、斬馬刀以及弓箭。

兩軍若是相隔一段距離，火槍兵應該擁有優勢。他們紀律嚴謹的排槍射擊能夠連續發射鉛彈彈幕，堪稱是由數十人構成的機關槍。他們的盤算是以極快的速度對鄭軍造成重大死傷，促使敵軍因恐懼而潰散奔逃。如此一來，火槍兵即可繼續前進，一一幹掉逃亡的士兵，好整以暇地連續開火。荷蘭的火槍兵在九年前就是這麼對付那群反抗的農民。

兩軍接近至剛好超出火槍射程之際，鄭軍突然停下腳步，形成一堵鐵人人牆。拔鬼仔繼續前進。

軍事革命論認為訓練與紀律是歐洲部隊在戰場上的優勢，也是「西方戰爭方式」的一部分。[15]中國史學家近來發現明朝也有類似的做法。[16]此外，我們先前也提過國姓爺如何自行發展操練方式，還印行了訓練手冊。我們知道他喜歡待在演武亭，觀看部隊操練，並且跟隨在旁，確認他們的操練節奏齊整，也對動作不確實的人施以懲罰。[17]

這個時候，拔鬼仔想必已經開始意識到這支漢人部隊和他先前交手過的不同。這群士兵文風不動地站著，眼睛在鋼盔裡向外眺望。中西文獻都沒有提到他當時聽見了哪些聲響，但我們知道國姓爺的部隊利用鑼鼓與聲音尖銳的號角協調行動，就像荷蘭部隊利用鼓手一樣。拔鬼仔率領部隊逼近敵軍的同時，兩種不同文化的鼓樂聲必然混雜成了一片。

鄭軍裡有人高聲下達了命令。一群士兵從陣列後方冒了出來，將五十把大型槍枝架設在鐵人前方。生還者把這些槍枝稱為「巴森」（bassen）或「大火繩槍」（doppelhaggen）。這些槍枝在荷蘭人眼中看起來又大又原始，笨重、裝填緩慢，也難以使用。

這時候，在海灣裡跟隨著拔鬼仔的荷蘭輕便貨船與舢舨突然開火，將鉛彈與彈丸碎片射入鄭軍的陣列裡。陳澤的部下將槍枝對準船隻開火，但沒有效果。另一方面，荷蘭的大砲卻在敵軍陣列中轟出了大洞，許多士兵都被炸死在沙地上。

但這些缺口立刻就被來自唐船與營地裡的兵員填滿，整個陣列仍然靜立不動。在荷蘭人的眼中，「他們的人數似乎無窮無盡。」[18]

現在，拔鬼仔的火槍兵已經抵達有效射程內。拔鬼仔下令開火。他們發揮平素的訓練成果，開始依序開槍。[19]第一排槍響過後，鄭軍隨即發出駭人的怒吼湧向前來。傳統的戰場吶喊聲是：「殺！」表示進攻殺敵。

我們永遠無法知道拔鬼仔率領的兩百五十名火槍兵與數千名敵兵正面衝突的結果會是如何。陳澤太過聰明，不可能冒這種險。

還記得城堡發出的警告砲響嗎？熱蘭遮城堡的人員看見幾艘船從陳澤的主要艦隊沿著北線尾沙洲南下，藉著沙丘的遮擋而隱藏在拔鬼仔的視線之外。他們不曉得這些船隻的意圖爲何，只能猜測它們可能打算從海上提供火力支援。揆一因此發出信號要求部隊回頭，但拔鬼仔卻不予理會。實際上，那幾艘船的做法比提供火力支援還要致命，它們在沙丘後方卸下了一支部隊。就在火槍兵毫無警覺地向前行進之際，這支部隊悄悄穿越了沙丘，埋伏在拔鬼仔後方的林投樹叢裡。

鐵人部隊高聲喊殺之後，火槍兵後方的樹林也爆發出了喊殺聲。拔鬼仔試圖維持部隊的秩序，下令部分單位回頭射擊，但這群火槍兵著名的紀律卻崩潰了。他們紛紛拋下槍枝逃命。陳澤的士兵攻進荷軍的隊伍內，揮舞著斬馬刀左砍右殺。

荷蘭士兵跳進泥濘混濁的海灣裡，試圖爬上那幾艘輕便貨船與舢舨，但因爲登船逃命的人太多太急，掀翻了一艘船隻。不會游泳的人因此溺斃於水中，會游泳的則開始朝著位於幾英里外的熱蘭遮城堡游去。

拔鬼仔領導剩下的火槍兵繼續奮戰，一面開槍一面退向船隻。他被擊中一次而跌倒在地。他爬了起來，高呼要求眾人繼續作戰，結果卻被一把斬馬刀砍倒。僅存的幾名火槍兵一看到他被殺，隨即涉水爬上一艘船。拔鬼仔率領爲數兩百四十名的精銳部隊進攻敵人陣地，最後生還的不到八十人。

拔鬼仔爲什麼沒有理會要求他回頭的信號？他怎麼會如此低估敵軍的實力？他怎麼會讓敵軍繞到他的後方？他忿忿不平、過度自信，又滿懷怒火，而且也寡不敵眾。陳澤雖然從未到過台灣，卻比在台灣住了二十年的拔鬼仔更懂得利用北線尾沙洲的地理形勢。陳澤及其同僚乃是地理戰爭的高手。他們懷有根深蒂固的觀念，認爲地形是戰略的關鍵，而且爲將者應該熟知自己作戰的地域——這些觀念都可見於《孫子兵法》及其他古代典籍。楊英的記載中到處可見「知地利」、「相度地利」、「占得地利」與「地利失據」等文句。

奇怪的是，拔鬼仔竟連可以向他提出警告的斥候都沒有。實際上，極爲引人注目的一點是，那些生還的火槍兵全都不曉得敵軍怎麼會繞到他們後方。其中一人後來寫道，在荷蘭部隊行進之際，鄭軍早就已經埋伏在一旁了。「北線尾沙洲上，」他寫道：「長著許多鳳梨樹，約有半個人高。許多敵兵都埋伏在這些樹木後面，我方部隊就從他們身旁走過，絲毫沒有覺察到他們的存在。」[20]

我不禁注意到楊英對於陳澤獲致的這場勝利只有短短的幾行記述。這是一群歐洲的火槍兵，配備著最新的槍枝科技，並且受過最精良的訓練，結果因爲徹底低估敵人的實力而遭擊潰，但楊英卻絲毫不當一回事：「夷長揆一城上見我北線尾官兵未備，遣戰將拔鬼仔率鳥銃兵數百前來衝□，被宣毅前鎮督率向敵一鼓而殲，夷將拔鬼仔戰死陣中，餘夷被殺殆盡。」[21]

這場交鋒對陳澤而言也許只是一場小戰役，但對荷蘭人而言卻是一場意義重大的失敗。從此以後，荷蘭人再也不曾出城與國姓爺正面對戰。

海上的災難

在同一個上午，荷蘭人在他們最擅長的海戰也打了敗仗。就在拔鬼仔率領部隊走向死路之際，三艘荷蘭船艦也航向陳澤的艦隊。領頭的是一艘威力強大的戰鬥帆船，名為特洛伊的赫克特號（Hector of Troy）。第二艘是中型船隻，名為斯格拉弗蘭號（'S-Gravenlande），最後是一艘比較小的船，名為瑪利亞號（Maria），我們後續還會一再提到這艘船隻。他們接受的命令是航向國姓爺的船，以大砲轟擊敵艦。荷蘭人最不缺的就是大砲。像赫克特號這種等級的戰鬥帆船，通常裝載三十門以上的大型火砲以及四、五門巨型銅砲。[22]中型帆船裝載二十門大砲，瑪利亞號則裝載十幾門。[23]相較之下，國姓爺的船似乎每艘只有兩門大砲。不過，國姓爺的船隻雖小，卻以數量取勝。陳澤約有六十艘船。而且，荷蘭船隻頂多只搭載幾十名士兵，陳澤的船隻卻搭載了數千人。

所幸，其中一艘船的航海日誌《斯格拉弗蘭號的日誌》被留存了下來，因此我們才能取得這場戰役的第一手記述。這三艘船艦從熱蘭遮附近的停泊處航向陳澤艦隊的停泊處。陳澤試圖引誘它們航至淺水區，但它們沒有上當。

一開始，天氣狀況非常理想，不但晴空萬里，還有「一小股輕柔的西北風」。[24]不過，這股風突然消失，那些船隨即湧上前，一面發射大砲與火箭。荷蘭人雖以火槍與大砲還擊，但他們主要都忙著撲滅甲板和船側一再冒出的火苗。火要是延燒到火藥室，他們就玩完了。

那些船直接開到荷蘭船艦的旁邊，試圖登船攻擊。漢人士兵抓住荷蘭船隻的纜索，把雙方的船隻緊緊繫在一起。[25]一艘船綁住之後，其他的也紛紛綁在那艘後面，形成六艘、八艘、十艘的船鏈。鄭軍隨即沿著這些船鏈湧上前來。

荷蘭船隻的大砲都指著船隻的兩側，但那些船卻是綁在荷蘭船隻的船尾。因此，荷蘭士兵趕緊重新瞄準大砲。航海日誌的記載指出，他們甚至把一門大砲推進軍官艙房裡，砲口伸出舷窗外。他們對著敵人開砲，「予以迎頭痛擊，以致鮮血都從排水溝溢了出來。」[26]他們轟擊了一個多小時，敵軍才終於退兵。

唐船開始撤退。荷軍最大的船艦赫克特號又對著撤退的船射擊了幾發砲彈。接著，突然響起一道響亮的爆炸聲，連位在一英里外的熱蘭遮城堡都被震得窗戶簌簌抖動。

拔鬼仔的火槍兵在這時仍然朝著災難行進。他們也聽到這陣爆炸聲，並且轉頭看見了一大團火球。煙霧散去之後，赫克特號已經消失蹤影。只有一個人活了下來。他的雙腿都被炸斷，緊緊抱著一根橫梁，結果被敵方水手撈起。後來，鄭軍把他送回荷蘭陣營以表示善意，只見他的傷口裡滿是蠕動的蛆。回到己方陣營之後，他才述說了當時的狀況。

赫克特號不是被敵人擊沉，而是毀於船員的不慎。當時，他們在砲長的艙房裡發射了一門大砲。在大部分的荷蘭戰艦上，砲長的艙房都有一道舷門通往火藥室，也就是火槍、火藥、榴彈及其他易燃物品的存放地點。在某些船隻上，例如極爲著名、也受到大量研究的巴達維亞號，砲長艙房與火藥室之間還有另一個艙房做爲緩衝（在巴達維亞號上，這個艙房是麵包儲藏室）。[27]但在赫克特號上，也許火藥室距離砲長艙房比較近，也可能是兩者之間的舷門沒有關上。無論如何，赫克特號上的士兵必然是把一門大砲推到火藥室旁邊對敵軍開火。大砲的火花除了向前噴出之外，也會噴向兩旁。於是，那成堆的榴彈與火藥桶就這麼被點燃了。

中文文獻對這場戰爭著墨不多，但指稱是鄭軍擊沉了赫克特號，許多漢學家也都接受這種看法。[28]事實上，治學謹慎的陳碧笙甚至指稱陳澤指揮的船上載運許多易燃材料，就像國姓爺的父親在一六三三年用於打敗普特曼斯的那些武器一樣。[29]但記載詳盡得多的荷蘭文獻，卻明確指出事實並非如此。鄭軍是想登上赫克特號，而不是以火船進攻。根據那名斷腿生還者的說法，漢人部隊在那場爆炸當中也損失了許多人。他看到滿船焦屍從唐船運上陸地。

無論造成爆炸的原因是什麼，總之這項損失對荷蘭方面造成了沉重的打擊。這麼一來，他們就只剩下兩艘海船了。瑪利亞號是快速帆船，雖然航行速度迅捷，也經得起風浪的侵襲，卻不適合作戰。斯格拉弗蘭號是一艘精良的戰艦，卻遠遠比不上赫克特號。斯格拉弗蘭號憑著一己之力，根本阻止不了國姓爺的海軍控制台灣周圍的海域。[30]

因此，國姓爺的侵略行動進展得異常迅速。他不但擁有海軍優勢，陸軍也控制了北線尾沙洲。他預期普羅民遮城也將在不久之後被他攻下。

談判與投降協定

荷蘭船艦遭到唐船擊敗，火槍也敗在刀劍之下。荷蘭士兵一面藉米酒澆愁，同時喃喃說著帶有叛變意味的話語：「想要抓野兔，也得狗兒有勁才行！」然後便醉倒在街上，鼾聲如雷。[1]國姓爺在陸地與海上雙雙獲勝之後，隨即把注意力轉向下一個目標：攻占荷蘭位於台灣本島上的主要堡壘——普羅民遮城。他以數千兵將加以包圍。

在設置於普羅民遮城後方山丘上的眾多帳篷當中，國姓爺本身的帳篷特別醒目，是一座畫著藍色火焰的黑色帳篷，而且也比其他帳篷來得大。[2]普羅民遮城的砲手以一枚砲彈命中了他的帳篷，一名隨從因此斷了一條腿。[3]他的帳篷於是移到了大砲的射程之外。

普羅民遮城裡的荷蘭守軍雖然藉著這一砲虛張聲勢，實際上卻害怕不已。敵軍人數成千上萬，他們卻只有一百四十名士兵，同時缺乏補給品。地下火藥庫只有幾小桶火藥和一箱半的引線，其中大部分都已受潮。位於堡壘外的糧倉與儲藏庫（沒有被燒毀的少數幾座）雖然滿是稻米，但堡壘裡的糧食存量卻非常少。國姓爺來襲的速度極快，以致他們來不及做好守城準備，不但搬入城裡的補給品不夠多，也來不及把剩下的補給品燒毀。

水源供給更是糟糕。廚師回報說水井裡沒有水。堡壘的居民平常都從堡壘後方的一口井或附近的一條小溪取水，結果都沒有人想到要檢查堡壘本身的水井是否還可使用。他們試圖把井挖深一點，井裡卻一再被沙子填滿。他們只取得幾甕泥水，僅夠煮些米飯。

就在他們忙著挖井的時候，國姓爺送來了一封書信。負責送信的三個人是個古怪的組合：一名身穿唐裝的荷蘭婦女和她四歲大的兒子，[4]以及一名傷痕累累的荷蘭男子。他們說自己在前一夜被鄭軍兵抓去。那名男子被痛打一頓之後，還被吊在樹上，差點吊死。那名婦女則是遭到脫光衣服「蹂躪」。[5]他們表示是何斌救了他們，並且帶他們晉見國姓爺。根據楊英的記載，國姓爺對他們加以慰諭，並指示眾人對他們善加對待[6]（楊英沒有提到「蹂躪」之事）。[7]國姓爺賜給那名婦女一席漢人連衫裙，又交給那名男子一份公告，上面綴飾著獅與龍的圖案，還蓋上國姓爺的大紅印章。

經過翻譯之後，荷蘭守軍才得知這份公告的內容是要求他們立刻投降：

我前來取回我父親借給貴公司的土地，誰能否認我的權利？我欲親自改善這片土地，建造美麗的城市。因此，請各位考慮清楚。各位若願意臣服於我，即可保有一切金錢、土地、屋宇及財物。若有人希望離開，我也將以船隻載送。請仔細考慮，且切勿妄想發動攻擊，因為你們只有區區一小群人，抵敵不了我的大軍。這麼做只會為你們自己招來殺身之禍。[8]

這三人還帶了另外一封信，收信對象為堡壘指揮官貓難實叮本人。這封信也和那份公告一樣充滿了頤指氣使的語氣，但還附加了這句溫和的話：「閣下也深知侵占別人的土地並非適切之舉。」[9]信中指出，他們若是舉城投降，貓難實叮及其他荷蘭官員都可獲得豐厚的獎賞，否則將遭到無情的屠戮。為了表示善意，國姓爺後來又將十個俘虜送入城內。

貓難實叮身為普羅民遮城的指揮官暨台灣本島地方官，曾誓言以性命捍衛荷蘭東印度公司的財產。他如果沒有得到熱蘭遮城的許可就逕自投降，將可能遭到叛國罪起訴，甚至被處以死刑。另一方面，山丘上則是有數以千計的士兵準備屠殺他和他的親友。

他決定寫一封信給揆一。他描述了城裡缺乏火藥、水井乾枯以及士氣低落的狀況，並且附上國姓爺來函的抄本。問題是，他要怎麼把這封信遞送到熱蘭遮城堡呢？

普羅民遮城的正門對著一片沙岸，岸上散置著數十艘船隻。熱蘭遮城堡矗立於海灣對面，兩者之間隔著約一英里寬的平靜海水。往南不遠有一座渡船碼頭，原本都有渡船定期往返於赤崁與熱蘭遮城。[10]然而，現在海灣上都有國姓爺的船來往巡邏。要是過了渡船碼頭又繼續往南走，可以走到熱蘭遮沙洲幾乎與台灣本島相接的地方。那裡有一片狹窄的淺灘，稱為「窄峽」。只要涉水穿越這片淺灘，即可踏上一條滿是沙丘的小徑，往北經過林投樹叢、甜瓜田及捕魚村莊後抵達熱蘭遮城堡。不過，國姓爺的部隊已在窄峽紮營，也開始巡邏淺灘對面的沙丘了（圖十九）。

於是，貓難實叮的信使決定走捷徑試試看。他們跑出正門，將一條船拉進水裡，然後奮力向前划，在國姓爺的船隻追上他們之前划入熱蘭遮城堡的大砲射程內。他們順利橫越了海灣，但國姓爺決心不讓這種情形再次發生。鄭軍放火燒掉岸上的所有船隻，艦隊也加緊巡邏海灣。

貓難實叮也寫了一封信給國姓爺。他的管理能力也許令人搖頭——他的堡壘不但沒有囤積補給品，水和武裝也都嚴重不足——卻很懂得怎麼寫出討人歡心的信件。[11]他「敬謝」國姓爺殿下的來

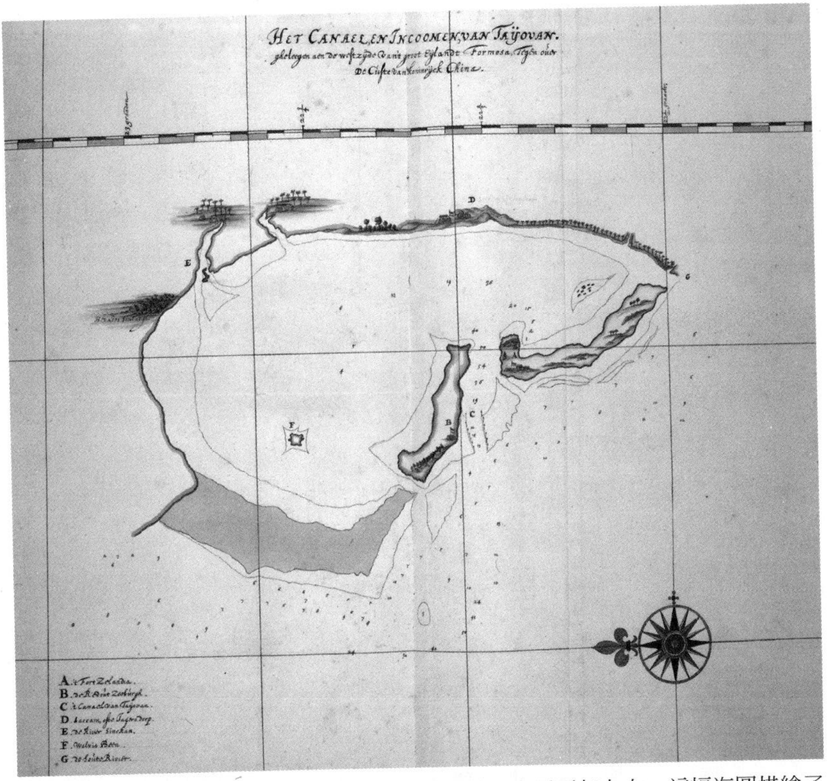

圖十九：大員灣及其兩條入口水道的海圖，繪於一六五五年左右。這幅海圖描繪了一六五六年左右的大員灣。貓難實叮遭到包圍之處的普羅民遮城，在圖中以字母「D」標示。這座堡壘面向大員灣，從城內可以清楚望見海灣對面的熱蘭遮城，其巨大的旗幟在風中飄揚。從普羅民遮城往南走（圖中的右方），即可抵達窄峽（以字母「G」標示），然後涉水穿越淺灘，登上荷蘭人習慣稱「鳳梨園」的沙洲，熱蘭遮城堡就矗立在這座沙洲的盡頭。國姓爺在窄峽設置守衛，並安排船艦巡邏海灣，以阻斷兩座堡壘之間的通聯。（維也納的奧地利國家圖書館許可翻印，Atlas Blau van der Hem, volo XLI, table 2。）

函，以及對俘虜「有禮又仁慈」的對待。他寫道，只可惜他無權決定投降事宜。只有他的上司——福爾摩沙長官——才能做出這項決定。然而，國姓爺殿下要是一再攻擊試圖穿越海灣的船隻，他又如何能夠得知他上司的決定呢？

貓難實叮對於自己卑躬屈節的語氣想必覺得不太好意思，因爲他依照慣例將信件內容唸給城內其他高階荷蘭官員聽過之後，隨即指稱自己刻意用比較客氣的言詞，盼望敵人能夠因此懂得以尊敬的態度對待荷蘭人，尤其是那些仍然身在鄉間、可能遭遇敵軍部隊的荷蘭人。貓難實叮將這封信交給他們俘虜的兩名鄭軍，讓他們喝了點酒，然後遣送他們出城。

國姓爺的回信充滿威脅：

> 我率軍征戰向來無往不利。仔細想想你的實力與我相比如何。滿洲人勢力龐大，其盾刀與弓箭的精良程度雖與我的部隊不相上下，聽到我的名字還是不禁顫抖。閣下只有少少幾人，竟然還想與我相抗？你仰賴你的船隻，但你也已見到我將這些船隻放火焚毀。在北線尾沙洲上抗拒我的部隊已全數遭到殲滅，沒有一人生還。你們在水上與陸上都打了敗仗，現在只剩下這座小小的堡壘，有如枯木無法久立。12

他責備貓難實叮竟然還想取得揆一的許可，並且指稱他們若是不立刻開城投降，他就會率軍攻下這座堡壘，屆時城內所有人都別想活命，即便婦孺也是一樣。13

普羅民遮城裡的狀況愈來愈令人難以忍受。城裡的居民又餓又渴，只聽到四面八方都是敵軍的聲音，高呼命令、敲鑼吹號，更可怕的是，還可聽到鐵鎚、鋸子以及堆疊物品的聲音。此外，城內也惡臭不已。僕人都不敢到城外傾倒夜壺，以致城內滿是污水穢物，不管走到哪裡都不免踩到。[14]駐軍睡不好，行事也愈來愈漫不經心。士兵不是忘了清潔槍枝，就是彈藥裝填不當，以致火藥爆炸，導致嚴重燒傷。有些士兵因情緒不穩而開始喃喃低語著各種危險陰謀，例如點火引燃火藥，將整座堡壘炸成碎片，所有人同歸於盡。

在國姓爺入侵的第四天，一六六一年五月三日，普羅民遮城裡的居民看見一艘小船從熱蘭遮划了出來，心想必定是揆一派出的信使。不過，國姓爺無意讓船上的訊息遞入城內。六艘小型唐船起錨航出，押著這艘小船到了碼頭。一群高階荷蘭官員下了船，伴隨著四名荷蘭士兵。[15]他們走向普羅民遮城的正門，但中國士兵擋在他們面前。城裡的守軍聽不見他們說些什麼，不過看來拔鬼仔的長子威廉似乎居間翻譯——他是少數通曉中文的荷蘭官員。他們伸手指向普羅民遮城，但鄭軍卻帶著他們走向赤崁市街。

貓難實叮需要有個人去打聽究竟發生了什麼事。他挑選了梅氏這個人，這樣的選擇也實在令人欣喜。梅氏後來針對他在國姓爺入侵期間的經歷寫下了一份詳實的記載。[16]這份記載被收藏在書架上，被人遺忘了三百五十年，後來才因一位台灣學者認知到這份文獻的重要性，而將其譯為中文出版。[17]漢學家為此興奮不已，因為這份文獻是關於國姓爺的史料當中，最詳盡的一份第一手敘述。

根據梅氏的記載，他舉著白旗踏出城門，走向那些荷蘭人被帶去的地方。他們進入了最接近海灣岸邊的一棟房子。梅氏走到那裡，只見數百名鄭軍排列齊整，面對面形成兩條人龍，一路延伸到國姓爺位於山丘上的帳篷。他被人帶進房子裡。

那群荷蘭代表向梅氏表示，熱蘭遮城堡也收到了國姓爺的信，而且信件內容與普羅民遮城收到的相仿，除了威脅恫嚇之外，還宣稱台灣屬於他所有。他們奉命「以溫言婉語」向國姓爺告知台灣長官對於他的武力入侵有多麼不悅，並且看看雙方能否達成什麼樣的協議。不過，他們也奉命向國姓爺指出熱蘭遮城堡備有豐富的糧食與精良的武器；若有必要，荷蘭守軍將發揮基督徒的精神，奮力抵抗國姓爺，巴達維亞也將在不久之後派兵來援。所謂援兵其實是騙人的；但不趁這時虛張聲勢嚇唬敵人，更待何時？[18]他們大概沒有提到他們已立誓以堅忍的態度面對國姓爺的威脅，絕不透露荷蘭方面的狀況，「除非遭遇無可忍受的痛苦。」[19]

梅氏對他們說，普羅民遮城的狀況已經愈來愈糟。城裡沒有水，火藥幾乎用罄，火槍彈也剩沒幾顆。他們說揆一與福爾摩沙議會花了很長的時間考慮該怎麼做，並且「全心」盼望能夠為普羅民遮城提供援助，但海灣遭到嚴密監控，連一艘船都過不去。[20]因此，揆一決定授予貓難實叮完全決定權，由他自行認定要全面開戰還是投降。[21]不過，他們沒有時間繼續談下去。兩名軍官過來召集了荷蘭代表，隨即帶他們出去。他們離開的時候，順手帶走了梅氏的旗子。

梅氏走出門外，發現沿街兩旁都站立著士兵，四人、六人或十人一列，從海灘一路延伸到山丘上的營地。[22]這些士兵全都全副武裝，配備著弓、劍與斬馬刀。不過，最讓梅氏感到駭異的是他們面具上所繪的臉龐。在他眼中，他們看起來有如一排排的魔鬼。[23]他後來從一名鄭軍指揮官口中得知，他們的面具不只意在嚇唬敵人（此舉對清軍的馬匹特別有效），同時也可避免別人——無論友軍還是敵人——看見他們臉上害怕的神情。

梅氏在驚悸之餘回到城裡，發現所有人都忙著取下窗戶上的鉛與屋頂上的錫，也收集著鐵釘、螺絲與鋼杯，以便將各種金屬熔化製成火槍彈。梅氏向貓難實叮回報之後，就累得倒下來睡著了。

在他沉睡的時候，荷蘭代表正與國姓爺會面。會面進行得並不順利。

會面

荷蘭代表與梅氏道別之後，就在鄭家軍官的帶領下，沿著那條兩旁排列著士兵的街道往山上走。他們把那些士兵的面具形容爲紅色猿面。他們爬上山頂，何斌隨即出面接待，並且自願幫他們翻譯。他們接受了他的協助。

他帶領他們穿越營地，而且走了一條迂迴的路徑，使得他們難以猜測士兵究竟有多少人。他說山上共有十二或十三個鎮，每一鎮由九百名士兵組成。他們覺得部隊的氣勢頗爲懾人，對於瞄準著普羅民遮城的火砲倒是不認爲有什麼了不起：火砲的體積不大，而且荷蘭代表判斷這些火砲應該根本無法使用，因爲它們只是架在土堆上，沒有任何攻城設施的保護。

國姓爺還沒準備好，因此他們獲邀到一名軍官的帳篷裡喝茶。接待他們的軍官命令一名部下把他的劍拿出來炫耀給客人看，並且砍削帳篷的竹支架以顯示其鋒利程度。國姓爺部隊的刀劍非常著名。一份中文史料如此描述其製作方式，也許多少有些誇大：「鐵匠百人挨遞打，成此一刀，故銳特甚。」[24]那名軍官命令另一個士兵展示他的裝甲，荷蘭代表細細檢視。這副裝甲由鐵片構成，鐵片都用線固定在一件厚重的棉布兩側。那名軍官問荷蘭人是否有足以比擬的鎧甲。荷蘭代表不禁笑出聲來。[25]在歐洲，這類裝甲早在許久以前就已是過時的產物，自從火槍興起以來便逐漸遭到淘汰。

一人前來傳話，指稱國姓爺已經準備好了。他們被帶到他的帳篷。他坐在一張小桌子的後面，前方的地面上鋪著紅色的厚地毯。他們脫下帽子對他行禮，然後依照指示在地毯上坐了下來，「像馬來人一樣。」他們後來寫道。

國姓爺以中文說了些什麼。威廉與何斌翻譯成荷文：「你們爲何而來？」

他們答稱自己是奉命前來。他們說，台灣長官揆一不曉得國姓爺殿下爲什麼會率領這麼多的船與這麼一支龐大的軍隊突然出現，穿越鹿耳門進入大員灣，登上台灣本島，而且還送來充滿威脅語氣的信函，提出各種古怪難解的要求。揆一認爲可能有什麼誤會，也許國姓爺殿下的信函內容因爲缺乏可靠的翻譯而遭到了誤解，因此決定派這群代表前來聆聽國姓爺殿下親口提出他的要求。[26]

國姓爺預期的顯然不是這樣的回話。這群代表後來寫道：「那位自以爲是的海盜高傲地揚起眉毛，以睥睨的神態聲稱他要從荷蘭人手中取得福爾摩沙以及島上的堡壘。他不管他們同不同意，因爲這塊土地本來就是他的。」[27]

從他的帳篷可以看得見普羅民遮城。他舉手指向那座堡壘，接著又指向自己的部隊，然後說了這麼一段話，聽在荷蘭代表耳中簡直對神褻瀆至極：「我的力量足以撼動天地。我攻無不克，戰無不勝。各位難道沒看到我的船如何燒毀了貴軍的大船嗎？各位難道沒看到拔鬼仔及其部下在北線尾沙洲上的慘敗？現在，我已經切斷了你們的陸上與海上交通。你們只剩下這兩座堡壘，根本抵擋不了我的部隊。想以這麼少的人數對抗我的大軍，根本是異想天開。」[28]

荷蘭代表站起身來回話，以平靜而有尊嚴的語氣（至少他們自稱如此）指出，他們無權做出投降的決定。他們勸告國姓爺殿下切勿急躁，因爲荷蘭守軍備有充足的武器，一旦開戰，雙方都不免損失慘重。他們說，總之福爾摩沙屬於荷蘭所有，國姓爺殿下的父親也深知這一點。他們拿出他父親在一六三〇年與荷蘭東印度公司簽署的一份和平條約。在荷蘭人的認知裡，這份條約證明了鄭氏家族同意荷蘭永久占領台灣，且鄭氏家族也不對台灣主張任何權利。[29]

國姓爺說他從來沒聽過有什麼條約。無論如何，他一定要奪下福爾摩沙與島上的堡壘。荷蘭人如果向他表示順從，並且屈膝求饒，那麼他就會讓他們保有原本的財產，幫他們清償債務，並且授予他們東印度公司絕對不可能給他們的崇高權勢。如果他們想回巴達維亞，他也可以派船送他們過去。不過，他要是被迫以武力攻下兩座堡壘，他們就別奢望他會手下留情。

他吼了起來：「我要是被迫動用武力，那麼我將會殺盡所有人，首先就從你們這些代表開始，而且絕對要讓你們死得很痛苦。」[30]他表示，他將立刻攻打普羅民遮城，讓他們親眼看著他屠戮所有人。他叫了幾個軍官進來，似乎對他們下達了進攻命令。

荷蘭代表懇求他不要那麼急躁，至少先等他們向揆一回報了再說。他們承諾第二天會過來向他報告揆一的決定。

國姓爺表示可以給他們一個晚上的時間考慮，但沒有必要再談。揆一如果願意投降，就在次日早上升起白旗。如果旗杆上飄揚的仍是荷蘭旗幟，他就會發動攻擊：先是普羅民遮城，接著是熱蘭遮城堡。

荷蘭代表行禮告別。他們被帶到山頂上，俯瞰整座營地。看起來國姓爺的部隊確實已經做好了進攻的準備。士兵都已排好陣式，約有六至八千人，而且他們也看見了各種不同單位：頭戴面具的士兵、弓箭手，還有配備斬馬刀與長劍的步兵，他們的劍都收在精美的長劍鞘裡。有一支兩百人左右的小隊似乎是菁英部隊，配備了槍枝。此外，還有數以千計的工人與僕役到處奔忙。

荷蘭代表被招待了一頓「非常粗劣的餐點」，然後出乎意料地發現對方不再理會他們，任憑他們自由離開。於是，他們前往普羅民遮城與貓難實叮商議。

投降

貓難實叮面臨了一個兩難的抉擇：投降可能為自己帶來叛國的罪名，抗拒敵人則可能送命。他知道自己會選擇投降，於是採行了官僚最精通的自保之道：召開會議。他也要求熱蘭遮城堡的代表參加。

他在堡壘內的大廳向與會人士發言，但沒有直接表明自己有意投降。他把當下的情勢概括為簡潔明瞭的六點。第一，存糧只夠支應五天。第二，堡壘只抵擋得住一次攻擊。第三，火藥只有兩百磅，槍彈所剩無幾。第四，井裡水量極少，只能用手舀起，而且無法繼續往下挖。此外，敵軍發現了後方植物園裡的水井，也把那口井填了起來。第五，士兵都已疲累不堪，其他人也是一樣。第六，「城裡的惡臭愈來愈令人難以忍受，並且導致了嚴重疾病。」[31]

所有人都各自提出意見，但這時貓難實叮才注意到梅氏沒有在場。他找人喚醒梅氏，把他帶到大廳來。貓難實叮轉向他，問：「你認爲我們該怎麼辦？」

梅氏眨眨眼，趕走了睡意，然後說他抱持樂觀的態度，因爲熱蘭遮城堡必然會在不久之後派兵來援。貓難實叮轉向來自熱蘭遮的代表，他們再次申明熱蘭遮方面不可能提供援助。「我聽到這項消息，腦海中隨即轉過了各種不同念頭。」梅氏寫道：「最後，我意識到我們的處境非常不利，而我們若是堅持要讓這麼多無辜人民陷入危險與死亡，全能的神將唯我們是問。我也考慮到，就算我們抵擋得了一次或兩次的攻擊，再繼續守住這座堡壘一天、兩天，頂多三天，我們終究也還是只能投降，任由敵人處置，但屆時他們將更加充滿憤怒與仇恨。」[32]坐著沉思了一會兒之後，他提出了自己的答案：「敵軍若是願意提出合理的協議，我們就不該拒絕。」所幸，貓難實叮對他說，在場的所有人也都和他意見相同。

做成決定之後，那群代表便與城裡的人道別，搭上了他們的小船。貓難實叮既然獲得這麼多人的背書，便隨即寫下投降條件：荷蘭人將可保有自己的財物與奴隸；士兵有尊嚴地列隊離城，保有他們的槍枝與火藥；此外，所有人都可自由渡過海灣前往熱蘭遮城堡。一名通譯開始將這些條件譯爲中文。

太陽下山了。城外傳來敵人拖拉重物以及破壞及建造物品的聲音。城內的眾人過了擔驚受怕的一夜，第二天一早醒來才發現敵軍拆掉了堡壘後方植物園的圍牆，並且拔除了樹木與竹子以及其他一切可能阻礙他們進攻的東西。在植物園與燒毀的馬廄後方，可以看見數以千計的鄭軍，就站在大砲射程之外。

貓難實叮等待著送出降書的時機。昨晚，熱蘭遮城的那群代表離開之前，曾經承諾再次請求揆一為他們提供援助。貓難實叮注意著熱蘭遮城堡方面的信號：一聲砲響以及旗幟上升再下降。[33]如果看到這個信號，就表示沒有援助，只能向敵軍投降。然而，隨著太陽逐漸升起，卻沒有見到任何信號。

中午左右，國姓爺的營地傳來樂聲。有些人騎馬下了山坡。城裡的守軍猜想頭頂上遮著一把紅色絲質陽傘的人就是國姓爺。他前方走著身穿紅衣的人員，後方跟著鼓手與號角手。部隊一看到他經過身旁就隨即立正。看來他正在閱兵。不久之後，鼓聲響起，有人高吼命令，部隊跟著便向前進發。

貓難實叮把降書交給梅氏，於是他又再次出了城。他和一個舉著白旗的同伴走到赤崁市街，被人帶進一棟被國姓爺軍官徵收作為總部的房屋。他看見一名指揮官獨自坐在一張餐桌前吃飯。「你們要開城投降了嗎？」那人問道。梅氏說他不知道，他只是奉命要把信函交給國姓爺。那名將領搖搖頭說，所有荷蘭人都別想活命了。他拿起那封信，反覆看了看正面與背面。梅氏與他的同伴被帶到了國姓爺的帳篷。

他們走近帳篷，只見何斌迎了出來，滿臉堆著笑和他們握手。他接過信函，帶著梅氏向前走，聲稱國姓爺會善待他，而且他甚至不必磕頭，只需按照歐洲人的方式行禮即可。

數百名士兵站在帳篷前方。梅氏的描述非常生動，絕對值得引述於此：

前方站著六百至八百名身著盔甲的士兵，擎著數十面旗幟，在兩側各自排成三列。他們的服裝極爲隆重華麗，裝甲上覆蓋著黑色緞布，裝飾著以各種顏色的絲綢與金線繡成的獅子與龍頭圖案。他們的長矛閃亮得有如白銀，頭盔也閃閃發光，頂上還綴著一簇一英尺高的紅毛。

他們走在兩旁的列隊士兵中間。走到半途，梅氏那名帶著白旗的同伴就被攔了下來，只剩下梅氏一人走到國姓爺的帳篷。

國姓爺坐在一張覆蓋著刺繡絲巾的桌子後方。他身穿一件沒有漂白的亞麻布長袍，頭戴褐色冠帽，金色帽緣上插著一小根白色羽毛。他身後站著兩名「俊俏的男孩」，身穿黑色緞布長袍，揮動著扇子，鍍金的扇柄長八英尺。在他兩側，還侍立著身穿黑色長袍的官員。梅氏估計國姓爺年約四十歲。他猜得相當準，因爲當時國姓爺三十六歲。梅氏認爲他相貌英俊，膚色白皙，一雙漆黑的大瞳仁不時來回閃動。他開口之後，可以看見嘴裡有著四、五顆磨尖的長牙。他蓄著一綹稀疏的長鬚，垂至胸前。

梅氏低頭行禮，卻被人押著在紅地毯上跪下叩頭。何斌把信交給國姓爺，國姓爺隨即開封展讀。這時候，帳篷外面傳來一聲槍響，顯然是某種信號。國姓爺讀信時怒氣沖沖，不時喃喃地自言自語。然後，他抬頭望向梅氏與何斌，以及站在他身旁的官員，以嚴厲而宏亮的嗓音說了些中文，伴以誇張的手勢，「彷彿他就要揮舞著手腳飛走了一樣。」[34]

何斌翻譯了他的話：「看來上天還是眷顧你們。我已下令攻擊你們的堡壘，並且對反抗者格殺勿論。不過，我現在不但會饒你們活命，也允許你們保有原本的土地、房屋與財物，而且你們也可以和先前一樣繼續定居下來。」[35]國姓爺只拒絕接受一項條件：他不允許任何人前往熱蘭遮城堡。

梅氏若是真如他所記載的那樣答話，那麼他必定膽識過人。根據他的敘述，他對國姓爺說——也許仍俯伏在紅地毯上——他要是不同意讓所有人自由前往熱蘭遮，投降協議就免談。國姓爺問：「我都已經同意在赤崁為所有人提供其所需要的東西，為什麼你們還這麼想去熱蘭遮？」梅氏答道：「因為我們都是荷蘭人，我們的父母、子女、妻子、丈夫、兄弟、姐妹都住在熱蘭遮城堡，所以我們不可能輕易拋下自己的親人。」國姓爺表示他絕不會讓任何人前往熱蘭遮，梅氏與他的同胞別再癡心妄想。他說明年東北季風開始吹拂的時候，他就會安排船隻把所有人送到巴達維亞。

梅氏說他無權同意這樣的安排，於是國姓爺在降書上寫了幾個紅字，並且舉手一揮。他的一個隨從踏步上前，恭恭敬敬地接過那封降書。

一名高階官員伴隨梅氏回到普羅民遮城。這位官員是楊朝棟，當初其他將領都反對國姓爺攻打台灣的計畫，只有他發言表示支持。他將在不到一個月後被任命為台灣府尹。[36]此時，國姓爺要求他與貓難實叮確認最後的投降協議。

楊朝棟不敢到普羅民遮城，在赤崁市政廳就停下腳步——這幢建築緊鄰於赤崁市街與普羅民遮城之間的廣場。後來，透過承諾與人質，梅氏終於安排了他與貓難實叮透過城牆上的砲口對話。攻守雙方又從事了更多協商，普羅民遮城又派了更多使者謁見國姓爺。最後，貓難實叮乾脆把楊朝棟押在臭氣沖天的堡壘內當人質，而親自前去與國姓爺會面。

貓難實叮沒有寫下他們會面的紀錄，但過程想必相當順利，因爲不久之後，國姓爺的營地就響起歡欣的號角聲、鼓聲、笛聲與鑼聲，然後一支洋溢著歡樂氣氛的隊伍便走下山坡。那支隊伍包括一群樂手與一頂華麗的轎子，由一把橘色陽傘遮蔭。轎子上裝滿了絲綢、天鵝絨與錦緞。

一名騎在馬背上的人物身在隊伍前端，這人正是貓難實叮。

他進入城門之後，對著梅氏及其他人簡短說了幾句話。他們必須在兩天內撤出堡壘，但沒有人可以去熱蘭遮城堡。他們必須搬進赤崁的房屋，國姓爺承諾爲他們供應糧食以及他們需要的其他一切物品。貓難實叮對於轎子上的那些禮物似乎頗覺尷尬。他說他一再婉拒，但國姓爺堅持一定要送。[37]城外，慶祝的活動愈來愈熱烈。他們聽到歡呼喊叫的聲音與擊發槍枝助興的聲音。這些聲響非常大，揆一的士兵在海灣對面也都聽得到。[38]

貓難實叮帶回了兩面繡有龍、獅圖案的黃色旗幟。他把這兩面旗幟升上堡壘上方。

兩天後，在一六六一年五月六日，貓難實叮在堡壘內又舉行了一次會議。他召集所有士兵，問他們是否確定要出城。他們全部高喊：「是。」他請軍官簽署一封信件，內容指稱普羅民遮城確實缺乏水與火藥，空氣也的確惡臭得令人無法繼續居住在內。他們全都簽下自己的姓名，爲他提供了又一份的保命文件。然而，就在一切都順利進行的同時，他手下的最高指揮官卻因喝醉酒而開始大聲叫囂，聲稱將點燃火藥，把堡壘連同所有人都炸成碎片。貓難實叮吼了回去。那人總算放棄了他的陰謀。

於是，就在太陽落入海面之際，軍官紛紛將鑰匙交給貓難實叮，並且將手下的士兵集結於後門旁。士兵點燃引線，用牙齒咬著火槍彈，然後走向城外昏暗的天空下。[39]他們走到植物園——這裡原本是一座種滿了熱帶植物與藥草的美麗園地，現在卻被踩得一片狼藉——停下腳步，共同擊發一槍，然後熄滅了引線。他們的槍枝全都交給鄭軍保管。

國姓爺抵達台灣不到一個星期，就控制了台灣的戰略核心，也就是大員灣周圍的富饒土地。貓難實叮與梅氏及其他官員都搬進赤崁的舒適房屋，士兵則住在濱水區。國姓爺送來稻米與豬隻，還特別為貓難實叮送上羊肉，並且也設置守衛，保護荷蘭人不受鄭軍的侵擾。[40]貓難實叮說他覺得很安心，也確信國姓爺會信守承諾。不久之後，他們必然都會被送回巴達維亞。

國姓爺也深感樂觀，認定這場戰爭很快就會結束。他寫了一封信給揆一，內容呼應了他先前寫給貓難實叮的信件：「你只剩下這座小小的堡壘，正如枯木無法久立。」[41]相較於國姓爺在中國大陸攻下的許多大城，熱蘭遮城堡確實小得微不足道，甚至還比不上多年來許多因為不肯納稅而遭到他懲罰的小寨子。因此，我們可以理解他的自信。畢竟，他曾經差點攻下了石頭城南京。他確信揆一會開城投降。如果沒有，那麼他的部隊也必然能夠只憑一役便攻下這座堡壘。

他錯了。揆一的一千多名士兵抵擋了國姓爺的部隊將近一年，改變了戰爭的態勢。他們是怎麼辦到的？

那便是文藝復興時代的建築。

城堡

我們爲「蒙娜麗莎」、西斯汀禮拜堂與佩脫拉克的詩而盛讚義大利文藝復興。不過，義大利人也是精通戰爭之道的大師。他們最重要的一項發明，就是一種新式的堡壘。十五世紀期間，隨著歐洲人對愈來愈多城牆擊發愈來愈多的大砲，傳統城堡已可明顯看出不再具備抵禦敵人的功效。中世紀的防禦工事紛紛粉碎於大砲的火力之下。[1]義大利人開始建造不同的城牆，比較低矮也比較厚實，藉由傾斜的角度以及塡實的土壤消解及吸收砲彈的衝擊力。於是，一種新式的建築開始出現，並且在十六世紀初發展成熟，形成一種激進的新式設計。軍事史學家對這種建築取過各種不同名稱，我在本書中稱之爲「文藝復興堡壘」。[2]

關鍵的創新之處在於一種位於堡壘角落的稜堡，有如一個充滿威脅的大箭頭。每一座稜堡都具備互相支援的作用，因此文藝復興堡壘能夠發揮其他種類的堡壘無可比擬的掩護火力。過去，攻城部隊總是能夠找到守軍砲火打不到的幾個防守死角，用以架設攀梯。[3]然而，文藝復興堡壘卻可讓守軍顧及所有角度。這麼一座堡壘只要人員與武備齊全，就幾乎不可能攻得下來。如果有部隊膽敢嘗試攀牆或是衝撞城門，必然會遭到交叉火力痛擊。這樣的火力不但來自上方、下方、左側、右側，甚至還會來自後方，因爲突出的稜堡可從進攻部隊的後方開火（見圖二）。

這種新式設計迅速擴散開來，先是在義大利境內，接著又傳播到其他國家。這種建築流傳到什麼地方，其他一切就跟著改變。由於文藝復興堡壘不太可能攻得下來，因此進攻方只能採取圍城的做法，慢慢襲擊而迫使守軍屈服（這種方式需要花上數個星期的時間，也必須建構反防禦工事，以及長達數百碼的護牆、壕溝與砲台，以便保護己方的部隊與砲手），或是讓守軍因缺糧而不得不投降（這麼做則是需要嚴密的封鎖，耗費的時間更是長達幾個月或甚至幾年）。無論如何，攻打這麼一座堡壘都需要一支龐大的軍隊。因此，只要是有文藝復興堡壘的地方，軍隊的規模通常就會跟著成長。這種發展需要高昂的成本。此外，這種堡壘本身的成本也非常高，比中世紀城堡的建造成本高上數十倍之多。

文藝復興堡壘可能不只改變了戰爭的方式與軍隊的規模，甚至也可能造成了政治與社會的變化。為了支應堡壘與軍隊的開銷，就需要更有效的稅收政策與財政結構。軍事革命論認為歐洲之所以會演化出新式的社會與政治結構，背後的推動力（至少是強化此一過程的因素）就是十六與十七世紀的軍事革命，而這些變革可能就是由文藝復興堡壘所引發的。

文藝復興堡壘也開始出現於歐洲以外。西班牙人與葡萄牙人是開展這項發展的先驅，在大西洋的亞速爾群島乃至中國海的菲律賓群島等各地都興建了文藝復興堡壘。接著便是荷蘭人。在十七世紀的荷蘭黃金時代，荷蘭工程師將他們的先進設計帶到了荷蘭帝國遍布於世界各個角落的殖民地。[4]

根據軍事革命論的觀點，像熱蘭遮城堡這樣的殖民地堡壘——如同帕克說的——乃是「歐洲擴張的引擎」，是促使歐洲人得以在世界各地長久盤據的一項主要科技。不過，異常多產的史學家布萊克卻指出，歐洲以外的民族一旦想要攻占歐洲堡壘，通常不難達成目標。舉例而言，波斯人在一六二二年就輕易攻下了一座葡萄牙人的文藝復興堡壘。布萊克也譏諷指出，他們「顯然沒有讀過軍事革命論的文獻，不曉得歐洲砲兵部隊能夠藉著優越的科技打敗非歐洲人」。[5]這是一項重要的辯論，帕克與布萊克都提出了極具說服力的論點。不過，這個問題很難獲得確切的答案，原因是我們對歐洲人與非歐洲人之間的戰爭所知極少。國姓爺攻打熱蘭遮城堡的行動正是一件非常珍貴的驗證案例。

按照中國的標準，熱蘭遮城堡確實非常小。不過，在荷蘭人建造於其亞洲帝國的堡壘當中，這已經是比較大的一座。畢竟，台灣可是他們在亞洲最大的殖民地。熱蘭遮城堡的傾斜高牆由泥土填實而成，就像中國的城牆一樣。此一泥土牆心外包覆了一層厚紅磚，然後再砌上一層由中國大陸與澎湖群島運來的灰色石塊。

熱蘭遮城堡其實是由兩座堡壘合併而成。上城是個正方形建築，長寬各約一百碼，而且四個角落都各自突出一座巨大的稜堡。依循文藝復興堡壘的慣例，每一座稜堡都有自己的名稱——菲力辛根（Vlissingen）、米德爾堡、甘博菲爾（Camperveer）、阿姆斯特丹——因為這些稜堡都算得上是各自獨立的迷你堡壘。方形的上城內矗立著不少建築：兵營、一座附有刑具的監獄，還有房屋。在國姓爺來襲之前，這些房屋原本都由軍官居住，但現在也住進了不少官員，包括揆一自己。

緊鄰著上城旁邊的則是下城。下城的規畫沒有上城那麼完善，因為這是臨時起意的產物，用於保護大員灣主要出入水道旁的一排建築物。這些建築物原本沒有任何保護，結果在一六三四年遭到漢人海盜攻擊。[6]事後，荷蘭人就把易燃的稻草屋頂改為瓦片，也興建了一道城牆。這道城牆始於上城東北角稜堡的後方，延伸至海岸，然後沿著海岸朝西修築數百步的距離，再回轉與上城的西牆相接。

多年來，下城內冒出了許多建築物。其中最宏偉的就是台灣長官的官邸，矗立於中央，背倚著上城的底端。此外，還有一座教堂，以及其他住宅與辦公室。不過，最大的建築乃是巨大的倉庫，裡面裝滿了來自東印度的種種珍寶——胡椒、瓷器、棉花、絲綢、丁香、肉豆蔻、茶葉、檀香木與白銀。在主要的倉庫附近，一道大門可通往石砌碼頭，唐船、舢舨、遊艇與商船都在此停泊，卸下貨物。後來，下城的城牆也建造了稜堡，每個轉角各建一座。因此，構成熱蘭遮城堡的兩座堡壘共有七座稜堡（圖二十）。

熱蘭遮城堡能夠望見周遭四面

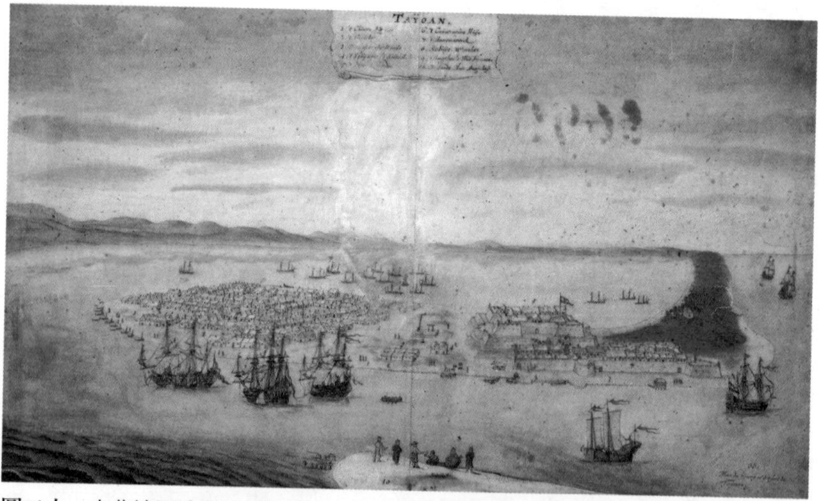

圖二十：由北線尾沙洲眺望熱蘭遮，繪於一六四四年左右。圖中前景為北線尾沙洲的南端，有幾個人似乎剛下了一艘小船，有些人身穿荷蘭服飾，有些穿中國服裝。有個身穿荷蘭服飾的婦女仍坐在小船上。這群人似乎剛划船航越了繁忙的水道，水道中停泊著若干荷蘭船隻。在這些船隻後方，亦即水道的對面，可以見到左側的熱蘭遮鎮與右側的熱蘭遮城堡，上城上方飄揚著一面旗幟。在一六四四年這個時候，下城的城牆雖已完工，但稜堡只蓋了一座，突出於最右側。那座稜堡後面的沙丘上坐落著保護熱蘭遮城堡的碉堡，後方的沙洲則持續往南延伸，在一個稱為窄峽的淺灘處幾乎與台灣本島相接。（義大利佛羅倫斯的羅倫佐圖書館許可翻印，inventory number Castello 7。）

八方的景觀，尤其是巍峨矗立在一座小丘頂端的上城。往東是熱蘭遮鎮櫛比鱗次的瓦片屋頂，接著是一大片閃閃發光的海水，海水後方是赤崁與普羅民遮城，現在那座堡壘上已飄揚著國姓爺的旗幟。若是向右望，可以看見狹長的沙洲向南延伸，遍布其上的沙丘愈遠愈小，最後在窄峽處幾乎與台灣本島相接。荷蘭人將熱蘭遮沙洲的這個部分稱爲鳳梨園，原因是生長在那裡的林投樹所產生的果實看起來有如鳳梨。要是進一步向右轉，面對西方，則可看見高大的沙丘，沙丘後方即是大海。轉向北方，可以看見大員灣的主要出入水道，水道對面爲北線尾沙洲，拔鬼仔就是在那座沙洲上死於鄭軍的斬馬刀下。

北面正是熱蘭遮城堡最穩固的地方，因爲其城牆距離海水只有幾公尺而已。國姓爺大概不會試圖從這裡進攻，否則他的部隊就必須在水濱登陸。如此一來，他們還來不及接近城堡，就會先遭到砲火的無情轟擊。

其他面就沒那麼令人安心了。國姓爺若是由東方來犯，即可掩蔽於熱蘭遮鎮裡。但即便如此，他們還是必須跨越一大片空曠的平原才能抵達城堡，而熱蘭遮城堡有三座稜堡防守著那片平原，兩座位於上城，一座位於下城。過去數十年來，這片平原上雖然出現了一些建築物（一座市集、一家鐵匠鋪，還有絞刑台），但還是相當空曠。如果有人試圖穿越，仍然不免遭到砲火的致命襲擊。

最脆弱的部位是西側與西南側，城堡外散布著許多沙丘，而且其中一座沙丘又特別高。荷蘭人在許久以前就意識到敵人有可能在那裡架設大砲，直接對城裡開火，因此他們在那座沙丘的頂端興建了一座小型堡壘，稱之爲碉堡。只要這座碉堡不被攻破，熱蘭遮城堡就不怕敵人從沙丘來襲。[7]

因此，熱蘭遮城堡雖小，卻深受揆一與他手下的官員所信賴。

國姓爺並不認爲這座城堡有什麼了不起。他認定揆一終究會認知到自己毫無勝算。

國姓爺步步進逼

一開始，揆一沒有立刻投降，國姓爺以爲他可能只是刻意假裝自信。畢竟，貓難實叮也是等到他的部隊擂響戰鼓才升起白旗。也許揆一需要多一點壓力。於是，在一六六一年五月四日，也就是國姓爺的旗幟升起於普羅民遮城上方的那一天，他的部隊便開始從兩側進逼熱蘭遮城堡。有些部隊越過窄峽，從南方進兵，有些則是準備搭船航越大員灣，占領熱蘭遮鎮，然後從東方攻擊城堡。

熱蘭遮鎮裡仍有些荷蘭居民，而揆一截至此時仍拒絕讓他們進入城堡避難，因爲熱蘭遮城堡並不適合容納那麼多人。當然，婦女與兒童都獲准進入城內，因此他們向自己的丈夫與父親道別之後，即沿著狹窄的街道走過教堂與市政廳，踏上通往城堡的石徑，經過右側的徵稅所與市秤、左側的墓園和魚市場，經過刑場與絞刑台，最後又經過荷蘭東印度公司的打鐵坊，才走進通入下城的大門。[8]

男人則留下來保衛熱蘭遮鎮。由於這座城鎮沒有城牆，因此他們組成了一支夜間守望隊，協助士兵巡邏街道；儘管士兵經常以巡邏爲由，藉機騷擾少數幾名留在鎮上的漢人，或是闖入民宅竊取米酒。

在五月四日傍晚，這群男人也來到了城堡。他們的發言人是個年輕但晉升速度極快的東印度公司官員，名叫哈梭威爾。他對揆一說，目前情勢太危險，他們不敢再待在空蕩蕩的城鎮裡過夜了。國姓爺的唐船就停泊在火槍射程外，隨時可能發動攻擊。他們要求進入城堡。揆一雖然不悅，還是命令鼓手擊鼓傳遞信號，通知所有人到城堡避難。9

就在他們把自己的財物搬進狹小擁擠的住宿處所之際，一名鄭家使節帶來了一份最後通牒。他說國姓爺希望避免流血，只要揆一愈早投降，大家就愈早能夠再次成為朋友。聽到這句話，一名荷蘭官員質問道：「什麼樣的朋友會侵略朋友的國家？」

那名使節答道：「荷蘭人必須從正確的觀點看待這一切。」他說，假設雙方立場互換，荷蘭人以無可抵禦的強大兵力侵略國姓爺位於中國的總部，那麼國姓爺自然只能接受這樣的狀況。同理，荷蘭人只能接受國姓爺的侵略，因為他最強大。

揆一說他無意投降，荷蘭人也必然會對這項侵略行為有所回應。那名使節答道：「東印度公司如果有足夠的實力奪回這座城堡，大可直接這麼做。」

「國姓爺還沒占領這座城堡。」一名荷蘭人說。

「這個嘛，」那名使節回應道：「這座城堡很快就會是他的了。」10

國姓爺與他的手下顯然不把這座小堡壘以及其中的荷蘭士兵放在眼裡。他們認為自己能夠輕易拿下這座城堡。第二天早上，一隊隊的士兵涉水渡過窄峽，穿越鳳梨園往北進軍。在距離城堡不遠處有些比較大的沙丘，他們於此豎旗紮營。

這裡距離城堡太近了。荷蘭人的砲火轟得他們四散奔逃，「像手球一樣到處亂滾，」但他們沒有滾太遠。他們在大砲射程外再次紮營，以此作為他們的大本營。國姓爺在不久之後就駕臨這座營地，準備忍受炎熱的高溫與毒辣的太陽，親自督導攻城事宜。[11]

就在國姓爺的部隊忙著設置新總部的同時，他的船也湧向熱蘭遮鎮。火槍兵試圖以火力驅離這些船隻，但終究不得不撤退。他們撤離之前，先放火焚燒了房屋、糧倉、船塢與南部港口外的薪柴小島。不過，國姓爺的部眾從最東端的房屋後方那座渡船碼頭附近上岸，隨即趕去滅火。由國姓爺的一項舉動，可以看出他的自負。他派了四十名士兵守衛鎮上荷蘭居民的住宅，以便在荷蘭人開城投降之後，再把他們的財產全數奉還。[12]

佯攻與零星衝突

然而，揆一並沒有投降。攻守雙方都準備持久戰。鄭軍的工人在熱蘭遮鎮前方挖掘壕溝，利用沙土裝滿竹籃與木箱，在大道、新街與北街等街道上設置路障。荷蘭槍手隨時都會從城上開槍，因此漢人穿越街道都必須全力奔跑。[13]

荷蘭人剷平沙洲、挖掘壕溝，也在地上撒下腳釘。他們把走道釘在一起，加強堡壘的防禦。他們利用木箱與鹿皮在城牆上製作擋箭盾，也派遣奴隸與士兵到城堡外的鐵匠鋪與廢棄的醫院拾取木板與石塊、門扇與窗戶、磚頭與瓦片，另外有些人則是到海灘上撿拾竹子。[14]國姓爺的部隊在房屋裡透過窗口狙擊敵人，城堡則是以砲擊回敬，射出如雨般灑落的石塊。[15]

每天，雙方都會派人刺探敵情，也不免發生零星的衝突。荷蘭人對房屋、唐船與國姓爺的營地隨意射擊，第一天射擊五十五砲，第二天一百六十六砲，第三天四十九砲。一門名叫「瘋女郎」

（Dolle Griet）的巨型銅砲效果最佳，能夠把砲彈直接打進敵軍帳篷裡。揆一的祕書寫道：「看到那些砲彈落下之後造成的慌亂景象實在令人開心。我們今天對敵人射擊三十砲，也慶祝了安息日。」[16]

鄭軍方面則是佯稱那些砲擊對他們毫無傷害，還把一名俘虜放回城堡，藉由他向荷蘭人聲稱「沒有人因此遭到嚴重傷害。只有個人因爲砲擊的影響而導致腿有點麻，另一個人因爲鐵盔震動而導致頭上有點紅腫」。[17]鄭軍將士帶著這名獲釋的俘虜看了瘋女郎射入鄭軍營地的幾顆大砲彈，以一副漫不在乎的態度對他說，他們根本不把這些砲彈放在眼裡，因爲他們還有更大的大砲。

比瘋女郎更可怕的是荷蘭人的迫擊砲。這種新式武器的專長，是發射具有爆炸力的榴彈。迫擊砲的砲管很短，放進砲管裡的砲彈看起來像是一顆附有引線的保齡球。不同於一般砲彈，迫擊砲的榴彈內部中空，可以塡裝火藥與小鐵塊：鐵條、鐵釘以及特別設計的砲彈碎片。發射迫擊砲必須點燃兩條引線：一條是榴彈上的引線，另一條是迫擊砲上的引線。點燃之後，砲手就立刻避到一旁。如果一切順利，榴彈就會落在敵人聚集的地方，然後爆炸，炸得敵人血肉橫飛（圖二十一）。

荷蘭人將迫擊砲對準熱蘭遮鎮的廣場與交叉路口，任何有漢人聚集的處所。迫擊砲雖然也曾使用於中國的戰事中，但鄭軍的迫擊砲可能是沒有具備爆炸力的榴彈，因爲國姓爺的士兵對於這種武器似乎毫無提防。最早的一顆榴彈落在大道中央，結果成群的士兵圍了過去，試圖潑水澆熄引線。不料引線繼續燃燒，接著榴彈便爆炸開來，導致多人死傷。[18]另一次，一名軍官看到一顆榴彈落在地上，隨即上前檢視。當他俯下身撿起那顆榴彈時，榴彈在他手中爆炸，炸斷了他的手臂。由於最大的碎片沒有擊中他的頭，因此他才得以倖存，但臉部與胸部都遭受了嚴重傷害。[19]

圖二十一：砲手在夜戰中利用儀器瞄準迫擊砲，繪於一六一八年。在這幅銅版畫裡，砲手使用儀器決定迫擊砲的傾斜角度。在荷蘭人對抗國姓爺的戰爭中，具有爆炸力的迫擊砲彈似乎發揮了極大的效果，只要落入敵軍營地，就不免造成一片浩劫。一名荷蘭俘虜描述了他被俘期間的經歷，提到漢人「對我們的主砲手深懷怨恨，指稱他彷彿能夠親手把炸彈投擲在他想要的任何地方」。這幅圖摘自祖布勒（Leonhard Zubler），*Nova geometrica pyrobolia*，一六一八年。（羅德島普羅維登斯布朗大學圖書館安妮．布朗軍事收藏許可翻印。）

榴彈若是引線脫落，或是悶熄於土壤中，才能夠安全地加以檢查。荷蘭士兵一度看著一名漢人在大道上推滾著一顆沒有爆炸的榴彈，朝著北方港口而去，「也許是要帶去給他的指揮官看。」[20]另一次，鄭軍撿起一顆沒有爆炸的榴彈，清出內容物，再重新裝填火藥，然後點燃引線，裝入一門一般的大砲，結果大砲被炸成了碎片。[21]後來，一名鄭軍指揮官試圖派遣間諜混入城堡內，以了解是什麼樣的大砲能夠射擊會爆炸的砲彈。不過，那是好幾個月後的事情了。現在，漢人只要看到迫擊砲彈落下，就懂得立刻找掩護。在他們眼中，荷蘭砲手瞄準的精確度令人匪夷所思：「彷彿能夠親手把炸彈投擲在他想要的任何地方。」[22]

迫擊砲不僅讓對手深感害怕，也經常傷及自己人。在一個晴朗的午後，一門迫擊砲射出的榴彈正中目標，落在熱蘭遮鎮附近的一棟屋子旁邊，但榴彈爆炸之後，卻將一枚碎片高高噴上空中。後來這枚碎片落入城堡內，把一個人的頭切成兩半。[23]迫擊砲短胖的砲管通常會噴出許多火花，這些火花總是會灑落在容易爆炸的物品上，正如另一天下午，迫擊砲噴出的火花引爆一門大砲，導致一名荷蘭士兵當場死亡，他的四名同袍也在幾個小時後傷重不治。[24]

斡旋

在這些零星的衝突當中，國姓爺一再要求荷蘭人投降，揆一也一再拒絕。有時候，國姓爺試圖透過中間人交涉，敦促荷蘭人說服揆一及其他官員投降。他在遭受親人傷亡之痛的通譯威廉身上看到了希望——威廉的弟弟與鄭軍交戰而受傷，父親拔鬼仔則在戰場上遭到砍殺。他通曉中文，因此國姓爺要求他說服他的同胞（尤其是婦女）早日開城投降，這樣他們即可保有原本的財產與奴隸。國姓爺說，他若是願意說服自己的同胞，即可獲得豐厚的獎賞與崇高的職位；若是拒絕，他就會殘殺他的家人。[25]威廉拒絕了。

國姓爺試圖舉貓難實叮爲例。「普羅民遮城的領導人非常有智慧，」他寫道：

他一見到我軍即將發動攻擊，就做出了最好的選擇，立刻歸順我，必恭必敬地交出那座堡壘，於是我賞賜了他豐厚的財富與禮物，也封他爲高級官員……謹記這個例子吧，像他一樣順服於我，我就會封你高位，並且賞賜你所想要的一切。[26]

他要求貓難實叮寫信給揆一，儘管貓難實叮抗議指出：「這樣的信件現在不會受到任何重視，也不可能產生任何效果，」[27]但他還是遵從命令，傳遞了國姓爺的訊息，指稱投降勝於送命。有時候，他也提及可能會吸引揆一的協議條件：揆一若是交出熱蘭遮城堡，國姓爺就會返還普羅民遮城，或是給予荷蘭人自由通商權，或是在澎湖給予他們一個通商基地，他們甚至還可在那裡興建一座堡壘；不過，揆一對這樣的說法存疑，因爲這些條件都不是由國姓爺親自開出。大部分的條件看起來都像是何斌想出來的。貓難實叮也提及自己對何斌的懷疑，指稱這個通譯以國姓爺之名提出許多條件，但「都是他說的」。[28]何斌要求貓難實叮轉達國姓爺爲了等待投降而忍受了許多的不適，「在熱蘭遮城外的大太陽與炎熱高溫下枯等這麼多天，」彷彿揆一會在乎國姓爺是否過得舒適安好。[29]

揆一知道自己的回信會受到鄭軍檢閱，因此他也就利用這些信件向國姓爺傳達訊息。[30] 他對貓難實叮寫道：「我們有義務驅退這個勢力強大的侵略者，我們也認爲我們的補給品與勇氣足以做到這一點，當然還有上帝的幫助。」[31] 有時候，他也刻意駁斥國姓爺對於熱蘭遮城堡附近的零星衝突所宣稱的傷亡數：「令人欣慰的是，我們在昨天的交戰裡只有一人受傷，無人死亡……儘管國姓爺對你說我們損失了五十人。」[32]

國姓爺本身的信件則是充滿了威脅的口吻：

我的士兵東征西討、南攻北伐，向來戰無不勝。即便滿洲人勢力強大，擁有眾多的馬匹與武裝部隊，但只要遠遠看到我的軍隊，也不免驚恐害怕。你們太高估自己的實力了。各位必須了解，相較於滿洲人，你們只不過是區區幾個人，根本抵擋不了我的士兵。你們怎麼抵抗得了我呢？你們憑恃的只有船隻，卻一上陣就被我燒成灰燼，而且你的部下一踏上北線尾沙洲，隨即被我擊敗，連一人都不得生還。無論在水上或陸上你們都支持不了多久，無論在哪裡都無法抵敵我的部隊。現在，你們只剩下這座小小的堡壘，有如枯木無法久立。[33]

他很喜歡枯木的比喻。在另外一封信裡，他寫道：「對我來說，打敗強大的滿洲人也不過如折枝般輕而易舉。你們人數遠少於滿洲人，又怎麼可能抗拒得了我？」[34]

他似乎特別樂於貶抑熱蘭遮城堡：

你們在那座小小的堡壘內，有什麼希望能夠抵抗我？我早已對這座城堡的狀況及其城牆的厚度瞭如指掌，也不過就與普羅民遮城相仿。沒錯，熱蘭遮城堡坐落的山丘比較高，但這又有什麼差別？我的大砲一旦開火，你們的城牆就會粉碎崩塌，我甚至不必耗費一兵一卒。[35]

荷蘭人素以長於火砲著稱，但國姓爺一再指稱這樣的聲譽乃是名過其實：

你們確實以善於操作火砲著稱，但你們從來不曾面對過這麼多大砲的攻擊。我攜帶了數百門大砲，準備用來對付你們，但我實在不願見到生靈塗炭，因此先捎來這封信函，以便你們能夠仔細考慮，並且歸順於我。如此一來，我將賜予你們比貓難實叮更高的爵位。不過，各位若是遲遲不做決定，那麼一旦等到我攻破城堡，你們所有人就都別想活命。[36]

揆一回信指出，他一點也不怕國姓爺的大砲：

殿下雖然一再要求我們交出這座城堡，我們卻不認爲有這個必要……即便是殿下聲稱對準著我們的百門大砲，也不足以說服我們，因爲我們城內有更多的大砲可以回擊。殿下唯有另外提出其他不同的建議，才有可能維繫與本公司的友誼，並且確保您在那麼多不同國度的通商活動都安全無虞。[37]

這一切交涉都無助於雙方朝和平邁進。揆一寫信的用詞雖然客氣有禮，以「殿下」稱呼國姓爺，卻絲毫不肯屈服。

一場攻擊

國姓爺偏好以威嚇的方式達成不戰而屈人之兵的目標。對熱蘭遮城堡發動攻擊之前，他試圖恐嚇荷蘭人。城內軍民的夜間作息已經形成一套規律，固定由柯來福牧師（Kruyf）帶領晚禱，再由揆一巡視一次稜堡，然後共同到上城一幢擁擠的大房屋裡就寢。在戰爭展開將近三周之後一個風大的深夜，除了守夜人員之外，其他人都已經上床入睡——或者睡在地板上屬於自己的位置。這時，熱蘭遮鎮卻突然傳來一聲鑼響。接著，號角聲、笛聲與鼓聲齊聲大作，士兵高聲大吼，砲聲與槍聲也雜沓亂響。火箭點亮了天空，但大部分連城堡的外牆都沒射到。槍彈與砲彈也都從頭頂上飛過，沒有傷及任何人。接著，鑼聲再次響起，攻擊隨之停止。沒有人受傷，但所有人都在黑夜裡嚇得心驚肉跳。[1]

幾天後的另一個夜晚，荷蘭人又在睡夢中被尖叫、號角以及馬車在黑暗中拖行的聲響吵醒，「也許是要嚇唬我們，也可能是要掩飾粗重工程的聲音。」[2]第二天晚上，吼叫聲又從熱蘭遮鎮傳出，接著在黑暗中擴散至城堡後面的沙丘。吼叫聲似乎來自四面八方，熱蘭遮鎮前方的房屋還傳出敲門、打鬧與尖叫的聲音。荷蘭人對著黑暗中開火，但根本看不見究竟發生了什麼事情。和先前一樣，鼓譟聲在不久之後自行停止，而且沒有人受傷。[3]

這種吼叫與敲打的情形持續一個星期之後，國姓爺送了一封信要求揆一立刻投降。他挑選的送信使者是一位名叫韓布魯克的荷蘭傳教士。這項選擇相當明智。韓布魯克是個備受尊崇的人物，在國姓爺抵達台灣時，他和許多荷蘭人一樣，還住在鄉間。他既已落入國姓爺手裡，可見其他數以百計住在鄉間的荷蘭人——城堡內那群軍民的妻子、兄弟或兒女——也不可能仍保有自由。城堡裡有些人原本盼望留在鄉間的荷蘭人會與當地原住民共謀反抗國姓爺，率領一支原住民部隊展開游擊戰。韓布魯克的出現表示這個夢想已然破滅。熱蘭遮城堡只能自求多福了。

這位老者在傍晚騎馬來到城堡，被人帶到上城，把信交給了揆一。信件開頭就是一連串意料之中的辱罵：

你們荷蘭人眞是愚笨又瘋狂，以爲靠著幾百人就能抵抗我們這支驚人的大軍。天有好生之德，我也樂於保全所有人的性命，所以我才會送來這麼多的信件，給了你們那麼多機會。[4]

國姓爺寫道，他的耐心已經到達極限了。他已準備對城堡發動攻擊，揆一要是夠聰明，就該立刻開城投降。當然，揆一大可等到大砲開火再做決定，但屆時他就必須更加卑躬屈節：

你和其他人，無論職位高低，一旦舉起白旗高呼「我們求和」，我就會下令：「停火，夠了。」你只要帶著所有官員以及婦女兒童來到我面前，我就會立刻下令把大砲移走。

國姓爺說，到時候，他就只會給荷蘭人一個小時的時間撤離城堡，但他會派兵保護城堡，維持秩序，「確保各位的財物絲毫無損。」他在信末訴諸命運：「無論如何，各位的生死掌握在我們手中，要做出什麼樣的決定都端看你們自己。你們若是猶豫不決，就等於是自尋死路。」

揆一才打算提筆寫信駁斥國姓爺的威嚇，卻突然聽見城外傳來令人不安的聲響。國姓爺的士兵在黑暗中挖掘堆疊，搬運著不曉得是什麼東西的沉重物品，呼喝聲此起彼落。衛兵向揆一報告指稱敵軍又派來了一名使者。這名使者同樣是荷蘭人，名叫歐希瓦耶（Ossewayer），他說國姓爺已愈來愈不耐，而且還有另一項重要訊息必須由一名鄭軍使者親自傳達。

揆一問他城外的鄭軍究竟在做什麼。歐希瓦耶說他看到的不多，但注意到工人似乎在熱蘭遮鎮裡一排面對城堡的廢棄房屋後方堆起了高聳的土丘。土丘的高度已經達到二樓的窗戶，而且長達整條街，從方提恩（Jan Fontejin）位於南方的住宅一路延伸到漢人商人何克（音）位於北方的住宅。[5]

揆一派他回去要求國姓爺終止一切工程，因爲在和談過程中從事這種威嚇性的行爲違反了戰爭守則。歐希瓦耶也必須向國姓爺告知揆一要到次日上午才肯接見那名使者。

就在歐希瓦耶帶著旗子與燈籠穿越平原走回國姓爺營地的同時，揆一及其他人向韓布魯克詢問了國姓爺抵達之後，待在鄉間的荷蘭人家庭有什麼遭遇。

韓布魯克說他在侵略發生之前就已發現情況不對勁，因爲原住民突然變得異常凶悍。他對他們傳教已有許多年的時間，其中很多人都固定上教堂及上學，也學會了讀寫。他和其他傳教士已經去除了他們的「邪惡」女巫，也促使許多原住民放棄獵人頭的習俗。然而，就在侵略發生之前，韓布魯克居住的村莊（麻豆社）的男人，卻發動了一場獵人頭的行動。他們凱旋而歸之後，隨即和過去一樣大肆慶祝，展示他們獵到的三顆人頭，徹夜跳舞喝酒狂歡。韓布魯克對這樣的行爲不以爲然，村民卻公然與他爭辯。這種現象讓他感到詫異與不安。那些獵頭族是不是感覺到了情勢的變化？當時是不是已經有漢人潛伏在內煽動他們？有可能。漢人長久以來與原住民都有密切關係，而且國姓爺也爲他的侵略行動做了精心準備，事先派遣間諜招攬人心。

幾天後，韓布魯克得知數以千計的船隻抵達了台灣。荷蘭居民全都聚集在一座名爲蕭壟社的村莊。這座村莊是東印度公司在台灣最早獲得的盟友之一，村裡有一間教堂、一所校舍以及荷蘭人的住宅。這座村莊原本應該是安全的，但村民卻不再歡迎他們。荷蘭人只好逃向其他地方。國姓爺切斷了南向通往普羅民遮城與熱蘭遮城堡的道路，他們於是往北而去。

這群難民遠超過一百人，其中大部分都是平民，也有婦女、兒童和老年人。他們不習於攜帶沉重的行李一天行走數十英里的路程，因此必須找個有食物的安全地點。

不過，國姓爺迅速擴展了他的影響力。他親自走訪不少村莊，都是荷蘭人最親近的盟友。根據楊英的記載，「土民男婦壺漿迎者塞道。藩慰勞之，賜之□□，甚是喜慰。」[6]荷蘭人爲他們建立了選拔村落酋長的習俗，賜予他們象徵權威的權杖與長袍；[7]國姓爺則是將這些酋長任命爲「土官」，賜予他們絲袍與冠帽。這些原住民變節的速度實在快得驚人。

於是，荷蘭難民往北逃入野地。兒童都餓著肚子，軍官互相爭吵，士兵也拒絕服從命令。後來，貓難實叮捎來訊息，敦促他們投降，他們都傾向於接受這項提議。他在信件中指稱普羅民遮城已經投降——並且說這是無可避免的結果——而且國姓爺也歡迎其他荷蘭人加入他們的行列。他們只要投降，就可以有地方住、有東西吃，等到風向轉變之後還可搭船返回巴達維亞。他們甚至可以取回自己的財物。貓難實叮說國姓爺對待他及其他荷蘭人都非常友善。

有些人拒絕投降，聲稱他們寧可冒險前往大肚王的領地。大肚王是北方一位神祕的原住民統治者，雖然獨立，卻對荷蘭人頗爲友好。他們說，只要到了那裡，他們就有可能抵達台灣北端，前往兩座獨自固守著那個偏遠地區的荷蘭堡壘。然而，大部分的難民不是太老或者太小，就是太過病弱，無法完成這趟旅程。他們終究只能拖著腳步回頭，向國姓爺的士兵投降，然後和其他俘虜一起搬進赤崁市街。

韓布魯克說，國姓爺一開始充分實現了他的承諾。他的部下爲韓布魯克及其他人的財物貼上封條，搬到赤崁保存，承諾將在不久之後歸還原主。不過，俘虜卻開始挨餓，而且連國姓爺手下的士兵也缺乏糧食。

接著，國姓爺召見了他及其他「有地位」的俘虜，包括了官員、商人、勘查員與醫師，要求他們到他位於鳳梨沙丘的營地目睹他如何打敗荷蘭人，同時也避免他們在赤崁市街惹上麻煩。

揆一要求他詳細描述營地的狀況，述說任何對戰事有幫助的事物。韓布魯克說營地裡的漢人帶他看了大得駭人的砲彈，重達四十磅。他們說他們有一百門巨型大砲，準備對城堡開火，但他沒有看見任何能夠發射那麼大顆砲彈的大砲。他說，實際上，國姓爺的一名官員私下向他表示，國姓爺其實不希望直接攻打熱蘭遮城堡，而是寧可荷蘭部隊到空曠的原野上與他交戰。韓布魯克也聽到一名漢人僕役透露，指稱有一群漢人士兵說直接攻打熱蘭遮城堡不可能有效，因為城堡內滿是大砲，也已展現過實力，炸死了許多漢人，包括國姓爺手下一名高階官員的兒子。[8]不過，韓布魯克說營地裡的大多數人都相信國姓爺必定會對城堡展開攻擊，首先從熱蘭遮鎮開火，接著再擴展到四面八方。砲擊結束之後，他的部隊將試圖攀上城牆，畏縮不前者將當場處死。

在韓布魯克回答問題的同時，城外的叫喊與挖掘聲響也愈來愈大。聽起來那些工人已不再是在房屋後面，而是來到了開闊的平原上，逼近城堡旁邊。歐希瓦耶一定沒有能夠說服他們停工。揆一命令火槍兵對著黑暗中齊發一槍。這些子彈沒有阻止工人的忙碌工作，倒是劃過了歐希瓦耶的身邊。當時他正在走回城堡的途中，剛好身在平原上。

他抵達了城堡，仍餘悸未消。揆一問他城外的那些漢人究竟在做什麼。歐希瓦耶說城外到處都是工人，他們似乎把房屋後方街道上的土丘移到了前方的平原上，就在城堡對面。他們努力把土鏟進沙籃裡。他猜想他們是要利用這些土丘製造掩蔽物，以便次日上午發動攻擊。歐希瓦耶說他轉達了揆一的話，要求他們停止這些工程，但他們不予理會，只一再逼問他揆一是否對投降做出了決定。歐希瓦耶表示，揆一要是打算今晚提出答案，也得另外找個使者送訊，因為他絕不想再到外面去了。[9]

揆一決定讓歐希瓦耶與韓布魯克待在城堡裡過夜。最後他又巡視了一遍，要求士兵將大砲準備好隨時待命，然後便上床就寢。

但他休息的時間不長。

戰役

揆一不再睡在有著宏偉大廳以及牆上掛滿了海景油畫與皇室肖像的長官官邸內。[10]他搬進了上城的一棟房屋裡。這棟房子原本應該比較安全，卻緊鄰於東牆，也就是最接近平原的那一側，正好是鄭軍架設著大砲的地方，而且頂樓與屋頂都突出於城牆上方。[11]房屋裡住了約五十個人：揆一與他的家人、他的祕書、屋主及其家人、一兩名高階軍事指揮官，還有幾個殖民地的名媛和她們的子女。[12]即便在平靜的夜晚，他們也不可能睡得太好，不時都有嬰兒的哭聲、兒童的咳嗽聲、夜壺的碰撞聲，以及台灣長官接見及派遣使者的聲音。不過，在這個炎熱的夜晚，則是可以聽到鄭軍在幾百英尺外的距離互相呼喊、搬運著東西。每隔一陣子，隔壁的稜堡也會傳來火槍與大砲的巨響。

無論他們睡了多久，終究還是被砲火打斷了。當時天色仍然一片漆黑，距離天亮只有幾個小時。砲彈打進窗戶、撞破牆壁，在屋頂上轟出了大洞。石塊與磚頭隨著灰泥簌簌落下。敵人必然得知揆一睡在這裡，因為砲火全部對準了這棟房屋。也許他們看過他在夜裡走向這棟房屋，看過他在祈禱及巡視之後從下城爬上小丘，走向通往上城的拱形階梯。

這些砲火雖是在夜間發射，準確度卻令人吃驚。所有人都還來不及逃出屋外，就有四十枚砲彈命中這棟房屋。頂樓塌陷下來，磚頭與屋瓦墜落在底下的中庭裡。

這時突然傳出一陣驚叫聲，有人直呼台灣長官喪生了！可是沒有，揆一逃了出來──「可見得他受到神的特別保護」──而且還爬上通往稜堡的階梯。砲火的閃光令荷蘭人得以看見鄭軍建造的工事：一道沙籃堆疊而成的壁壘，從南方港口延伸至北方的碼頭，位於熱蘭遮鎮前方的平原，上面插著各色旗幟。壁壘上也有可供架設大砲的缺口──二十至二十五個大小不同的缺口，有些擊發二十四磅的砲彈，有些擊發十八磅的砲彈，其他的又更小。

炸坍了揆一的官邸後，他們接著把目標對準城堡本身。「他們的射擊速度非常快，一發才剛打完，下一發就準備好了。」[13]

稜堡上相當危險。砲彈打到底下的城牆並不令人擔心──儘管砲彈能夠打入城牆達兩英尺深，卻完全不會造成結構損壞，原因是城牆內填滿了厚實的土壤。不過，鄭軍的砲火卻是對準了城牆的上方，試圖摧毀雉堞，讓荷蘭砲手無從掩蔽，也無法瞄準其大砲。

上城與下城的砲長「英勇地展開行動」，在黑暗中利用敵軍砲火的閃光進行瞄準。他們的工作並不容易，砲彈與碎片在他們周身亂飛。上城砲長的帽沿被炸掉，下城砲長則是被打掉了耳朵。儘管如次，他們還是奮力從事著自己的工作：通砲管、裝填火藥、填塞洞口、仔細裝入砲彈、仔細插入引線、瞄準、點引線、後退避開。一次又一次的這麼做。

他們無從確認自己擊發的砲彈有沒有達成任何效果，因為四周一片漆黑。他們一度注意到一群士兵從國姓爺的帳篷往北行軍，準備進攻沙丘上的碉堡。他們把砲口對準這支部隊，總算將他們驅走。

這場交火在黑暗中持續了兩個小時。太陽升起之後，砲手就能瞄得更準，也能加快射擊速度。不久，鄭軍就紛紛從砲台逃回鎮裡，拋下東倒西歪的旗幟與大砲。有些大砲翻倒在地，掉了輪子，砲口對著天空，通條還插在砲管裡。[14]

揆一派遣一隊火槍兵出外巡視。[15]他們衝過平原，只有幾顆子彈從他們頭頂上飛過，然後蹲伏在砲台前面。他們偷偷探頭，左右張望，生怕遭到斬馬刀的招呼。不過，他們看到的只有散置一地的砲彈與屍體。[16]

有些人爬上大砲，在引線洞裡釘入大鐵釘，另外有些人則把旗幟蒐集起來。鄭軍弓箭手想要阻止他們，但每次他們探出身子射箭，火槍兵就立刻以火力逼他們躲回去。[17]這群火槍兵的火藥用完之後，隨即帶著戰利品三十面敵軍旗幟返回城堡。也許他們有些得意忘形了，因爲鄭軍趁他們回程的路上射殺了幾個人。[18]

揆一把他們當成英雄接待。他聽說鄭軍都不敢從房屋裡出來與他們交鋒，不禁欣喜不已，認定「這是敵人大敗的明確徵象」。[19]他的士兵埋怨他沒有派遣援兵，否則他們即可將所有大砲釘上釘子，並且取回更多旗幟。他向他們道歉，並且又派出另一支部隊，以便「進一步搧起我方士兵高漲的勇氣」。[20]這一次，鄭軍從熱蘭遮鎮的房屋裡衝了出來，手上揮舞著斬馬刀。他們決意不讓荷蘭人盜取更多的旗幟或是用鐵釘封住更多大砲的引線洞。城堡裡的砲手開火轟擊他們——「可以看見他們頭下腳上地飛散開來」——儘管他們的指揮官努力迫使他們前進，他們還是無法阻止荷蘭人用鐵釘封住其他大砲。[21]

這群戰士返回城堡，懷中滿滿抱著弓箭、頭盔、長劍與裝甲。有些人還溜進了鎮上的房屋裡，然後回報說他們看見成堆的鄭軍屍體，都蓋著被子。他們不敢太深入敵軍陣地，但造訪了幾棟房屋，見到的只是愈來愈多的屍體。

揆一非常開心。後來他看到鄭家的船隻從熱蘭遮鎮的碼頭駛出，而且吃水很深，他便猜測那些船上都載滿了死者與傷患。

他的祕書寫道：「看來敵人遭遇了一場大敗。」[22]

揆一如何獲勝

國姓爺在這場戰役之前原本充滿自信，但荷蘭人為何會打出這麼一場大勝仗？

揆一提出的答案是：領導有方。在《被遺誤的台灣》這本書裡，他描述了自己在破曉之際被砲火吵醒，隨即趕到城牆上觀察狀況。他「經驗老到的眼睛」立刻就看出敵人的大砲缺乏掩蔽，而且敵軍部隊也都暴露在外，「對他們開火所獲致的成效雀躍不已，滿心認定城牆必然會出現缺口。」他平撫了部下的心情，命令他們重新調整大砲的位置，以便砲火能夠形成交叉火網。他命令他們在砲管內裝填具殺傷力的彈藥：火槍彈、大鐵釘與霰彈。接著，他指示他們等待。等到時機成熟，他便下令「從上方、下方及其他各方同時對沒有掩護的鄭軍開火」。一輪轟擊就達到了效果：「第一發砲彈射出之後，整個戰場上死傷遍野。敵軍因此學到教訓，不敢再那麼隨意暴露在外。」[23]

揆一出版這本書的時候，距離那場戰爭已有十年以上，而且他寫書乃是為了替自己洗脫罪名，證明台灣失守不是他的責任，因此他把自己描繪成英雄並不令人意外。他更改了一項關鍵細節：戰役發生的時間。該場戰役的紀錄，例如揆一親自督導記載的日記與議會決議紀錄，都明確指出戰役展開的時候天色仍暗，距離黎明還有幾個小時，這點也獲得日耳曼藝術家海卜脫（Albrecht Herport）的獨立記載所證實。但揆一的著作卻聲稱戰役發生在天亮之後。這麼一來，他即可將自己描繪成一個大無畏的指揮官，觀察著戰場情勢。原始紀錄確實提及揆一到城牆上安撫部隊，讓他們知道他沒有死於房屋坍塌當中。不過，當時他一定和其他人一樣看不到什麼東西。此外，原始記載也沒有將大砲射擊的準確度歸功於揆一，而是歸功於上、下城的砲長，兩人分別損失了一頂帽子和一隻耳朵。

儘管如此，他的著作在強調交叉砲火上倒是說的沒錯。這正是文藝復興堡壘的關鍵能力，也是這種建築和其他類型的堡壘不同的特色。由城牆外凸的醜陋稜堡，目的就在於顧及各個不同角度。揆一筆下的關鍵篇章指出：「所有的大砲都安排於特定位置，以便砲火能夠互相交叉，」而且荷蘭人「從上方、下方及其他各方同時對沒有掩護的鄭軍開火」。[24]

國姓爺的部隊面對過許多城牆。他們的作戰經驗與受到戰火洗禮的程度在全世界堪稱數一數二，卻從來不曾遭遇過這樣的堡壘。

中國的城牆又大又高又厚——比歐洲最龐大的城牆還厚，更是比熱蘭遮城堡的城牆壯觀許多。舉例而言，南京城的城牆厚度介於三十至五十英尺之間，寬度足以讓三輛悍馬車並排開在上面。[25]中國的其他城市，從首都北京乃至小郡縣的首府，城牆也都比歐洲堡壘的城牆厚上許多。實際上，中國的城牆足以抵擋工業時代的大砲，正如一八四一年一艘七十四門砲的英國戰艦轟炸了廣州附近的一座堡壘，結果那些現代化的大砲對於這座堡壘的城牆毫無效果。英國一份報告指出，那座堡壘的城牆採取了特殊的建造方式，「幾乎無懼於水平砲火的攻擊，即便是三十二磅重的砲彈也一樣無效。」[26]一名中國軍事史的專家指出，中國城牆遭到砲火攻陷的案例極爲罕見。其中一個案例發生於明朝建國前的一場蘇州圍城之戰。以中國的標準而言，蘇州的城牆可說是異常薄弱，但攻城的部隊仍然以砲火轟擊了十個月才得以攻破城牆。[27]

砲擊既然沒用，因此中國的攻城戰役通常都以其他方式決定勝負。帕克提到最常見的方法包括大軍攻擊、挖掘地道與封鎖。[28]不過，中國的指揮官都寧可避免走到這一步。根據孫子的說法，在作戰當中，攻破城牆以及占據領土乃是下策。《孫子兵法》指出：「故上兵伐謀，其次伐交，其次伐兵，其下攻城。攻城之法，爲不得已。」[29]國姓爺通常都遵循這項忠告。[30]中國史學家鄧孔昭指出，國姓爺偏好的方法是包圍敵人，等待對方投降，而他認爲這種策略就是直接採自《孫子兵法》。[31]

我從國姓爺在中國征戰十年以上的經歷所彙整的資料，證實了鄧孔昭的論點。國姓爺通常都是在對方開城投降的情況下占領城池。[32]在他攻下的城池當中，將近三分之二（百分之六十三）都是以開城投降收尾的；無論是因爲城內有人與他合謀，還是對方主動投降。[33]第二重要的類型是大軍攻擊，通常是架梯登上城牆（百分之十六）。另外四種方法則比較少見：砲擊（百分之六）、藉由城外交戰而促使對方投降（百分之六）、封鎖（百分之四）以及挖掘地道（百分之四）。

國姓爺若是砲擊城牆，通常會將砲火集中在城門上。有一名荷蘭士兵曾經遭到國姓爺俘虜，並且跟在他身邊，看著他打了八個月的仗。這名荷蘭士兵指出，國姓爺手下最菁英的部隊通常不是用來強攻城池，「而幾乎總是用來撞開城門。」[34]實際上，荷蘭人曾有機會攻擊一座中國城池——那是一六六二年的事情，而且攻擊目標是一座小城，城牆的厚度就中國的標準而言也相當薄——結果發現城牆在大砲的轟擊下根本毫髮無傷，於是只好將砲火對準城門。城門轟坍之後，荷蘭士兵隨即衝了進去，遭到守城軍民投擲大量的「石頭、穢物、糞便……還有幾條死狗」。[35]國姓爺只偶爾砲擊城牆，且這樣的砲擊通常都是針對小型的寨城，也就是中國有城牆保護的聚落當中規模最小的一種。就我所知，國姓爺只有一次是藉著砲擊城牆而攻下一座中國城鎮：也就是一六五八年攻打台州府。

在大部分的情況下，他都不是利用大砲在城牆上轟出洞來，而是藉著砲火摧毀雉堞、破壞敵人的大砲，以便部隊登牆攻城。他對付熱蘭遮城堡似乎就是想採取這樣的做法。他的砲手瞄準的角度頗高，目標不是城牆本身，而是城牆上方爲荷蘭士兵提供掩蔽的雉堞。他成功了，城堡上遭到砲火襲擊的雉堞幾乎全部摧毀殆盡。

然而，這項策略卻沒有產生他希望的效果。荷蘭砲手不斷還擊。國姓爺的軍官對於城堡守軍的反擊深感震驚。在戰火熾烈之際，荷蘭的砲彈不斷落在國姓爺的部隊與大砲位置上，軍官於是懇求那些被國姓爺召集到營裡的「有地位的荷蘭人」，一次又一次請求他們到城牆前面揮手高呼：「停火！我們要媾和！我們要媾和！」[36]那些荷蘭人拒絕出去，指稱他們要是到戰場上，一定會被槍砲打死。

在揆一眼中，國姓爺設置砲台的方式顯得漫不經心：「我注意到敵軍的大砲架設得極爲隨便，完全缺乏保護，可輕易加以摧毀。」[37]這支軍隊面對過數百座的城牆，爲什麼會設置如此脆弱的砲台？有可能如史學家鄧孔昭所說的，國姓爺當時太過躁進，該場戰役不是詳實計畫的產物，主要是出於對揆一拒絕投降的憤怒，而不是什麼整體戰略當中的一部分。[38]不過，鄧孔昭似乎沒有注意到荷蘭史料中提及國姓爺在發動攻擊之前，曾經從事了漫長而循序漸進的準備——包括興建工事與威嚇敵人。

看起來比較可能的狀況是，國姓爺並不曉得熱蘭遮城堡的能耐。文藝復興堡壘的設計目的就是要達成「縱深防禦」，盡可能增加城牆外能夠受到守軍大砲涵蓋的範圍，也盡量擴增大砲能夠攻擊的角度。國姓爺的工人所興建的沙籃壁壘雖然龐大，其中的缺口卻可讓荷蘭守軍從眾多不同角度加以攻擊。

從前國姓爺部隊攻打過的城牆都沒有稜堡，所以無法像熱蘭遮城堡這樣發揮側翼火力。中國的城牆雖然也有突出結構，但沒有採取像文藝復興稜堡這樣的設計原則，[39]而是直角的方形結構。北京的城牆與南京的城牆都是如此，國姓爺本身在中國的總部——廈門城——也是一樣。正如一名荷蘭海軍將領在一六六三年走訪了廈門之後所寫的，那座城鎮「石牆的高度異乎尋常，有著堅固的石砌結構，四道城門突出於城牆之外，但沒有稜堡或壁壘」。[40]這種突出結構提供了些微的縱深防禦，但幅度有限。

看起來，國姓爺的部隊在中國打過的各場攻城戰役當中，經常都能夠逼近牆邊，找到防守死角，也就是守軍無法攻擊他們的地方。舉例而言，他攻打鷗汀寨的時候，其部隊就在盾牌的掩護下衝到牆邊，挖出洞口，然後放入火藥，將城牆炸開。[41]在南京，他部隊紮營的地點似乎離城牆相當近，因此城內的守軍自己在城牆上挖洞並湧出城外後，發現自己身在國姓爺的營地旁邊。

不過，在大部分的例子裡，他的部隊根本都不必接近城牆。國姓爺偏好的攻城方法是威嚇。他會讓部隊在城牆底下排好陣式，揮舞旗幟，也會刻意在敵人面前架設大砲及興建砲台。他有時候還會指示支援部隊製造聲響，在發動攻擊的前幾天鼓譟呼喊，就像他在攻打熱蘭遮城堡的前一周所採取的做法那樣。然後，他會發射一輪砲彈。這些措施通常就足以嚇唬守軍投降。

國姓爺是否預期自己的第一輪彈幕會嚇得揆一接受投降協議？[42]有可能，但證據顯示他有意對城堡發動強攻。他的攻城設施分布廣泛，彈幕攻擊非常猛烈，也有大批士兵集結於沙丘之間。此外，在發動攻擊的前一晚，他派人到赤崁警告荷蘭俘虜在次日上午不得外出，因爲他將對熱蘭遮城堡發動攻擊。實際上，他甚至禁止他們探頭觀看窗外。[43]一名漢人俘虜的證詞提及國姓爺確實下令對熱蘭遮城堡發動強攻。[44]其他證據則顯示，領導攻擊行動的將領因爲行動失敗而遭到斬首處死，另一名將領也因爲在攻擊行動中督導不力而成爲國姓爺發洩憤怒的對象。[45]

無論如何，國姓爺與他手下將領都對荷蘭守軍的猛烈反擊大感震驚。他們從來不曾遭遇過像這樣的堡壘。

攻擊之後

戰火平息之後，揆一回覆了國姓爺的信函，以快活的語氣爲自己沒有及早回信表示抱歉：「我原本希望早點回覆閣下昨晚的信件，但是……卻因爲我們必須投注精力防禦而不得不拖延至今天下午。我不贅述我們如何回應了閣下架設於鎮上的大砲，閣下本身的士兵即可充分向您說明這一點，我們也將以他們的觀點證實我們的記載。」[46]他複述了先前就已明確表達過的立場：荷蘭人將誓死捍衛熱蘭遮城堡。不僅如此，他對國姓爺的稱呼也不再像先前一樣採用「陛下」或「殿下」，而是單純寫爲

「閣下」，將國姓爺的地位貶低為與自己同一層級。

韓布魯克說他願意把這封信送給國姓爺。他的兩名女兒懇求他不要去，害怕國姓爺會殺了他。他說他無法不去，因為他還有三名子女在城外，掌握在國姓爺的手上，還有他的妻子也是。他要是不回去，他們就會遭到殺害。身為藝術家暨士兵的瑞士人海卜脫寫道，他的女兒「僅能在心碎的情況下看著她們年老的父親離開」。[47]

閱讀海卜脫這份文獻的讀者很喜歡這一幕，也都引用在他們自己的著作中，而且每轉述一次就更添增一分戲劇色彩。一名荷蘭醫師的著名遊記是這麼描寫的：「傳教士韓布魯克的妻子與三名子女仍在國姓爺手上，因此他別無選擇，只能返回敵營。他與住在城堡裡的兩名女兒最後一次道別。那是場多麼令人心碎的分離啊！她們淚流滿襟，看著年老的父親心情沉重地前去送命。不久之後，這位令人敬重的老者及其他人就全部遭受斬首處死。」[48]接著又有一本書，則是以這名醫師的描寫為基礎，再加上更煽情的文字。「淚流滿襟」成了「熱淚奔流」，韓布魯克則是成了一名愛國英雄，發表了一段激勵人心的演說，敦促揆一及其他人誓死抗戰，不要擔心他的命運，還說他決心「以無可動搖的堅定意志等待神為他規畫的下一步，而且他將永久為自己的行為負責，對他自己、對全世界，也對神負責」。[49]

後來，這一幕甚至擴張成為一整部劇本，一齣名為《韓布魯克》或《台灣圍城記》的悲劇，在阿姆斯特丹相當於百老匯的劇院區上演。戲裡，國姓爺命令韓布魯克說服揆一投降，並且出言威脅，聲稱他若失敗，就要將他處死。然而，韓布魯克不但沒有勸告揆一投降，反倒還敦促他誓死奮戰。在戲裡，揆一與韓布魯克是好友，揆一也不想害他送命。韓布魯克說，人皆有一死，如果他的死期已到，那麼這也是神的旨意。戲裡的韓布魯克有一名女兒住在城堡裡。她懇求父親不要返回敵營，並且在擁抱他之後崩潰摔跌在地上。她不斷流淚，但她父親拒絕了她的請求。一名伴隨韓布魯克進入城堡的鄭家特使深受這位老者的信仰與善良所感動。「在我的國家裡，我們都認為基督徒是愚人，但現在我知道了基督教是如何產生英雄的。」[50]他對韓布魯克說，他有一個方法可以避免死於國姓爺手下：自殺。韓布魯克拒絕了他的提議，聲稱他自己的生死將完全遵循神的旨意。韓布魯克針對友誼、忠誠與上帝發表了最後一場激勵人心的演說，然後走了出去。他的女兒在城牆上看著韓布魯克遭到處死，看著他的頭顱滾落在沙地上，嘴唇仍然訴說著安撫人心的話語。然後，他女兒便從城牆上跳了下去。這齣戲大受歡迎，並且促成了相關的畫作、故事與拙劣的愛國詩作。[51]

在戲裡，韓布魯克一出城就立刻遭到處死，但實際上，他並沒有在當天喪命。他和女兒道別之後，走下階梯，發現他前一晚綁在沙丘上的馬匹不見了，只好慢慢步行穿越漫長的沙地，前往國姓爺的營地。他的女兒若是獲准到城牆上展望，必然會見到她們的父親走向國姓爺的營地，陽光照射著他的護送人員手上的白旗。她們看到他的最後一眼，必然是他對鄭軍衛士深深一鞠躬，然後被帶進了營地裡。

他獲准和其他「有地位的人」回到赤崁，當初他和其他俘虜就是在那裡目睹了荷蘭人的勝利。一名俘虜估計中國陣營的死者約有一千人，傷者約有八百。[52]韓布魯克及其他俘虜都感謝全能的神賜給他們這場勝利，「儘管對我們而言可能無益，反倒有害。」[53]

他們想得沒錯。國姓爺從此陷入了一段充滿煩惱的時期。往後幾個月，他的士兵至少有三分之一死於疾病與飢餓，他和他的軍官因此把挫折感發洩在荷蘭俘虜身上，因爲他們完全無助於說服其同胞交出熱蘭遮城堡。

就戰爭而言，這場戰爭至今爲止還算頗爲文明。但自此之後，隨著雙方愈來愈焦急，便發生了各種殘酷的事件：虐殺、釘十字架、活體解剖，還有大量的屍體堆疊在河床上、漂浮在潮水裡。

悲慘的夏季

戰役結束後幾天，突然出現了一場令人納悶的撤離行動。鄭軍撤出熱蘭遮鎭，而且爲了退出大砲射程之外，都紛紛涉水穿越海灣，朝著國姓爺位於沙丘間的營地而去，連維持行伍的整齊都沒空理會。他們撤退的速度相當快，旗幟都捲起來抱在懷裡。工人拖著腳步跟在他們後面，抬著櫃子、椅子、板凳與桌子。這支撤退隊伍持續了三個小時。

揆一困惑不解。這場戰役雖然造成不少死傷，但國姓爺仍然擁有優勢——數萬人的部隊攻打一千人。揆一的祕書寫道：「一方面，你也許會認爲敵軍對自己的失敗深感沮喪，因爲他們的大砲都已遭到破壞。但另一方面，這也可能是欺敵之計，目的在於引誘我們產生驕傲自滿的心態。」[1]

荷蘭人從城牆上探出頭來觀看，一開始都小心翼翼，因爲他們已習於鄭軍士兵對他們恣意開火，況且城牆上的雉堞也都已經被轟掉。不過，他們一旦確認沒有人射擊，就隨即聚在一起，指指點點，猜測狀況。熱蘭遮鎮的部隊似乎已經撤離一空，旗幟也都不見蹤影。只有幾名漢人從街道上快步跑過。

國姓爺位在鳳梨園沙丘的基地也開始縮小規模。在鄭軍撤離熱蘭遮鎮之後的第二天，國姓爺的營地升起了代表辦喪事的白旗，然後沙丘上便傳來悲戚的哭聲。荷蘭人猜想可能是有某個高階指揮官在戰鬥中不幸喪生，受到眾人的哀悼。第二天，旗幟消失，帳篷也都陸續收了起來。

揆一派遣幾隊人員前去探知消息，承諾他們只要活捉一名漢人，即可獲得五十里爾的賞金。即便由幾個人瓜分，這仍是一筆不小的金額，但要達成任務也絕對不簡單。最容易下手的敵軍士兵是夜巡人員，他們通常自成一群，駐紮在主要營地之外。但你必須知道衛兵的分布地點，也必須耐心等待從後面突襲你要捕捉的對象，還必須用繩索套住對方的脖子，以免他出聲求救。[2]這一次，沒有人抓到夜巡人員，但其中一隊倒是抓到了一名百姓。

被俘的這個人說他名叫四哥（音），是個三十六歲的麻袋製造匠。他在戰爭爆發前原本住在熱蘭遮鎮，在國姓爺抵達之後逃了出去。現在，他趁著鎮上的駐軍撤離而回來拿他的剪刀。揆一和其他人訊問他，一名祕書在旁記錄。「國姓爺在哪裡？」「他離開了鳳梨園，現在住在普羅民遮城裡。」「國姓爺的營地爲什麼升白旗？」「因爲有名大官在戰役中喪生，因此他們升白旗爲他致哀。」「還有其他官員喪生嗎？」「有一名官員被炸斷了一條手臂。」「有多少士兵死於戰役當中？」「好幾百人。」他說，但他不知道確切的數字。「有很多死者被埋葬在赤崁。」「被荷蘭人用鐵釘封住的那些大砲呢？」「那些大砲都已經修復，堆放在鄰近的渡船碼頭，準備運回赤崁。」

四哥說他沒辦法回答揆一最重要的幾個問題：熱蘭遮鎮裡現在有多少部隊，以及國姓爺有什麼計畫。於是，揆一下令把他帶上肢刑架。那是一種非常可怕的刑具：一座木製平台，形狀像是一個平躺的巨型薑餅人，手腳都向外張開。[3]他們一開始沒有綁住他，只是讓他躺在上面，「以便降低他說謊的意願。」[4]四哥重複他先前說過的話，接著又透露了一些新資訊，而且是麻袋製造匠不可能熟知的事——例如清軍的位置與國姓爺的部隊人數。揆一和其他議員認為這點相當可疑。

他們把他綁了起來。不過，他們還沒用刑，他就開始慌忙招供，努力想透露些能夠滿足他們的資訊。他試圖提出各種數字：國姓爺帶來的部隊共有一萬人、僕役五百人、大砲四十或五十門。他努力說出他們想聽的話：國姓爺想要這座城堡。無論他那瘋狂的腦袋出現什麼念頭，他的手下就必須付諸實行。他說荷蘭俘虜都受到善待，而且戰前住在這裡的漢人大部分都不喜歡國姓爺，都希望他沒來台灣，因為他迫害平民百姓，強徵他們的財物，要求他們納貢，而且現在的狀況非常糟糕，連國姓爺本身的士兵都紛紛逃跑。

「很好。」揆一說。但他還要更多的資訊。四哥對於國姓爺當下的狀況還知道些什麼？任何事情都可以。只要他願意透露，揆一將會非常感謝他，也會好好獎賞他。不過，四哥唯一能說的，就是百姓認為國姓爺現在絕對不敢攻打熱蘭遮城堡，只會慢慢等待，讓荷蘭人因斷糧而不得不投降。[5]他接著又說，在他看來，國姓爺一定很難攻下這座城堡，因為他的部下都對荷蘭人的大砲害怕不已。他終於從肢刑架上被放了下來，但隨即又被戴上鐐銬，成了苦役囚犯。然後，四哥在歷史紀錄中就消失了。

接下來幾天又有其他俘虜，肢刑架也一再派上用場，但沒有人能夠提供揆一想要知道的資訊，也就是國姓爺的意圖。

藉由中文史料，我們得以知道揆一和其他議員（可能也包括那些中國俘虜在內）所不知道的事情：國姓爺暫時放棄了攻占熱蘭遮城堡。不過，這項決定與戰役的失敗無關。[6]他擔憂的是比敵方堡壘更令軍隊領導人害怕的事情：饑荒。

覓糧

何斌當初把台灣描述爲一個豐饒之地，充滿稻米與蔗糖，因此國姓爺只攜帶了些微的補給品來到台灣。另一批部隊又剛從中國前來，也同樣沒帶多少米。爲了確認台灣究竟有多少糧食，國姓爺於是派何斌與楊英從事徹底調查。[7]他們帶回的消息令人駭然：[8]只有六千石稻穀與三千石的糖。[9]六千石稻米所含的熱量約是十五億卡。[10]這樣聽起來好像很多，但實際上沒有。假設國姓爺在台灣的部隊有兩萬五千人，並且假設每個人一天需要攝取兩千卡的熱量，那麼國姓爺一天就需要五千萬卡才能餵飽他的軍隊。也就是說，六千石的稻穀只夠他的部隊食用一個月。三千石的糖可以再加上十億卡左右，約可再支撐二十天。但整體而言，台灣的糧食頂多能夠支應他的大軍兩個月。這完全不是他預期的狀況。

他接到這個壞消息的時候，正是熱蘭遮城堡內的大砲挫敗了他的攻勢之際。

因此，他決定把人力投注於耕地，而非殺敵，何況他也不能再浪費時間了。如同揆一提到的：

「耕種季節已經快要結束了。我們認爲這些漢人必然免不了挨餓，因爲他們一定找不到足以長久供應這麼一支大軍的穀物。希望主上帝能夠持續爲敵人製造阻礙。」[11]

國姓爺放棄了攻城，集中精力將台灣建設成一座農業殖民地，只留下一小支部隊封鎖熱蘭遮城堡，他認爲這座城堡「孤城無援，攻打未免殺傷，圍困俟其自降」。[12]然後，他在普羅民遮城住了下來（城裡的污水穢物想必都已清洗乾淨），將之宣告爲一座新城市的政府所在地，這座城市稱爲「東都明京」。[13]他宣告台灣島爲中國的一個府，並且設置兩個縣，任命一名府尹（就是那個逢迎拍馬的楊朝棟）與兩名知縣，和中國一樣。

接著，他發布了一份志得意滿的諭令：

東都明京，開國立家，可爲萬世不拔基業。本藩已手闢草昧，與爾文武各官，及各鎮大小將領，官兵家眷，盡來胥宇，總必創建田宅等項，以遺子孫計。但一勞永逸。[14]

他派遣部隊「汎地屯墾」，[15]而且許多部隊都被派往未被密集耕作的地區，沒有漢人也沒有荷蘭人聚居的城鎮。許多地區當然都有原住民的村落，但國姓爺嚴令部隊不得騷擾他們或是奪取他們的土地。除此之外，他手下這群開拓者也有許多事情不准做。他列出了一份清單：他的士兵不能騷擾漢人移民，也不能搶奪他們的土地；他們必須事先明確報告自己想要定居在哪塊土地上，然後才能開始耕作；他們必須列出該片土地上的所有自然資源，取得許可之後才能開採利用。國姓爺的諭令裡有特別規範漁場和森林的條款，也提及檢查措施與懲罰規定。[16]國姓爺賜給每名將領一塊土地，畫定的範圍以八小時路程的海岸線爲準（約四十五公里）。[17]他們必須在領地中央建造一座大城鎮，並且在一端興建一座規模較小的要塞。如此一來，至少每四小時的路程就會有一座漢人城鎮。理想上，這些城鎮都將鄰近於海岸。[18]

爲了測定這些領地範圍，國姓爺利用了荷蘭俘虜當中幾位訓練有素的勘查員。其中經驗最豐富的是梅氏，也就是貓難實叮派去和國姓爺交涉普羅民遮城投降事宜的那一位。國姓爺命令梅氏伴隨一支勘查隊從東都明京北上。這是一支規模龐大的勘查隊伍，成員包括通譯、士兵、傭僕、樵夫、木工與漆工。梅氏負責在他們的行進路線上樹立里程樁，更重要的工作則是指定邊界要塞的設置地點。

梅氏對這場艱困旅程所留下的紀錄，讓我們得以窺見國姓爺的部隊所面臨的挑戰。他們還沒走出城鎮，他的夥伴——另一名勘查員——就因爲病倒而必須由別人取代，然後才得以展開旅程。他們的旅程「極端艱困，原因包括道路狀況不佳、大雨不斷、地面泥濘不堪，以及惡劣的待遇」。[19]

他對台灣非常熟悉，但隨著隊伍奮力朝北方進發，他卻驚訝地發現台灣竟然改變了這麼多。荷蘭人在每一座主要的原住民村落裡原本都只派駐了十幾人的部隊，國姓爺卻是各自派駐一個鎮——人數約是一千。他命令每個人種植足供自己及其家屬食用三個月的番薯，因此就連小男孩也都在田地上耕種。種完番薯之後，他們就必須準備種稻的田地。他們首先必須清除土地上的樹木雜草，接著整平地面，然後在田地四周築埂，把水保留在田地裡。水的灌溉與排放都沒有問題之後，他們才能赤腳踏進水裡，拉著牛隻犁地。這些準備工作都完成之後，他們才能播下稻種，再加以細心呵護。這時候，國姓爺正進行到發放牛隻與犁具以協助犁田的階段。

梅氏對他自己目睹的現象震驚不已：「這些土地幾乎沒有一處沒被圍起來耕種，這些異教徒的勤奮與熱切也讓我們深感訝異。」[20]就連村落之間原本少有人跡的小徑，現在也滿是熙來攘往的行人。「我們從赤崁出發之後，每走五百英尺，甚至一、兩百英尺，就可見到三、四、五、六或甚至更多的行人，搬運或拖拉著物品，而且這還不包含漢人士兵在內。」[21]

在這片繁忙景象的邊緣，則是日漸凋零的荷蘭俘虜。國姓爺原本將這些俘虜安置在赤崁，但他把部隊分派到鄉間開墾之後，也知道把數百名荷蘭人留在首都裡未免愚蠢，因此將這些俘虜都送入鄉間，由他手下的每名將領各自負責一、二十人。在梅氏走訪的一座村莊，他看到十幾名荷蘭俘虜擁擠地睡在荷蘭傳教士興建的教堂裡。在另一座村莊，荷蘭俘虜只能睡在戶外。另外還有一座村莊，則是搭設了幾個小小的帳篷，所有人「不分階級或地位」全部混雜著睡在一起。他們骯髒、病弱，又填不飽肚子。糧食本來就已稀少，而他們又被排擠於糧食分配鏈的最末端。

有一天，梅氏看見一個荷蘭人躺在連接兩座村莊的一條泥濘小徑上。這個人瘦得只剩皮包骨，而且「像嬰兒一樣一絲不掛」。梅氏認識他。這個人原本是學校教師。他向梅氏說，十一天前，他和一群荷蘭俘虜被人帶著從赤崁北上，但他們的糧食只有一點點米。他的腿腫了起來，無法繼續行走，癱倒在路上。沒有人扶他起來。他之所以能夠活到現在，純粹是藉著啜飲車轍裡的積水。梅氏請求他的監督者把這個人搬上推車，運到下一座村莊。不過，他在幾天後就去世了。[22]

梅氏的勘查隊繼續前進，不斷標示著里程，直到最後才終於收到國姓爺要求他們返回的命令。梅氏感到如釋重負。「我們絕不可能再持續八天，否則我們必然會病倒，甚至死在途中，因此我們欣然回頭。」[23]他被派往北方實在相當幸運。回到東都明京之後，他與另一名被派往南方的勘查員聊了彼此的遭遇。國姓爺派往南方的六千名士兵遭到原住民的強烈反抗，以致他們與荷蘭俘虜只能住在原野中央以柵欄防禦的堡壘。在缺乏原住民支援的情況下，他們都無法填飽肚子，幾乎所有人都生了病。這名勘查員說他不忍心述說自己目睹的慘況。[24]幾天後，他也嚥下了最後一口氣。[25]

此外，梅氏被召回東都明京也算非常幸運，因為國姓爺的部隊在更北邊遭遇了一場大災難。台灣中北部屬於大肚王統治的原住民王國領土。當今的學者對於他是誰、以及他的王國是什麼模樣，幾無所知。[26]可以確知的是，在荷蘭人統治台灣的期間，他雖保持獨立，卻與荷蘭人和平共處。國姓爺派遣打敗了拔鬼仔的陳澤前去終結大肚王的獨立。[27]

這一次，才智出眾的陳澤遇上了勢均力敵的對手。中文文獻對於這起事件的記載非常簡潔，只說陳澤及其部下遭遇原住民反叛的「激變」。歐洲文獻的記載比較詳細，尤其是士兵暨藝術家海卜脫留下的一份記述。他從一名逃脫的荷蘭俘虜口中得知，鄭軍剛接觸大肚王的時候，他的人民先假裝友善，給了他們想要的一切，陳澤的部隊因此鬆懈了心防，紛紛放下武器安然酣睡。結果，原住民突然發動攻擊，殺害了一千五百人左右。生還者逃進蔗田裡，但大肚王的部隊利用煙燻把他們逼了出來，然後屠殺殆盡。[28]

這是幾場原住民攻擊事件當中最殘酷的一場，排名第二的事件發生於南台灣，忠於一位原住民統治者的部隊殺害了七百人。[29]

儘管如此，糧食不足的問題還是比原住民更令國姓爺憂心。番薯還要幾個月的時間才會成熟，因此他緊縮了糧食配給：每名士兵每個月只可領得三十磅的米。[30]換算起來，三十磅米大約只有一千七百五十卡的熱量，根本不足以支持這些士兵需要從事的繁重工作。此外，光靠稻米也不足以提供人體所需的營養。士兵需要其他種類的食物，但要取得這些食物卻一點都不容易。他們已獵不到鹿肉。至於其他肉類，例如豬肉，則是昂貴至極。[31]最糟的是，這些貧乏的配給還得與妻子、兒女及傭僕分食。

國姓爺為什麼不直接從中國運來更多稻米？他試過。他命令戶官鄭泰（同時也是他的繼兄）運米來台。[32]不過，楊英的記載指出：「戶官運糧船不至，官兵乏糧，每鄉斗價至四、五錢不等。」[33]國姓爺把責任歸咎於鄭泰頭上，而史學家也通常採取同樣的觀點。[34]實際上，鄭泰後來確實因為與國姓爺發生爭執而刻意不讓運米船航向台灣。

不過，中國的稻米在一六六一年夏季之所以運不到台灣，原因乃在於天氣。在那場戰爭期間，住在金門與廈門的一名老學者寫了一系列的詩作，集結為《島噫詩》。其中一首題為〈石尤風〉：

石尤風，
吹捲海雲如轉蓬。
連艘載米一萬石，
巨浪打頭不得東。

東征將士飢欲死，
西望糧船來不駛。
再遭石尤阻幾程，
索我枯魚之肆矣。
噫吁嚱，
人生慘毒莫如飢。
沿海生靈慘毒遍，
今日也教將士知。[35]

荷蘭的帆船有沒有可能在這樣的強風下逆風前進？台灣的運補問題是不是技術問題，可以靠著吃水較深的船殼與歐式索具解決？有可能。我們後續將會看到，荷蘭船隻逆風航行的能力是他們在戰爭中的一項關鍵優勢。

無論如何，隨著夏季的日子一天天過去，國姓爺的部下也漸漸開始挨餓。他拋開了先前的顧慮，不再堅持不得騷擾原住民，改爲下令部隊向平民百姓徵收糧食，包括稻米、水果、芋頭與番薯。[36]他強迫農民交出所有的稻米、大麥與糖，只讓他們保有十分之一。[37]儘管如此，國姓爺的部下還是塡不飽肚子。連官員也不得幸免。東都明京的商店裡掛著不少絲袍，都是官員爲了買米而當掉的服裝。[38]

國姓爺雖然在人數方面占有壓倒性的優勢，現在卻開始覺得自己也許會輸掉這場戰爭。但另一方面，荷蘭人也有他們自己的問題。

戰時生活

熱蘭遮城堡內住著一千七百三十三人：九百零五名官兵、六十三名已婚男子、兩百一十八名婦女和兒童，還有五百四十七名奴隸及他們的子女。[39]他們聚居其中的宿舍，原本只設計來容納他們人數的三分之一而已，因此整個室內又髒又臭。

他們的生活環境也很不衛生。下城外有木造廁所突出於水道上，但到那裡小便，路程很遠。[40]富人有奴隸或僕人可以清理夜壺，但許多人都直接排泄在水溝或建築物的旁邊。[41]春季還有雨水把穢物沖走，但仲夏時節極少降雨，炎熱的氣溫又導致臭氣更令人難以忍受。

最臭的氣味來自一座倉庫。這座倉庫原本存放胡椒、丁香與香木，現在則是改為醫院。炎熱的天氣之下，躺在地上的病患與傷患無法到戶外廁所去，其中許多人無疑也沒有能力對準夜壺的開口。醫院裡臭氣沖天，[42]難怪疾病嚴重肆虐。

雪上加霜的則是營養不良的問題。在嚴格配給的情況下，下城倉庫裡的糧食足以支持一年，而且不是只有稻米而已。[43]台灣原本盛產鹿肉，他們的庫存也還有很多。[44]因此，荷蘭士兵的基本配給遠勝國姓爺的部下：每天享有一份米和半磅的乾鹿肉。儘管如此，鹿肉又韌又鹹，騷味重，而且全是瘦肉。其他種類的醃肉（例如培根與醃豬肉）吃起來口感較佳，但這些肉類在倉庫裡雖然還有好幾桶，卻只供軍官、官員與病患食用。食物縱使買得到，士兵已不像戰前那樣領有伙食津貼。除非自己另有財產，或是身爲軍官，否則就只能吃米和鹿肉。

米和鹿肉無法提供人體所需的維他命與微量營養素。有些人發現自己的牙齦開始出血，牙齒開始搖晃，口氣也臭得像腐肉一樣。這是維他命C不足而罹患了壞血病的徵象。對於無法取得維他命C來源的人，病況惡化得非常快：他們牙齦腫脹，導致難以進食，舊傷口也紛紛裂開。他們疲累得無法行走，皮膚乾燥，又出現斑點，像是濺到墨點的紙張一樣。這些病患最後都不免喪生。[45]

另外有些人則是罹患腳氣病，這是只吃米而沒有搭配肉類、水果與蔬菜所導致的疾病。梅氏發現倒臥在泥濘中的那名荷蘭學校教師，就是死於這種疾病。病患首先會有雙腳麻木以及疲勞的感覺，接著愈來愈沒有胃口，臉部開始腫脹，然後腳踝也出現腫脹，變得僵硬又疼痛，而且這樣的腫脹還會沿著腿部往上延伸，導致病患喪失行走的能力。這種疾病接下來還會影響神經，造成情緒與感覺障礙，而且病患的心臟也會出現不受控制的激烈跳動。到了這個階段，病患已是回天乏術。[46]

城堡內的荷蘭人知道他們必須補充自己的營養。他們認爲最重要的一種補充品是酒精。米酒在承平時期不但價格低廉又普及，而且工人在國姓爺占領熱蘭遮鎮之前才剛搬了五罈到城堡裡，揆一對此深爲感恩。[47]病患最需要米酒，「以便增強體力，」但米酒其實沒有營養。而存量極少且通常只供病患使用的紅酒，含有少量的維他命B，有助於消除腳氣病；存量同樣不多的荷蘭啤酒也具有些微的營養效益，但米酒幾乎完全不含維他命。

無論如何，爲了節約消耗量，一般士兵已不再享有每日配給米酒的福利，甚至連官員與軍官的配給量也遭到減半。[48]缺酒對酗酒人士而言特別難熬，且城堡內的酒鬼似乎非常多。揆一寫道：「原本用之不竭的米酒出現了匱乏的情形後，似乎導致某些醉鬼開始鬧事，但我們又沒有任何辦法療癒他們的酗酒問題。」[49]

有些人設法到城堡外找尋食物，以彌補配給糧食的不足。能夠走路又能取得許可的人，就到城牆外找尋新鮮的食物，但必須小心謹慎。

在海灣的內灘，接近廢棄的醫院，可以找到牡蠣。那裡水淺，可以讓人涉水到離岸很遠的地方，從多岩的沙灘上拔取牡蠣。可是這麼做很危險。敵人可以從熱蘭遮鎮附近的市集窗戶開槍射擊，而且國姓爺也新近訓練了一批致命的火槍兵。[50]他在中國使用的火槍不多，但從荷蘭俘虜身上與拔鬼仔喪命的戰場上取得了數十把火槍。他把這些槍枝交給他從荷蘭人手上釋放的奴隸，結果他們都非常樂於對抗他們先前的主人。[51]他們年紀很輕，在荷蘭文獻中稱爲「黑人男孩」，[52]相當具有攻擊力。

如果不想涉水，也可以到介於城堡與城鎮之間的平原上，在那裡的廢棄菜園試試運氣。不過，這麼做又更加危險，因爲那些年輕的火槍兵有許多埋伏地點：房屋樓上、徵稅所後面、墓園圍牆後。有一天，一群士兵在城堡底下採集蔬菜，不慎將身軀暴露在外，結果一名士兵大腿中彈。他的同袍把他拖進城堡裡，揆一認爲這是一起「令人非常難過的事件」。[53]同天，另一名士兵在城堡與碉堡之間採集蔬菜，被射中胸部左側。但他很幸運，那顆子彈擊中他的力道相當微弱，只造成一道瘀青。[54]

在初夏雨水的滋潤下，熱蘭遮城堡與城鎮之間的平原上長出了又圓又大的西瓜。不過，品質最好的西瓜都長在埋伏有敵軍士兵的房屋旁。一名膽識過人的水手深入鎮上，從市政廳附近帶了幾顆西瓜回來。[55]除此之外，南方的沙丘附近也長有甜瓜，但那裡經常有敵軍的士兵巡邏。

善於用槍的人則可打獵。原本由漢人居民豢養的豬隻都待在廢棄的菜園裡，但是很難抓。有時候，荷蘭人獵豬必須冒非常大的危險，甚至還被記載在揆一的正式日記裡。例如有一次，一頭豬跑到了市秤附近的一個鄭軍大砲陣地旁。城堡的一條狗兒咬死了這頭豬，於是一名水手偷偷過去拾起豬屍，然後趕緊跑回城堡。另一次，一名士兵在碉堡那座沙丘底部的醫院廢墟附近對一頭豬開槍，但那頭豬卻跑向埋伏在市集裡的敵軍火槍兵。他應該就此放過那頭豬，但他卻追了過去，又開一槍，那頭豬才終於倒地。敵軍士兵冒了出來，想把那頭豬據爲己有。那名荷蘭士兵閃躲著他們射來的箭，一把抓起自己的獵物，以凱旋之姿拖回城堡。[56]

海鳥也是非常美味的餐點，但必須要有足夠的技巧才能抓得到，不然就得找人幫忙抓。有一天，一名荷蘭婦女請求一名士兵幫她打一隻鳥。那名士兵借來一把火槍，對著裡面吹了吹，確認沒有裝彈藥，然後開玩笑地把槍對著她，說：「我打你好了！」但槍裡其實裝了彈藥。子彈擊發出去，射中了她。她臨死之前懇求那名士兵的長官不要太苛責他，指稱這是一件意外。她在一個小時後不治身亡。那名士兵被關進牢裡，後來被判處由一顆子彈射過他頭上（象徵性的死刑），而且必須服五年的苦役。[57]

打獵與採集絕對不可能爲城堡裡的軍民提供足夠的新鮮食物。嬰兒與幼童尤其脆弱，紛紛因爲「缺乏新鮮食物及其他必需品」而病倒。[58]愈來愈多成人也都一樣支持不了。到了六月中旬，城堡裡的主任牧師柯來福因爲病重而無法舉行晚間講道。兩名探訪傳道也病了，因此每晚的講道只好由一名平民代理。*病患躺滿了倉庫醫院的地板，揆一只好下令把新的病患帶到下城碼頭大門邊的教堂。這麼一來，主日禮拜的地點就改到了長官官邸的大廳。[59]

到了六月底，病患增加的速度更是驚人。士兵原本都比其他人來得健康，因爲他們年輕，又有能力獵捕動物或採集食物，但現在卻連他們也免不了病魔的侵襲。[60]他們不只死於壞血病與腳氣病等營養疾病，也死於所謂的「地方病」——這是一種熱病，在文獻裡沒有詳細記載，但經常導致病患喪命。[61]

隨著這悲慘的夏季一天天過去，敵對的荷蘭與鄭軍陣營都迫切需要新鮮的糧食。國姓爺的部隊種植了稻米與番薯，但收成將來不及挽救他們的性命。荷蘭人的倉庫裡還有很多糧食，但沒有大片田地。

雙方都需要外來的援助，但誰會先取得呢？援助夠不夠支應他們的需求？戰爭勝敗將取決於這些問題的答案。

＊審訂註：牧師因病重無法主持晚禱，故由探訪傳道代理。但當探訪傳道也生病了，只好由長老帶領晚禱。

來自海上的援助

在帆船時代，船隻就像候鳥一樣遵循季節的變化節律。在亞洲的海域更是如此，因爲那裡的風與洋流都固定循環交替。對於在台灣的敵對雙方而言，他們各自期盼著北與南的循環。冬季吹的是寒冷乾燥的北風，夏季則是高溫潮濕的南風。也就是說，夏季正是巴達維亞的船隻載運著補給品、人員與貿易商品前來台灣的季節。國姓爺與揆一都知道他們不久就會看到荷蘭船隻出現在海平線上。問題是，會有多少船隻？船隻上載運的會是檀香木還是士兵？

這些問題的答案又取決於另一個問題：揆一在巴達維亞的上司知不知道這場戰爭？國姓爺心中頗爲篤定，因爲他的艦隊在四月下旬抵達台灣的時候，風向已經轉爲南風。他相信荷蘭人必然不可能逆風前去巴達維亞求助。

他錯了。一艘荷蘭船隻確實逆風航行出去。在國姓爺的艦隊抵達台灣之際，大員灣裡原本停泊著三艘船隻，出外求援的這艘船就是其中之一。我們提過這三艘船如何與國姓爺的船交戰，結果旗艦赫克特號因爲不慎引燃船上的火藥而爆炸，於是另外兩艘船便撤退到深水區去。這兩艘船巡航了幾天，看到熱蘭遮城堡上方冒出煙霧，猜出了是熱蘭遮鎮起火。看到這樣的景象，瑪利亞號（兩艘船隻當中比較小的那一艘）的船長克勞森（Cornelius Clawson）隨即划小船出去，與另一艘船的船長商議。他們無法與揆一取得聯繫，因此克勞森和他的同僚心知他們只能自求多福。另一名船長認爲他們應該待在台灣附近，警告前來的荷蘭船隻。克勞森不同意，認爲他們應該逆風向南航行，通報巴達維亞，設法帶援軍回來。這是一條沒有經過確證的航道，而且必須穿越危險的海域。另一名船長拒絕這項提議，並表示克勞森如果想要這麼做，就自己去吧！

克勞森二話不說，隨即從會議上離開，划船回到瑪利亞號。[1]他爲什麼這麼不悅？可能是因爲瑪利亞號不適合從事如此充滿危險的旅程；他原本希望另一名船長能夠幫忙護航，或者至少提供若干補給品或人員。然而，他的同僚卻什麼也沒給他，只在航海日誌裡記載著：克勞森「直接航向巴達維亞，沒有再與我們聯繫」。[2]

後來，選擇留在台灣的這名船長向揆一告知了克勞森的決定。揆一很樂於聽到這項消息，但不確定瑪利亞號有沒有可能航抵巴達維亞。

國姓爺對瑪利亞號一無所知。在戰爭初期，荷蘭使者曾對他說巴達維亞會派來一支龐大的增援艦隊，但國姓爺知道這只是虛言恫嚇。如同孫子寫的：**辭卑而益備者，進也；辭強而進驅者，退也**。儘管如此，國姓爺還是非常好奇揆一對於可能的增援艦隊有何所知。也許這就是爲什麼他和他的軍官在漠視了熱蘭遮城堡長達好幾個月之後，又突然間開始寫信。

在六月底一個多雲的夜晚，一名漢人士兵舉著白旗從徵稅所後方冒了出來，在通往城堡的石徑上走到半途，然後把一截竹桿埋在沙裡，上面繫著一封信。自從五月下旬的熱蘭遮之役以來，這是鄭家與荷蘭人之間首次的正式溝通。在這段期間，雙方曾經偶爾互罵，例如國姓爺陣營的一名士兵曾經對著幾個荷蘭工人以葡萄牙語高喊：「狗！」那些工人則以中文的「狗」回敬。但也就僅此而已。

揆一和其他議員命人翻譯了這封信，然後一齊把內容大聲讀了出來。[3]這封信來自馬信，也就是熱蘭遮鎮的駐軍指揮官。信裡寫道：

吾主國姓爺帶領許多官員與士兵前來為這座島嶼興建城市，而你們只剩下那座小小的堡壘。相較於周圍的龐大土地，你們的堡壘只不過是一顆小小的彈丸。吾主正直又善良，不願以武力摧毀你們的城堡，因此命令我與我的部下駐紮在熱蘭遮鎮慢慢等待。我們非常欣賞這座城堡。就算城堡要等十年才會敞開大門，我們一樣會等。如果必要，我們也可以等上一百年，把你們圍困在裡面。[4]

經過這番寒暄之後，馬信提起了巴達維亞提供援助的可能性：

各位無疑認為自己可以等待更多的船隻前來。不過，你們先前都已目睹了我們燒毀貴軍船隻的情形。所以，現在若是再有船隻前來，數量並不會太多，也只會載運著販售用的商品，面對我們根本不堪一擊……明年你們在巴達維亞的主人也許會派遣一支艦隊來援，但就算他們派遣的船艦數目超過十艘，載運著一、兩千名士兵，還能順利登陸，對我們而言也是不屑一顧。但無論如何，他們根本不會有機會登上陸地。[5]

馬信在信末仍以尋常的恐嚇威脅作結，聲稱他若決定從四面同時發動攻擊，當天即可攻下城堡；然後又敦促揆一投降，警告他不要拖延太久。

馬信的目的是什麼？也許他盼望城堡內的狀況已經達到極糟的地步，以致揆一不得不投降，但這樣的推論卻難以令人信服。先前的投降要求毫無作用，而且當時國姓爺還是以全部軍力包圍了城堡。馬信在信件中提及援兵的議題，不禁令人玩味。他是不是想要知道揆一是否預期巴達維亞派兵來援？這麼想顯然有其道理。我們知道國姓爺確實對此深感好奇。約在這個時期，一名遭到綁架的漢人士兵向揆一表示，國姓爺和他手下的軍官都「滿心預期巴達維亞的船隻前來，看看誰能在這場戰爭中占得上風……因爲戰爭結果將取決於此」。[6]

馬信沒有獲得任何資訊。揆一和其他議員讀完這封信之後，天空突然開始雷鳴電閃，[7]因此他們沒有在當夜回信。第二天是星期日，不該把心思放在異教徒上。接著，在星期一上午，馬信惹惱了揆一。馬信因爲迫不及待想要取得荷蘭人的回音，於是派遣兩名士兵橫越平原。一名荷蘭人出外在平原上與他們會面。那兩名士兵說馬信等待著荷蘭人的回信，還問說城堡裡有沒有生病的士兵需要新鮮豬肉與米酒。他們謊稱己方的陣營裡有許多豬肉與米酒，而且馬信很樂於和荷蘭人分享。揆一聽聞了這些話，憤怒不已：「那些異教徒說這種話根本不是關心我們，而是一種侮辱，用意在於譏笑我們。」[8]

於是，他和他的祕書寫了一封簡短的信件：「馬信，我們不曉得你是什麼人，你顯然也不了解我們的長官是什麼人，更不了解我們城堡內的狀況。你看來甚至也沒有獲得與我們通信的授權，因此台灣長官閣下認爲沒有必要回覆你的信件。」[9]馬信又送來另一封信，聲稱自己是個重要人物，但揆一認爲這封信「寫得很拙劣，語意斷續不清又可疑」。[10]於是，揆一的祕書再次回信，指稱揆一只願與國姓爺通信。

因此，國姓爺送來了一封信。信中同樣也把焦點集中於援兵的問題：

> 馬信稟報說你只肯與我通信……我已寫過許多信給你，但閣下從來不曾適切回覆。你總是想要拖延時間，等待貴方的船隻來援。不過，現在你們的船隻已不敢來了。就算眞有船隻前來，也只會是載運貿易商品的貨船。它們來到台灣只是自尋死路，而你也無能爲力。所以，你只能等到明年，看看是否有援兵前來。這整座島都已受到我的控制——包括所有的原住民以及他們的村莊——剩下這麼一小座堡壘又有什麼差別？我甚至沒想過攻破這座堡壘，但我們相信沒有人能出得來。你們既然出不來，又怎麼可能在城堡裡支持那麼久，等待明年船隻來援呢？你和我一樣都非常清楚這一點。[11]

國姓爺的用意是什麼？儘管他在信末仍提出和過去相同的要求與威脅作結，但他應該不至於認爲自己的信件能夠說服揆一交出城堡。狡猾的他顯然比較可能想要刺激揆一透露資訊，以便得知揆一期待什麼樣的艦隊前來馳援。

如果眞是這樣，那麼他的把戲確實奏效了。極易發怒的揆一認爲國姓爺的語氣傲慢得不可原諒：

「你們的船隻已不敢來了。就算眞有船隻前來，也只會是載運貿易商品的貨船。它們來到台灣只是自尋死路。」揆一寫了一封激忿塡膺的回信。

他痛罵國姓爺是騙子，在戰前假裝與荷蘭人和平共處，接著卻突然侵略台灣，「一點都不像是品行高潔的戰士應有的行爲表現，而是以違反一切人類法則的方式發動狡詐的突襲。」他指控國姓爺在前一個月的和平交涉期間發動攻擊，同樣也是不榮譽的行爲：「五月二十四日，我們和您的使者在代表和平的白旗下舉行會談，就在我們忙著回覆他的信件之際，殿下卻違反一切戰爭慣例，以極度的暴力攻打我們。」信件的第一段寫到這裡，揆一的情緒已經激動不已：「任何一個頭腦清楚的人——甚至是幼兒——都可以看出這樣的言行絕對不可能出自一個正派剛直的人物。殿下的言語和承諾是否可信，答案已顯而易見。」[12]

揆一以喀爾文教徒的立場展開了一段咆嘯怒罵：

殿下對唯一的眞神一無所知。祂是天地的創造者，指導萬物，絕不容許任何事物違反祂的意志，也是我們崇敬、畏懼及信奉的唯一對象。祂賦予了我們這座強大的城堡、堅強英勇的人員，以及充足的武器與補給品，因此我們能夠堅守在此，殿下無法損傷我們分毫，無論是藉由猛烈的攻勢還是再一年的封鎖。[13]

在激憤之下，他亮出了自己的底牌：

我們預計巴達維亞很快就會有船隻來援，而且帶來的絕對不只是貿易商品……在此處的水道附近曾與殿下的唐船交戰過的一艘小船，將會把殿下料想不到的明確訊息（傳回巴達維亞）。我方的船隻是否如殿下傲慢的猜測不敢前來赴援呢？時間將會帶來這個問題的答案，我們相信您將會大吃一驚。[14]

這可能正是國姓爺想要套問的資訊。只可惜，荷蘭人非常喜歡開會。揆一把信送出去之前，先交由議員審閱商議。他們對大部分的內容都沒有意見，但敦促他刪除提及援兵的段落。他們說這項資訊不該透露，因爲國姓爺若是認爲巴達維亞會派兵來援，就可能會趕在援助艦隊抵達之前立刻對城堡發動攻擊。況且，要是瑪利亞號未能完成其艱困的航程，日後援兵一旦沒來，讓國姓爺知道這件事情，只不過是徒然提供笑柄而已。更重要的是，他們指出，如果瑪利亞號確實完成了這場航程，且巴達維亞確實派出一支龐大的增援艦隊，那麼讓國姓爺出其不意絕對會是比較好的選擇，因爲「他可能會在出乎意料的錯愕之下而更加害怕及震驚（希望如此）」。[15]

在多數決之下，揆一的議會決定刪除有關援兵的部分，反而加上這段含糊其詞的文字：

至於我們預期會從巴達維亞前來的船隻，究竟是否只會裝載貿易商品，而無從爲我們提供任何援助，只有時間能夠帶來這個問題的答案。我們親愛的上帝，那位掌控萬物的偉大天主，如果認為應該在我們身上降臨更多的考驗，那麼我們也確信祂絕對會對於你以不義而殘暴的手段摧毀祂的教堂、濺灑基督徒的鮮血以及掠奪我們財貨的行為，透過荷蘭這個國家加以報復。[16]

揆一的議員補救了他一時衝動而差點犯下的錯誤。國姓爺並未獲得任何新資訊。

幽靈船與眾人的恐慌

瑪利亞號究竟有沒有抵達目的地？巴達維亞會不會派遣援兵來台？所有人都迫切望著船帆的蹤影。熱蘭遮城堡旁的碉堡因為矗立於高丘上，所以能夠望見海面全景。在七月初的一個晚上，一名士兵從碉堡跑進城堡內，聲稱他看見三艘船隻出現在海平線上。揆一與眾位議員立刻奔上階梯，眺望著海面，但他們什麼都看不到。那名士兵確定自己沒看錯嗎？是的，他說，他和他的同袍都明確看見那三艘船，連後桅的縱帆都看得清清楚楚。[17]然而，到了次日早晨，海面上卻什麼也沒有，「看來那名士兵聲稱的船隻化成了雲朵，這種現象已經發生過許多次了。」[18]

他們努力祈禱。揆一的祕書寫道：「神依其判斷，而將譴責之劍指向台灣，派遣了這一大群敵人摧毀我們辛苦創建的基督教堂，並且殘殺及監禁我們的許多朋友與同胞。」[19]這一切都是荷蘭人自己犯了許多罪孽所招來的後果。因此，他們現在別無選擇，只能訴諸神的慈悲。

揆一和議會決議特別舉行一天的禁食與祈禱活動。他們選定的日子是個天氣晴朗的七月天。所有人都必須懷著對神的敬畏，以正直的心熱切祈禱。任何人都不許工作，連戴著鐐銬的異教徒也不行。

賭博、歌唱、遊戲及其他各種娛樂也都一律禁止。他們祈求全能的上帝悲憐他們，收起祂那正義的怒火。他們祈求祂阻擋異教徒敵人的邪惡計謀，賜福荷蘭人的武器。他們祈求祂爲數以百計的病患恩賜健康。更重要的是，他們祈求祂保護來自巴達維亞的船隻，使其安然抵達台灣。[20]

然而，一項粗俗的挑釁行爲攪擾了他們的虔誠祈禱。在平原上，一個男人站在墓園旁的一個沙籃上，用手拍著屁股，以荷蘭語高聲吼叫：「你們這些狗雜種！我們很快就會來要你們的命了！」這人是個瑞士天主教徒，原本在荷蘭陣營裡擔任士兵，但在前一個星期逃出了熱蘭遮城堡。荷蘭火槍兵遏止了他的鬧劇，迫使他奔跑逃命。不過，揆一卻因此憂心不已。那人原本的同袍表示，他逃跑之前，曾經提到敵人還不懂得攻擊這座城堡的最佳方式。其實他們只需在市政廳附近搭建一座堅固的砲台，架上許多大砲，然後開始轟擊就行了。如此一來，他們即可壓制荷蘭人從稜堡上反擊的能力，因爲這些砲彈將使得荷蘭人無法接近架設在稜堡上的大砲。揆一擔心「可能還會有其他像這樣的無賴」。[21]

於是，虔誠的祈禱轉爲一片恐慌。後來，有人發現一群鄭軍經由鳳梨園走向熱蘭遮鎮，揆一突然「出現了一個古怪的念頭」。先前有人看到那個逃兵在鎮上和幾個漢人站在一起，對著城堡揮舞帽子，似乎打著什麼信號。說不定他對城堡裡的黨羽傳遞了什麼訊息，說不定他們私底下有什麼陰謀。荷蘭部隊裡還有其他天主教徒。他們要是計畫在城堡內叛變該怎麼辦？揆一認爲這點很有可能，「因爲城堡內看來的確有一群缺乏信仰又邪惡卑劣的士兵。」[22]

他認爲鄭軍的行動證實了他的想法。那些士兵異常活躍，東奔西走，挖掘壕溝。在拍臀辱罵的事件發生之後三天，東印度公司的一名鼓手跑進城堡，「害怕得魂不守舍。」[23]原來他在刑場附近採集蔬菜，突然聽到腳下傳來敲擊聲。他拾起一塊石頭，在地面上敲了幾下。地底下的敲擊聲停止了一會兒，接著又開始傳來。[24]揆一知道國姓爺有時候會挖地道破壞城牆，而敵軍在平原彼端挖掘壕溝的地方又堆著一丘沙土。他派了幾個人出外把耳朵貼在地上聆聽，但他們沒有聽到任何聲音。揆一和議員決定沿著城堡東面挖掘一條壕溝以策安全，並且為參與施工的人員增加薪餉，每天還加發半杯米酒。[25]

所有人的情緒都處於極度緊繃的狀態。船隻究竟在哪裡？

極糟的消息

在七月底一個風大的午後，海上出現了一艘船。揆一升起紅旗，好讓船上的船長知道這裡有危險。天色暗下來之後，他把一盞燈升上旗杆，並且擊發三聲砲響，警告對方不要接近。天亮之後，只見那艘船下錨停泊於霧氣濃重又翻騰不停的海面上。主旗底下還飄揚著一面特殊旗幟，顯示船上有個重要人物。揆一派遣一艘舢舨前往那艘船隻的停泊處。舢舨差點被一道大浪吞沒，但終究抵達了那艘在海面上起伏不定的船隻。[26]

舢舨帶回壞消息：那艘船隻載運的稻米和補給品只勉強足夠船上的人員使用。巴達維亞沒有收到國姓爺侵略台灣的消息。更糟的是，這艘船隻為揆一及台灣的其他領導人帶來了一道新命令：他們全都遭到撤職，並且還因為他們犯下的罪行而必須被帶回巴達維亞接受審判。他們犯了什麼罪？虐待漢人，以及誇大國姓爺的侵略威脅。[27]

揆一在前一年的一六六〇年曾經向巴達維亞提出警告，指稱國姓爺可能侵略台灣，於是巴達維亞派遣司令官范德蘭率領一支艦隊前來支援。結果范德蘭與揆一發生爭執，在氣憤之下離台，對揆一惱怒不已。這名司令官返回巴達維亞後，開始到處指控揆一膽小又偏執。

他找到一個志同道合的聆聽對象，就是揆一在巴達維亞的另一個對頭，名叫費爾勃格。費爾勃格在一六四九至五三年間擔任台灣長官，揆一原是他的副手。這兩人嚴重不和，甚至拉幫結派，相互傾軋，指控對方「做出各種令人髮指又違反基督徒精神的惡行」，不堪複述於信紙上。[28]巴達維亞終究支持了揆一，譴責費爾勃格，於是他辭去台灣長官的職務。費爾勃格回到巴達維亞之後，藉著各種方法一再往上爬，終於成為東印度評議會的議員。范德蘭回到巴達維亞之後，到處宣稱揆一的恐慌偏執到了危險的程度，費爾勃格於是看到了復仇的機會。

費爾勃格藉以發揮的題目，是揆一對台灣的漢人商人與企業家所採取的行為。揆一把他們逮捕起來訊問，想要知道他們對國姓爺可能發動的侵略行動有什麼了解。[29]他搜查了他們的住宅、拘押他們的妻子、沒收他們的穀物、鹿肉與馬匹。[30]他命令漢人墾殖民眾搬離其田地，原因是「漢人散居各地為我們造成了困難，因為我們的人手不足以監督他們所有人」。[31]他以武力強迫漢人農夫遷居於赤崁，[32]並且禁止漢人捕魚，還逮捕船員，沒收船隻。

揆一為自己提出辯解，指稱國姓爺的侵略行動已經迫在眉睫，因此他的所作所為乃是逼不得已。然而，范德蘭一旦指出根本沒有侵略行動，費爾勃格即可指控揆一對公司造成了實質傷害。費爾勃格向來主張荷蘭東印度公司必須施恩、培育及保護在台灣的漢人墾殖民眾。他寫道，漢人「是台灣唯一產蜜的蜜蜂」。[33]他辭去台灣長官職務之後，隨即提出這樣的觀點，闡述於一篇他爲了恢復自己的名聲而寫的文章裡。[34]

「多年來，」他寫道：「我們都看到了公司致力在台灣匯聚一群漢人墾殖民眾所帶來的效用與利益。此舉不僅促使農業興盛發展，也爲這整個荷蘭屬地帶來了繁榮與福祉，因此漢人已然成爲台灣這個軀殼的靈魂與精神。要是沒有他們，台灣將會了無生氣。」[35]他又寫道，爲了促進台灣的繁榮，「我們一定要竭盡全力呵護及滋養這群漢人墾殖民眾，並且鼓勵漢人在台灣扎根自立。」[36]費爾勃格認爲揆一以不公正又不必要的行爲傷害台灣的漢人居民，已經危及台灣的發展。

東印度評議會贊同費爾勃格的說法，認爲揆一對於台灣遭受攻擊的恐懼，「從頭到尾不過就是幾個奸佞的中國人所散播的虛妄不實的空言。」[37]評議會議員宣告揆一迫害漢人的行爲過於莽撞。「可憐的（漢人）農民眼睜睜看著自己的穀倉被夷爲平地……稻作遭到焚燒……揆一把長老及其他有力的漢人都……囚禁起來……至今他們已被拘押了八個月，而他們以農業爲主的資產也都蕩然無存。」[38]

評議會與總督寫了一封信給揆一。現在，在一六六一年七月一個炎熱的夜晚，揆一的一名同僚大聲唸出信件內容。信裡的措辭很不客氣：「你缺乏擔當此一職位所應有的堅強與英勇。」「我們把信任寄託在你身上，得到的卻是深切的失望。」「你造成了福爾摩沙的毀敗。」[39]

信裡甚至有幾句話是費爾勃格寫的，揆一可能也認得出來：

花費許多成本與精力安置在台灣的漢人墾殖民眾，是成就這座島嶼物產豐饒的唯一因素，公司也才得以每年享有豐碩的收入……因此，應當以呵護培育那裡的漢人爲原則。然而，你卻以如此強硬的手段迫害他們，以致他們寧可離開福爾摩沙，也不願接受這麼一個殘忍嚴酷的政府統治。[40]

信中指出，揆一與他的高階官員都就此撤除職務，且必須奉命立刻返回巴達維亞接受審判與處罰。尤其諷刺的是，信中還提及揆一的繼任者——也就是身在船上的那名官員——該如何補救他所鑄下的錯誤：針對揆一任何可能侮辱或冒犯國姓爺的言行提出道歉，因爲「我們與國姓爺打好關係，會比和他打仗有利」。[41]

信件內容宣讀完畢後，揆一語帶譏諷地向議員表示，他很願意讓新任的台灣長官立刻上岸接掌職務，但對方已經逃跑了。[42]那艘船原本應該等待入港與否的決定，但到第二天早晨，已不見蹤影。[43]

揆一在表面上傳達了希望。那艘船隻的舵手向舢舨上的一名船員表示，有人看見一艘荷蘭船航行在刁曼島以西，距離巴達維亞不遠。揆一和議員共同祈禱：「神啊，但願那艘船隻就是瑪利亞號，也但願它早點抵達巴達維亞，以便我們能夠在今年獲得我們迫切需要的援助！」[44]

然而，城堡內的其他人都沮喪不已。如同海卜脫所寫的，「沒有了援助的希望，我們的勇氣也將消逝得無影無蹤。」[45]到了這個時候，病倒的人數已超過四百人。[46]醫院的惡臭瀰漫於整座城堡內，令人難以忍受。加上每天都有更多的屍體需要埋葬，[47]士氣簡直盪到了谷底。

接著，在八月一個豔陽高照的晴天，海面上出現了十二艘荷蘭船隻。揆一的禱告似乎獲得了回應：「全能的神讓我們在今天看見了一支氣勢盛大的荷蘭艦隊……顯然是巴達維亞派來的援兵。願祂的神聖之名永遠受人歌頌！」48

這幅景象為荷蘭人帶來喜悅，也為鄭軍帶來恐懼。這樣的發展完全出乎他們意料之外。

第三章

增援艦隊

國姓爺的東都明京陷入一片恐慌。官員在街上往來奔忙，身旁沒有僕人，頭頂上也沒有撐著陽傘，說話因焦慮而不禁提高嗓門。[1]他們可以望見荷蘭的船隻停泊在海灣外，旗幟高高飄揚。官員一再反覆質問荷蘭俘虜（「彷彿喪失了理智一般。」梅氏寫道），每艘船上可能有多少士兵，以及他們是否會立刻發動攻擊。

東都明京毫無防守。從中國來台的官兵超過兩萬人，但已有數千人死於飢餓，另外又有數千人病得無法打仗。其他人則是被派往各地種植作物及找尋食物。只有幾百人留在首都保護官員及其家屬。

國姓爺召見他手上官階最高的荷蘭俘虜，亦即台灣本島地方官貓難實叮。過去幾個月以來，國姓爺認知到貓難實叮無法說服揆一投降後，就對他喪失了興趣。不久之前，貓難實叮想請國姓爺簽署文件核准荷蘭俘虜的糧食補給，竟連見他一面都不可得。他找了一個又一個的低階官員，每個人都一再互踢皮球，害他在迷宮般的官僚組織裡到處亂轉，不但一事無成，而且每見一名官員就得提出賄賂。[2]

現在，隨著十二艘荷蘭戰艦出現於海外，立刻就有人主動來敲貓難實叮的門了。士兵說國姓爺想要邀他一同進餐，這是前所未有的事情。他們謙和有禮地帶著他從他的住處前往普羅民遮城。這座堡壘原本由他統率，現在卻成了國姓爺的總部。堡壘正在進行翻修工程。國姓爺在城外增建一道大門與一堵石牆，已經近乎完工。[3]堡壘後方的植物園乏人照料，但據說國姓爺仍然會在園裡的賓館與他的姬妾玩樂[4]（無疑地，他在這段期間頗有機會與姬妾玩耍，因爲透過族譜得知，九個月後出現了一股小小的國姓爺嬰兒潮：他的十個兒子有三個都在他於一六六二年逝世不久後出生，可見她們都是在一六六一年的夏秋之際、以及一六六二年初受孕的）。[5]

過去，荷蘭俘虜只要接受國姓爺的召見，都必須穿越由全副武裝的衛兵形成的夾道，只見衛兵手持斬馬刀，頭上的鐵盔閃閃發亮。而且，他們一旦抵達國姓爺面前，就會被迫跪地磕頭。不過，這次國姓爺卻在門口迎接貓難實叮，陪著他走到餐桌旁，兩人相對而坐，貓難實叮坐在左側。[6]在僕人端上餐點之際，國姓爺問貓難實叮出現於台灣海外的是什麼樣的船隊。荷蘭東印度公司曾經爲了通商而同時派出這麼多的船隻嗎？[7]

中國人有句俗話：**伴君如伴虎**。貓難實叮目睹過國姓爺陣營裡的許多死刑：打敗仗的將領、偷竊食物的農田工人、違背命令或臨陣退卻的士兵。不久之前，一名士兵接受自己親兄弟的款待，和六名同袍一起吃了一頓牛肉晚餐，結果因此遭到處死。那名士兵的兄弟是個農夫，和他已經多年沒見，因此爲了慶祝兄弟團聚而宰了一頭牛。國姓爺爲此暴跳如雷，因爲現在一切牲畜都歸他所有。[8]貓難實叮經常聽到劊子手出場的鼓聲與號角聲，也常看著劊子手高舉大黑旗走上刑場，受刑人僅著內衣，雙手拇指緊縛於身後，一根竹片插在嘴裡，綁在耳朵上。劊子手把犯人按倒在地，隨即一刀朝著頸部斬下，然後抓著頭髮把砍下的頭顱高高舉起示眾，鮮血淋漓的大刀則持在背後。

貓難實叮也看過荷蘭人遭到處死。最令人心碎的一次，就是兩名荷蘭人被控煽動原住民反叛。他們聲稱自己是無辜的，但國姓爺仍然下令將他們釘在十字架上。貓難實叮和其他荷蘭俘虜都被迫目睹整個過程。那兩名人犯靠在木條上，雙手拉到頭頂上，手掌交疊。一根釘子打穿雙掌，再以更多釘子釘入雙臂、雙腿的膝蓋上方，以及雙腳腳踝接近跟腱的部位。每一名犯人身上都釘上七根鐵釘。這兩具十字架就矗立在貓難實叮的房屋前面。兩名人犯尖叫哀號，但國姓爺命令貓難實叮不得讓任何人餵食他們，也不得協助他們自殺。貓難實叮爲韓布魯克牧師取得許可，讓牧師能爲他們禱告。一整夜，牧師的禱告聲與那兩人的呻吟與號叫混雜在一起。第二天，那兩名人犯連人帶十字架被搬上一輛牛車，在東都明京附近的村莊裡遊街示眾，直到他們斷氣爲止。[9]

因此，坐在國姓爺對面的貓難實叮回話相當謹慎。他說一年當中前來通商的船隻確實有這麼多，只是從來不曾同時出現，這一定是一支作戰艦隊，派來攻打東印度公司的敵人。這點從飄揚在船隻上方的三面旗幟即可看得出來：一面代表海軍上將，一面代表海軍中將，一面代表海軍少將。

隨著通譯轉達了這些話，國姓爺的臉色也逐漸陰沉。[10]他說他不相信巴達維亞會知道台灣發生了戰爭，因爲揆一不可能派遣船隻逆著季風前去通報消息。所以，他問道，這支艦隊究竟是來對付什麼人？

貓難實叮說他沒有概念，也許是要對付澳門的葡萄牙人吧！

國姓爺完全不知所措。揆一的議員在前一個月勸告他修改他在盛怒之下所寫的信件，以便增援艦隊一旦前來，國姓爺就會更加「害怕及震驚」，這項勸告確實非常明智。[11]揆一當初要是直接將信送出，國姓爺一定會保留兵力保衛首都。現在，他的部隊已分散至台灣各地，至少得花上幾個星期的時間才能召集回來。

貓難實叮獲准返回他的住處。國姓爺則把怒氣發洩在另一個人身上：何斌。這個通譯已經錯太多次了。他向國姓爺保證台灣米糧充足，還說荷蘭人不堪一擊，而且征服台灣的行動只要短短幾天即可。然而，這場侵略行動卻已淪爲一場災難。國姓爺命人將何斌關在一間簡陋的小屋裡。他原本應該遭到處死，但國姓爺認爲自己日後可能還用得著他。

就目前而言，國姓爺別無選擇，只能派人召回部隊，信任天意的安排。

天意

在熱蘭遮城堡裡，揆一和其他人都興奮不已。揆一的祕書寫道：「就連病人也欣喜得從床單上跳了起來。」[12]城堡內的軍民都湧至牆邊看那支艦隊。他們腿部腫大、牙齦出血，迫切需要新鮮的糧食。

揆一派遣裝卸船前往那支艦隊的停泊處。即便在最佳的狀況下，要航行穿越大員灣的水道也非常不容易（見圖十四）。水道裡的沙洲隨時跟著潮汐不斷變動，而且水深也太淺。荷蘭人在四十年前初抵台灣，當時水道原本比較深。不過，後來淤泥愈積愈多，到了一六六一年，大部分的荷蘭船隻都已難以駛入海灣。它們通常停泊在海灣外一個稱爲南停泊處的地方，再由裝卸船穿越水道去卸載船上的貨物。這樣的做法既煩瑣又耗時。在起風或即將有暴風雨來臨的時候，即便是經驗豐富的裝卸船駕駛也覺得這段短短的旅程充滿危險。

這一天的天氣正是如此。風很大，海面上白浪翻騰不已。光是這種天候就可能讓人喪命，更何況現在還有許多鄭軍的唐船集結在大砲射程外，等待機會攻擊。

裝卸船駕駛勉力抵達艦隊停泊處，並且載運了幾名官員和幾封信件回來。揆一因此得知了瑪利亞號如何航抵巴達維亞：由於瑪利亞號逆著季風航行，所以無法按照慣常的方式直接航向西南方，而必須先往正南方航行至菲律賓，然後穿越西里伯斯海（Celebes Sea），由望加錫海峽航經婆羅洲，再往西至巴達維亞（圖二十二）。[13]瑪利亞號抵達目的地的壯舉見證了荷蘭人的航海技術。而且，如果這場戰爭需要英雄，那麼瑪利亞號的船長克勞森及其領航員正扮演了這樣的角色。他們離開台灣之後，短短七個星期便抵達了巴達維亞的荷蘭總部。他們傳達了國姓爺率領大軍攻台的消息，巴達維亞全城立刻動員起來。腳夫與奴隸日夜奔忙，召集士兵、把彈藥與補給品搬運上船。[14]城內特別舉行了一日禁食，祈禱船隻早日抵達目的地。結果，這場航程的確非常順利，受助於「有史以來最宜航行的天氣與海風」。[15]

不過，現在天氣看起來卻不太好了。裝卸船再度前往艦隊停泊處，就花了一整天的時間，直到深夜才返回熱蘭遮城堡，運來第一批補給：二十五名生力軍、兩千磅火藥以及幾箱糧食。第二天，裝卸船再次出動，卻連水道口都過不去。接下來的幾天更糟糕：又暗又濕風又大，海面上的波濤也愈來愈洶湧。

就這樣，那支艦隊雖然載運著啤酒與紅酒、豬肉與橄欖，還有最迫切需要的豆子和米酒，卻是看得見而搆不著。[16]揆一滿心焦急，只想和艦隊上的司令官、軍官商議，但卻沒有人出得去，也沒有人進得來。[17]

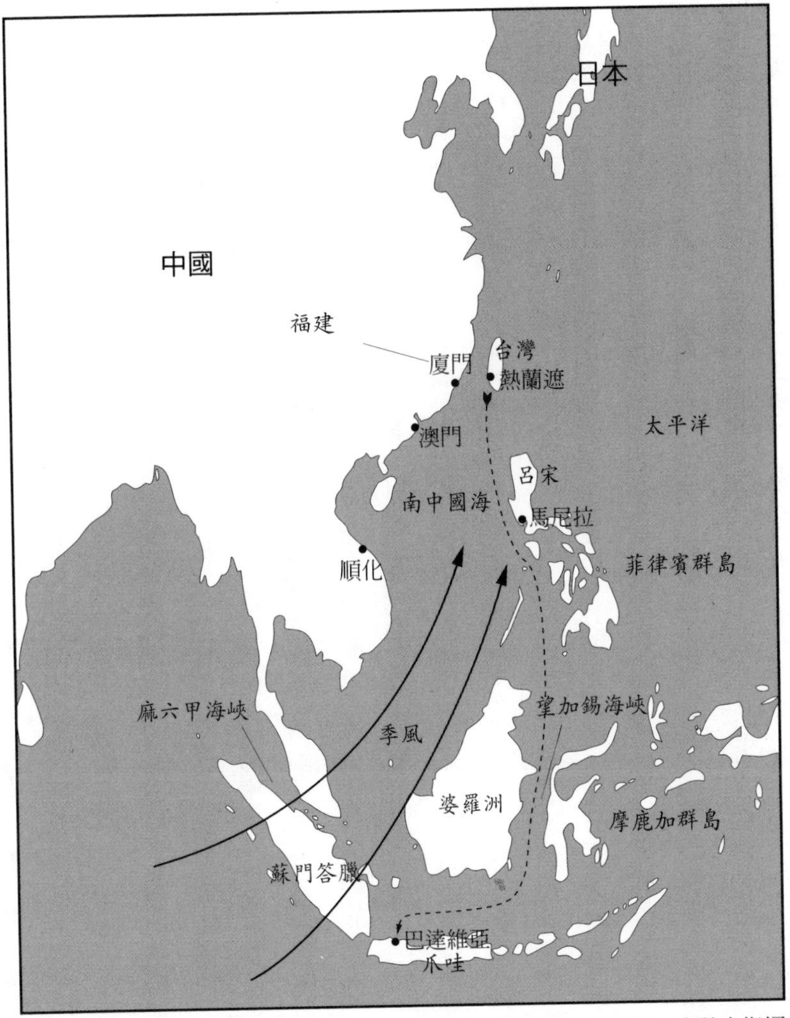

圖二十二：瑪利亞號的航程，一六六一年五月六日至六月二十四日。克勞森指揮的小帆船瑪利亞號逆著季風往南航行，將國姓爺侵略台灣的消息傳遞至荷蘭東印度公司位於巴達維亞的亞洲總部。此一航海壯舉差點扭轉了戰爭的情勢，因爲國姓爺沒料到荷蘭人能夠逆著季風向巴達維亞通風報信。

就在此時，一個全身一絲不掛的人從東都明京游泳橫越了海灣。這個人名叫羅柏特森（Hendrik Robertson），是火槍隊的鼓手，在戰爭初期遭到俘虜，被囚禁在一艘停泊於大員灣裡的唐船上，正位於國姓爺的總部前面。他對揆一說，他的一個朋友——另一名荷蘭士兵——在昨天告訴他說梅氏與貓難實叮看見了艦隊，正在鼓吹荷蘭囚犯起身反抗，因此需要一名游泳好手向揆一通報他們的計畫，以便裡應外合，共同發動攻擊。羅柏特森等到昨晚深夜，看到他船上的漢人都已睡著，才偷偷溜到船邊，潛入水裡。他在雨中游泳穿越海灣，在鳳梨園的牡蠣聚生處涉水上岸。

他帶來的訊息簡單又迫切：鄭軍害怕不已，國姓爺的總部也缺乏保護。揆一只要能夠派遣七百人攻打東都明京，即可打敗敵人，把荷蘭囚犯釋放出來。梅氏及其他幾個荷蘭囚犯身邊仍保有槍枝，決意從內部對鄭軍發動攻擊，固守在貓難實叮的住處或者舊的市政廳裡。

揆一喜出望外。他給了羅柏特森金錢和衣物。「由這一切看來，」他寫道：「全能的神顯然想要鼓舞我們，以這些消息激勵我們，強固我們的心志，振奮我們的士氣。沒錯！祂甚至把攻擊敵人的方式告訴了我們！但願祂爲萬事賜福。」[18]

然而，到了夜裡，烏雲卻遮蔽了天空。雨滴點點打在屋瓦上，次日早晨，風聲呼嘯不停，烏雲不斷灑下雨絲。海浪沖激著沙灘。

這是颱風天的天氣。在這種時候，就該封住窗戶，繫緊船隻，確認所有男女老幼都安然待在室內。更重要的是，艦隊也必須移往安全的水域。

旗艦擊發一聲砲響，並以旗幟發送起錨的信號。城堡內的荷蘭人看著那些船隻航向遠方。如同海卜脫在日記裡所寫的：「看到這麼一支美妙的艦隊出現在我們眼前，接著又消失在視線之外，讓我們不禁深感沮喪。」[19]

那天晚上，又發生了一件更加令人氣餒的事情。敵人在雨中放聲高呼，誇稱他們已經擄獲一艘新來的船隻。那艘船在強風的催逼下撞上了北方不遠處位於原住民地域裡的一座沙洲。當地的原住民捕捉並殺害了船上的人員，依照習俗割下頭顱慶祝。他們饒了少數幾人活命，將他們送到東都明京接受審問。[20]這些船員透露說那支荷蘭艦隊帶來的部隊只有七百人，遠遠比不上國姓爺及其官員擔憂的人數。這些俘虜後來被綁在竹竿上，淹死於溪裡。[21]

天氣在次日放晴，揆一以為艦隊會再回來，但卻沒有。一個星期過去了。鄭家的援軍湧入熱蘭遮鎮，將大砲對準城堡。又過了一個星期。工人挖了一條穿越墓園的壕溝，揆一認為此舉顯示了「他們有多麼害怕我們發動攻擊，甚至不惜挖出骸骨」。[22]

然而，荷蘭的船隻卻是直到三個星期後才回來。那支艦隊沒有直接返回台灣，而是繞到澎湖劫掠牛隻。也許是因為他們把配給的飲水改為米酒，以致判斷力有所減損。無論如何，等到他們回來，揆一已失去了出其不意的優勢。

來自敵後的點子

艦隊在沙丘後方的海面上重新下錨，在秋日的明亮陽光下微微擺盪，熱蘭遮城堡的居民隨即都忙碌了起來。裝卸船出出入入，奮力擊退唐船，運回橄欖與豆子。

揆一思考著下一步的舉措。對東都明京發動直接攻擊的時機已經過去，因爲國姓爺已有時間增援他的總部。不過，其他各種點子仍然源源不絕而來，而且其中最佳的點子乃是來自敵營，來自叛降荷蘭的漢人士兵。

在戰爭初期的幾個月，自從國姓爺入侵台灣乃至八月中旬，國姓爺陣營的士兵顯然沒有理由投靠荷蘭人，因爲他們看來沒什麼勝算。那段期間唯一的叛降現象只有發生在荷蘭陣營裡，就是對著熱蘭遮城堡拍臀挑釁的那個瑞士人。他在七月歸順了國姓爺。

不過，新出現的這支艦隊扭轉了情勢。艦隊在熱蘭遮附近下錨之後的第一個晚上，就有兩艘小竹筏從熱蘭遮鎮的碼頭漂了出來，穿越水道前往城堡。三名逃亡者成功進入了城堡內：兩名非洲奴隸與一名漢人男孩。這三人是最早的叛逃者，後續又有其他許多人，最重要的是一個姓蘇的漢人農夫。

就在荷蘭人將牛隻抬進裝卸船的同時，蘇正在他的村莊裡向妻兒道別。國姓爺下令所有農民都必須貢獻竹子以協助戰事的進行。於是，蘇將竹子運到東都明京，按照指示堆放在海灣岸邊。岸邊早已堆了一大批竹子，正被人製作成火攻竹筏，用以縱火焚燒新來的荷蘭船隻。

事後，他在東都明京到處走走，觀看各種繁忙的軍事準備：士兵守衛國姓爺的總部、船戰艦停泊在海灣裡，守夜人巡邏著舊渡船碼頭。他遇見勘查員梅氏，兩人談論了糧食匱乏以及眾人開始挨餓的狀況。他也許在店鋪附近停留了一會兒，摸了摸國姓爺的官員典當換錢以購買糧食的絲袍。

接著，他沒有回家找家人，而是沿著海岸南下，在烏雲密布的天空下經過緩緩乾燥的鹽田，前往窄峽。他等到退潮，然後涉水而過，穿越布滿林投樹以及廢棄甜瓜田的沙丘，閃避著巡邏的中國士兵，終於來到這座細長沙洲的末端，只見熱蘭遮城堡巨大的灰石稜堡高聳於海面與沙地之上。[23]

次日清晨，他從自己的躲藏地點望向布滿大砲的城牆，必然思考過自己即將要做的事情是否明智。他是漢人，對方是荷蘭人，投靠對方陣營必須承擔極大的風險。荷蘭人可能刑求他、將他鎖上腳鐐手銬，甚至殺了他。另一方面，國姓爺的手下也可能發現他叛降敵人，進而傷害他的家人。不過，他對於那支艦隊的運用方式有些點子與建議，也知道揆一必定會想要知道敵軍陣營裡的狀況。他對國姓爺似乎也懷有私人仇怨，因為他後來聲稱自己住在中國的時候，曾經遭到國姓爺的迫害。[24]

於是，他踏出躲藏地點，現身在荷蘭衛兵面前。他被人帶著穿越拱頂走道進入城堡，不久之後便來到一個滿是荷蘭人的房間。他也許見過揆一及福爾摩沙議會的其他成員，因為他在戰前就已住在台灣。不過，另外也有些來自最近這支艦隊的新面孔，其中最重要的是艦隊司令官卡烏。

卡烏在幾天前才由穿上最佳衣物的士兵列隊迎接上岸。他們齊發三槍五砲，「表達歡欣與致敬」。[25]卡烏與揆一握手之後，隨著他走進城堡，不禁對自己目睹的現象哀傷不已：

見到公司那些原本身心健全的人員，以及先前被視為東印度最強健的士兵，淪入腿部腫脹以及身體浮腫的慘境，實在令人不禁心碎。堡壘內非常擁擠，因為熱蘭遮鎮的居民都被接入了城牆裡。裡面人滿為患，黑人尤其多。教堂以及對面龐大的食糖倉庫都當成醫院使用，而且早已塞滿了病患，連一點空間都不剩，以致堡壘底下的區域瀰漫著一股讓人難以忍受的惡臭。[26]

卡烏司令官花了幾天的時間與揆一巡視堡壘，建議他們在哪些地方興建新的砲台以及補強防禦工事。不過，他還不知道自己往後會扮演什麼樣的角色，以及他和揆一會相處得怎麼樣。現在，他和眾人坐在一起，聽著他們訊問蘇。

一名祕書將筆蘸入墨水裡。他們問了他一個問題：「你是誰，爲什麼到熱蘭遮城堡來？」他說他名叫蘇，之所以投靠荷蘭陣營，是因爲他再也無法忍受國姓爺及其士兵對他和其他漢人農民的壓迫。國姓爺的士兵不斷向他們索取錢財、強迫他們砍下竹子運到國姓爺的總部。他們要求農民交出所有的米和糖，不但不付錢，還強迫他們自行搬運到國姓爺的船上。他和其他農民都已放棄耕種田地，心知他們今年不論有什麼收成，都一定會被奪走。現在，國姓爺的士兵與較爲貧窮的漢人百姓餓著肚皮，蟲隻卻啃著田裡的稻稈。今年的收成情形將會非常糟糕，絕對會是他見過最糟的一次。[27]

他說他帶來了緊急的軍事消息。他把竹子運到東都明京的時候，看見大批的易燃物品，不只是竹子，還有向原住民徵用而來的乾草與樹皮裙。國姓爺打算製作火攻帆船與竹筏攻擊荷蘭艦隊。七艘竹筏已經準備妥當，即將在下次暗月的時候出動。駕駛員都已選定，也都事先領取了執行任務的獎賞：竹筏駕駛賞金五十盎司，船隻駕駛白銀五十盎司。

不過，蘇認爲荷蘭人還是可以打贏這場仗。國姓爺的軍力已因糧食嚴重匱乏而大幅衰退。他命令部隊中數以千計的人員在台灣種田，但這些人都已餓得無力耕種。糧食稀少的程度，甚至迫使他們把耕牛宰來吃。只有士兵還有體力打仗，但大部分的士兵都已分散於鄉間。他說，還有許多漢人也都同意他的看法，認爲荷蘭人可以打得贏。實際上，在國姓爺侵台之前就已住在台灣的漢人，都還留著荷蘭政府發放的居住許可，以便在荷蘭人戰勝之後用來證明自己的忠心。

荷蘭人該怎麼做才有可能打得贏呢？蘇說他們可以攻打東都明京，也可以攻擊熱蘭遮鎮的駐軍，但他認爲最佳的策略，卻是根本不要發動攻擊。他注意到揆一已將少數幾艘船駛入水道，停泊在城堡前方的碼頭，但他認爲這是錯誤的做法。他說，吃水較深的歐洲船隻在海灣裡不免居於劣勢，[28]因此揆一不如利用這支艦隊阻止來自中國的運補船隻。荷蘭人要是能夠封鎖台灣，阻止載運稻米的唐船前來，國姓爺的部隊就會持續凋零。士兵也許會受不了挨餓而叛變，因此國姓爺本身也就可能不得不返回中國。蘇說，不是只有他相信這項策略能夠奏效，其他農夫也都這麼認爲。實際上，國姓爺最害怕的就是遭到封鎖。

揆一對於蘇透露的訊息非常滿意。他沒有把他像其他叛降荷蘭陣營的漢人一樣囚禁起來，而是讓他住在台灣長官的官邸裡，並且確保他獲得良好對待。

但他並未採用蘇的建言。訊問結束之後，他立刻召開了一場大會。他所有的顧問都出席，司令官卡烏及艦隊上的部分官員也在，還有城堡裡與艦隊上的所有官兵——包括上尉、少尉與船長。他詢問所有人的意見，看看大家認爲這支艦隊該採取什麼樣的行動才能對敵人造成最大的傷害。我們沒有這場會議的詳細紀錄（當時留存下來的會議紀錄少之又少），卻有三份不同的記述。這三份記述都完全沒有提到揆一或任何人考慮採用蘇的建議，發起封鎖行動以遏止國姓爺取得外來運補的米糧。反之，他們決議對國姓爺發動攻擊。

這是個愚蠢的決定。

愚蠢的襲擊

進攻計畫在紙上看起來直截了當。五艘最大的船艦將航入海灣裡，停泊在敵軍設置於熱蘭遮鎮的防禦工事後方，對鎮上的街道發射舷側大砲，讓敵人出其不意。同時間，另一群比較小的船隻——包括平底小船、單層帆船與大船上的工作艇——則航向東都明京，攻擊停泊在海灣裡的數十艘敵艦。

司令官卡烏認爲自己應該領導這項攻擊行動。畢竟，是他率領了這支艦隊與艦隊上的所有官兵來到台灣。然而，他與揆一處得並不好。

問題在卡烏抵達的幾天之後開始浮現。他在一座稜堡上觀察鄭軍在熱蘭遮鎮裡的位置，注意到敵人在徵稅所附近建造著什麼東西。他下令砲手發射三枚砲彈，結果立刻就有一名使者趕了過來：揆一命令他停止射擊。

卡烏隨即前往揆一的辦公室，問他爲什麼下達這樣的命令。

「因爲城堡內的一槍一彈都必須有我的直接命令才能發射。」揆一說。

卡烏回應道：「我要是連下令發砲攻擊明擺在眼前的敵人都不行，那我也許應該直接離開城堡，回到船上算了。」

揆一沒有答話。[1]

卡烏深覺受辱。他後來寫道：「台灣長官似乎不把我放在眼裡。」[2]確實沒錯。揆一認爲卡烏毫無用處，因爲他唯一的戰爭經驗，就是在萊登（Leiden）求學的時候，曾經拿劍刺穿別人的窗戶。此外，揆一也覺得他頗爲惹人厭，指稱他「語言能力嚴重缺陷，幾乎需要別人翻譯才能聽懂他說的話，因爲他的話音都是從鼻孔中發出來的」。[3]

於是，揆一拒絕由卡烏領導攻擊行動，而親自督導了一切作戰準備。最困難的工作是把船隻從深水停泊處移到城堡前方的碼頭。根據他的計畫，五艘戰艦將構成攻擊主力，由一艘名爲柯克肯號（Koukercken）的大型戰艦率領。這些大型船艦吃水很深，必須卸下船上的人員與物品才能通過水道航入海灣。工人甚至得拆下船上的許多大砲。花了兩天的時間，才終於把這些船隻駛到城堡前方一個鄭軍大砲打不到的區域。

發動攻擊的當天上午豔陽高照。船艦上的旗幟緩緩飄動，顯示吹拂著輕柔的西風。[4]這樣的天氣非常完美。

官兵列隊踏上城牆底下的沙灘，站在揆一與卡烏及其他官員面前。所有人都靜聽柯來福牧師發表一場激昂的講道：「願神聖的至高者爲我們的行動賜福，讓我們戰勝這群野蠻的異教徒。」[5]揆一接著訓話。他說，所有人都應該相信神會賜給他們光榮的勝利，也應該表現出英勇的軍人本色，以無比的勇氣攻擊敵軍。他鼓勵他們盡量宰殺漢人。這是他和他的顧問在計畫攻擊行動之時所做出的決定：「在激烈的戰鬥當中，絕對不能放過任何一個敵人。所有漢人都必須格殺勿論。」[6]士兵與水手同聲歡呼。他們已經太久不得施展手腳，一直都被困在城堡裡。接著，揆一宣稱他們只要每俘虜一艘唐船，即可獲得大筆賞金，所有人又更加興奮不已。

船艦展開船帆，滑向各自的戰鬥位置，開始發射大砲。小型船艦跟在後面，帆櫓並用向前推進。

大型船艦原本應該排成一線，下錨停泊在熱蘭遮鎮沿岸，以便集中火力轟擊敵軍架設在街道上的大砲。敵軍的沙籃屏障都是針對來自熱蘭遮城堡的砲火而設置的，因此揆一的戰略就是從後方攻擊鄭軍的陣地。

然而，實際執行上卻出了問題。揆一的祕書寫道：「完全出乎我們的意料之外，海灣的水深竟然只有十二英尺。此外，來自南方的洋流非常強，導致我們驚惶不已。」[7]也許上次的風暴改變了沙子的分布位置。船艦因此無法按照計畫排成一列，而是在旗艦柯克肯號的後面擠成一團。

這群船艦射出一道震耳欲聾的彈幕，城堡也同時提供火力支援。揆一注意到船艦的砲彈射得太高，紛紛飛越城堡上空，有些甚至還落在城牆裡。

他命人划船過去通知那些船艦重新瞄準，卻訝異得知無船可用。所有的大小船隻都已投入了攻擊行動。

他提出獎賞，徵求志願者游水過去傳遞訊息。一名志願者獨自游泳穿越洶湧的浪濤，抵達那群船艦，被人拉了上去。不過，就在他傳達訊息的時候，一枚砲彈卻轟掉了他的腿。訊息成功傳給了艦隊，但毫無幫助。由於海灣的水深太淺，因此船上的砲手根本無法降低瞄準高度。

另一方面，鄭軍已重新將他們的大砲瞄準，並開始以驚人的準確度轟擊荷蘭的船艦。「實在令人難以置信，」揆一的祕書寫道：「敵軍在砲台上操控大砲竟然如此有效率……我們的士兵都不禁自嘆弗如。」[8]由於荷蘭船艦無法散開來分散敵軍火力，因此鄭軍的砲火都集中攻擊柯克肯號，艦上的船員跟著驚惶失措起來。一名砲手塡充彈藥出了錯誤，導致膛炸，造成九名士兵死亡及多人受傷。船殼開始漏水。

至於負責攻擊唐船的小型船艦，狀況也沒有比較好。一開始，只見遭受攻擊的唐船顯然因害怕而逃往東都明京，荷蘭陣營的小型船艦緊追不捨，距離逐漸拉近。

不過，那些船卻突然掉頭划向這些小型船艦，船上的人員一面高吼，一面射擊。他們將小型船艦從大船旁邊引開之後，即可恣意反擊，而不必顧慮荷蘭舷側大砲的火力。這些船的指揮官是陳澤，就是打敗了拔鬼仔的那位精明戰術家。[9]他再度以智取勝，重創了荷蘭陣營。

荷蘭士兵以火槍射擊進逼的船艦，卻毫無遏阻之力。他們拋擲手榴彈，但鄭軍卻好整以暇地用竹蓆接住回拋。

一艘荷蘭船艦的人員登上一艘船，對其船員展開屠殺，毫不理會對方的求饒。不過，另一艘船隨即趕來救援，於是荷蘭人只得放棄到手的獵物。[10]

另一艘荷蘭船隻划到一名鄭軍司令官的船旁邊，奮勇抵擋密密麻麻的箭雨，準備登船加以俘虜。然而，這也是個陷阱。漢人士兵跳上荷蘭船隻，喊殺聲令人膽寒，手中揮舞著武器。他們殺盡了所有沒跳下船的荷蘭官兵，然後將船隻划到岸邊。另一艘荷蘭船隻也敗在類似的攻擊之下。還有一艘荷蘭船隻則是擱淺於沙洲上。船上的人員紛紛跳下水，企圖游泳逃離。不過，一群鄭軍小船追了上來，船員手持長槍將他們全數刺死在水裡。[11]

風停了。沒有風帆的助力，小船上的荷蘭士兵都划槳划得精疲力竭，不再有力氣作戰。此外，大型船艦原本應當為小型船艦提供支援，以威力強大的砲火摧毀唐船，現在也因沒有風而動彈不得。他們別無選擇，只能把船划回城堡。

卡烏在城堡裡看著戰事的進展，心裡想著：「這是一場有勇無謀的攻擊行動。敵軍佯裝撤退的做法要是持續久一點，引誘我們的船隻更接近東都明京而更遠離大型船艦，那麼一定沒有任何一艘船隻能夠生還。」[12]

揆一發令全軍撤退，但大型船艦仍然因為無風而難以移動。敵軍砲火毫不停歇。首當其衝的柯克肯號開始出現船身傾斜的狀態。

隨著太陽逐漸落下，海面上終於吹起微風，荷蘭的船艦才得以緩緩駛向安全地帶。接著風又停了下來，只見彈痕累累的柯克肯號漂向岸邊，而擱淺在敵軍的一個大砲陣地前方。

船上的一個船艙裡坐著一名荷蘭探訪傳道。[13]他在戰役當中一直待在甲板下，就在火槍櫃旁。而且，他不曉得為什麼身邊帶著他八歲大的兒子。也許他認為他們待在這艘最大的戰艦上即可安全無虞。他們父子倆感到船隻擱淺之後，隨即爬到甲板上。到處都是死傷的官兵，有人遭到燒傷，有人血流不止，哀號救命。船長不見蹤影。還走得動的人都跳下了船。

他們兩人尋著可以踏腳之處走向船側，聽到另一側傳來漢人的叫喊聲。這名探訪傳道在語言方面頗有天分，懂得幾種語言，包括中文在內。他聽見軍官命令士兵登上這艘船。他抓住兒子的手，準備跳下水。這時候，他突然看見一艘小船從城堡划了出來。他認出柯克肯號的船長就在船上，帶了生力軍過來。他和兒子站著猶豫了幾秒鐘。

他被一陣爆炸拋上了空中。他游上水面呼吸空氣，只見到處都是煙霧、火焰與殘骸，但是看不到他兒子。說不定他已經自己游上岸了？在水面上什麼都看不到，於是他朝著城堡游去。幾分鐘後，他就抵達了安全的處所，但他的兒子卻沒能生還。

柯克肯號只剩下燃著火的船頭突出於水上。五個全身赤裸的人攀附在上面，不停揮手呼救。揆一命人划船過去救他們，承諾給予豐厚的賞賜。然而，敵軍射擊得非常準確，以致他們不得不折回來。揆一和他的部下眼睜睜看著鄭軍划了一艘舢舨到烈焰沖天的殘骸旁，以斬馬刀揮砍那五個人，其中三個跌進水裡，兩個落入火堆裡。

就在柯克肯號沉入水裡之際，另外四艘大型船艦則是勉力駛向熱蘭遮城堡。兩艘順利抵達目的地，另外兩艘卻碰上了麻煩。一艘擱淺於沙洲上，但所幸距離鄭軍的大砲夠遠，因此可以安然待在那裡，等到早潮上漲之後再設法駛回城堡。另一艘則是在熱蘭遮鎮附近擱淺，長達幾個小時動彈不得，不斷遭到鄭軍砲火的轟擊。船員與船長都棄船而去，只留下一名中士和六名士兵困在船上。他們不會游泳也不會駕船，只能奮力擊退來襲的舢舨與火攻船，盼望船長會帶著援兵和挖泥鏟讓船隻脫困。[14]最後，他們停止射擊，靜靜等待一艘鄭軍舢舨接近。只見他們全都躲藏起來，讓敵人以爲船上已空無一人。當他們聽到漢人踏上甲板，立即衝了出去，搶走舢舨，划向城堡。他們安然脫身，但船隻落入了敵人手中。

天黑帶來了充滿緊張氣氛的短暫和平。傷兵都被帶進教堂與舊倉庫，在地板上騰出空間供他們休養。除了傷患的哀號之外，也可聽到漢人在遭到遺棄的熱蘭遮鎮裡工作的聲音。

第二天早上，鄭軍的大砲陣地已修建得比先前還要堅固。[15]許多屍體被海浪沖上城牆底下的海灣沿岸。有些屍體沒有手腳，有些被割掉了鼻子，另外有些則是成對被綁在一起，手臂與手臂、拇指與拇指、頭髮與頭髮互綁。[16]有些死者的屍身上還釘了不少鐵釘。[17]死相最慘的，則是生殖器被割下來塞進嘴巴裡。鄭軍利用海潮讓這些屍體漂到城堡旁的岸上，象徵荷蘭人的慘敗。[18]荷蘭人則花了一整天的時間，將這些屍體撈起來加以埋葬。

到了夜晚，鄭軍的號角、鼓和笛子在熱蘭遮鎮裡奏著凱樂。揆一及其同僚在城牆上看見鎮裡燃燒著火堆，還有成群的士兵焚燒著香與供品，感謝神明賜給他們這場勝利。

荷蘭人也向神求助。他們決定舉行一天的禁食與祈禱活動，祈求全能者稍息義怒，爲他們降下寬恕與仁慈。[19]

愚蠢進擊的後果

揆一應該聽從漢人農夫蘇的建議。這場攻擊行動導致他損失了兩艘大型帆船與三艘小型船隻，而且剩下的船艦也或多或少都有損傷。人員損失一百三十一人，有些陣亡，有些被俘，但從往後幾天不斷被沖上岸的屍體判斷，大部分的戰俘應該都遭到了殺害。

其中最令人惋惜的一項損失，就是克勞森——那位當初指揮瑪利亞號航至巴達維亞通報訊息的船長。他「十分熱切」地要求參與攻擊行動，儘管他身負過去一項舊傷所造成的殘疾，卻還是獲准上場作戰。結果他指揮了攻擊唐船的其中一艘小型船艦，而被誘入陷阱。後來他的船隻翻覆，他只得跨騎著船殼漂浮在水面上，並遭鄭軍俘虜。[20]他的下場沒有留下記載。說不定他也是其中一個被沖上岸的屍體。

揆一不曉得這場攻擊行動對鄭軍是否產生任何影響，於是向蘇尋求答案。這名農夫說他願意回到國姓爺的東都明京刺探敵情，以了解攻擊行動之後的狀況，看看國姓爺取得了多少新的部隊與船隻，是否又有從中國運補而來的米糧，以及國姓爺下一步打算怎麼做。[21]他說他幾天後就會回來。

儘管揆一已打算同意這項計畫，其他人卻心存懷疑。司令官卡烏有自己的祕書，也自行記載了日誌。他對揆一特別感到失望，因為這場攻擊行動明確顯示了他在領導方面的無能。卡烏寫道，這是一場「令人難過而且確實該受譴責的事件」。[22]

卡烏認為，這場敗仗只是一長串錯誤當中最近的一個。揆一和他的顧問任由普羅民遮城裡的火藥受潮、大砲生鏽、儲水用罄，並且連抵抗都沒有就交出了那座堡壘，天真地相信國姓爺虛情假意的承諾，以為他真的會善待荷蘭俘虜。他們也應該燒毀熱蘭遮鎮，帶走所有的補給品，但實際上卻只是拋下那座城鎮，任由鄭軍占領。卡烏後來在一封寫給巴達維亞的信件裡埋怨道：「這裡有些高級官員都忙著鑽研笛卡兒的哲學著作，以致沒有心思注意這些小細節。」[23]卡烏認為自己沒有什麼特別考究的學問，但總是實心任事，而他當前的任務就是打仗。他們絕對不能太相信這些信奉異教的漢人。

揆一想讓蘇去，認為這個農夫就算背叛他們，也不至於造成什麼傷害。蘇雖然住在台灣長官的官邸裡，可以聽見荷蘭人在堡壘中庭裡從事各種活動的聲響，但他絕對不可能得知任何重要資訊，例如死傷及病患人數，或是糧食與火藥的存量。

於是，揆一與眾位議員決定派遣這名農夫擔任間諜。他們給了他三十里爾的豐厚賞金，而他的反應又讓他們覺得更受鼓舞。他說他先拿十里爾，剩下的回來之後再領，因爲他在外面要是被人發現身上帶太多錢，可能會因此惹來殺身之禍。議會也向他提出承諾，指稱等到恢復和平，而且荷蘭人再度掌握台灣之後，他和他的後代子孫將永遠不必再爲他們的田地繳納稅金。[24]

守夜的衛兵看著他的身影消失在沙丘之間。不久之後，他就折了回來，聲稱他一路走到窄峽，但因爲水位太高而無法涉水過去。[25]幾天後，等到低潮，他又再次出發。[26]這一次，他穿越窄峽，在對岸睡了一會兒，然後趁著天黑到東都明京走了一遭，接著又回家看他的家人。[27]

卡烏認定他不會回來。實際上若是如此，對蘇也會比較好。但他幾天後就依言返回城堡，而且帶來好消息。儘管這場愚蠢的攻擊行動完全沒有對國姓爺造成損傷，他的部隊卻遭遇了一項更嚴重的問題：飢餓。蘇聽到國姓爺的守夜人員埋怨說，戰事要是再持續下去，他們將會因爲飢餓而叛變。他也得知國姓爺從鄉間召回部隊，但許多人都已經死了。被派到台灣南部的一千名鄭軍，只有兩百人活著回來，而且這些人都病得必須拄著拐杖，根本無法上戰場。

蘇說狀況不會改善，因爲作物收成之後也只能供應兩個月的糧食。營養不良的情形非常嚴重，許多人就算只是腿上受了個小傷，也沒有辦法痊癒。傷口會不斷惡化，導致傷患無法行走。他說他聽聞國姓爺甚至把妻妾送回了中國，而且據傳他自己不久之後也會返回中國，主要是因爲有消息指稱國姓爺的大敵——清朝政府派遣了一支大軍攻打他在中國的基地。[28]

揆一的祕書記錄了蘇的報告，沒有加上任何評註，但卡烏的祕書卻回報了一件可疑的現象。卡烏在城堡裡無事可做，因此花了不少時間檢閱部隊以及與士兵談話。他得知蘇在回來的前一晚，曾被人看到站在醫院廢墟的後方，就在介於城堡與熱蘭遮鎮之間的原野上，在鄭軍衛士的視線當中。守夜人員向卡烏說，蘇如果不是獲得鄭軍的首肯，絕對不可能在那裡出沒。他們還說，更啓人疑竇的是，蘇在次日上午回城堡的時候，不是像上次那樣來自沙丘後方，而是直接從鄭軍控制下的熱蘭遮鎮走了出來。卡烏懷疑他玩弄兩面手法。[29]

蘇試圖提出解釋。他說他這次被迫走不同的路徑回來，原因是國姓爺的部隊在海灣對岸加強了巡邏，範圍長達好幾英里。他原本想循先前的路徑回來，卻遭到他們以弓箭射擊，所以他才沒有穿越鳳梨園沙丘，而是直接行經廢棄的熱蘭遮鎮。他昨天下午就抵達了鎮裡，但直到今日早晨才等到能夠平安過來城堡的機會。[30]

卡烏不相信他的說詞。他的祕書寫道：「看來這個惡棍並非執行這項任務的適當人選。」[31]面對這項證據，揆一對蘇的態度也出現了一百八十度的轉變。蘇要求他們放他回家，卻遭到揆一拒絕，並且在雨中被荷蘭人押到城堡外的碼頭，送上了其中一艘帆船。[32]波濤洶湧的冰冷海水和監獄的高牆具有一樣的效果，同時船上也有做不完的工作。

蘇要是乖乖的擦拭甲板、提水、洗碗盤，也許可以平安度過這場戰爭。然而，他卻死在一艘偷來的小船上。導致他死亡的事件，是其他叛降人士引起的。當時有許多叛降人士，而儘管大部分都是眞心投靠荷蘭人，卻有少數人不是。問題就出在這些少數人身上。

叛降人士

自從戰爭展開以來，一直到一六六一年夏季，鄭軍方面只有四個人投靠荷蘭人。到了秋天，叛降人士開始大量湧進荷蘭陣營：九、十兩月共有十七人（圖二十三）。荷蘭陣營裡的祕書都忙著記載他們帶來的消息，亦即鄭軍官兵生病與挨餓的狀況，以致荒廢了他們原本的工作：抄寫、謄錄、校對及組織各種資料。因此，隨著戰爭持續進展，荷蘭方面的記錄也愈來愈零散。[1]

荷蘭人鼓勵這股叛降風潮。他們把投靠荷蘭陣營的漢人帶到城牆上，讓他們向熱蘭遮鎮的同袍喊話。「各位同袍，」叛降人士喊道：「你們何不到這裡來呢？我們在這裡過得很好，擁有充足的食物、飲水和衣物。你們要是繼續待在那邊，將會挨餓而死。台灣長官揆一已承諾用他的船隻載我們返回家鄉。只有瘋子才會不投靠荷蘭人，因爲你們絕對不可能撐得比他們久。只要有人帶著指揮官馬信的首級過來，即可終生獲得豐厚的待遇。」[2]

鎮裡的部隊所提出的回應可想而知：「我們會抓到你們的，你們這些賤狗！你們沒有忠於自己的主子，卻像蛆蟲一樣逃到了敵人那裡去。」[3]

儘管如此，叛降人士還是源源不絕而來，因爲他們除此之外的唯一選擇就是挨餓。有些人說國姓爺的士兵一個月只領得到二十磅（兩千）的米，「而且別無配給物品，也沒有薪餉，而且這些米還得分給妻妾、子女及僕人食用」。[4] 也就是說，每一名士兵及其家人每天攝取的熱量只勉強超過

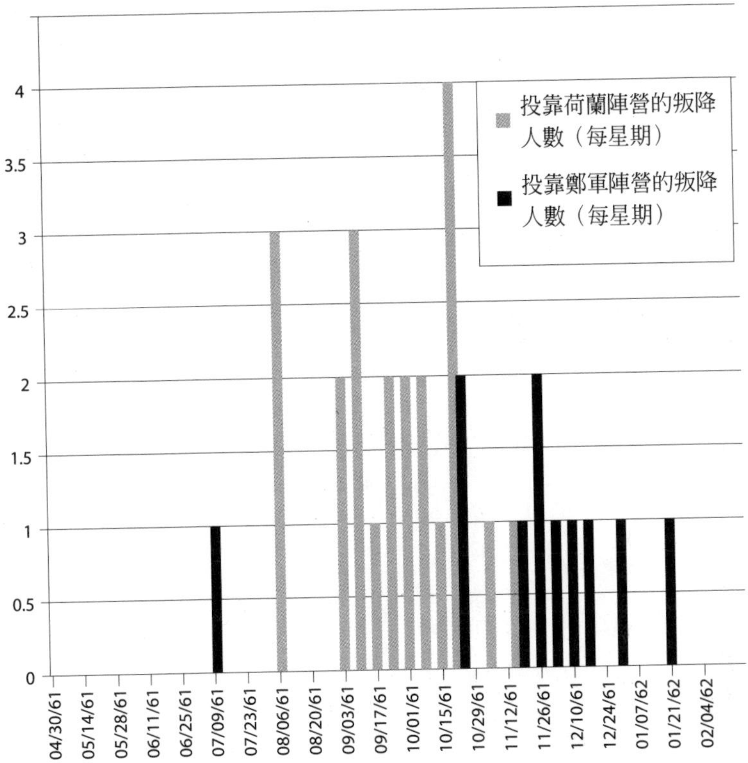

圖二十三：中荷戰爭裡的叛降人士，一六六一與一六六二年的數據。上表顯示了戰爭的情勢變化。卡烏的艦隊在一六六一年夏末帶著補給品與部隊抵達台灣之後，叛降人士就開始從鄭軍陣營湧向荷蘭陣營。此一現象持續了整個秋天，當時國姓爺的部隊深受飢餓所苦。不過，叛降潮流在冬季出現反轉，原因是熱蘭遮城堡內的狀況愈來愈糟，住在其中的居民也已經絕望，不再認爲巴達維亞會進一步派遣援兵前來。

一千卡。[5]另外有些人提出的數字則比較高。有個士兵的童僕因為偷米被發現而逃到荷蘭陣營，他說國姓爺的士兵「都深受挨餓所苦，一餐只有十分之一干的米可以吃，而且還得和妻妾分食」。[6]十分之一干約等於一磅生米，熱量相當於一千七百五十卡。在多人分享的情況下，這樣的熱量根本不足以維生。不過，這個童僕倒是提及他所認識的士兵每個月還可領到十五斤牛肉。[7]其他叛降人士沒有提到稻米以外的配給品，但就算這名童僕所言為眞，一斤也差不多只等於半磅，[8]也就是說那些士兵一天頂多享有四分之一磅的牛肉。這樣雖然有助於補充蛋白質及其他營養素，卻不夠滿足熱量需求。[9]

叛降人士說飢餓現象非常嚴重。有個人指出，在窄峽附近一座沙丘上一個叫作羊廄的地方，國姓爺在那裡派駐了六百人左右的部隊，但每天都有兩、三名士兵死亡。[10]另一人說，光是在熱蘭遮鎮，每天死的人就不只一個。[11]還有一人說，在東都明京，有時候一天就可能有七、八十人喪生，「所以國姓爺的實力已經大幅減弱，而且他有許多部下都已經逃跑，另外還有許多人也拒絕聽從他的命令」。[12]還有一個人指出，赤崁地區滿是新墳墓。[13]在主人家中偷米的那名童僕表示，熱蘭遮鎮駐紮了一千名左右的部隊，其中每十人只有三、四人是健康的。[14]實際上，他說，就連軍官與官員也逃不過死亡的命運——四名低階官員或軍官因缺乏糧食而病倒，原因是他們獲得的配給並不比一般士兵多。[15]

叛降人士認為即將來臨的收成不會有太大幫助。水田裡的稻米都被蟲吃光了。番薯的數量雖然多，卻必須要很長的時間才會成熟。[16]絕望的人都到田裡劫掠糧食，於是國姓爺頒布了保護作物的法律。偷採甘蔗一旦被發現，就以砍掉一隻手做爲懲罰。[17]偷採地瓜葉的懲罰也是一樣。[18]國姓爺的部隊早已踏遍鄉間，強迫原住民與漢人移民交出存糧。[19]現在已經沒有什麼東西可供劫掠了。

叛降人士有可能爲了向荷蘭人邀賞而刻意誇大說詞，但中文文獻證實了他們的說法。楊英的記載指出，在九月下半月至十月上半月期間（也就是叛降人士大量湧入荷蘭陣營的時期），國姓爺的部下深受飢餓所苦，以致國姓爺及其官員「日憂脫巾之變」。[20]偏遠墾殖地區的情形更是糟糕。十月中旬，國姓爺派遣楊英運送米糧給駐紮在北方的部隊，但遠遠不足。楊英寫道：「官兵日只二餐，多有病沒，兵心嗷嗷。」[21]他收購了原住民村落裡所有的稻米與穀物，卻只夠供應十天。這時候，楊英本身也因病重而停筆了幾個月。在他這份長達十幾年的記錄當中，這是唯一的一段闕漏。

一位詩人詳述了國姓爺的士兵所遭遇的困境，描寫他們在夏末餓著肚子奮力耕作的情景：

灌木蔽人視，蔓草窅人行。
木杪懸蛇虺，草根穴狸鼪。
毒蟲同寢處，瘴泉供飪烹。
病者十四五，聒耳呻吟聲。
況皆苦枵腹，鍬鍤孰能擎？
自夏而徂秋，尺土墾未成。[22]

因此，中文的文獻的確證實了那些叛降人士的說詞。

儘管如此，有些叛降人士卻是僞裝的。

非洲男孩

兩名非洲男孩在十月底來到熱蘭遮城堡，爬行穿越長草，然後現身在守夜人員面前。在戰爭之前，年紀比較大的那個男孩原是一名荷蘭官員的奴隸。年紀較小的男孩是自由人，是一名荷蘭士兵與非洲奴隸所生的兒子。他們說他們被國姓爺抓了起來，送給馬信當奴隸，也就是指揮熱蘭遮鎮駐軍的那位將領。[23]

他們說國姓爺的荷蘭俘虜下場很慘。隨著饑荒愈來愈嚴重，漢人也開始認爲供養俘虜是浪費糧食。這兩名男孩說他們目睹了國姓爺因爲對揆一發動的攻擊行動惱怒不已，而招待了一大群荷蘭俘虜飽餐一頓，然後將他們統統斬首處死，甚至連教師與牧師都不得幸免。韓布魯克就是這麼死的。

這對男孩說，只有女性得以活命，但她們都被送給官員當作婢妾。韓布魯克的一個女兒被迫服侍國姓爺，住在他的後宮裡。[24]其中有些荷蘭女子，例如一名荷蘭牧師的十六歲小姨，都已開始穿上唐裝，也綁起了小腳。

揆一非常歡迎這兩名男孩，讓他們塡飽肚子，還讓他們在城堡裡自由走動。不過，卡烏卻對他們心生懷疑。有些來降的漢人說他們先前就見過這兩個男孩，他們的新主人馬信對他們非常好，不但讓他們住在他自己的住宅裡，還讓他們與他同桌共食。卡烏開始懷疑他們可能是馬信派來臥底的間諜。

有些荷蘭士兵對卡烏說，他們看見年紀較大的那個男孩用棍子量測砲口的寬度，也聽過他詢問不尋常的問題，例如大銅砲能夠擊發多重的砲彈，以及荷蘭人有多少門能夠把砲彈高高射上空中的那種特殊大砲。士兵猜測他所問的就是殺傷了許多敵軍的迫擊砲。那名年紀較小的男孩則被人看見出沒於當成醫院使用的倉庫與教堂當中，看起來似乎在計算病患與傷患的人數。他也向人詢問過卡烏的艦隊帶來了多少士兵。[25]

得知這些報告之後，揆一於是下令將這兩名男孩關進上城的牢房裡。第二天，士兵把他們帶到肢刑架前。[26]一開始，兩個男孩還是堅持他們的說詞，指稱他們從信異教的漢人那裡逃了出來，以便恢復基督徒的身分，因爲荷蘭人向來都善待他們，讓他們吃飽喝足，也不像漢人那樣會責打他們。荷蘭人決定「逼他們從實招來」。[27]

年紀較小的那個男孩比較聰明，而且兩人似乎以他爲主。荷蘭官員認爲這可能是因爲他的父親是荷蘭人。不過，年紀較大的男孩立刻就屈服了。沒錯，他說，他們的新主人馬信派他們到城堡盡可能刺探各種情報，了解荷蘭人每天的活動、稜堡裡有幾門大砲，以及病患人數有多少。聽到同伴招供，比較聰明的那個男孩隨即跟著招了，「意識到接下來可能就是自己要遭受刑求」。他說馬信命令他們以繩段測量城牆的高度，並且估計荷蘭人擁有多少火藥。實際上，他們原本計畫當天晚上就要逃回熱蘭遮鎮向馬信回報。

他們說城堡裡還有其他間諜。揆一與卡烏仔細聆聽了他們的供詞。近來投靠荷蘭陣營的漢人都被送到艦隊上，以免他們遭到戰火波及。這兩個男孩指出，那群叛降人士當中有些是僞裝的。荷蘭士兵隨即划船到艦隊上逮捕了這些人。

蘇也在艦隊上。卡烏對他起疑之後，他就被送到了這裡。他聽聞叛降人士被帶回城堡審問，不禁心生害怕。那天晚上非常寒冷，風也很大。蘇躡手躡腳跑到船側，爬上划艇，把自己降到水面上，然後用刀子割斷了繫繩。他一推船殼，隨著划艇漂了出去。

就在他划離大船之際，水手發現了他不在船上。槍聲響起，但沒有擊中他。他划走了那艘船上唯一的小艇，而他們要起錨還得花上很長的時間。他努力划向熱蘭遮城堡後方的沙丘，希望能夠逃進長草裡。不過，夜裡的海流卻把他帶往艦隊其他船隻的停泊處。他在大船之間漂蕩著。

船上的水手被槍聲驚醒，一看到他在水面上，便高聲問他是否要上船。他們以爲剛剛的槍聲是警告信號，也許鄭軍發動了攻擊，也許小艇上的這個人帶來了消息。他們在黑暗中看不出他是漢人而非荷蘭人。

他對他們的問話都只回答一聲否定的「Neen」，以免他們聽出他的口音，同時奮力划槳。一艘單桅帆船開始追逐他。他們以火槍開火，但都沒有擊中在浪花中迂迴前進的他。後來，帆船撞上了小艇，水手用繩子把兩艘船隻繫在一起。他們的指揮官即將爬上小艇，蘇拔出了刀。[28]

卡烏的祕書鮮明描寫了接下來發生的事情：

就在船長即將踏上小艇的時候，那個邪惡的壞蛋隨即衝向他，眼見就要用刀子殺了他。所幸，一名勇敢的水手緊緊抓住了他。這個漢人看見自己再度落入我們手中，於是舉起刀子割斷自己的喉嚨，就此終結了他背信棄義的人生。[29]

蘇既然被人緊緊抓住，怎麼還能舉刀自殺呢？卡烏沒有提出這個問題。熱愛笛卡兒的揆一可能精明得多，因爲他的祕書記載的報告比較前後一致：荷蘭士兵登上那艘小艇的時候，蘇已經自刎身亡，「他們發現那個異教徒倒臥在自己的血泊中。」[30]

說不定荷蘭士兵殺了他，然後回報說他是自殺而死。這點有可能，因爲他們當時絕對一心想要報仇。那天上午，他們的十個同袍蹣跚地走進城堡。他們全都痛楚不已，臉上和手臂上沾滿血污。他們的右手被人砍掉，用細繩纏繞著拇指綁在腰間，隨著他們的腳步而來回擺動。他們的臉龐和頭上之所以滿是血污，原因是他們的雙耳與鼻子也被人割掉。[31]每當國姓爺對敵人特別頭痛惱怒的時候，就會採取這種做法。[32]

這群被割掉鼻子的士兵說他們在一場交戰中遭到俘虜，然後被人拇指對拇指以及腳趾對腳趾的綁在一起，並且被迫這麼站著長達好幾個小時。他們被帶到國姓爺面前，他問了他們關於艦隊的問題，以及那些船隻上有幾門大砲。他們答說大船上有三十五、三十八或四十門砲，小船則有二十、二十四或二十六門砲，但他卻不斷搖頭。

接著，國姓爺命人帶著他們度過海灣去找馬信。馬信強迫他們跪在地上，匍匐在沙土裡，自己則悠悠哉哉地吃了一頓午餐，也許對於自己得以報仇感到心滿意足，因爲他的兒子就是死於荷蘭人的榴彈。他們這麼跪伏在地上一個小時之後，才終於獲得餵食，由士兵將魚肉、米飯和酒塞進他們的嘴裡，因為他們的手都不能動。最後，他們在滿目瘡痍的城鎮裡被帶到一座廣場上。鄭軍把他們的右手臂扳到身後，把每個人的拇指用繩子纏起來綁在腰間。然後，他們割掉了他們的鼻子，接著是耳朵，接著是右手。這些荷蘭俘虜就在這樣滿身血污的情況下獲得釋放。鄭軍要他們向其他荷蘭人說，等到他們攻下城堡，屆時所有荷蘭人都將遭到這樣的待遇。[33]

因此，蘇確實有可能死在滿心仇恨的士兵手下。不過，自殺也不是沒有可能。實際上，割喉自殺在當時是頗為常見的行為，藉以避免被俘或刑求，或者藉以表示忠心。國姓爺的部隊在中國征戰之時，曾經遇到一名極為忠心的敵軍將領。他為了避免被俘，不但橫刀自刎，還跳進河裡。國姓爺非常看重這種忠貞的表現，即便表現在敵人身上也不例外。於是，他命人將這名將領救了起來，指派他專屬的醫生加以救治，然後任命他擔任高官。[34]蘇的自刎會不會也是向國姓爺效忠的表現，以免自己被俘之後禁受不住刑求而吐露資訊？我們沒有辦法知道。實際上，我們根本也不曉得他究竟是不是國姓爺的間諜。也許他只是害怕而已。

他確實有充分的理由感到害怕。幾天前，一名荷蘭外科醫生才剛活體解剖了一個漢人俘虜。這件事發生在停泊於海面上的其中一艘船隻，但不是蘇所在的那一艘。那名外科醫生在船長的同意下，向圍觀的水手與士兵示範如何割除白內障。只見他拿一根針刺進那名漢人的眼睛。接著，又在頭上鑽了一個洞，在鼠蹊部兩側切出幾道切口，並說明各項醫學要點。他切除右腿膝蓋以下的部分，又切掉左手以及頭頂。最後，他切開胸腔與腹腔，好讓眾人看見仍在搏動的心臟與肺臟。示範結束後，他把屍體丟進了海裡。[35]蘇也許聽聞了這場殘忍可怕的實驗。在他看來，逃亡可能是最安全的選擇。

至於他是不是國姓爺的間諜，則沒有辦法知道。他初次來到熱蘭遮城堡的時候，顯然不是以間諜的身分前來。他提議荷蘭人打敗國姓爺的方式（封鎖台灣）可說正中要害，而且其他許多叛降人士也都提過這項建議。此外，他對國姓爺所表達的憤怒也受到其他證據的印證——台灣的百姓在國姓爺的統治之下確實累積了許多不滿。國姓爺因爲迫切需要糧食，不惜對台灣的漢人居民強制扣押作物與財產，以致喪失了他們的信任與合作。許多人、尤其是在荷蘭統治下生活優渥的漢人農民，可能都希望台灣仍然由荷蘭人掌權。在荷蘭人的統治下，賦稅明白清楚，也輕易計算得出來。只要勤奮工作，就可獲得利潤。當時糧食也充足無虞。蘇唯一和他們不同的地方，也許只在於他願意採取行動。

儘管如此，他第二次來到熱蘭遮城堡的行爲——從鄭軍的營地裡走出來，而且就在衛兵的視線內——的確頗爲可疑。也許他以荷蘭間諜的身分離開城堡之後發生了什麼事。說不定他穿越蘆葦叢的時候被鄭軍逮到，也可能他回家的時候發現士兵在他家中等他。也許國姓爺以他的家人爲人質，強迫他回來刺探荷蘭人的情報。說不定他在熱蘭遮鎮等著要回到城堡的時候，甚至也遇見過那兩名非洲男孩。

我們只知道荷蘭船員把他的屍體從血泊中抬了起來，拋進海裡，然後把小艇划回其原本所屬的船隻。[36]從此以後，再也沒有人提起蘇這個人。

兩天後，那兩名男孩被帶到揆一與卡烏及其他荷蘭官員面前，接受一項測試。他們戴著腳鐐手銬站在那裡，隨即有人帶出八名漢人，在他們面前排成一排，然後要求他們從中指出他們聲稱是假裝投靠荷蘭人的間諜。他們不曉得其中有四人是與荷蘭人友好的富商，順應要求穿上破舊衣物、弄亂頭髮，裝扮成一般漢人老百姓的模樣。[37]

那兩名男孩指向其中兩個富商，聲稱那兩人曾和他們在同一間房屋裡工作過，而且他們的主人馬信把那兩人派來這裡當間諜。你們確定嗎？揆一問道。沒錯，兩個男孩說。揆一因此認定這兩名男孩是騙子，而將他們送回牢裡。

蘇死得眞是冤枉。

忽略忠告

蘇曾經勸告揆一不要在大員灣內發動海軍攻擊，而應該封鎖台灣。揆一沒有理會這項忠告。不過，其他叛降人士也提出了相同的建議。如同一名叛降人士指出的，國姓爺的士兵「仰賴來自中國的補給品……我們（荷蘭人）一定要設法加以攔截。這麼一來，我們什麼事都不必做，只要遏止米糧運入台灣，即可餓死他們。的確，他們絕對活不下來，而且此一封鎖舉動的消息一旦傳到中國，一定不會有人敢再過來」。[38]另一名叛降人士指出，這是大家普遍的看法，而且幾乎所有人都認爲，「（荷蘭人）只要能夠切斷外來的補給，（國姓爺的部隊）會全都死於飢餓。」[39]揆一先前沒有採信這項看法。他現在還是一樣不予採信。

揆一和他的同僚爲什麼沒有認眞發起封鎖行動？也許是因爲那場敗仗嚴重削弱了他們艦隊的實力。他們喪失了兩艘船艦，另外還有多艘船隻遭到損傷。但即便如此，他們也還剩下八艘船隻，足以散開來形成一道封鎖網，攔截任何載運米糧航向大員灣的唐船。實際上，正如叛降人士指出的，只要荷蘭人發起封鎖行動，光是這項消息就足以嚇得商人不敢從事這段困難又危險的航程，因為荷蘭船艦在海上的攔截能力早已名聞遐邇。

中文文獻也明白指出了這一點，提及荷蘭人如何坐在桅杆上的瞭望台監看遠方的動靜。在國姓爺本身的家族所出版的一份文獻裡，就提到荷蘭人坐在高聳的桅杆上，因此具備很強的守望能力（見圖七）。[40]後來的一份文獻更是描寫了荷蘭人「使數人坐檣巔，架千里鏡，四面審視，商船雖在百里外，望見即轉舵逐之，無得脫者」。[41]另一份文獻指出：「一人坐在桅斗上，持千里鏡，四方遠觀。有商艘，則將所佩小船五、六隻放下，每船坐六、七人，俟船將到，圍籠……是以海上最畏遇他。」[42]

中國人把荷蘭人的攔截能力歸功於荷蘭船艦上古怪的索具。早期的那部鄭氏文獻這麼描寫：「帆□勾引，絆雜頗繁，宛若□絲蛛螯。」[43]這種索具和唐船簡單的索具形成鮮明對比，中國人認為荷蘭船隻就是得力於這種索具，逆風航行的能力才會勝過唐船：「為帆如蛛網盤旋，八面受風，無往不順；較之中國帆檣，不遇順風，則左右戧折，欹側傾險，迂迴不前之艱，不啻天壤。」[44]

因此，叛降的漢人既然對荷蘭船隻及其致命能力深感敬畏，必定認為揆一絕對會利用他那些高大而且視野極遠的船隻發動封鎖行動。

但實際上並沒有那麼容易。歐洲船隻經常難以追上唐船。先前指稱蛛網似的索具有助於荷蘭船隻逆風航行的那位作者，也提到他有個擔任船船長的朋友，深知如何逃脫荷蘭船隻的追擊：

彼帆雖巧，然巧於逆風，反拙於乘順；凡物之巧者，不能兼擅，理固然也。若與中國舟航並馳順風中，彼反後矣。故遇紅毛追襲，即當轉舵，隨風順行，可以脫禍；若仍行戧風，鮮不敗者。[45]

揆一及其顧問知道國姓爺用於載運米糧的唐船，在某些情況下能夠航行得比荷蘭船隻還快。也許他們認爲封鎖行動不會奏效。另一方面，這又是他們僅剩的最佳選項。

最後，他們終於開始討論這個構想。揆一聽到一名叛降人士說載運米糧的唐船已經出發，於是派遣一小支只有三艘船的艦隊在澎湖與台灣之間巡航，要求船長注意米糧船的蹤影，並且盡力阻止對方靠岸。[46]不過，後來另一名叛降人士說，漢人船長得知荷蘭人派遣船隻攔截的消息，因此決定改走別的航道。

有了這次經驗之後，揆一和他的顧問於是開始商討採行較爲徹底的封鎖行動，考慮阻止國姓爺的船隻駛入鹿耳門。[47]他們向停泊在外海的那些船隻的船長詢問這樣的做法是否可行，結果獲得了肯定的答案。[48]

可是已經太遲了。就在那一天，二十三艘來自中國的船駛入了鹿耳門，停泊在東都明京前面。那些船是否載運了稻米？那個拍臀挑釁的瑞士人知道答案。他在平原對面的市集高聲呼喊。

「喂，衛兵！」他高喊：「舔我的屁股吧！」

這句話引起了衛兵的注意。

「你們這些狗有沒有看到今天抵達的唐船呀？」他說：「你們荷蘭人別想再燒殺擄掠了！」

「等我們逮到你，你就知道好歹了，你這被神遺棄的傢伙！」衛兵唾罵道。

「去你們的神！」瑞士人回斥道：「你們有膽就過來呀！你們全部都會被吊死。我會好好享用所有的荷蘭女人，不管是人妻還是少女都一樣。不久之後，我就會在你們那座小小的堡壘裡喝著三燒酒，威風得意，你們的長官也得對我低頭行禮。你們怎麼不開火呀？去你們的砲手！你們已經沒有火藥了！」

他們對他開了一砲。

「哈！舔我的屁股吧！再打一砲呀！你們餓不餓？吃腐肉吃膩了沒？米酒是不是都喝完了？我這裡有很多呢？要不要來喝一點啊？」

他繼續這麼譏嘲辱罵，但接下來的言詞沒有受到記載，原因是記載者認爲那些話語「污穢不堪，令人無法下筆記錄」。[49]最後，他在地上吐了一口唾沫，接著便沒入牆後。[50]

幾天後，一名漢人俘虜證實了那些船當中有二十艘載運了供應國姓爺部隊的稻米。[51]國姓爺又度過了一個危機，而且同樣受助於好運，或者就他的觀點而言，這乃是天意使然。他命令手下的將領準備對熱蘭遮城堡發動再一次的攻擊。

國姓爺步步進逼

今天，你要是到台南市參觀熱蘭遮城堡的遺跡，也許會把車停在城堡西南方一百公尺處一座滿是墳墓的山丘旁。你要是爬上那座山丘，穿越密密麻麻的墳塚，然後向下眺望，將可看見許許多多黑髮遊客在古老的城牆前面拍照留念。如果你要攻打這座堡壘，那麼這座山丘——或是其他像這樣的高地——無疑就是你會想要架設大砲的地點。在你腳下的墳墓之間，你也許會看見古老的紅磚，上面黏附著貝殼灰泥。這些磚塊可能曾經屬於荷蘭人蓋在這座山丘上的一座小碉堡，用於保護底下的城堡。這座碉堡名爲烏特勒支堡。

國姓爺知道他只要能夠攻占這座碉堡，把大砲架設在山丘上，底下的城堡即是他的囊中物。但該怎麼接近呢？碉堡石牆上的洞口伸出一根根大砲的砲管，射擊範圍涵蓋的區域非常廣。國姓爺一定要謹愼挑選進攻地點，否則敵方大砲從上方轟擊，造成的破壞力將是平射的兩倍。

他和手下的軍官仔細研究了這個區域。熱蘭遮鎭外圍矗立著一座市集，位在平原上，與熱蘭遮城堡對面相望。當初國姓爺的非洲火槍手曾經躲在這裡狙擊敵人。在市集南邊，位於一座廢棄的木材堆置場後方，則是一片能夠清楚望見碉堡的空場。若把大砲架設在那裡，即可輕易擊中碉堡。而碉堡雖然能夠回擊，這個地點卻可阻擋來自主城堡的砲火。國姓爺的指揮官決定從這片空場對那座碉堡發動攻擊。其中一人似乎對這項攻擊行動信心滿滿，以自己的性命保證，他只要以一千顆砲彈與四十包的火藥即可攻下那座碉堡。[1]

國姓爺首度發動攻擊，是在九月底一個晴朗的早晨。攻擊行動讓荷蘭人吃了一驚——不只因爲這項行動極爲大膽，也因爲攻擊效果奇佳。碉堡裡有三門大砲能夠瞄準鄭軍新架設的砲台：兩門位於碉堡頂上，一門位於碉堡內。不過，國姓爺的砲台有三門大型砲和其他幾門比較小的砲。這些砲一齊開火，都對準了荷蘭大砲露出於碉堡外的砲口。[2]碉堡裡的駐軍射擊的速率根本比不上對方，而且鄭軍砲手也射擊得相當準確。揆一的祕書寫道：「敵軍非常善於瞄準，我們的士兵都不敢探出身子。」[3]

位於碉堡頂端的兩門大砲在不久之後即告毀壞，砲身都從輪子上掉落下來。荷蘭守軍也無法操作底下的大砲，因爲這門大砲所在的牆角只有兩個石塊的厚度，已被砲彈轟破，石礫與砲彈碎片撒得荷蘭砲手滿身都是。[4]「我們要是不趕緊想辦法，」揆一的祕書寫道：「他們就會攻破碉堡了。我們無法從這裡（亦即熱蘭遮城堡）打到他們的砲台，所以他們能夠毫無顧忌地對我們不斷開火，徹底摧毀那一側的城牆，以致碉堡裡的人員無法繼續防守下去。」[5]

到了天黑之際，碉堡的城牆已經殘破不堪。[6]次日前來投靠荷蘭陣營的一個漢人帶來了壞消息。他說對碉堡開火是國姓爺直接下令的，而且他還計畫在更接近碉堡的地方設置更多砲台。他打算把碉堡夷爲平地，然後在那座山丘上設置一座砲台，用於攻打城堡。[7]的確，荷蘭人也注意到了鄭軍從熱蘭遮鎮運出大砲。[8]

揆一該怎麼辦？單單增援碉堡是不夠的，他雖然命令士兵與工人趁著夜裡把碉堡的城牆修建得比先前更厚，但碉堡的火力畢竟不足以對付鄭軍的砲台。

揆一的軍官提議在碉堡的基部興建新的防禦工事，不但大得足以架設六門大砲，而且塡沙的防禦牆厚達九英尺。[9]他們向他擔保說，這麼一座防禦工事必然能夠「反制敵人的大砲」。[10]揆一派了八名木工督導建造工作，還派出一百名士兵協助挖掘搬運。但不論他們如何趕工興建，國姓爺的大砲總是能夠以更快的速度加以摧毀。[11]

揆一考慮他們是否能夠靠著火槍兵扳回劣勢。從開戰至今，荷蘭的火槍兵曾經數度與國姓爺的部隊直接交戰，但每次都以戰敗收場，因爲國姓爺的士兵遠比他們更有紀律。不過，現在揆一決定讓他們擔任狙擊手。他們既然躲著放冷槍，紀律就不會是問題。他命令五十名火槍兵在廢棄醫院的破敗牆壁後方找尋適當地點。這間廢棄的醫院位於城堡南邊，接近牡蠣岸，正介於碉堡與鄭軍新建的大砲陣地之間。他要求他們透過砲台當中供砲管伸出的洞口狙擊中國砲手。

這項計策奏效了。「感謝上帝，」卡烏的祕書寫道：「這項做法非常成功，敵軍因此都不敢再接近他們的大砲。我們的士兵雖可聽到他們的軍官以鞭打毆擊等方式企圖迫使士兵執掌大砲，他們卻還是畏縮不前。」[12]

一整天，荷蘭的火槍兵逼得鄭軍砲手無法接近大砲。不過，等到夜幕降臨，火槍兵離開之後，國姓爺的部眾隨即徹夜挖掘，準備對付敵軍的陷阱。他們在荷蘭火槍兵躲藏的地方埋了五大包火藥，然後埋設了一條很長的地下引線：塡滿火藥的竹管，一路延伸至熱蘭遮鎮。

然後，他們便靜靜等待。國姓爺多年前在中國也曾使用過地雷。地雷一旦發揮預期的效果，就會對敵人造成嚴重損傷，但必須等到適當時機引燃，才會眞正奏效。[13]在一六五三年的海澄之役——國姓爺一生中最重要的一場戰役——當時他的部隊就把時機掌握得恰到好處。清朝部隊正在渡河並且集結於河岸上，完全不曉得自己的腳底下埋藏了好幾百磅的火藥。國姓爺的火藥專家等到清兵幾乎全數上岸之後，才點燃地雷。敵軍「一盡燒死，委塡河內，盡皆疊滿」。[14]

國姓爺希望在台灣再次獲致一樣的功效。到了早晨，揆一的火槍兵出城走向他們的躲藏地點，國姓爺的火藥專家已準備點燃引線。不過，火槍兵還沒抵達他們的射擊位置，引線便提前點燃。只見地面冒出一陣接一陣的爆炸，從熱蘭遮鎮沿著一直線往廢棄醫院一路炸過去，最後更傳來一聲驚天動地的爆炸聲，沙土瀰漫於空中。地雷引爆的時機要是正確，這群火槍兵大有可能全數陣亡。他們猜想可能是引線遭到意外點燃，說不定是鄭軍大砲的火花落在了引線上。[15]他們感謝神的保佑，然後開始射擊。

到了傍晚，工人已在碉堡底下蓋好了新的防禦工事。「這是一座龐大又優美的建築物，」卡烏的祕書寫道：「緊鄰著碉堡，角落的射擊洞口處又以塡滿沙土的木箱補強。」[16]這座防禦工事能否抵擋國姓爺的砲火？沒問題。一枚鄭軍砲彈擊中了這座防禦工事，砲彈陷入的深度還不及一半。[17]

就這樣，國姓爺與他手下的軍官想不出方法能夠攻破荷蘭人新建的這座防禦工事。

他們轉而另尋他法。

國姓爺在北線尾興建堡壘

既然無法直接攻下熱蘭遮城堡，國姓爺認爲他至少可以用更有效的方式加以封鎖。荷蘭人恣意獲取補給品的行爲實在令人惱怒不已。他們不但從卡烏的艦隊取得糧食，還開始派遣劫掠隊伍出外奪取薪柴、椰子、蔬菜與牲畜。[18]荷蘭船隻威力太強，無法直接攻打，因此國姓爺決定阻止裝卸船往返於下城前方的石砌碼頭與停泊在海灣外的船隻之間。要達到這個目的，他唯一需要做的就是在水道對面架設大砲，也就是北線尾沙洲南岸。

一群群鄭軍官員開始在北線尾沙洲登陸。揆一和手下的官員監視著他們，猜測其中有些由僕人撐著陽傘的是高階官員。這些官員在陽傘的遮蔭下盯著城堡看，不時伸手遙指，並且比畫著手勢。[19]舢舨在水道上測探水深，確認何處深、何處淺。[20]鄭軍開始在荷蘭堡壘遺跡附近上岸——就是遭到一六五六年那場猛烈駭人的風暴所摧毀的那座堡壘。自從開戰初期陳澤殺害拔鬼仔以來，北線尾沙洲上就不曾出現過這麼多漢人。

揆一想要伏擊督導這些活動的官員，但卡烏認爲這個想法不切實際。[21]於是，國姓爺的部眾繼續從事著他們的工作。然後，在十月底的一天早晨，荷蘭人醒來之後發現了一件令人錯愕的事情。「天一破曉，」卡烏的祕書寫道：「我們便訝異地發現敵人已在北線尾興建了一座堡壘，正位於城堡對面。他們一旦架上大砲，將能夠擊中下城中庭外側的所有房屋。這實在是一項極爲不利而且令人煩憂的發展，尤其是我們所有的船隻都會在這道門前下錨從事裝卸作業。不消說，我們從此以後再也不能這麼做了。」[22]

荷蘭人該怎麼因應？卡烏與揆一還有其他官員都一致認爲，他們必須在鄭軍架設大砲之前，先發動攻擊摧毀那座堡壘。於是，在正午的驕陽下，一百七十名荷蘭士兵搭船橫越水道前往北線尾，城堡也同時發射砲火掩護。但岸邊的草很長，而且國姓爺的士兵又為數甚眾，到處可見到閃亮的頭盔與飄揚的旗幟，以致荷蘭士兵無法上岸。荷蘭輕便貨船紅狐號對距離最近的鄭軍開火，但他們隨即像現代的海軍陸戰隊員一樣迅速趴下，等待命令。一道信號發出，他們立刻爬起來奔找掩護，躲在草叢裡。[23]最後荷蘭部隊折了回去。

這座堡壘建得愈來愈大，也愈來愈繁複。國姓爺親自抵達北線尾視察興建工作。他的帳篷——藍色亞麻布加上白色線條——出現於北線尾沙洲上的一個新營地，架設在一座沙丘上。[24]荷蘭人透過望遠鏡看著他的部隊集合在他面前，身穿盔甲列隊繞行山丘。[25]在他的督導下，堡壘逐漸呈現出歐式堡壘的造型，具有突出的角度，猶如文藝復興堡壘。[26]他是不是從攻打熱蘭遮城堡的經驗當中學到了什麼？那個滿口污言穢語的瑞士叛降者是不是幫助了他？

大砲架設了起來，共有二十門。其中有幾門指向外海，以便控制水道的通行權，其他則是全部指著熱蘭遮城堡。有幾門大砲的威力非常強大，國姓爺的部下對其敬之如神。這幾門大砲稱為「靈熕」，據說不是凡俗之物。[27]

國姓爺的叔父鄭鴻逵曾經駐紮在中國南方一個名為揭陽港的地方。一天深夜，他看見水下出現一道亮光。他以為是自己的幻覺，但那道亮光在第二天晚上又再次出現。他派人潛下水去查看。那幾個人員回報說：「一條光物，約丈餘，有兩耳，其大難量。」他派他們再去查看一次，結果這次他們帶回了更多資訊：「係熕銃，兩耳二龍。」他將其撈了起來，只見是兩門銅砲，各重達一萬磅。之後他加以試用，發現這兩門大砲發射的砲彈可重達二十四磅，且射擊的準確度令人嘖嘖稱奇，「祭發無不擊中」，[28]據說甚至可擊中兩、三公里外的目標。這兩門大砲初上戰場即一鳴驚人，將一座敵人堡壘的城牆轟成碎片，其中的守軍隨即投降，「俱云神物」。[29]

這則傳說聽起來就像是編造的故事，但實際上卻可能有其歷史根據。明末時期，中國南方的官員習於打撈歐洲沉船上的火砲。[30]根據明朝一份文獻的記載，一名官員描述了自己親自督導的一項打撈作業——他划船前往其建造的海上木製平台，督導潛水夫將繩子綁在火砲的手把上固定其位置，然後再小心翼翼地清除石塊與砂礫。清除得差不多之後，便以一座巨大的木製吊車將火砲拉起。兩門巨型火砲終於打撈上岸之後，這名官員欣喜不已：「其銃精光炫耀，人間異物。」[31]這段篇章——連同其中對於火砲閃閃發光的描述——與靈熕的發現傳說極爲相似。同樣引人好奇的是，傳說中指稱鄭鴻逵是在中國南方撈得靈熕，正與歷史記載中打撈大砲的地點相距不遠。這兩門靈熕很有可能是來自荷蘭或英國的沉船。

不論這兩門大砲是怎麼來的，總之鄭鴻逵將它們送給了國姓爺，而國姓爺也善加運用於他的戰役當中。這兩門大砲一度差點丟失。一六五八年，國姓爺手下那些嘈雜的士兵吵醒了水底的龍，掀起一陣颱風，導致靈熕沉入水裡。他處死了這兩門大砲的負責人，並且命人將砲尋回。於是，靈熕又再度被打撈起來。[32]

現在，這兩門巨砲就指著熱蘭遮城堡。荷蘭人在城堡裡看著國姓爺的部眾舉行一場特殊典禮。他們首先焚燒祭品，然後傳來一聲鑼響，接著這座新建堡壘的小型火砲開始射擊空包彈。一會兒之後，巨型火砲也突然一齊開火。這不是攻擊行動，只是張揚聲勢或啓用典禮。卡烏說他們的舉動「彷彿一場遊戲」。[33]只見砲彈飛越城堡上空，沒有造成任何損害。

損害後來才逐漸浮現。熱蘭遮城堡裡的軍民原本經常待在石砌碼頭上洗澡、洗衣服，或是到突出於水道上的戶外廁所方便。但國姓爺的部隊開始認眞瞄準其大砲之後，這些活動就具有致命的危險性了。一名女僕在洗衣服時被擊中腿部，結果因此喪生。[34]一名女奴更是遭到砲彈的猛烈撞擊，以致一大塊血肉飛越城牆，落在城堡內，她也因此傷重而死。[35]一名荷蘭男子企圖划船將薪柴運入城堡，結果身體下部被擊中，砲彈「刮走了那個部位大部分的皮肉，包括一顆睪丸，但沒有擊中雙腿」。[36]這些人都是在城牆外，但國姓爺的大砲也可擊中城堡內的目標，例如一枚砲彈擊破台灣長官辦公室的牆壁，揚起一大片白色灰泥粉塵，以致「裡面的人員看起來有如麵粉磨坊的工人，而不像是辦公室的職員」。[37]

更重要的是，這座新建的堡壘達成了國姓爺封鎖熱蘭遮城堡的目標。儘管堡壘的大砲能夠直接攻擊荷蘭船隻，轟擊裝卸船，打掉船舵，[38]但眞正的重點乃是在於這座堡壘讓國姓爺的海軍得以擴大巡航範圍。在堡壘的掩護下，他的船隻即可穿越水道。

這條水道本身是一條狹窄的深水區，兩側都是淺水沙灘，水道中有些捉摸不定的彎曲處，只要一有風暴來襲就會跟著變更。這樣的環境條件正適合國姓爺那些致命的淺水攻擊船隻，而且他的海軍當中還有一支專門從事河戰的部隊。這支淺水作戰部隊由國姓爺陣營中一位名叫黃安的將領組建而成，他曾是才華過人的海軍將領施琅的手下。據說他當初爲了爭取國姓爺支持他成立這支部隊，特別提出以下這段說詞：

海中水師必用大船，乘風衝犁。今江中風微流急，大船不便戠戧馳驟，只用大熕船十數隻。每小船用長櫓二枝，兩舷邊各用長樘八枝，每枝前配銅百子一門，斗頭另配銅花干銃一門。遇敵先發花干，然後將左樘撥轉，右邊發銃。右發完，右樘撥轉，左邊發銃……如此偕來飛擊，諒虜無完船。[39]

國姓爺對這項提議深感嘉許，立刻就加以採用。事實證明這些小船在中國對付清軍部隊非常有效。

現在，有了新建於北線尾沙洲的堡壘，國姓爺便得以將這些小船部署於水道上。荷蘭裝卸船一旦從碼頭駛出，這些小船就立刻圍上去攻打，新建的堡壘則提供火力掩護。卡烏對這些船隻的速度與靈活性深感震驚。「那些船隻快速、敏捷又輕盈，能夠輕易駛入最淺的水域，甚至是兩英尺半或三英尺深的水。那些船隻的兩側各有一枝沉重的槳，後面還有一枝充當爲舵，而且他們非常善於運用這些槳，旋轉扭動有如陀螺，又快又靈活，令人嘆爲觀止。」[40]

相較於這些靈活的船隻，荷蘭裝卸船顯得又慢又笨重。一艘裝卸船擱淺於一座沙洲上，那些小船逼近而來，「船上的人數多得嚇人」。[41]荷蘭船員紛紛逃離。漢人爬上裝卸船，偷走鍋碗瓢盆，還俘虜了一名荷蘭木工，因爲他還留在船上，忙著取出他放在貯物箱裡的錢。荷蘭戰艦立刻起錨，試圖接近這些船隻以發射大砲。漢人拋下了他們的戰利品，但荷蘭人想不出有什麼方法能夠安全取回那艘裝卸船。他們最後決定，寧可犧牲船隻，也不要任其落入漢人的手中。於是，幾名荷蘭人登上裝卸船，將一條引線牽入船上的火藥艙，然後在一旁堆疊床墊以便引火。他們划船離開，看著唐船再次接近裝卸船。

只見船上一陣爆炸，一團濃煙升起於甲板上。他們以爲他們「放進了紅公雞」——卡烏的祕書引用了這句代表縱火的諺語。[42]但實際上卻沒有。那一陣爆炸只是震得裝卸船脫離了沙洲，並且朝著其他荷蘭船隻漂去。船上烈焰沖天，「沒有水手，只由全能的神引導著方向」。[43]一名勇敢的荷蘭船長跳上那艘船，把著火的床墊推下水去。他總算滅掉了船上的火。

荷蘭人雖然取回了裝卸船，卻還是對這場戰役餘悸猶存。熱蘭遮城堡深深仰賴外來的補給。國姓爺新建的這座海岸堡壘，加上這些駭人的攻擊船隻，讓鄭軍取得了水道的控制權。熱蘭遮城堡對外的聯絡遭到切斷，甚至也無法與停泊在外海的艦隊溝通。

揆一還能怎麼辦？他試過攻擊那座堡壘，但是沒有效果。他試過利用威力強大的荷蘭船艦掩護水道，也一樣徒勞無功。他和他的同僚嘗試了其他一連串的措施。他們爲裝卸船配備武裝，在船上裝滿燃燒彈與榴彈、架設大砲、部署火槍兵，只有在潮汐與海流都合適的時候才讓它們冒險出入水道，而且必然是成群結隊，更以死刑威嚇敢於違反這項命令的水手，[44]但結果仍是無效。他們試圖在城堡前方新建一座砲陣地，砲口對準北線尾。這項措施至少可讓熱蘭遮城堡的居民安全出外洗澡或上廁所，因爲砲陣地設有一道布簾，「一路延伸至——委婉地說——矗立於水邊的公共便利設施」。[45]

然而，基本的問題還是沒有解決：國姓爺的船隻能夠在水道中自由往來，荷蘭的砲火絲毫無法阻止他們。正如卡烏的祕書所寫的：「他們徹底切斷了我們船隻出入的管道，使得這座城堡陷入最大的危機。」[46]

救命功臣：文藝復興建築

氣急敗壞的揆一召集軍事將領開會。他說：「我們雖然試過以城堡底下岸邊的那座新砲台射擊中式帆船，也試過由戰艦從水道外開火攻擊，它們卻都毫髮無傷。」[47]他問道：「我們該怎麼辦？」

與會軍官提議建造一座新的堡壘。在城堡以西一百碼的地方，就在碉堡後面，有一片沙灘位於水道入口旁。他們認爲，只要在那裡建造一座堡壘，即可讓國姓爺的那些迅攻小船不敢接近。他們畫出一座小型文藝復興堡壘的藍圖，設置兩座菱形稜堡，於堡壘中央相接，由上方俯瞰猶如領結的形狀。這座堡壘將可架設六門大型火砲與幾門較小的砲，城牆爲十英尺厚的木構土牆。[48]兩座稜堡能夠提供非常廣的射界，但大部分的火砲都將對準水道，以便攻擊那些迅攻小船。

在工錢加成的激勵下，工人興建這座堡壘的速度非常快。不久之後，卡烏就開始督導巨型銅砲的搬運作業。他只在夜間從事這項工作，以免被鄭軍看見，同時也如他所寫的，「等到敵人再次出現於水道上，我們就可以給他們來個晨間驚喜」。[49]

不久就出現了這麼一個早晨。一小群荷蘭船隻從城堡前方的石砌碼頭出發，慢慢駛向艦隊停泊處，一支迅攻船隊隨即追了上來，後面跟著十艘設有火砲的大型唐船。荷蘭砲手等到那些船艦逼近荷蘭船隻的時候，才從他們的新堡壘內開火。城堡停泊於外海的艦隊也在同時一齊射擊。砲彈如雨般落在迅攻小船的周圍，船上的人員不斷閃避著砲彈破片，並且趕緊撤退。荷蘭船隊順利抵達了艦隊所在處。[50]

第二天，另一群荷蘭船隊航經水道，那些迅攻小船連出動都沒有。卡烏的祕書寫道：「昨天敵人受到的款待，顯然已讓他們再也無膽出航或現身，而寧可停泊在岸邊不動。他們位於北線尾的那座巨大堡壘仍然砲火猛烈，不停對我們的船隻與城堡開火，但大致上都沒有造成任何損傷。」[51]自此以後，荷蘭船隻即可安全航行於水道上。[52]

精通文藝復興堡壘的荷蘭人再次將了國姓爺一軍，但這項勝利沒有爲揆一帶來太多安慰。城堡內的薪柴與新鮮糧食已即將用罄。隨著夜晚愈來愈冷，疾病也再度開始肆虐。

接著，兩艘破敗的荷蘭船隻抵達艦隊停泊處，帶來了奇蹟似的好消息。這兩艘船隻的指揮官哈梭威爾聯絡上了清朝，他們希望與荷蘭人聯手對付國姓爺。

意外的使節

當初哈梭威爾那艘破敗的船隻航入一座不知名的港灣之際，他根本無意開創世界史上一項最出人意料的結盟：一方是信奉喀爾文教派的荷蘭商人，另一方則是篤信佛教的清朝。這是台灣戰爭的一個轉捩點，而且完全是偶然的結果。

實際上，哈梭威爾根本不想擔任任何遠征任務的指揮官。他一再懇求揆一讓他辭卸台灣高級商務員的職務，聲稱他的妻兒都「處於頹喪至極的狀態」，因此請求准許讓他帶同家人返回巴達維亞。揆一拒絕了這項要求，因爲他需要哈梭威爾的協助。在台灣北部，仍有兩座荷蘭堡壘矗立在海邊。這兩座堡壘需要救援，而揆一認爲哈梭威爾是唯一能夠勝任這項工作的人。他在一六六一年秋天命令哈梭威爾立刻出海北上救出那裡的人，搬走大砲，回收門扇、木板與窗戶，[1]然後炸毀城牆，以免爲國姓爺所用。[2]

前往北台灣的航線通常是沿著處處危機的台灣西岸，海底滿是隱藏於視線之外的暗礁與沙洲，總是不斷隨著風暴而變動。船隻一旦擱淺，當地的原住民就可能砍掉你的頭，用來裝飾男人的住所。此外，國姓爺的船必定也會埋伏在小灣與河口內。不過，最令人擔憂的乃是天氣。這時是秋天，來自南方的季風已即將結束。一旦開始吹起北風，船隻就非常難以前進。最糟糕的是，這時正是颱風季節，而且最猛烈的風暴通常都出現於九月與十月，就在哈梭威爾出航的時候。

哈梭威爾率領三艘船隻沿著台灣西岸奮力航行，這時也一如預期吹起了強勁的北風。他獲准挑選自己的旗艦，卻選錯船隻，挑上了一艘船身習於側傾的大型戰鬥帆船，名爲哈塞爾特號（Hasselt）。[3]另外兩艘船的狀況也好不到哪裡去，都在揆一發動於海灣內的愚蠢襲擊當中受過損傷。這三艘船隻都缺乏索具、繩子與錨具。

他們的航行毫無進展，狀況也愈來愈糟，海浪一再沖上甲板。哈梭威爾決定折回熱蘭遮城堡。經過一段艱苦不已的航程之後——水不斷漏入艙房裡，水手一再抽水舀水以避免船隻下沉（圖二十四）——他們才終於回到出發地點。

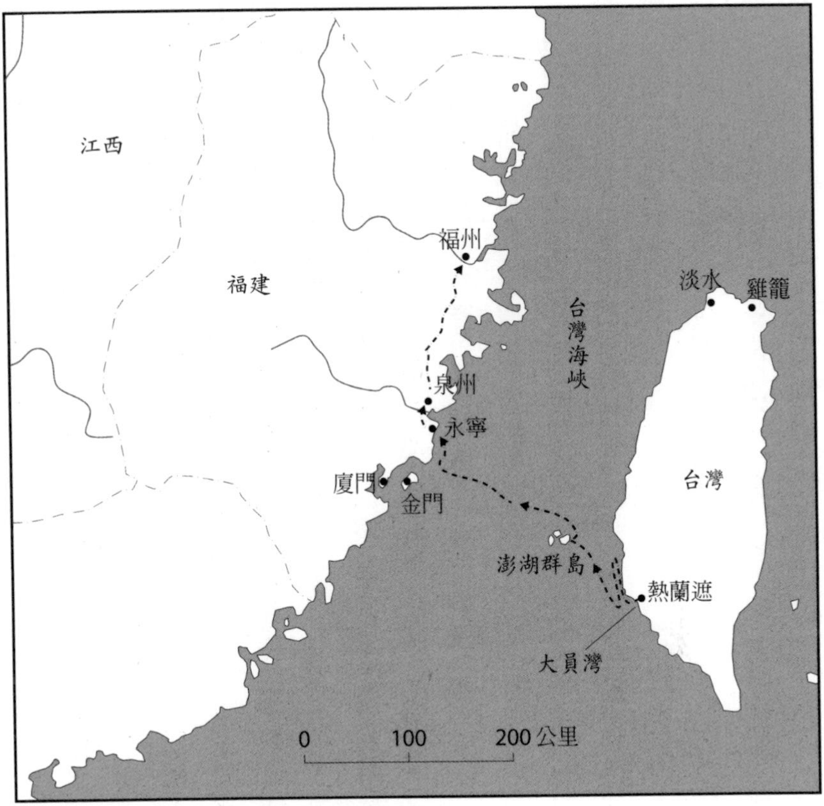

圖二十四：赫特與克雷沃克艱辛異常的航程，一六六一年十月與十一月。

揆一連讓他上岸都不肯。使者划船帶了一封信前往船隻停泊處，信中命令哈梭威爾立刻再度啓程。揆一寫道，哈梭威爾這次應該採行不同路徑，從中國沿岸北上，利用「陸風」抵消北風的力量而前進。[4]揆一的官方記錄對這項任務表達了充分信心，但他心懷不滿的對頭——卡烏——則是比較坦率，認爲揆一與他的顧問對於哈梭威爾能否完成這趟航程其實不是那麼有信心。[5]

在前往中國沿岸的途中，哈梭威爾在澎湖群島停留了一會兒，爲哈塞爾特號裝塡壓艙石，希望能夠讓船隻更平穩，但他的厄運卻還沒結束。一群水手和奴隸開始裝塡底艙，他的一群部下則上岸盜取漢人農夫的糧食。他們遇上了一支巡邏的鄭軍。荷蘭人共有六十人，鄭軍卻只有三十人，但伴隨著一群武裝的農夫。雙方原本應該勢均力敵，但荷蘭火槍兵開始射擊排槍之後，鄭軍的隊伍卻絲毫不亂，七面旗幟獵獵飄揚。「一轉眼間，」哈梭威爾寫道：「我們的人員就忘卻了一切紀律，紛紛逃向水邊，結果一一遭到大浪吞噬。」荷蘭陣營損失了三十六人，有的溺死，有的被俘，有的被殺。這是荷蘭陣營在中荷戰爭中損失最慘重的一場戰役，哈梭威爾歸咎於荷蘭士兵的怯懦：「我們的士兵一看見敵軍的刀劍與頭盔在太陽底下閃閃發光，就嚇得臉色像死人一樣蒼白。他們甚至連槍都忘了怎麼用。」[6]荷蘭火槍兵儘管自命紀律精良，卻沒有保持住隊形。再一次，歐洲火槍在戰場上又敗給了國姓爺手下那些持用弓箭與長矛刀劍的士兵。

他們沒有時間哀悼。哈梭威爾再次出航，卻發現滿船的壓艙石並沒有矯正哈塞爾特號漏水與船身傾斜的問題。[7]他們接近中國沿岸，掉轉船頭向北，但天氣卻愈來愈糟。強風將雨滴吹拂在他們身上，大浪沖激著船側，打得船隻不停起伏震盪。

哈梭威爾擔心的不只有天氣。這裡是兵家必爭的水域，國姓爺的船可能會攻擊他們。此外，清軍要是看見這支外國艦隊在這個戰爭時期航行於他們的海岸邊，誰曉得他們會怎麼做？

海灣

天空烏雲密布，哈梭威爾無法確認自己所在的緯度，所以也就不知道自己身在何處。不過，隨著風勢愈來愈猛，形成一陣夾帶大雨的強風，他便下令找尋掩蔽。三艘船隻航進一個半圓形的小海灣裡，寬約三、四公里，沿岸有著一道長長的沙灘。有幾艘漁船在水面上隨著浪潮起伏。[8]在北邊，接近海灣的寬闊開口處，坐落著一座寨子。他們下錨之後，便看到許多人聚集在牆上，對著他們揮手。那些人看起來不像帶有敵意，但由於浪濤太過洶湧，無法派出船上的小艇，因此他們也就無法與那群人溝通。

在帆船時代，任何計畫都可能毀於一陣強風之下，因此優秀的主事者必然都會事先做好萬全的計畫與最壞的打算。揆一也許不善於和人相處，但他辦事確實井井有條又極爲細心。他爲哈梭威爾準備的詳細指示，讀起來就像一份流程表一樣，爲他想像得到的任何意外事件都提出回應方式以供參考。哈梭威爾參閱了這份命令，從而知道自己若是被迫進入清朝領土，就該設法與對方取得聯絡，爲熱蘭遮城堡購買糧食。揆一爲哈梭威爾準備了一項祕密武器：四名清朝俘虜。

幾個月前，卡烏的艦隊發現一艘喪失了航行能力的唐船漂浮在海面上，從中救起的人員當中就有這四個人。儘管船上大部分的乘客都蓄著長髮，自稱是國姓爺的臣民，這四個人卻剃光了前額，後腦蓄著清朝形式的長辮。[9]他們說他們遭到國姓爺俘虜，被監禁在這艘船上，結果船隻遇海盜攻擊，遭縱火焚燒，然後便這麼漂流在海上。於是，卡烏對這四個人特別照顧。船隻上的其他漢人都被當成奴隸，一旦「病重得教人作嘔」就拋進海裡，[10]但這四個人卻受到衣食招待，並且被帶到台灣。就在哈梭威爾啓航之前，他們被送上了他的旗艦，以備他一旦需要與滿人交涉，即可將這四人送上岸去，藉以「證明我們的善意」。[11]

這四個難民對哈梭威爾說，他們認得這座海灣。實際上，他們的家就住在這附近。他們說，那座附有城堡的城鎮叫作永寧。這座城鎮由清朝掌控，而且他們說他們甚至還知道城堡指揮官的姓名。哈梭威爾認爲這時候沒有辦法送他們上岸，因爲風太強，浪也太大。此外，他最優先的職責是完成任務，救出台灣北部可能已經即將餓死的荷蘭人。於是，他在日誌裡記載了這起事件，然後下令啓航。

不過，上天顯然要他待在這裡。風比先前更強，將他吹回了海灣裡。這一次，他看見海灣裡有三十艘武裝唐船。就在他航進海灣的時候，其中一艘戰艦駛到他的旗艦旁邊。戰艦上的船員做出威脅的手勢，叫嚣著要他立刻離開。哈梭威爾遵從了他們的要求。

但風卻第三次迫使他航入海灣裡。這一次，他彷佛認定命運要他待在這裡，而堅決航入海灣深處，在水面比較平靜的地方下錨停泊，然後派遣船上的小艇載著兩名清朝難民前往那座城鎮。隨著小艇駛近海灘，一群人也聚集了過來。他們似乎非常歡迎這艘小艇。

但不是每個人都那麼開心。一群唐船從一個小灣裡冒了出來，駛向哈梭威爾的船隻。兩艘小艇划到船隻旁邊。小艇上坐滿了人，而且他們抓住懸吊在船側的繩索，似乎打算爬上船。他們聲稱他們想要做生意，但哈梭威爾認爲他們的態度熱切得令人不禁心生懷疑。他這時才意識到他們都蓄著長髮，於是警告他們退開。他們放開繩索，把小艇划離船邊，高呼說他們晚一點再過來做生意。但他們沒有回來。

不久之後，一艘搖搖擺擺的船隻乘著上下起伏的波濤而來，原來是那兩名難民帶著清朝的使者前來與哈梭威爾見面。那些使者說永寧的指揮官看到荷蘭人來到這裡非常開心，也很希望與他們見面。此外，使者也向哈梭威爾提出警告，指稱海灣裡的船屬於國姓爺所有，已經在這裡搶劫掠奪了一段時間。

哈梭威爾派遣兩名荷蘭人上岸，分別名叫赫特與克雷沃克。赫特是助理商務員，是荷蘭東印度公司管理階層當中最低階的人員，克雷沃克則是會計。他們以爲這項任務很快即可結束，當晚就能夠回到自己平常的職務上。然而，他們卻被帶上了一場深入清朝中國的旅程，艱辛地行經一座接一座城鎮，最後拜見了清朝當時最有權勢的人物之一：駐守福建的靖南王耿繼茂。那時，他們不禁認爲自己恐怕永遠無法回去了。

永寧

他們的冒險之旅展開得轟轟烈烈。就在他們準備划船上岸的時候，一支國姓爺的艦隊擋住了他們的去路。哈梭威爾下令開火。這雖不是一場規模宏大的戰役，但威力強大的舷側大砲不但驅走了國姓爺的船隻，也讓清朝的指揮官印象深刻，因爲他一直無法控制自己城牆外的那片水域。赫特與克雷沃克划著小艇穿越了翻騰不已的海浪。

他們兩人帶著通譯與白旗踏上沙灘，隨即有騎在馬上的人員下馬來歡迎他們，並且獻上座騎供他們騎入城裡。赫特與克雷沃克謙辭他們的好意，但終究還是在他們的堅持下爬上那奇特的馬鞍，被人帶著沿著海灘騎向城牆。[12]

就中國的標準而言，這只是一座小城鎮，一座不起眼的偏僻聚落。但看在荷蘭人眼裡，卻是極爲宏偉壯觀。[13]防禦工事占地極廣，城垛令人嘆爲觀止，射擊口也大得足以讓一個人站立其中。城牆外，漁夫與農夫的小屋叢聚在一起，城鎮後方的番薯田則是向內陸延伸好幾英里遠。

他們騎馬穿越一座破舊的大門，踏上髒亂的街道。婦女站在門口盯著他們看，懷裡抱著孩童。鎮上的百姓看起來都很窮——渾身又髒又臭，蓄著剃光前額的清朝髮型。這裡的房屋很奇特，由石塊與黏土砌成，還混進了各種古怪的材料：地磚碎片與小石頭。在部分街道上，半數的建築物都已破敗不堪，牆壁坍倒，紅瓦屋頂也塌陷了進去。看來這座城鎮遭受過攻擊，而且攻守雙方必然曾在街道上激戰。赫特與克雷沃克並不知道，但這座城鎮在一六四七年曾經發生過一場惡名昭彰的大屠殺，當時清兵攻進這裡，殘殺了數千人。[14]這裡沒有什麼商業活動的跡象，只有少數幾個賣菜和賣魚的攤販——這點頗爲令人失望，因爲他們兩人原本想利用這個機會奠定基礎，與中國建立基本商品的常態貿易，最終目的則是擴展至貿易中國的絲綢與瓷器。

指揮官的官邸位於城鎮中央，比鎮上其他房屋都宏偉得多。其中的主要接待廳陳設著供來賓歇息的桌子，前方矗立著手持武器的高大人像石雕，充滿異國風情的美感。指揮官邀請他們坐在他右側的椅子上，並且有人向他們說這是只有顯貴要人與來自遠方的友人才享有的禮遇。主人招待了茶，然後赫特與克雷沃克展示了他們帶來的禮物：幾疊幾內亞的亞麻布、印度的布匹，還有一個象牙盒子，裡面裝著一個日晷、一只羅盤和一瓶西班牙美酒。[15]

他們的通譯不太行，但他們還是設法表達了感激之意，感謝對方願意讓他們進入海灣避風，接著又說他們若能經常到清廷控制的港口購買補給品，對荷蘭人將會非常有幫助。此舉將有助於他們對抗荷蘭與清朝共同的敵人國姓爺。赫特說，荷蘭人在台灣打的勝仗已經削弱了國姓爺的勢力，他的部隊也只剩下原本的一半而已。也許荷蘭人與清朝可以合作。清廷若能在中國沿岸發動一場強烈的攻擊行動，就可能一舉徹底擊敗國姓爺。[16]

這項提議立即產生了效果。那名指揮官取出一枝毛筆和幾張紙，寫了一封緊急信函給他駐在地方首府泉州的上司，距離這裡只有幾個小時的路程。寫完之後，他請赫特與克雷沃克簽上他們的姓名。他們照做了。接著，他又想到請他們自行寫一封信。他們也依言照做。[17]

他們一同進餐，由三十個左右的僕人服侍上菜。這大概是赫特與克雷沃克長達幾個月以來享用過最美味的一頓餐點，但他們在用完餐後卻滿腹憂慮，原因是他們要求返回船上，他們的東道主卻搖頭拒絕。原來剛剛的餐點只不過是點心而已。他的僕人已開始準備正式的晚餐，還備有酒和餘興節目，以便「賓主同歡」。對方表示他們一定要住一夜，而且堅持一定要這樣。他們可以明天上午再回船上，等到他收到上司的回信之後。

赫特與克雷沃克解釋道，哈梭威爾的指示非常明確：他們必須在當天下午返回船上，以便他們的艦隊能夠在北風再次增強之前啓航出發。

然而，他們的主人說，晚宴的錢已經付了，而且是專爲他們準備的。他們要是現在離開，未免太過無禮。此外，他說，他們一旦離開，就可能不會再回來。這麼一來，他將惹上麻煩，因爲他的上司可能會認爲這些荷蘭人是來刺探情報的間諜。

他話說得相當重。赫、克兩人只好同意待下來，寫了一份語氣充滿焦慮的短箋給哈梭威爾：「我們謙辭婉拒了一次又一次，但爲了公司著想，我們終究還是無法拒絕他，只能明天再回船上。」[18]

晚宴非常豐盛，美酒佳餚取用不盡，是他們這五個月來不曾有過的享受。不過，哈梭威爾的回信卻破壞了他們愉快的心情：「我們一點都不樂於聽聞你們留在陸地上的消息。這座海灣裡有許多可能攻擊我們的唐船，誰曉得我們待在這裡會發生什麼事情？」[19]

第二天早上，他們醒來之後收到的消息更是令人不安：「泉州長官」堅持他們一定要立刻去見他。他們隨即與哈梭威爾商議。哈梭威爾雖然滿心不情願，卻還是同意他們必須要去。不過，他說，你們一定要在明晚之前回到船上來。[20]清朝官員說這點絕無問題，於是赫、克兩人便在二十名衣著光鮮的人員陪同下一起騎馬出了城門，還有一名服裝華麗的官員負責領路。[21]

泉州

這支隊伍穿越了番薯田與長達幾英里的稻田，其間夾雜著不少村落。他們在傍晚來到寬闊水淺的晉江，由一座古老的石砌長橋過江，砌橋的石塊每塊長二十至三十英尺。[22]他們抵達泉州的時候，城門已經關上了。他們在一間賓館過夜，卻因北風不斷滲入室內而難以成眠。

第二天一早，他們的抵達在泉州城裡掀起了一陣騷動。一大群人跟著他們，爭相目睹這兩名異鄉來客。地方長官的衙門坐落於城內深處。他們被人帶著穿越了好幾個房間，才終於來到一座大廳，裡面有個人盤腿坐在一個天鵝絨座墊上，另有一排顧問也以同樣的姿勢坐在他的左側。他們以歐洲人的方式向他行禮，然後站了一會兒。有人在地上鋪了一塊蓆子，然後請他們坐下。他們坐了下來。那群人似乎在等待著什麼。一會兒之後，樂聲響起，他們在別人的告知下才知道是地方長官的副手抵達了。那人的排場相當盛大，帶著一大群隨員，顯得威風凜凜。

面談開始了。赫特與克雷沃克說他們航入深滬灣，是爲了將荷蘭人從國姓爺手中救出的四名清朝子民送回家鄉。既然來到這裡，他們也決定順便與清廷建立友誼，看看是否有可能在清廷控制的港口購買糧食，甚至與清朝協同對付國姓爺，由雙方對他共同夾擊。他們說這只是初步的提議。他們還得回到船上，設法救援他們的同胞。

對方的回答卻令他們驚愕不已。那人說他們不能返回船上，必須立刻前往福州謁見他的上司福建總督。他們對此提出抗議，指稱他們沒有獲得授權繼續待在陸地上，當晚就必須回到船上。此外，他們也沒有準備要謁見像總督這樣的尊貴人物。他們說：我們甚至沒有足夠的衣物「妝點我們赤裸的身體」。[23]那人試圖安撫他們，指稱前往福州的路程只要三天。他們一再反對，但那人卻不肯再聽。

他們被帶到一棟大屋子，據說是招待達官貴人的處所，也是他們當晚過夜的地方，可他們卻不得休息。消息傳了開來，所有人都想看看他們，和他們說話，並且摸摸他們、戳戳他們。「說來荒謬，許多人爭相拉扯我們的衣服，以致我們不禁擔憂自己將沒有完好的衣物可穿。」[24]

一群軍官打斷了這樣的鬧劇，開始向他們質問有關國姓爺部隊的資訊：他的海軍規模有多大，部隊的狀況如何。荷蘭人在台灣有幾艘船隻，能夠從日本與巴達維亞派遣多少船艦前來，這些船艦何時能夠抵達？荷蘭人在台灣有多少士兵，熱蘭遮城堡又有幾門大砲？赫特與克雷沃克誇大了荷蘭部隊的實力以及在台灣打下的勝仗。那群軍官取出一張紙，要求他們畫出熱蘭遮城堡的模樣，他們便接過毛筆，盡力畫了出來。

軍官離開之後，那些好奇拉扯他們的民眾隨即再度圍攏上來，而且擠得水泄不通。赫特寫道：「我們都快要不能呼吸了。」[25]赫特與克雷沃克關上門，但群眾卻撞破了門。他們退到另一個房間，群眾跟著又推擠進來，抓扯著他們的衣服。「這些令人苦惱的訪客不斷湧入，一直持續到夜裡。事後我們仍然不得安寧，換成我們的守衛、通譯和僕役繼續騷擾我們。我們晚餐只獲得很少的餐點，但我們認為這純粹是僕人的錯，因為那些官員所下的命令並非如此。」[26]

第二天早上，清朝官員要求他們準備上路前往福州。官府準備了特殊的交通工具——有蓋的轎子——於是他們即可舒適地坐在轎子上，由四個人抬著走。他們的嚮導說，如果他們寧可騎馬，那也沒有問題。騎馬的速度會比較快，但是赫、克兩人說他們不想製造困擾，而且反正乘轎或騎馬對他們而言都沒有差別，所以只要他們的東道主覺得方便就好。經過一連串的延遲之後，他們的轎子終於被人抬著穿越了泉州的街道。

赫特與克雷沃克對於當地的道路頗爲讚嘆，因爲路面平整，又保養得相當良好。不過他們的進展卻非常緩慢。他們一再接到招待他們共同進餐喝茶的邀請，他們也覺得自己不能拒絕這些善意。「他們以超乎尋常的友誼款待我們，我們只能以感激回報。」[27]有時候，他們被迫接受漫長盛大的接待儀式。在一座城鎮裡，他們獲得一隊士兵迎接。只見部隊立正站定，高舉旗幟，手持武器。[28]當地的最高官員邀請他們到他的官邸去。他們予以謙辭，但他堅持要他們接受他的招待。他安排他們坐在他身旁，招待他們茶水與餐點。與他相處了兩個小時之後，疲累的赫、克二人又獲邀前往他副手的家中；對方的邀請極爲熱情，他們根本無法拒絕。那名副手極爲善飲，「而且飲酒也是這些人非常熱中的活動」，[29]一再幫他們斟滿杯子。「酒精衝進了我們的腦袋裡，我們醉得眼前一片迷茫。」[30]這場宴會至少持續至午夜，但他們的東道主終究帶他們到了歇息的小屋，給了他們「舒適的被褥」。於是，頭昏腦脹的他們終於得以躺下來睡覺。「老實說，我們寧可早點睡，實在不想一杯接一杯地喝他們的劣酒。」[31]

不過，他們對滿洲人的印象很好。「他們是和善爽朗的民族，」赫特寫道：「平常飲酒其實相當節制，只有招待客人的時候例外。」[32]「他們身穿厚重的長袍，手臂底下與右胸都有鈕子。至於帽子，他們戴的是有多種顏色的絲質無邊帽，上面附有絲綢或毛皮裝飾。他們剃光頭，只有後腦蓄著一條髮辮，捲起來用小針固定住。他們反著佩劍，劍柄向後，我們佩劍的方式則是劍柄朝前。」[33]

儘管如此，赫特與克雷沃克還是盡可能趕路，只要得知不必交際——例如有個地方官因為臥病在床而無法接待他們——就不免覺得如釋重負。他們越過美麗的小溪，穿越滿是稻田的平原。他們對農夫的勤奮印象深刻，土地的每個角落都受到精心照顧。但他們也不禁困惑，不懂得這麼豐腴的土地為何牲畜這麼少。荷蘭的鄉間滿是豬、羊、牛，但他們在這裡看到的只有拉犁的牛隻和許許多多的鵝與雞。

他們當初被告知這場旅程只需時三天，結果他們到了第六天才抵達閩江。他們可以看見巨大的福州城矗立在對岸，映襯著背後的青山，包圍著厚實的城牆。

福州

他們搭乘渡船過江，穿越一道位於兩座堡壘之間的石門，以為自己進入了福州，但經過別人說明之後，才訝異地得知他們根本還沒進入主城區。[34]他們被人抬著不斷往前走，行進在一條筆直繁忙的道路上。赫特寫道，這條道路極長，「我們覺得似乎永遠走不到盡頭」。[35]這裡是福州的商業區南台，位於福州城區之下。

接著，他們又抵達了另一條河，他們稱之為「下江」，對岸即高聳著福州城區的城牆。一大群武裝唐船停泊於城牆下，約有六十艘，其中有些體積非常大。他們被告知這支艦隊正準備與一支龐大的陸上部隊共同對國姓爺發動攻擊。荷蘭人也許可以挾著他們威力強大的海船加入這場攻擊行動。

赫、克兩人被抬著走過一道石橋，心中盼望著也許能夠與福州建立商業關係。「在我們跨越之處，這條江看起來水很深，而且又通往海洋，距離約十一荷蘭里（七十五公里）。我們認爲我們的船隻能夠駛入這條江，因爲我們在江上看見的唐船也相當大，而且能夠一路航行出海。」[36]

他們被抬進一道門，接著穿越一座廣場，然後又進入另一道門。他們看得嘖嘖稱奇。赫特寫道：「這是一座美麗、龐大又宜人的城市，擁有高雅的建築與非凡的商店，販賣著各式各樣的商品。」[37]這裡的人口也非常密集，成群的「旁觀者與拉扯衣服的民眾」聚集在他們身周。

到了傍晚，他們才終於被帶進一幢巨大建築裡的一個陰暗大廳。一個人盤腿坐在一面牆邊的一張椅子上。他就是福建總督李率泰。在他左側，一排顧問坐在地上。赫、克兩人脫下帽子，對他磕了三個頭。[38]李率泰吩咐他們戴上帽子到他面前。

他仔細看了看他們兩人，然後下了一道命令。他的顧問群隨即站起身，拉起長袍，走到他的另一側。僕人在那些顧問原本端坐的地方鋪上一張地毯，讓赫、克兩人坐下。一張桌子搬了進來，放在李率泰面前，他便開始獨自進餐。他吃完之後，又有更多桌子搬了進來，他便邀請這兩位賓客用餐。赫特與克雷沃克用起筷子來想必頗爲笨拙，因爲李率泰要他們不必害臊，按照他們自己的習慣進餐即可。[39]

用完晚餐後，他取出一件歐洲船隻的模型，問說荷蘭人的船隻是不是這一種。沒錯，他們答道。接著，「不曉得是爲了取樂還是想要看看我們是否語言互通，」他召來了一名通曉葡萄牙語的非洲小丑。[40]那名小丑問赫特與克雷沃克來自哪個國家，以及他們爲什麼來到大清，結果他們兩人答稱他們早已告知了總督閣下，不認爲有必要再次重複自己說過的話。

然後，李率泰便示意面談已經結束。他說，他們明天與鎮守福建的靖南王見面，屆時再談通商的問題。[41]赫、克兩人被帶到一座馬廄，得知這是他們當晚將就過夜的處所。他們對此表達抗議，於是被帶到一個沒有牆壁的房間，接著在進一步抗議之後，才又換到另一個「很小的房間，但至少可讓我們免於好奇群眾的騷擾」。[42]

第二天，他們一早就被叫醒，還被告知必須趕緊著裝，以便謁見靖南王殿下。[43]他們匆忙做好準備，隨即到室外與他們的護送人員會合，認定他們會立刻被帶到靖南王殿下的宮殿。然而，他們卻遲遲等不到護送人員出現。不久之後，他們就遭到一群強勢的群眾團團圍住，那些人並且開始摧殘他們的裝扮：「我們的帽子被扯了下來。他們抓著我們的短刀、上衣、襪子、鞋子——我們身上的一切物品，無論多小都不放過。要不是我們強力阻止，他們必定會把我們身上的所有東西搶走。他們不斷抓拉撕扯，以致我們的衣服都變得襤褸不已，布料面目全非。」[44]

他們「在這狼口當中」受困了一個小時。[45]等到他們終於啓程之後，卻又被一群服飾光鮮的騎兵擋住，聽著那些士兵厲聲高吼要求眾人讓道。赫、克兩人的護送人員趕緊將他們帶進鄰近的一間屋子，結果他們從屋裡目睹了一幕難以置信的壯觀景象：絲綢旗幟、金杖在地面上拖行敲擊、高高舉著的傘、以書法字體寫著警語的標示牌，還有各種樂器發出響亮的尖嘯。在這支遊行隊伍的中央，可以看到一座華麗的暖轎，裡面不曉得坐著什麼神祕人物。在整個遊行隊伍結束之前，所有人都不敢出聲說話。事後，他們才得知那是整個清朝帝國權勢第三高的人物。[46]赫特與克雷沃克對於他們遇見的人，大部分都沒有留下中文或滿洲姓名，因此我們無法確知那座暖轎裡的人物究竟是誰。

最後，他們總算抵達了靖南王的宮殿，被人帶著穿越一個又一個房間，然後來到一間華美的大廳，只見靖南王殿下獨自一人坐在一張黃金座椅上。他的右側擺著十張類似的椅子。坐在寶座上的人物就是靖南王耿繼茂，是清帝國裡最尊貴的人物之一。他的家族是最早降服滿洲人的一個漢人家族，與明朝作戰已有數十年之久。現在，他駐守福建，奉命與李率泰一同消滅國姓爺。

赫特與克雷沃克不但遲到，也沒有攜帶禮物或信函，又穿著一身破爛的衣衫。他們磕了三個頭，然後依指示上前，坐在寶座前方沒有鋪設任何墊子的地板上。

靖南王開了口。通譯翻譯著他的話語：「你們是荷蘭人，對不對？」「是。」赫、克兩人答道。「我知道你們所言不虛，」他說：「因為我見過你們國家的人，在我駐紮於東京的時候。你們到過東京嗎？你們的國家在那裡待過五年，對不對？當時那裡負責的荷蘭人是誰？」

這段問話相當奇怪。我們今天稱為北越的東京並非清朝領土，且荷蘭人在那裡從事的通商活動也非常有限。就他們所知，並沒有人在那裡見過清朝的官員。他們不曉得為什麼，但清朝的官員總是一再問起東京，並且對他們的回答顯得困惑不已。「在泉州，」清朝官員透過通譯對他們說：「多年前曾有白人在前往北京的途中經過泉州，而那些白人就是來自東京。」[47] 他們不懂為什麼這些官員認為他們與那些來自東京的白人是同一國人。

赫特與克雷沃克盡力回答靖南王的問話。他們說自己從沒到過東京，但就他們所知，荷蘭人在那裡通商過十至十二年。他們努力回想在那裡主持過貿易站的荷蘭人姓名：凱瑟（Keijser）、德福格特（de Voogt）與巴倫（Baron）。但靖南王對他們的回答顯然並不滿意。

他們不曉得的是，通譯口中所謂的「東京」，其實是誤譯。清朝官員詢問的地點實際上是廣州——中國最重要的海港之一。荷蘭人曾在六年前派遣一支外交使團拜訪廣東的清朝地方政府，當時耿繼茂與李率泰都派駐在那裡。由於外國人難以區辨，又善耍陰謀詭計，因此他和其他清朝官員才會一再想確認赫特與克雷沃克和他們在廣州從事過貿易的那些西洋人是否屬於同一個國家。直到事後，赫、克兩人撰寫著這場任務的報告之時，才意識到這項錯誤。這點註記於報告的頁緣，當時報告早已寫成，而且至少已經謄錄過一次。[48]

儘管他們的通譯一再將廣州誤譯爲東京，這場會面的結果卻令人充滿希望：耿繼茂提議清朝與荷蘭結盟。他向他們告知，他與手下的將領正準備對國姓爺發起大規模攻擊行動，並且說他希望荷蘭人能夠在海上發起協同行動。

赫、克二人說，他們相信台灣長官必然會很樂於這麼做，因爲他絕對想要採取一切可能的措施以消滅卑鄙的國姓爺。他們說：「我們的船隻已經在他的岸邊巡航，致力於摧毀一切屬於國姓爺的物品，而我們在巴達維亞的長官閣下也無疑會在來年派遣一大支艦隊前來。」[49]

赫特與克雷沃克請求靖南王殿下寫信給揆一。他說他會這麼做，福建總督李率泰也會。

接著，僕人以一只金壺爲他們斟上了茶。茶喝完之後，靖南王殿下即示意會面結束。

他們成功了。儘管沒有攜帶禮物，儘管身上的衣物破爛不堪（而且可能也氣味不佳），儘管他們的通譯連越南和中國都搞不清楚，他們卻還是爲一項重大協議奠定了基礎。

現在，他們需要做的就是趕在哈梭威爾拋下他們之前回到船上。

辭別

他們一心想要趕快離開。哈梭威爾命令他們在陸地上只能待一天，還說他們要是遲到，他可能就會丟下他們自行出發。然而，他們已經在陸地上待了一整個星期。他們實在不想被困在這個整天不斷有人拉扯他們衣服的國度裡。

他們向靖南王告別之後不久，卻聽聞他希望他們在福州待到他自己準備南下攻打國姓爺的時候。這個消息令他們深感震驚又苦惱。他們的護送人員試圖安撫他們，指稱靖南王再過幾天就要動身，但赫特寫道：「我們深知這麼一場旅程的狀況——即便花上一個月的時間都不一定能夠順利完成。」[50]他們在焦慮當中度過了一夜。

第二天早上，他們總算鬆了一口氣。前一天聽聞的消息原來只是謠傳，他們根本不必繼續待在福州。李率泰為他們送別，招待他們喝了熱茶，還送了他們一人一件滿人長袍，並且敦促他們立刻換上。他們照著做了，但後來埋怨說這兩件長袍「品質很差」。[51]一名小男孩走了出來，是李率泰的兒子。赫特與克雷沃克給了他幾枚銀幣，一面說他們希望自己身上還有更多銀幣可以給他。李率泰交給他們兩封信件——一封是他寫的，另一封是靖南王耿繼茂寫的。他們向他道謝，然後道別。

回程的旅途不像來時那麼隆重。李率泰說會準備簇新的暖轎載他們回去，但這樣的暖轎卻沒有出現。赫特猜想是「被他的僕人私下圖利賣掉了」。[52]他們乘上來時所搭的舊轎，開始踏上歸途。他們來時一切吃用都不必付錢，現在卻是什麼都要錢，「而且接待者招待的飲食也遠遠不及先前那麼慷慨」。[53]有時候，原本應當接待他們的人反倒避不見面。赫特寫道，他們「害怕我們會依照他們的習俗向他們索取禮物，因爲他們先前承諾了各種大禮，儘管我們一再說我們不要禮物，只想與靖南王殿下好好見個面」。[54]他們每到夜宿地點，一臉尷尬的嚮導就只能帶著他們一家家去敲門，卻又一再被告知沒人在家。「但我們沒有因此感到沮喪，」赫特寫道：「因爲這麼一來，我們即可如我們所願盡速趕路。」[55]

結果，他們的速度確實非常快，第五天就通過著名的洛陽橋，回到了泉州，並且遇見那個促成這趟冒險之旅的人：永寧的指揮官。「他一看到我們，就立刻學著荷蘭人的方式向我們舉帽致意，只是距離遠得多。他和我們打招呼的態度非常熱情，彷彿我們是親人一樣。」[56]他說他到泉州來看看到底出了什麼問題，確認他們爲何那麼久沒有回來，擔心他們遭到了國姓爺的海盜或是老虎襲擊。他說哈梭威爾每天不斷詢問他們的消息，也愈來愈氣急敗壞。赫特與克雷沃克聽說哈梭威爾還沒離開，得知自己第二天就可見到他，不禁鬆了一口氣。

第二天早上，永寧指揮官到住宿處來接他們，帶同他們騎馬到泉州外牆上的一幢建築物，因爲他在這裡還有點事情。他們看著他對一群顧問吼叫了一會兒。然後，他轉向他們，在他們的脖子上戴上刻有滿文的銀牌。他們後來埋怨說這些獎章「薄得風一吹就彎折」。[57]不過，他們還是樂於知道自己很快即可回到永寧，騎馬只需幾個小時的時間。

不過，他們的喜悅立刻就被澆了一盆冷水，因爲有個使者正在這時抵達，向他們說哈梭威爾的船隻已經離開了海灣。哈梭威爾在啓航前送了一封信上岸：

尊敬的兩位先生：我們殷切等待著你們的歸來，卻遲遲等不到兩位的身影，也看不出這樣的等待是否有結束的一天……因此，任務迫使我們結束在此處的漫長逗留，而必須再度出發……我們若是遭到強風所迫，也許會再回來，但若是沒有，你們就必須待在這裡……直到情況允許船隻前來接你們走。請注意你們的言行，以免爲我們的國家或公司惹上惡名或麻煩。[58]

這封信伴隨著一個盒子，裡面裝了一些錢，但是不多，因此哈梭威爾在信裡指示他們仰賴滿洲人的招待，並且將他們的花費記錄下來，以便公司能夠在日後向他們的東道主償還這些開銷。此外，他也告誡他們「生活要節制，以免費用累積得太高」。[59]他最後署名自稱爲「你們忠實的朋友」，並且提及這封信寫於哈塞爾特號上，「停泊於永寧城前方，準備揚帆啓程。」[60]

赫、克兩人收到這項壞消息的時候，距離永寧只有幾個小時的路程。赫特的記述言簡意賅，只說收到這封信件「一點都不愉快」。[61]不過，接著又有一名使者來到。一艘荷蘭船隻折返了回來，停泊在海灣裡。他們還是有機會上船。

他們在刺骨的寒風中催騎奔行。他們接近永寧的時候，遇到了不少帶著行李包袱的人，他們說他們要離開永寧，原因是靖南王耿繼茂的大軍將在不久之後抵達，他們害怕部隊會占用民房、搶奪他們的財物、強暴他們的妻子。沿海地區的百姓在這場漫長的戰爭中飽嘗了苦頭。[62]

赫、克兩人在傍晚抵達海灣。哈梭威爾的旗艦停泊在水面上，旗幟飄揚於風中。赫特寫道，這幅景象「讓我們欣喜不已」。[63]由於浪濤太大，無法划船出去，因此他們過了焦躁不安的一夜，滿心害怕哈塞爾特號拋下他們自行啓航。

不過，到了次日早晨，哈塞爾特號仍然停泊在海灣裡。他們划船穿越大浪，帶著一名從福州伴隨著他們回來的清朝官員，只見他有點承受不住海上的顛簸。他們登上帆船之後，哈梭威爾發出三聲砲響向這名臉色已經白得發青的官員致敬，並且從他手上接過耿繼茂與李率泰的信件。[64]這名官員強烈表達了想要離開的意願之後，便獲贈一具望遠鏡與若干精美的布匹，然後划船返回了岸上。[65]

赫特與克雷沃克向同袍展示他們的薄長袍與錫獎章。他們述說了他們的經歷，對自己未能針對中國內陸及其人民的狀況提供更多細節表示歉意。他們說，他們身上沒有筆和紙，也只偶爾能夠取得幾張宣紙寫下一些筆記。[66]

這場意外的使節之旅帶來了絕佳的結果。赫特寫道：「我們感謝神……儘管我們在如此狼狽的情況下出現於那裡，最後一切卻達成了如此令人滿意的結果。」[67]如果不是惡劣的天候迫使他們靠岸，這一切絕對不可能發生；此外，要不是惡劣的天候迫使哈梭威爾返回海灣裡，他們也不會有機會回報這項成果，因爲哈梭威爾並不是爲了他們而回頭的。他之所以回到海灣內，純粹是因爲風太強、浪太大，導致船隻無法繼續北上。

這艘船在返回台灣的途中差點翻覆，[68]但終於安然抵達，而熱蘭遮城堡的居民聽到這項「出乎意料而且令人驚喜的消息」都歡騰不已。[69]

揆一興奮地閱讀了靖南王耿繼茂的信件：

舉世皆知荷蘭人在戰爭上的輝煌成就。諸位一旦協助我們徹底消滅那個凶惡的海盜，你們的成就將會被記載在萬世的歷史中，貴民族也將更加名揚四海。我的總司令李率泰和我也將在近期內深入那個海盜的地盤，到處對他發動襲擊，設法摧毀他。我現在向各位透露這項消息，以便你們能夠派遣海軍在海上發起協同攻擊行動。如此一來，我們即可一舉結束這場戰爭。70

這項消息非常令人振奮。荷蘭人如果能夠與清軍充分合作，即有可能扭轉戰爭態勢，打敗國姓爺。此外，軍事上的合作也可能帶來實質上的利益：「我們雙方一旦共同贏得這場戰役，我們將把（荷蘭人）的功勞置於我們之上，屆時你們將可獲得皇帝的親自表彰與豐厚的獎賞。」

按理說，揆一與他的同僚應該會竭盡全力設法與清兵合作。實際上卻不是如此。揆一與他的同僚陷在遭受圍困的悲慘生活中，相互之間深深猜忌，以致在爭吵當中虛度了時光。

窩裡砲

軍擾者，將不重也……吏怒者，倦也。

——孫子，《孫子兵法》

閱讀荷蘭人的官方紀錄，通常可以在數百頁的篇幅當中感受到他們冷靜審慎的稟性。但在一六六一年的冬天，祕書的筆下卻充斥著忿恨與仇怨。

我們讀到揆一對他的一名高階軍事指揮官甩了一巴掌。他說他之所以如此憤怒，原因是那名軍官答話過於傲慢。我們讀到一名備受尊敬的年長軍官，名叫烏德宏上尉（Herman van Oudhorn），在下城的公共廣場上大聲斥責揆一。他吼道，城堡內的軍事人員都遭到了迫害！配給官對水手有求必應，工作那麼辛苦的士兵卻備受歧視！憑什麼水手要多少米酒就有多少米酒，士兵卻連一點都得不到？不該是這樣的。更重要的是，這一切都是揆一的錯，而且他也不該那樣掌摑凡艾朵上尉（van Aldorp）。這種事情就是不應該。揆一要是有種，就這樣對待他看看。他絕對不會隱忍退讓，而會抽出匕首，直接指著揆一的鼻子，揆一要是不相信就儘管試試看。

這場謾罵是由酒引發的，原因是配給官拒絕把烏德宏的杯子斟滿。[1]酒醉叫囂在當時相當常見，因爲那時候喝酒比喝水安全。不過，烏德宏的謾罵卻深具威脅性。他是城堡裡階級最高的軍事指揮官，而且他斥罵的音量大得幾乎所有人都聽得到，尤其是躺在教堂與倉庫裡的病患與傷患。可想而知，揆一對此頗感不安。於是，他下令將烏德宏驅出福爾摩沙議會並且予以起訴。[2]

把一群人放在一個滿是屎尿味的狹小空間內，剝奪他們的糧食，並且在長達幾個月的時間裡不斷以砲火和警報聲打斷他們的睡眠，他們自然不免變得煩躁易怒。等到船殼破漏的哈塞爾特號回到台灣之際，熱蘭遮城堡裡的狀況已經有如煉獄一般。

那年冬天很冷，薪柴又極爲匱乏，以致士兵有時候連米都不能煮。[3]由於沒有蔬菜可供摘採，因此幾乎所有人都罹患了壞血病，導致牙齦出血，或因腳氣病，導致肢體腫大。在停泊於外海的船艦上，水手更是病得連錨鏈的絞盤都轉不動。[4]熱蘭遮城堡的居民大約每七人就有一人臥病在床——實際上是臥在地板上，因爲充當醫院的倉庫與教堂裡根本沒幾張床。[5]人員死亡的速率極快，以致揆一和他的同僚還不得不簡化立遺囑的手續。[6]

上廁所也充滿了危險，因爲主要的廁所位於城牆外面。由於國姓爺的大砲在北線尾沙洲上虎視眈眈，天氣又冷得難以忍受，因此大多數人都乾脆褲子一拉、上衣一掀，就在鄰近的角落小便，完全不理會禁止便溺的高額罰金。[7]有些人則是來不及到廁所去，甚至連趕到夜壺旁邊也來不及——因爲腹瀉的狀況極爲常見。各式各樣的疾病都猖獗不已。

「這裡什麼都缺，」揆一的祕書寫道：「也非常昂貴。」[8]士兵與東印度公司的職員仍領有米和鹿肉的基本配給，高階人員又稍微多一點——也許還有紅酒和培根。不過，幾乎所有人都必須購買糧食以補不足，而牛油與糖等基本食品又因太過稀少，以致不再有人販賣。[9]揆一的祕書寫道：「這場戰爭已經導致這整個社群陷入赤貧與極度匱乏。大多數人連日常需求都幾乎無法滿足。」[10]

就連富人也不免破產。拔鬼仔的遺孀原本相當富有，但她和大部分的中上階層人士一樣，因爲與漢人商人從事投機事業而耗盡了錢財。她和她先生曾與何斌——就是爲國姓爺呈上台灣地圖而引發了這整場戰爭的那個人——有過大量交易。她對何斌的財產擁有留置權，這些財產包括熱蘭遮鎮上的兩幢大石屋與赤崁附近的大片土地。然而，那兩幢房屋遭到鄭軍占據，土地也被國姓爺的士兵開墾。她龐大的財產化爲烏有，以致無法向債權人還款。[11]

過去協助殖民地興盛繁榮的貸款網絡已然化為烏有。揆一與他的議員宣布實施利息假期措施：從戰爭開始以來所累積的利息一律歸零，所有人也都不得在帳目上添加利息或是要求債務人支付這些利息。[12]然而，他們對最基本的問題卻無能為力：殖民地的財富已毀於這場戰爭，而且城堡裡的人都餓著肚子、營養不良，又飽受疾病之苦。

大多數人連喝個酒都不行。酒價飆漲得極為嚴重，士兵光是買一壺品質最低劣的米酒（一壺約等於一公升半），就得支付十四或十五先令，約是一般水手半個月的薪資。[13]若是放在今天，就像是花五百美元買一手啤酒一樣。

城堡裡的軍民原本預期東印度公司的日本商館每年派往台灣的艦隊能夠帶來更多補給品，結果卻大失所望。這些船隻上幾乎沒有木柴，原因是幕府將軍為建造新宮殿而將木料購買一空。這些船隻雖然運來了米、小麥、硬麵包、糖、醃魚、葡萄柚與蔬菜，但數量都很少。[14]而且，船上也沒有清酒——「我們原本對此懷有熱切的盼望。」[15]結果，就連每日配給的少量米酒都遭到了取消。[16]

揆一派人出外採集糧食與薪柴，此舉雖然有些幫助，卻也代價高昂又危險。在其中一次的任務裡，亨德里克森（Daniel Hendrickson）——就是在揆一那場愚蠢襲擊當中遭遇爆炸而失去了兒子的那位探訪傳道——登上外海的一座小島，試圖向島上的原住民購買補給品。他憑恃著自己的語言天分，認為自己懂得對方的語言，能夠與他們溝通無礙。結果，「他遭到大批武裝的原住民攻擊殺害。他們割下他的頭、他的雙臂、雙腿，還有其他身體部位，甚至包括內臟，然後舉行了一場慶祝儀式，任由他的軀體躺在地上」。[17]

出逃

熱蘭遮城堡內的所有人都想設法離開「艱苦而悲慘的台灣」，但是卻沒有什麼理想的逃離管道。[18]投靠敵人是一個選擇，但是並不容易。在冬天之前，只有一名東印度公司的職員投入國姓爺的陣營，就是在七月叛逃的那個滿口污言穢語的瑞士人。自此之後，揆一就在城堡南邊設置了巡邏騎兵。一名打更人在鼓聲中宣布指出，現在城堡周圍都設立了界樁，如果有人未經許可越過這些界樁，就會被視爲逃犯並處以叛國罪。一整個夏季，荷蘭陣營不再有人逃往鄭軍陣營，反倒是漢人開始投靠荷蘭人。

然而，在十月底一個寒冷又風大的日子，叛逃趨勢卻逆轉了。兩名東印度公司的職員跑過一座沙丘，經過舊醫院，來到鄭軍的一個哨所。他們獲得衣食的招待，然後被帶去面見國姓爺。幾天後，這兩個人出現在城堡外的平原對面，身上穿著昂貴的金色袍子，試圖引誘他們原本的同志加入他們的行列。我們得到的待遇非常好，他們高喊道，只要有人願意過來，就可以吃到新鮮的肉，還有喝不完的米酒。你們要是不來，我們不久之後還是會再見，不過到時候你們就得眼睜睜看著我們搜括你們的財物了。[19]

有些人接受了這項邀請：一名來自哥本哈根的丹麥人、一名來自西發里亞的日耳曼人、一名來自圖爾奈（Tournai）的華隆人，還有來自海牙與阿姆斯特丹的荷蘭人，都隱身在長草當中潛逃出去。[20]卡烏認定這些人都是毫無價值的人渣：「他們叛逃沒有其他原因，只是因爲賭博與喝醉酒而已。這些活動在城堡裡已經極度盛行……令人見之聞之不禁訝異。許多士兵將一天的薪水、甚至好幾個月的薪水……押在一次擲骰遊戲上，就這麼一舉輸光。」[21]他不認為這些叛降人士對國姓爺會有任何用處，也注意到國姓爺不再像先前一樣，讓最近的這些叛降者穿上絲袍到城堡前「嘲笑羞辱我們」。他猜想，可能是「因為他不信任他們，懷疑他們投靠他（只是因為賭輸了錢或喝醉了酒而已）」。[22]

但這樣的趨勢相當危險。每個叛降人士都可能向敵人透露資訊，現在至少可以確定國姓爺已經知道了熱蘭遮城堡內的狀況有多麼窘迫。

那些「人渣」也許可以逃跑，但其他人卻必須找尋其他方式離開。婦孺、遺孀以及「缺乏生產力的奴隸」都被鼓勵離開，被送上船隻，載往巴達維亞。[23]許多漢人也被送到巴達維亞，例如在夏季期間投入荷蘭陣營的叛降人士，但不包括戰前的漢人俘虜。這些俘虜原本都是有錢人，之所以遭到監禁，原因是荷蘭人懷疑他們與國姓爺有聯絡，加上他們也欠荷蘭人太多錢，所以不可能放他們走。[24]有幾個東印度公司的主管人員獲准離開，例如一位名叫巴里（Michael Baly）的助理商務員，因為他臥病在床，他的太太又懷孕。[25]

不過，大部分要求離開的人都遭到了拒絕。舉例而言，卡烏就提出這樣的要求，指稱他想離開不是為了自己的私利，而是考慮到公司與荷蘭的整體利益。畢竟，揆一不肯讓他領導任何戰役，而卡烏認為自己在巴達維亞比在台灣更能對公司做出貢獻。他說他總是把公司置於其他一切之上，包括他自己，並且承諾說他一旦返回巴達維亞，一定會向他們說明台灣的狀況，爭取他們派遣援兵。揆一也許心知卡烏對他的領導能力不會有什麼好話，因此拒絕了他的要求。[26]不過，卡烏沒有放棄。他聲稱自己奉有密令，必須返回巴達維亞。揆一要求卡烏出示這些密令，但卡烏說揆一沒有資格這麼要求，他對自己必須奉行哪些命令非常清楚，而且他既沒必要也不打算出示或談論這些命令。[27]這樣的回答絲毫無助於他達成離開台灣的目的。

出使清朝的機會

揆一與眾位議員決議派遣一支使節團出使清朝，於是許多人都爭相自願前往。他們聽過赫特與克雷沃克講述滿洲人有多麼好客，也見到了他們帶回來的長袍與獎章。他們要是與國姓爺交上手，說不定還能帶來榮譽。別的不提，出使清朝至少有可能吃得到新鮮食物。

卡烏立刻表示自願指揮出使船隻，揆一和其他人也看不出有什麼理由拒絕他。卡烏有個名叫卡森布魯的朋友，則自願擔任大使。他的階級很高，原是準備取代貓難實叮擔任台灣地方官的人選。由於他第一個自告奮勇，而且與他地位相當的人員也沒幾個仍保有健康的身體，因此順利雀屏中選。[28]

不過，幾天後就出現了爭吵。卡森布魯對揆一說，他至少需要四名士兵擔任儀隊，「以便與該國的顯貴要人會面時，能夠彰顯我方應有的泱泱風範，因為那些異教徒似乎非常重視這種東西。」[29]揆一說卡森布魯頂多只能帶兩名士兵。卡森布魯說，這樣他頂多只能算是個較為體面的信差，既然如此，還不如直接挑個低階人員就好。他們的會談化為一片怒吼叫罵。

哈梭威爾尤其氣憤不已。他早已累積了許多不滿。他要求揆一讓他離開台灣已有數月之久，也提醒揆一說上次他請求離開台灣的時候，揆一卻是命令他在颱風季節駕著一艘船殼破漏的船隻出航。哈梭威爾認爲從中國帶回好消息的人是他，所以揆一也許會終於同意讓他離開。不過，揆一又再次拒絕了他的要求。

哈梭威爾認爲，如果他不能帶著家人返回巴達維亞，那麼至少該讓他率領前往中國的使節團，因此對於卡森布魯獲選的結果憤怒不已。「你知道我從很久以前就想離開這艱苦而悲慘的台灣。你一再吊我的胃口，讓我一直抱著希望，以爲自己下次提出請求也許就可獲准。這場該死的戰爭已經對我造成極大傷害，所以我現在決心一定要離開，以便保護及保全我的家人。」[30]他再次要求揆一讓他離開台灣，並且提出警告：「你要是認定我必須待在這裡，那麼我就必須抗議你挑選卡森布魯出使福州的不當決定。他這個人任性又不守規定。多虧上帝的幫忙，這是我經過許多障礙與困擾之後所發現的事情。所以，如果你決定不讓我回巴達維亞，那麼出使韃靼人（即滿洲人）的任務就應該交給我。」[31]

哈梭威爾指稱卡森布魯獲選擔任大使是一項「不當」的決定，激怒了卡森布魯與卡烏，卡烏於是要求將他們的感受列入紀錄，做爲日後懲戒哈梭威爾的依據。揆一則是不喜歡卡烏，對卡森布魯深感憤怒，又與哈梭威爾意見不合。

當下，揆一命令哈梭威爾與卡森布魯離開會場，然後與剩下的議會成員決議這兩人都不得前往中國，另外挑選一個「地位較低的人」。[32]他們「經過一番吹毛求疵」後挑出的這個人，[33]竟是福爾摩沙祕書。這是一項令人震驚的決定，就像美國決定派一名中階外交隨員與中國的外交部長舉行重要會議一樣。

除此之外，內鬥也虛耗了許多時間。清朝方面的信件送達之後，揆一與眾人花了幾個星期的時間才終於確定人選，而且事後還得從事實際的準備工作。他們必須到倉庫裡翻找禮物：如高級紅色毛織品、丁香、檀香木與高級印度棉花等熱帶奢華商品。[34]滿洲人喜歡荷蘭槍枝，因此他們加上了一把高級來福槍與兩把手槍。靖南王殿下曾對荷蘭馬鞍表達興趣，但台灣已沒有新的馬鞍，因此議會決定向卡森布魯購買，出價七十五里爾，相當於荷蘭水手年薪的兩倍。[35]也許他們是藉此補償卡森布魯無法擔任使節的損失。

揆一和其他人也必須列出詳細的購買清單，指明使節團在中國應該購買哪些補給品。從這些清單當中，我們可以看出熱蘭遮城堡內的居民在物資上有多麼匱乏：五十桶米酒、一百個鐵壺與鐵鍋、三百個瓷器餐具、五百個盤子、五百個中型碗、十部碾米器、一百張製鞋用的獸皮、五十斤鞋帶、一千雙尺寸適合的棉襪、三十擔書寫紙、木材、小釘子、雞、鵝、豬、葡萄柚、蒜頭、蘿蔔、洋蔥、鐵。[36]

最重要的是，他們必須向靖南王撰寫官方信件，而且語氣必須帶有適度的自信與樂觀：

> 我們欣然得知殿下即將派遣大軍攻擊國姓爺那個海盜。在台灣，我們每天都致力打擊他，因此他的實力已然削弱不少，相信殿下在中國必然已經注意到了這一點。我們預計再過幾個月即可將他逐出這裡，在他本身的領土上繼續追逐他。當然，前提是他的領土屆時還沒有被殿下徹底攻占。[37]

航向中國

卡烏終於得以划船前往他的旗艦，是在一個冷冽晴朗的美好上午。可惜卡烏沒有早點出發（兩星期以來的天氣都非常理想），因爲那天下午，就在工人把最後的貨物搬上船之後，天色就暗了下來，同時也開始刮風。[38]艦隊在原地等候了幾天，才認定出航的風險降到可以接受的程度。不過，艦隊一駛出視線之外，天氣就跟著變了。[39]揆一與眾人一齊祈禱：「願最高的領航者引導我們的船隻，讓他們的旅程平安順利。」[40]

然而，至高的領航者卻有意掀起風暴。「風力愈來愈強，」卡烏在日誌裡寫道：「把我們的主帆吹得破爛不堪。」[41]海水也開始「憤怒翻湧」。[42]他在澎湖群島下錨停泊，盼望天候改善，但強風肆虐不停。接著，天空「爆發了真正的風暴」。[43]海面堆起白沫巨浪，「令人望之生畏。」[44]此外，天氣也非常寒冷，以致只有薄被可蓋的船員都紛紛生病。

一艘、兩艘、三艘船隻被風浪吹離停泊處，消失在黑暗當中。卡烏的旗艦也開始漏水。[45]纜索斷裂，丟失了錨。船員努力讓船隻停泊於原地，因爲他們知道船隻一旦開始漂移，就會被吹往南方，再也無法駛回中國沿岸。然而，海浪愈來愈高，船隻也有被錨鏈拖下水底的危險。船員疲憊不已，愈來愈多人都因此病倒。卡烏認定「繼續對抗上天、天氣與強風是徒勞無功的事情」。[46]於是，他下令返回台灣。

然而，他的船隻沒有回到台灣，而是被遠遠吹到了西南方，船艙裡還淹了四英尺的水。他的領航員說他們絕不可能抵達台灣。[47]「因此，」卡烏的祕書寫道：「我們前往中國沿岸的壯舉無從實現，只能就此放棄，對於公司與受圍困的台灣人員實是一大損失。」[48]

卡烏歸咎於天氣，但其他人卻把過錯歸咎於卡烏頭上。揆一後來下筆指稱卡烏「沒有忠於他的任務」，指控他一直就想返回巴達維亞，只是正好找到了天氣這個藉口而已。[49]卡烏在巴達維亞的上司總是習於把問題歸咎於自己以外的所有人，後來也抱持類似的意見：「看來他並非因不得已而放棄前往中國沿岸的任務。」[50]卡烏率領的五艘船隻確實有兩艘航抵中國，在深滬灣下錨停泊了六天，最後才放棄而返回台灣。史學家對卡烏也不友善。他們採取揆一的觀點，指稱卡烏「不忠實」，並且指控他刻意放棄自己的任務。[51]

無論如何，卡烏航越平靜溫暖的海域前往巴達維亞，一面請求派遣緊急援兵赴台，一面抱怨揆一的領導表現。但是已經太遲了。國姓爺已經粉碎了城堡最重要的防衛設施，多虧一名日耳曼酒鬼的幫助。

最後一戰

日耳曼中士羅狄斯在一個寒冷的十二月午後決定背叛他的同志。他喝醉酒睡了一場午覺之後，醒來便一把抓起槍，對他的室友說：「燒些熱水，我要出去打些獵物回來。」

「好，」那人說：「射準一點。」

羅狄斯背起槍，走過廢棄的醫院，前往海灣沿岸。不過，他沒有停下來射擊海鳥。他在寒風中繼續向前走，經過牡蠣聚生處，經過舊墓園的所在地，再經過第一座空無一人的漁村。直到他走至第二座漁村原本的所在處——現在設立了一個崗哨——他的同志才看出他的意圖。他們派出騎兵追捕他，但已經太遲了。他抵達了國姓爺的營地。

揆一認為羅狄斯的叛國行為導致他們輸掉這場戰爭：

羅狄斯把國姓爺的注意力引導到城堡後方山丘上的那座碉堡，並且指出碉堡底下的城牆較為脆弱。那裡的城牆非常低矮，從碉堡即可看見城牆內的士兵。由此可知，國姓爺只要能夠攻下碉堡，控制那座山丘，城堡裡的所有人都將無可自保，甚至根本無法繼續待在城堡內……一旦取得那座山丘，漢人即可躲在碉堡內自我防禦，不但極為接近上城的城牆，而且又不怕城堡內大砲與火槍的攻擊。這個褻瀆神明又狡詐的人物向異教徒國姓爺提出了以上這些以及其他許多建議，不但造成許多基督徒喪生，也導致了台灣領地的崩毀。[1]

史學家向來接受揆一的說法。[2]然而，國姓爺與他手下的將領都精通於陸地戰爭，在中國也曾攻下數十座寨城，難道眞的需要聽從一個日耳曼酒鬼的話才懂得攻打山丘上的碉堡嗎？當然不是。我們先前看過，國姓爺早就認知到那座碉堡的重要性，在羅狄斯叛降之前就曾試圖加以摧毀。揆一也許是刻意誇大羅狄斯扮演的角色，藉此推卸自己丟掉台灣的責任。畢竟，叛國賊是個極具說服力的藉口。

不過，揆一不是熱蘭遮城堡裡唯一歸咎羅狄斯的人。瑞士士兵海卜脫自行寫道：「這時候，我們的一名中士連同另外三名士兵投靠了敵軍陣營，告訴他們可以先攻打碉堡。」[3] 海卜脫是個普通的士兵，與揆一及其他荷蘭領導人大概不會有什麼直接接觸。既然他也得出與揆一相似的結論，可見得羅狄斯的叛逃被普遍視爲這場戰爭的轉捩點。

羅狄斯和其他投靠國姓爺的叛降人士不一樣，不像卡烏所鄙視的那些人渣。他是中士，是城堡裡的高階人員。國姓爺雖然不是從他身上獲得攻下碉堡的構想，但我們後續將會看到，他協助國姓爺達成了這項目標。

是什麼動機促使他背叛自己的同志？關於他的紀錄少得令人懊惱。我們知道他來自斯圖加特，是一名經驗豐富的指揮官，在來到亞洲之前，曾在歐洲參與過不少戰事。最引人好奇的是，有些記述指稱他是個嗜酒而浮誇的人，儘管這些記述出自一個痛恨他的人物筆下。羅狄斯曾經試圖殺死此人，這人也予以回敬。

這人就是梅氏，亦即在這場戰爭中協助國姓爺測量海岸及評估稻田面積的那位勘查員。到了這個時候，其他俘虜幾乎都已喪命，不是餓死就是遭到處死。但梅氏和另外少數幾人卻因爲他們的專業技能而得以保住性命。他們住在東都明京，深受挨餓之苦，卻又不敢向漢人要求糧食，因爲他們上次只不過想求些米，他們的看守人就連見都不見他們，只派了僕人帶著七顆酸檸檬送到他們的門口。[4]

羅狄斯叛降之後不久，就出現在梅氏的住處。他身穿絲袍，皮包裡滿是銀兩，聲稱自己是雙面諜，揆一祕密派他過來「取得國姓爺的首級」，並且釋放梅氏及其他荷蘭俘虜。他說接著還會有八十個人過來，每次兩、三個，協助他從內部推翻國姓爺。爲了表示他的眞誠，他給了梅氏幾枚銀幣。

不過，梅氏在不久之後就發現羅狄斯其實想要陷害他。有些來自澳門的葡萄牙老年人（也許是漢人混血兒）與梅氏頗爲友好。他們長年事奉國姓爺，但因在菜園裡從事他們不習慣的繁重工作而疲憊不已。「這些可憐的傢伙，」梅氏寫道：「因爲與我們談及荷蘭的宗教而對我們相當友善。他們發現我們也是基督徒，同樣有舊約和新約聖經，也和他們一樣有主禱文，而不禁訝異不已。因此，他們幾乎什麼事情都會告訴我們。」[5]他們說羅狄斯曾在與國姓爺共進晚餐的時候，站起身來宣稱梅氏非常危險，應該立刻將他處死。所幸，國姓爺只笑了笑，答稱梅氏只是個微不足道的小角色，根本不必擔心。

這不是梅氏第一次遭到叛降人士的威脅。幾個月前，另一名叛降人士也試圖向國姓爺告知梅氏推動了一項祕密陰謀。不過，那次那個人說的話確實沒錯。卡烏的艦隊抵達之後，梅氏派了一名信使——就是我們先前提過的那個全身赤裸泳渡海灣的人——到熱蘭遮城堡告訴揆一怎麼攻打東都明京。然而，葡萄牙通譯都拒絕將那個人的話翻譯給國姓爺聽，因此梅氏也就安然無事。梅氏擔心那人可能會向別人透露這件事情，考慮自己是否該直接向國姓爺提起這件事，搶先抹黑那人的名聲，指稱有關派人游泳前往熱蘭遮城堡的陰謀乃是謊言。「不行！」葡萄牙人說。國姓爺要是聽到這種事情，不論是出自梅氏還是別人口中，一定會立刻將梅氏釘上十字架。[6]

現在，換成羅狄斯陰謀對付他，而且還比先前那人更加危險。

梅氏立刻加以回敬。他的日記裡對於這起事件的細節雖然著墨不多，但他報復羅狄斯的方式似乎是藉著告訴別人（再透過他們的嘴傳到國姓爺耳中），指稱羅狄斯曾向他說他到東都明京來是爲了要取得國姓爺的首級。

他們兩人都沒能害死對方，但羅狄斯占了上風。在他投靠鄭軍的一個月後，有一天他醉醺醺地來到梅氏的門前，聲稱國姓爺是他的國王，對梅氏說：「你是個精明的鳥兒，很精明。我好幾次想要逮住你的陰謀詭計，[7]可是一直逮不到。你說我想砍我國王的頭，你知道那都是騙人的。可是現在已經太遲了，我已經讓荷蘭人不得不獻出城堡投降，任由我的國王處置。」[8]

他說的確實沒錯。到了這時候，揆一與他的同僚已然準備投降。他們爲什麼會淪落到這樣的地步？羅狄斯把功勞攬在自己身上的說法是否合理？

攻城準備

根據梅氏的記載，在一六六一年十二月，東都明京大部分的人都認爲國姓爺沒有立刻攻擊熱蘭遮城堡的計畫，而是打算利用剩餘的冬天（亦即南台灣的乾季）進攻大肚王，也就是那個曾經屠殺了國姓爺手下數百名官兵的原住民統治者。對熱蘭遮城堡的最後一擊，將在春天的濕季開始之後才會展開。

然而，國姓爺改變了主意，原因是有些剛從中國來到台灣的人士透露說：「哈梭威爾會見過滿洲人，送了他們十箱黃金、二十四件荷蘭高級羊毛織品，還有其他珍稀物品，並且請求對方提供援兵，清朝也予以同意，承諾出動一支七千人的部隊，現已即將登船出發。」[9]國姓爺不可能知道這項消息其實不盡眞確。哈梭威爾雖與滿洲人取得聯絡，但清朝方面其實沒有承諾提供任何援兵。

於是，國姓爺召集了手下官員。他們商討籌畫了兩天，然後漢人就立刻收到砍樹的命令，還必須將木材運到東都明京。木材運到之後，便製作成砲架，用於架設幾個星期前才從中國運來的四十三門大砲。這些都是巨型火砲。梅氏看到堆在大砲旁的砲彈，估計其中有些重達二十四磅，有些二十八磅，有些甚至可能還更重。這些砲彈的大小與熱蘭遮城堡內的砲彈相比毫不遜色。梅氏向人詢問說這些大砲是怎麼來的，從而得知是國姓爺的父親在一六四四年於澳門請葡萄牙人鑄成的。

農夫與木工忙著製作砲架，原住民則是搬運大量的竹子到東都明京，製作成沙籃屏障。百姓也奉命必須收集一切的鐵，鎔鑄成砲彈與霰彈。[10]

在海灣的對面，揆一與他的同志看著敵軍士兵將大砲搬出北線尾，裝上船。他們看著這些大砲被運至熱蘭遮鎮，沿著街道推過來，砲口全部對著城堡。[11]在一個烏雲密布的日子，八百名中國士兵從窄峽行軍前往荷蘭人仍然稱爲「第二漁場」的地方，儘管那裡的漁民早已逃亡一空，而且他們的小屋也都被風暴夷爲平地。士兵在寒風中展開旗幟，架起帳篷。有些荷蘭人覺得自己瞥見了大砲的蹤影。[12]揆一的祕書寫道：「他們無疑計畫著什麼事情。」[13]一名投靠荷蘭陣營的漢人確認指出，國姓爺打算對城堡發動強攻。[14]

在一個晴朗的一月天，國姓爺從他的都城親自騎馬沿著海岸南下。那是一幅耀眼奪目的景象。四十名騎兵與一支六十人的儀隊圍在他身邊，還有另一支四百五十人的精銳部隊——由剩下的兵員當中精心挑選的菁英——跟在後方。[15]國姓爺涉水過了窄峽，然後北上抵達新設的營地。[16]

一筏筏的竹子被人用篙撐著越過海灣，沿著過去的渡船航路抵達熱蘭遮鎮。[17]這些竹子都製作成攻城梯與沙籃，而沙籃更堆疊起來形成屏障。一開始，這些屏障與上次國姓爺試圖攻破荷軍陣地的時候所設置的地點相同：在市集以南的平原上，就在東印度公司原本的木材堆置場後方。這點並不太令人憂心，反正荷蘭人上次就成功抵禦了來自那裡的攻擊。

不過，荷蘭人在一個風大的早晨醒來之後，卻發現碉堡西南方一百碼處的沙丘上出現了一座新的砲台。那座沙丘不像碉堡所在處的沙丘那麼高，但所在地點仍是個深具威脅性的位置。揆一的祕書描述為「就在碉堡底下」。[18]

更令人不安的是那座新砲台的設計。以「難以置信的速度」建造而成的這座新砲台，正是軍事工程師所謂的「半月形堡壘」，也就是一座自給自足的新月狀堡壘。這乃是文藝復興堡壘的招牌特徵。

揆一派騎士出去調查。他們發現數百名漢人躲藏在砲台後面，並且看到羅狄斯在砲台上。[19]原來，這名日耳曼叛降人士扮演的角色不是為國姓爺規畫戰略，而是擔任戰術與工程方面的顧問。上次國姓爺試圖攻下碉堡，結果受挫於荷蘭工程師的傑作，在他們新建的砲台防守下而導致砲火完全發揮不了功效。國姓爺因此放棄，但如果是荷蘭的指揮官，必然會繼續堅持下去。歐洲攻城之戰的特徵就是漫長緩慢的攻守之舞。歐洲的指揮官都知道，要攻下一座文藝復興堡壘，就必須建構龐大的攻城工事，規模不下於他們打算攻下的堡壘。然而，國姓爺卻是遵循孫子的格言：**夫兵形象水，水之形，避高而趨下，兵之形，避實而擊虛**。[20]他改採另一項策略，企圖控制水道以封鎖熱蘭遮城堡。不過，荷蘭人在海灘上另築一座新的堡壘，又挫敗了他的計策。

不過，現在羅狄斯幫他設計了歐式的攻城工事。熱蘭遮城堡打不到這座半月形堡壘，而且堡壘裡一旦架滿了大砲，即可集中砲火直接轟擊碉堡。

「由此只能得出一個結論，」揆一向緊張不已的議員們表示：「國姓爺終於決定要實現他長久以來的威脅了。」[21]他向軍官尋求建議。[22]「也許我們可以攻打那座新砲台？」「不行，」他們答道：「攻打那座砲台需要四、五百人，這樣我們就沒有足夠的兵力防守城堡。」[23]「我們能否先發起一輪砲擊，摧毀那座砲台？」「不行，」他們答道：「因爲火藥存量太少，而且我們也必須把手上的火藥留下來防備敵軍進擊。」[24]「也許我們可以從海上攻打那座砲台，把船停泊在沙丘另一側而發動砲擊？」「不行，」船隻的指揮官答道：「我們所需的攻擊位置正好有一大片淺灘，以致船隻與砲台的距離太遠，即便是用我們最重的大砲，也打不到。」[25]

他們別無選擇，只能加強城堡的防衛。揆一下令將最後僅剩的婦孺送到船上去。[26]他原本也考慮將公司的財物運上艦隊，但後來決定不這麼做，以免動搖軍心。[27]他把四個月分量的糧食送到碉堡，以防碉堡與城堡之間的聯絡遭到切斷。[28]他命令工人以鐵釘與木頭製成尖樁，置放在壕溝裡，還有碉堡與海灘上那座木製堡壘的前方。[29]爲激勵士氣，他向碉堡與海灘上那座堡壘的守軍表示，只要他們英勇抗戰，軍官即可獲得晉升，士兵也可領到額外的薪資做爲獎勵。[30]

鄭軍繼續著他們的準備工作，「像螞蟻一樣忙活於他們的新建工事之上」。[31]他們在傍晚工作，「該死的叛賊」則同時在鎮上以污穢的言詞謾罵詛咒，一路叫囂至天黑之後。[32]他們在晚上也持續工作，導致荷蘭人難以安睡，因爲「我們整夜都可聽到敵人忙碌喧嘩的聲響」。[33]

荷蘭人每天早上醒來，就發現敵軍陣地愈來愈逼近。砲台延伸至墓園與舊市集前方，厚十七英尺，高十二英尺。[34]構成這些砲台的沙籃據說塡有從墳墓裡挖出來的骨骸。[35]有些砲陣地比市集的牆壁還高。[36]唐船與舢舨航入水道，「歡欣鼓舞地妝點著旗幟」，停泊在北線尾沙洲的鄭軍堡壘前面，士兵則配備著劍、弓與斬馬刀，坐在地上凝望著城堡。[37]

攻擊行動

最後一場戰役始於一六六二年一月二十五日。早晨的太陽照耀著數百面飄揚在風中的鄭軍旗幟。這些旗幟飄揚在熱蘭遮鎮、沙籃屛障還有帆船與舢舨的桅杆上，但荷蘭人根本沒有心思欣賞這片壯觀的景象。

攻擊行動突然從四面八方一齊展開。唐船在水道上發動攻擊，直接航至城牆底下，荷蘭砲手無法驅走它們，因爲最精銳的砲手都必須在城堡的另一側抵禦猛烈的砲擊。然而，國姓爺的攻城工事挑選的位置極佳，城堡的大砲根本打不到。於是，鄭軍肆無忌憚地對城堡開火，從墓園，從市集，從木材堆置場附近。

殺傷力最強的是羅狄斯協助興建的半月形堡壘。那座沙丘上的砲聲怒吼不休。[38]國姓爺大多數的火砲都對準了碉堡。碉堡的城牆雖然厚達十英尺，但表面的白色灰泥已被砲火揭去，露出了底下的磚塊。在東都明京目睹攻擊行動的梅氏寫道：「砲擊不但猛烈，而且又持續不斷，以致碉堡的白色灰泥消失殆盡，顯露出一片紅色。」[39]碉堡頂端的主砲完全發揮不了作用，因爲城垛都被打掉，以致沒人敢上去操作大砲。

揆一完全無力阻止敵軍的攻勢。他寫道：「我們在城堡裡根本打不到敵人，因此他們肆無忌憚地不斷射擊，我們只能哀傷地看著我們的碉堡遭到摧毀。」40

碉堡的守軍停止了回擊。兩名士兵從屏障後方冒了出來，潛行爬上山丘，將火箭射入射擊孔內，看看裡面是不是還有人活著。射擊孔裡伸出火槍開始射擊。那兩名弓箭手隨即撤退，大砲接著又開始轟擊。

砲彈在牆上轟出了洞，屋頂也垮了下來。

砲擊再次停止。鄭軍手持長矛與梯子爬上山丘，打算攻進城牆。碉堡的守軍拋出手榴彈與惡臭彈，並以長矛與劍驅逐來犯的敵人。鄭軍兩度進攻，將梯子架上牆邊，但守軍也兩度將他們打了回去——也許是爲了獲得晉升與賞金而奮力抗戰，不過更有可能是純粹出於害怕。

大砲又第三度展開射擊。集中於碉堡的火力猛烈得令人震驚。梅氏指稱鄭軍在那天總共發射了一千七百枚砲彈；揆一的祕書估計有兩千五百枚。其中有些砲彈非常大，重達三十磅以上。大部分的砲彈都擊中了碉堡。41現代的研究者和揆一與梅氏一樣，對於國姓爺砲擊的猛烈程度也深感驚恐。台灣學者江樹生寫道：「這一天竟然多達二千五百發，當時眞是驚天動地的大事。以今天的大砲和技術，要在一天之內從二十八到三十門大砲發射二千五百發砲彈並不怎麼稀奇，但以三百年前的大砲和技術，於一天之內發射二千五百發砲彈，不得不令人驚嘆鄭成功軍隊的『現代化』。」42

到了傍晚，碉堡已完全寂靜無聲。揆一派遣一個名叫德羅爾（de Roer）的中尉率領三十名士兵前往探查狀況。他們發現七名漢人死在地上，碉堡內的荷蘭守軍大都受了傷，包括部分高階軍官與碉堡的砲長。德羅爾幫助他們以一根支撐梁修補了城牆上最危險的一處破洞，但敵人卻繼續轟出新的破洞。

到了晚上，碉堡的北、東、南三面牆壁都已被擊垮。揆一派出一名建築師傅前去查看。他回報說碉堡已經快要崩垮，而且敵人還不斷試圖攻進去。若要在碉堡內堅守過夜，未免太過危險。

轟然爆炸

揆一與眾位議員決定棄守碉堡，但命令德羅爾中尉為敵人留下一個驚喜。他和幾個人爬下碉堡的火藥地窖，在四桶火藥周圍布置霰彈，然後點燃了三條長長的引線。他們關上門，並且把門釘死。幾分鐘後，鄭軍便集結於碉堡周圍。幾個人冒險進入碉堡內，接著又有更多人進去。他們看見裡面沒人，於是將火箭射上天空，示意砲手停止射擊。國姓爺手下的若干高階將領走進碉堡，包括初夏以來一再壓制荷軍的馬信。就在他們四處查看的時候，他們收到一項救了他們一命的召令：國姓爺要他們返回營地慶祝這場勝利。[43]他們才剛離開，碉堡就爆炸了。

等到塵埃落定之後，剩下的只有一小片斷垣殘壁。

在城堡裡，荷蘭砲手一整夜都不斷瞄準喘息聲與挖掘聲。天亮之後，他們發現鄭軍已在碉堡的廢墟上建造了堡壘，一路延伸到沙丘底下，而且興建工作還接著持續了一天一夜。揆一的祕書寫道：「我們整夜都可以聽到敵人的聲音從四面八方傳來，儘管我們聽不出他們究竟在做什麼。」[44]

揆一召集會議。他們是否該從城堡裡砲擊國姓爺的攻城工事？不行，他手下的軍官答道，敵方的工事已經太厚實，我們剩下的火藥也太少，不值得這樣浪擲火藥。[45]若以步兵發動攻擊呢？軍官認爲這麼做也沒有意義。鄭軍的人數太多了：「就算敵人損失了一千人，他們還是不會放棄。但對我們而言，即便是極少數的人員損失也不免造成嚴重打擊。」[46]

就在這些頭戴昂貴帽子的高官商議討論的同時，奴隸與士兵則是「藉著勞動保暖」。熱蘭遮城堡的設計主要是爲了抵禦來自海上或熱蘭遮鎮的攻擊，但沙丘那一面卻缺乏防禦，城牆也非常薄弱。下城與上城的相接處，城牆的厚度甚至只有兩英尺左右。[47]揆一命令所有人撤出緊鄰這面牆的房屋，以便工人與士兵拆除這些房屋的屋頂，在裡面填入沙子，藉此達成增厚城牆的效果。[48]他們又拆了其他房屋，利用木板構築擋土牆，在裡面填入沙子。[49]其他工人則奉命以填了沙土的木箱在城牆上堆置成屏障。

士兵與奴隸的士氣都極爲低落。督導人員說他們非常懶惰。[50]督導人員承諾以米酒獎賞他們的勤奮工作，他們卻說他們寧可把米酒讓給督導人員，藉此換取休息。[51]揆一的祕書寫道：「我們在我們的人員身上雖然經常見到懶惰的現象，卻從來不曾像這個模樣。也許是因爲他們剛目睹了威力強大的碉堡，儘管擁有厚達十英尺的城牆，卻還是被夷爲了平地。」[52]揆一和其他人一同祈禱：「願全能的神賦予我們的人員勇氣與男子氣概。」[53]

不過，到了第二天早上，他自己也決定拋棄男子氣概了。原因是冬日陽光映照在四面八方的砲口上。鄭軍在城堡鄰近的原野上建造了一座新砲台，介於毀棄的醫院與市集之間。碉堡原本坐落處的沙丘頂端也滿是大砲，砲口全都對著薄弱的城牆。「在那座山丘上，」揆一的祕書寫道：「他們可以看見我們的腳底，可以對整座城堡一覽無遺，因此城堡內的人員根本無從掩蔽。」[54]

揆一召集了所有「合格人員」。隨著官員、職員與軍人依序走入會議室，一名信使卻帶來了令人憂慮的消息：荷蘭艦隊的指揮官表示，他要是看到鄭軍逼得太近，就會下令艦隊起錨駛離，「從而使我們處於極端艱困的處境，藉此降低我們獻城投降的意願。」[55]揆一派哈梭威爾前去了解狀況。

揆一展開了會議。會議一開始稍微展現了一點男子氣概。有些人指出，敵人的猛烈砲擊用掉了許多火藥，可能已經所剩不多，因此他們雖然在城堡的四周都架設了大砲，卻應該無法真的全部一齊開火，而可能必須將砲火集中於一處。就算對方真的攻破一面城牆，荷蘭守軍也可輕易阻止中國士兵闖入。他們也許還可抗拒國姓爺一段時間，巴達維亞的援兵也有可能在這段時間內抵達。倉庫裡的糧食還夠支持四、五個月。

不過，大多數人都已經喪失了繼續抗戰的勇氣。有人指出，倉庫已經遭到毀損，糧食可能不久就會霉爛，巴達維亞也不太可能會在這時派遣援兵，國姓爺說不定還有大量的火藥。何況他們也絕對無力阻止對方在薄弱的城牆上轟出破洞。他們要是選擇繼續抗戰，許多人將會被城牆爆裂而飛散出來的石塊與碎片砸死。這麼做未免太不明智，畢竟戰敗已是無可避免的結果。[56]

經過漫長的商議之後，他們共同祈禱，然後進行表決。所有人意見一致。他們將送一封信函給國姓爺，表示他們願意投降。[57]

只可惜國姓爺對於信函內容並不滿意。

投降

一個荷蘭士兵從城堡裡舉著白旗走了出來。鄭軍士兵興奮得在屏障後方不停跳躍。數百雙眼睛看著這名士兵走下石徑，在壕溝前方停下腳步，把裝有信函的竹筒插在沙地上。等他返回城堡之後，一名士兵才跑過去撿了起來。

信函內容簡潔扼要：

敬殿下：

閣下若是願意眞誠地就這座城堡簽訂條約，請以荷文回覆，置於石徑半途，同時也停止使用武器以及建造水上與陸上的進攻工事，並且約束所有人員待在堡壘裡，不得接近我們，否則他們將被視同敵人。

簽署者：福爾摩沙長官揆一

熱蘭遮，一六六一年一月二十七日[1]

國姓爺認爲揆一的語氣還不夠卑微，於是命人將梅氏找來。

深夜，梅氏位於東都明京的住處響起了敲門聲。對於僅存的少數幾名荷蘭俘虜而言，這樣的召喚令人深感恐懼，因為他們都見過自己的朋友遭到國姓爺的士兵斬首或釘上十字架。「每次我們當中只要有人離開，」梅氏寫道：「我們就認為他即將遭到處死。」每當有人受召之後安然回來，其他人迎接他的心情都「極為歡欣……以致我們都不曉得該怎麼表達心裡的喜悅」。[2]

梅氏被人帶著走入刮著風的夜晚，穿越東都明京的狹隘街道，在舊渡船碼頭爬上一艘舢舨，來到了國姓爺滿是蒼蠅飛舞的營地。[3] 國姓爺讓梅氏看了揆一的信函，然後說他希望梅氏能幫忙以荷文撰寫回信。

以下就是經過梅氏譯寫而成的信件：

大明招討大將軍國姓以此函致揆一長官及其顧問：我已收到你們的信件，但內容僅寥寥數言，語焉不詳，因此無法令我滿意。你們如果有話要說，盡可派遣有權人員過來見我。如果沒有，我也不在乎。我的武器將停火至中午，屆時你們就必須讓我知道你們的意圖。我命令梅氏以荷文撰寫此函，便於你們理解。[4]

這封信件交由叛降人士檢視，確認梅氏沒有在其中暗藏祕密訊息，然後才插在石徑上，以供荷蘭人於第二天早上拾取。[5]

天亮之後，梅氏又再次受召。他看到國姓爺站在長滿青草的沙丘上，手中握著弓。這位海上霸王有意炫耀武功。他射出三箭，越過山丘，落向海洋。

「最後一枝箭飛了多遠？」他問梅氏。

「約一百二十步，」梅氏答道。

「你猜得很接近，」國姓爺說。他騎上馬，緩緩馳入沙丘之間。梅氏和一群衛兵與僕人步行跟在後面。國姓爺在一片又長又平坦的沙灘上等著他們。

國姓爺的一名僕人取出三根短木樁，每根的一端都有一個硬幣大小的圈環，而且每個圈環都貼上紅紙。這名僕人跑到沙灘上，將三根木樁插在地上，排成一直線，每根木樁相距一百英尺。

國姓爺從箭袋裡抽出三枝箭，插在背後的腰帶上。他策馬奔馳，在海灘上愈馳愈遠，剩下小小的身影。接著，他掉頭馳向他們，一面從腰帶上抽出一枝箭，搭上弓弦，將第一枝箭射過那三個圈環，接著第二枝，然後第三枝。他射這三箭一氣呵成，絲毫沒有慢下馳騁的速度。

他在梅氏面前下馬，說：「你有沒有見過這樣的技藝？你自己做得到嗎？」

梅氏說他不行。

接著，國姓爺命令他手下的一名軍人向梅氏展示一項把戲。那人策馬全速奔馳，然後將一腿抽離馬鐙，越過馬背，一手持韁，直直站了起來，並且在馬兒奔過國姓爺身前的時候深深鞠了一躬。接著，他又再次從他們面前飛奔而過，這次卻是以頭下腳上的姿勢倒騎在馬上。

表演結束之後，國姓爺便命梅氏退下，騎馬返回他的帳篷。

國姓爺在下午再次召喚梅氏，這次心情卻非常不好。他前晚沒有睡好，被沙蠅擾了一夜。現在，中午的期限已經過去，揆一卻沒有送出回覆。他怒聲大吼，指稱揆一只是想要騙他，企圖拖延時間以便加強防衛。梅氏試著安撫他，對他說荷蘭人一定很快就會派遣使者過來，能否請他再稍待一會兒？然而，他們等到晚上，才看見兩個荷蘭人舉著白旗跑出城堡。國姓爺出於原則不肯接見他們，同時他們帶來的信件又惹得他更加氣憤，原因是揆一要求把城堡裡的財物帶回巴達維亞。

國姓爺寫了一封語氣強硬的回信：

我當初帶著大軍到來，只要求你們交出城堡，並未索求你們的財物……我數度提出這項要求，你們卻都沒有接受。現在，你們遭受圍困已有九個月，對於當前的狀況只能怪罪你們自己……為了維持我的大軍，並且將你們的碉堡轟成碎片，我花費了九個月的薪資與大量的火藥，更別提其他許許多多的花費。時至當今，我怎麼可能因為取得一座空蕩蕩的城堡而滿足？[6]

他把信送給揆一，然後命令梅氏陪他返回東都明京，指稱他不想再受到沙蠅的攪擾。船隻在黑夜中滑行於水面上，他向梅氏詢問了關於荷蘭的種種事物，但梅氏覺得國姓爺並不完全相信他的答話，例如他提到有時候一座荷蘭港口一天就會有上千艘船出海，前往世界各地的國家通商，而且這些船隻離去之後，港口內仍然還有無數的船隻，桅杆林立如森林一般。

國姓爺問他城堡裡有多少財物。梅氏說他認為揆一可能已經把大部分的財物都搬上了船，但國姓爺不同意。他說，城堡裡的士兵絕對不可能允許他這麼做，否則他們必定會覺得自己遭到了遺棄。

「此外，」國姓爺接著說：「如果城堡裡面已經空無一物，揆一怎麼可能花費那麼多力氣防守城堡，忍受叛降人士向我描述的那種惡劣狀況？」

梅氏對於自己能夠回到住處鬆了一口氣。接著，羅狄斯就醉醺醺地前來找他。他洋洋得意，誇稱自己讓荷蘭人跪地臣服，還說揆一交出城堡之後，國姓爺也不會就此住手。「不久之後，」他說：「我的國王就會到摩鹿加群島去拜訪你們這些荷蘭人了。」[7]

第二天，國姓爺回到滿是沙蠅的帳篷，寫了一封語氣嚴厲的信給揆一：

你若想把城堡連同裡面所有的物品交給我，那很好，只要一句話就行了。如果不想，那也沒有關係，同樣只要放一句話就可以……不過，你若眞心想要達成協議，那就請你拿出氣魄，別再一次只提出一個想法。我的目標是要攻下你的堡壘，將其夷為平地，你的目標是要保住城堡。在我開火之後，你隨時都可以來找我商談協議，不必害怕。我只是要讓你明白這一點。[8]

國姓爺還另外寫了一段文字，直接訴諸荷蘭士兵與軍官，並且命令梅氏以大大的正楷字母抄寫一份聲明，就像告示一樣：

我已開始從事攻下貴方堡壘的準備工作。事情為何會有這樣的發展呢？因為揆一與他的顧問拒絕把東印度公司的財物交給我……然而，這不是你們的過錯。低階軍官與普通士兵不該為此擔負責任。我在火藥、砲彈以及維持駐軍上已經支出了大筆花費，東印度公司必須以其財物補償我的損失。揆一的財物，以及其他高階領導者的財物，都將當成戰利品分給我的士兵，因爲這就是上天懲罰惡人的方式。不過，各位上尉、中尉、少尉、中士、下士與士兵在這一切當中並無罪過，因此你們的財物不會受到損傷，一點都不會。你們可以保有自己擁有的一切……揆一和你們的領導人對於錢財物品的重視甚於你們的性命，這樣是應該的嗎？他們到底是好人還是惡人？[9]

國姓爺命令梅氏坐在他跟前的地上，大聲唸出告示內容給其他的荷蘭叛降人士聽，確認文字正確無誤。接著，這份告示抄寫了幾份，製成標示牌設置在城堡周圍，從城牆內即可看見。這個手段相當高明。熱蘭遮城堡裡的士兵因此不再服從命令，不但不肯工作，還開始偷竊及破壞物品。[10]船上的士兵也出現了叛變的傾向。[11]

但揆一卻還是持續拖延。國姓爺再次召喚梅氏的時候，已然怒火沖天。那是個霧氣濃厚的日子，國姓爺站在一座沙丘頂端。梅氏爬上沙丘之後，國姓爺隨即轉過身來對他怒吼咆嘯，五官因憤怒而扭曲：「揆一耍了我！他應該現在就要提出答覆了！」只見他雙拳互擊，不停跳腳，高聲叫囂，飛沫四濺。他大叫著說他要再次開火，然後厲聲呼喚劊子手。梅氏聽到劊子手在他身後爬上沙丘的聲音。他不敢回頭，但感覺得到他們站在他身後，約有五、六人。國姓爺持續怒吼不休，梅氏滿心認定自己的頭顱隨時可能不保。

就在此時，兩匹馬從熱蘭遮鎮狂奔而來。馬信與另一名高級官員隨即下馬磕頭，彎伏著上半身，頭都半埋在沙地裡。「你們這些沒用的東西！」國姓爺吼道：「你們這些臭狗！」他們頭抵著地，默默接受他的謾罵。最後，國姓爺終於轉過身，大踏步走向他的帳篷。馬信爬起身跟在後面。梅氏看到他對著陰暗的帳篷裡說了幾句話，然後聽到一陣刺耳的笑聲。「梅氏！梅氏！」國姓爺高喊道：「你們國家的人真是善良誠實啊！」[12]揆一總算送來了一封辭氣恭順的信件：「我們同意將城堡與公司的財物交給殿下。」[13]劊子手走下沙丘，留下心有餘悸但終究保住了性命的梅氏。

接下來還有許多細節必須商議——究竟何謂公司的財物、揆一與高階官員可以帶走多少、公司的紀錄有哪些部分要留下抄本。但過了幾天後，在一六六二年二月第一天的傍晚，荷蘭人與中國人便在熱蘭遮鎮的一場露天儀式上訂立了和約，一方簽字，一方蓋印，雙方都鄭重宣示「依本國慣例」切實遵守和約裡的條款。[14]

雙方互換人質，以確保不會有毀約的情形發生。可憐的哈梭威爾中選，並且接受指示必須盡力找尋荷蘭人的妻子與兒女，說服他們返回巴達維亞。但他發現許多出生於福爾摩沙的妻子都不想離開。由於她們堅持不走，他於是對她們說國姓爺非常殘忍，習於殘殺他的俘虜與臣民。這樣的說法似乎沒有幫助。舉例而言，一名妻子說她寧可死在台灣也不願前往巴達維亞，哈梭威爾要是那麼擔心她那個擁有一半荷蘭血統的兒子，那麼他盡可將他帶走，儘管他才是個還在吃奶的幼兒。哈梭威爾向揆一回報這件事，揆一答道：「她既然說得出這種話，明顯可見她對自己的孩子多麼沒感情，這樣我們自然也可以輕易拋下她。」[15]也許揆一對自己加諸哈梭威爾身上的種種遭遇感到有些歉疚，因此給了他一瓶「好東西」。揆一寫信對他說：「希望你有機會喝了一點那瓶酒，更希望你已喝了不少，而對你的健康有所助益。」[16]

國姓爺沒有放梅氏走。一開始，他原本承諾會釋放梅氏，梅氏也爲此感謝上帝，覺得自己的際遇有如奇蹟一般。「三百人遭到殺害，只有三人活了下來，而我竟然是其中之一。讚美及感謝全能的神慈悲地協助我渡過這一切難關，並且奇蹟似地保護我免於這一切災禍，讓我得以重獲自由。」[17]

但當梅氏回到東都明京準備帶妻子與家人一同離開時，羅狄斯卻又醉醺醺地過來找他，說他不該這麼有自信，因爲對荷蘭俘虜而言，只要還沒上船，什麼狀況都有可能發生。此外，羅狄斯說：「就算你眞的返回了巴達維亞，也不該在那裡待太久，因爲國姓爺不久之後就會前去叩門，就像他叩了碉堡的門一樣。」梅氏寫道：「我沒有理會這個混蛋的污言醉語。」[18]

羅狄斯說得沒錯，什麼狀況確實都可能發生。國姓爺的怒火又再次被挑起，原因是揆一要求國姓爺必須先交還戰爭期間捕捉的所有奴隸，他才願意撤出城堡。國姓爺對著梅氏大吼，指稱和約裡根本沒有提及奴隸。如果有，一定是有人在他不知情的狀況下偷偷寫進去的，做出這件事的人應該立刻處死！由於梅氏參與了這份文件的翻譯工作，因此他心中的驚恐可想而知。於是，他懇求揆一重新思考自己的處境。揆一拒絕了。梅氏懇求揆一讓他留在城堡裡，因爲他確信國姓爺一定會殺了他。不過，他接著想起了自己的妻子。於是，他回到東都明京，在幾位官員的幫忙下平撫了國姓爺的情緒。[19] 後來揆一還是放棄了他對奴隸的要求。[20]

最後，梅氏的妻子與家人終於搭上一艘船隻，在強風中划往熱蘭遮。梅氏早已在城堡裡，協助何斌清點倉庫裡的物品：八十六桶培根、五桶牛油，以及其他各種物品不等。等到他們清點完畢，已是深夜時分。他震驚地發現裝載了他的財產的小船仍然停泊在城堡前方。沒有人幫他卸下物品，而現在天色又已經太黑。第二天一早，他和妻子醒來之後，發現那艘小船已經撞成碎片，他們的物品都不見了。只有少數幾件東西被海浪沖上了沙灘。

二月九日上午，地面仍因連日來的暴風雨而一片潮濕。這時候，熱蘭遮城堡裡響起了鼓聲。鄭軍深懷戒心地看著荷蘭士兵列隊出城，一個連隊接著一個連隊，旗幟飄揚，鼓聲不斷，火槍的引線燃燒著，每人口中都咬著一顆子彈。他們行軍至石砌碼頭，登上等待著他們的小船。揆一與一群顧問站在岸上，把鑰匙交給一名鄭方官員。然後，他搭上一艘小船，看著熱蘭遮城堡逐漸遠去。

國姓爺從遭到摧毀的碉堡騎馬下來，在城堡裡走了一遭。但他沒有待多久，害怕揆一會在裡面暗藏地雷。他堅持要求幾個荷蘭人在城堡裡待幾天，表面上的理由是爲了確認金銀的數量。羅狄斯勸他刑求他們，以便確定城堡內沒有炸彈，但國姓爺沒有這麼做。荷蘭人鄭重發誓說城堡裡沒有暗藏火藥，國姓爺似乎相信了他們。他們寫道：「比起那些叛降人士，我們的話在國姓爺殿下耳中似乎更爲可靠。」[21]

兩個星期後，艦隊揚帆啓航。

「就這樣，」梅氏寫道：「我們不得不離開熱蘭遮城堡與福爾摩沙島，使我們的國家在這東印度地區蒙羞，對我們的王侯與主人造成極大的損失，也使我的家庭因此破產。」[22]荷蘭帝國的這座美麗島嶼，這個「人間樂園」、[23]「王冠上最美的一顆珍珠」，[24]就這麼喪失了。

發瘋而死

圍城結束之後，國姓爺的心思並沒有因此獲得平靜。熱蘭遮城堡的倉庫裡雖然滿是財寶與糧食，數量卻遠遠不足以餵飽他深受挨餓所苦的部眾。他迫切需要米，卻遲遲不見中國運來米糧。他與身在廈門爲他擔任戶官的繼兄鄭泰意見不合。鄭泰自始就不同意攻台之舉，現在爲了證明他的論點，更是拒絕運送穀物至台灣。國姓爺憤怒不已，宣稱「戶失先定罪」。[1]鄭泰仍然繼續蔑視他，於是國姓爺命令他和其他仍在中國的人員，將家人親屬全部送往東都明京。他們拒絕遵守這項命令。一份中文文獻指出，台灣因此與中國徹底斷絕聯絡，從此沒有一艘唐船航往台灣。[2]

不過，必定還是有一艘唐船航越了台灣海峽，因爲一個身材高大、滿心驚恐的道明會神父——李科羅——在一六六二年初從廈門航行到了台灣。[3]李科羅原本在國姓爺位於中國大陸的基地牧養著他的一小群信眾，也努力阻擋國姓爺的兒子奪走他的教堂與財產，但沒有成功。就在這時，國姓爺突然召喚他前往台灣，而且沒有說明理由。國姓爺的臣民都深知他暴怒之下殺人不眨眼的脾氣，因此李科羅與哭著爲他送行的信眾道別之時，心中滿以爲自己是「被召去赴死」。[4]他平安抵達台灣，等著國姓爺接見，一面準備迎接死亡，同時也目睹了當地可怕的混亂狀況。舉例而言，一天午夜，有人敲了他住處的門，叫出與他同住的一個人，因爲他們必須執行國姓爺的命令：將國姓爺宮殿裡的若干婦女拋進海裡。

最後，李科羅終於得知了自己受召的原因。國姓爺要他前往菲律賓，要求西班牙人進獻貢品。國姓爺給了他一封信，要他交給西班牙總督：

從古至今，所有外邦向來都會承認上天挑選的王侯，而向他們進貢……我派遣這名神父前來說服你們臣服天意……每年向我恭順致敬……你們若不從命，我的艦隊就會立刻進攻，摧毀你們的堡壘、你們的城鎮、你們的倉庫以及其他所有的一切。[5]

這封信件警告西班牙人切勿犯下與荷蘭人相同的錯誤。「他們當初要是恭順地向我致敬進貢，說不定就可平息我的怒氣，而他們現在的處境也不至於這麼悲慘。」[6]

李科羅認爲國姓爺的要求是「一項野蠻又荒唐的舉動」。[7]西班牙人絕不可能順服他。如此一來，國姓爺將不得不發動戰爭，「以戰火與鮮血摧毀那些島嶼，把一切磚石都化爲灰燼。」[8]

的確，李科羅在幾個衣著華麗的漢人官員伴隨下抵達菲律賓之後，即發現西班牙人的態度極爲高傲強硬。馬尼拉市掀起一片騷動，暴民集結起來，聲稱要屠殺住在城牆外的數萬漢人居民。漢人於是組織民兵部隊自衛，不但殺害了若干非洲人與西班牙人，而且還攻擊城門。小規模的衝突此起彼落，也有砲響與溺水的情形發生。

李科羅與西班牙總督致力避免釀成殘殺事件，尤其一六〇三與一六三九年的慘案——數以萬計的漢人墾殖民眾遭到西班牙與菲律賓部隊追獵殺害——都還記憶猶新。李科羅喜歡漢人，不希望他們遭遇不幸的下場，因此親自前往城牆外的唐人街，以他流利的中文與當地的漢人頭家商談。

他和另一名教士對著一群爲數上千的暴民發言，請求他們放下武器。大多數人都接受了他們的請求，但仍有少數人抱持敵意。他的同伴遭到殺害，他自己也差點遭害，但終究還是「蒼白著臉」返回城裡，說服總督與西班牙軍事指揮官把漢人遣送出境，不要屠殺他們。他們被送上船，「船上裝載著滿滿的漢人啓航離開，猶如載運煤炭或薪柴一樣，人數多得無處可站。所有人像畜欄裡的羊隻一樣擠在一起，幾乎沒有空間可以操控船帆。」[9]西班牙總督寫了一封辭氣高傲的信件，李科羅並且自願將信件帶往台灣，儘管國姓爺曾說西班牙人要是拒絕他的要求，他就會殺了李科羅。李科羅說他已決心以身殉道。他搭上最後一艘駛離馬尼拉的唐船。

那是一場非常驚險的旅程。船隻一出港就遭到一場猛烈駭人的風暴襲擊。乘客被迫在菲律賓北部上岸，結果遭到當地的村民攻擊。他們再度上船之後，船隻又被吹離航線，只能在船殼漏水的情況下沿著危險的台灣東岸航行。漢人水手認定這個蓄著鬍鬚的修士爲他們帶來厄運，於是企圖說服少數幾名漢人天主教徒將他拋下船。另一場風暴吹掉了桅杆與船舵，船隻被風雨吹著前進。李科羅秉燭祈禱，漢人則「擊鼓呼求神明幫助，但神明幫不了他們，只見暴風雨愈來愈強」。[10]李科羅認爲自己的祈禱產生了效果，因爲船隻有如奇蹟般地被吹到了金門島。

金門仍由國姓爺的繼兄鄭泰所控制。李科羅遭到捕捉，並且被判以割喉處死。不過，兩件事情救了他一命。第一，眾人證實他致力保護菲律賓的漢人；第二則是國姓爺發瘋而死。

向李科羅提供消息的漢人指出，國姓爺死在他得知西班牙人即將屠殺菲律賓的漢人之後。他陷入一陣狂怒，命令部隊準備進攻馬尼拉。李科羅寫道：

但神保佑了信奉天主教的菲律賓群島……並且垂聆了馬尼拉人民的祈禱……於是派出正義天使……懲罰那個不敬神的暴君。國姓爺罹患了嚴重的日射病，因爲極度憤怒與痛苦，而齧咬手指、撕抓臉面，五天後便將靈魂交給了魔鬼。他直到臨死之前仍然犯下許多駭人的行爲，對於服侍他的人拳打腳踢，不斷下令將人處死，最後臉上帶著猙獰的表情死去。[11]

關於國姓爺死亡過程的這段記述是否值得採信呢？李科羅的記錄相當可靠。他密切掌握了國姓爺宮廷裡的情形，這點必須歸功於居住在台灣的漢人天主教徒所形成的訊息網絡。此外，國姓爺死於狂怒當中的描述，也吻合梅氏筆下國姓爺發怒之時唾沫四濺的形象。

最重要的是，不少中文文獻也指稱國姓爺在瘋狂當中結束了他的一生。他最早的一名傳記作家寫得很簡潔，指稱他「發狂疾死」。[12]其他記述則爲他的發狂提出了原因。這些記述指出，在一六六二年春末，國姓爺得知他的兒子鄭經（同時也是他的繼承人）與弟弟的乳母通姦。[13]國姓爺認爲這是亂倫的行爲，暴怒不已。他下令處死自己的兒子，還有那名乳母，以及他們所生下的嬰兒，甚至還包括自己的元配，因爲他認爲她沒有盡到管理家務的責任。[14]他的繼兄鄭泰殺了嬰兒與乳母，但拒絕處死國姓爺的兒子與元配。國姓爺憤怒不已。他再次下達處決命令，並且誓言他們若是不從命，他就要殺盡駐在廈門的所有將領與官員。鄭泰及其他人開始公然反抗他，準備擁立國姓爺的兒子鄭經成爲他們的領袖。根據《清史稿》記載，這種情感的衝激壓垮了國姓爺，導致他「恚甚，發狂，齧指死」。[15]另外有些中文文獻則指稱國姓爺死於熱病——也許是瘧疾。不過，這些文獻的字裡行間也可看出他有發瘋的跡象。其中最具權威性的一份文獻描述了他將自己的藥丟在地上，感嘆說：「忠孝兩虧，死不瞑目！天乎天乎！何使孤臣至於此極也？」接著，他便頓足高呼，捶胸而死。[16]另一份早期的中文文獻指稱他撕抓著自己的雙眼與臉龐，大喊著：「吾無顏見先皇帝也！」[17]

關於國姓爺死前的瘋狂狀況，一個引人好奇的可能性，乃是他感染了梅毒。一六五四年，一位名叫白耶爾（Christian Beyer）的荷蘭外科醫生被送到廈門協助治療國姓爺。這是一項善意的舉動，因爲當時國姓爺與荷蘭東印度公司仍然友好。白耶爾看了看「他左臂上的幾個腫塊，國姓爺聲稱是寒冷與刮風造成的，但白耶爾卻不這麼認爲」。[18]這名荷蘭作者筆下有所保留，沒有指出眞正的原因，由此可見白耶爾懷疑國姓爺感染了梅毒，因爲在梅毒感染初期，皮膚上可能會出現疹子與傷口，到了後期則可能導致精神錯亂。[19]他在死前撕抓眼睛與臉龐的行爲，可能合乎梅毒第三期的診斷，因爲這個階段的病患會在臉上出現梅毒腫。另一方面，梅毒卻也是一種非常難以診斷的疾病，醫生向來稱之爲「冒充高手」。

在歐洲人眼中，國姓爺發瘋而死乃是神的正義制裁。一名比利時教士的記述編造了一則故事，指稱國姓爺看見手下亡魂出現在他面前。他站在熱蘭遮城堡的城牆上，突然高聲尖叫，要求扈從「把那些沒有頭的屍體搬走！你們沒有看到嗎？就在那裡！躺在地上！你們聽不到他們的聲音嗎？他們在找我，說我殺了他們，說他們是無辜的！」他從此病倒，在床上躺了三天，然後齧咬著手指死去。[20]

一六七〇年發表的一首荷蘭詩更是明確表達了這種天意制裁的概念：

他可怕的嘴惶急無措，
咬進了他自己的血肉。
這就是神的正義制裁：
他砍掉了別人的手，
現在就得咬掉自己的指頭。[21]

國姓爺的逝世，使得菲律賓的威脅得以解除。然而，李科羅的苦難卻還沒結束。他被清兵逮捕，身上的絲袍被剝掉，並且赤腳拖著行經刺果、石頭與荊棘，以致「道路遍流著他的鮮血」。他被帶上一艘船隻，船長毆打他之後，再強迫他坐在船首的垃圾堆裡。一名童僕逼他交換內衣褲，以致他只能穿上一套「又髒又破，尺寸又太小」的內衣褲。清兵將他交給一艘荷蘭船隻，荷蘭船員不但辱罵他，還把他拋進禁閉室裡。他穿著骯髒的內衣褲，冷得渾身發抖，直到荷蘭艦隊司令得知他的身分之後，才釋放了他。[22]

在此同時，揆一也遭遇了磨難。他和熱蘭遮城堡的其他守城人員在暴風雨肆虐的海上航行一個月之後，終於抵達了巴達維亞。不過，他們卻遭到禁止上岸。[23]人員登船搜查他們的行李，並且卸載船上的貨物，同時也監督著他們，「以免有任何東西在他們不知情的狀況下送上岸去」。[24]揆一獲准登陸，卻被軟禁在他的屋子裡，他的櫃子、箱子與財物則遭到扣押。[25]他們不肯讓他會見東印度評議會的總督報告圍城事件。

總督與各議員都認為他們的投降頗為可疑，尤其是福爾摩沙的領導人竟然決定把熱蘭遮城堡內的所有資產都交給國姓爺。他們一心想要找人開鍘。在投降之時身在熱蘭遮城堡內的所有士兵、軍官與官員都被罰了六個月的薪俸。[26]揆一的階級與特權也遭到剝奪。他被命令遷出他在巴達維亞那幢寬敞的住宅，搬進巴達維亞城堡裡的一棟老房子。他拒絕從命，指稱那棟房子太小又太髒，結果他們就將他監禁在他住宅的前廳做為報復。[27]他們試圖禁止他閱讀他的信件與日記以及寫信到荷蘭。他們強迫他與負責起訴他的人坐在同一張桌子，簽署在戰爭期間因為忙亂而尚未簽署的種種文件與紀錄。他頑強抗拒，且愈來愈激動，說出「重話」，指稱他們對待他的方式「無疑是純粹的暴力與專橫」，誓言將為自己復仇，向全世界證明自己是個正直高尚的人，也是東印度公司的忠心職員。[28]

經過多年的放逐之後，他終於在奧蘭治親王的特別命令之下獲釋而回到荷蘭，但他原本前途光明的事業已然畫下句點。長久以來一再陰謀陷害他的死對頭費爾勃格，卻成了荷蘭數一數二的富翁。[29]

揆一終於實現了他的報復之舉。在他的著作《被遺誤的台灣》裡，他將費爾勃格與卡烏以及東印度公司的其他領導人都描寫成自私的蠢蛋，指稱他們必須為福爾摩沙的失守負起責任，因為他們沒有聽從他的建議，提供適切的防禦和充分的援助。

他說得對嗎？荷蘭人真的有可能抵擋國姓爺的大軍入侵嗎？

結語

尾聲與結論

我剛開始撰寫這本書的時候，原本是堅定的歷史修正主義派。我認爲在十六與十七世紀期間，相較於亞洲的已開發地區，歐洲在科技方面並沒有領先，就算有也是微不足道。中荷戰爭爲這項觀點提供了許多佐證。相較於國姓爺的火砲，荷蘭的大砲絲毫未占上風。後來瑞士士兵海卜脫回想這場戰爭，就表達了一項相當普遍的意見，指稱漢人「深知如何製造非常有效的槍砲，幾乎無人足以與他們匹敵」。[1]

這些大砲都以歐洲的大砲爲雛形，但火砲實際上當然是中國人最早發明的，且模仿本來就是戰爭的一部分。法國、義大利、荷蘭與西班牙等國，相互模仿對方的設計都早已有數十年之久。海卜脫接著指出，中國尤其善於這種吸納模仿的做法：「不論什麼東西，他們只要看過一次，立刻就能自行製造出來。」[2]

然而，他們有能力製造精良的火砲並不是偶然的結果。在這場戰爭發生之前的一個世紀，明朝就成立了一個特別機構，專門研究西方的大砲。[3]在一五九二至一五九八年間的朝鮮戰爭當中，明朝就利用這些大砲對付日本人，造成敵軍的重大損傷。日本人本身雖也擁有先進的槍砲，但經過一次教訓之後，在那場戰爭中就一再對明朝的大砲避之唯恐不及。

明朝官員對歐洲的大砲深感好奇，所以就像我們先前提過的，他們甚至會打撈沉船中的大砲。在一六二〇年代，至少有四十二門荷蘭與英國的大砲在中國南方被打撈上來而運到北京，這段距離將近是巴黎到莫斯科那麼遠。這樣的打撈行動非常不容易，需要高塔、起重機與鋼鏈。[4]為了拆解這些大砲以學習其製作方式，北京特地從福建找來工匠，因為福建的鐵匠與鑄匠名聞全中國，而且他們對於先進火砲設計的知識就是從西方人身上學來的。[5]一名中國作家寫道：「今西洋人潛住粵澳，實繁有徒，閩人尚多傳得其法。」[6]不久之後，北京就開始製造所謂的紅夷大砲。因此，到了中荷戰爭展開之際，中國的火砲科技已經極為先進，在國姓爺的故鄉省分尤其如此。

當然，製造精良的槍砲是一回事，使用槍砲又是另一回事。許多學者都指出，歐洲現代化的一項正字標記就是在測量方面的早熟發展，以及將數學原則應用在實用事物上，尤其是戰爭。[7]在十六與十七世紀，像塔爾塔利亞（Nicholas Tartaglia）與伽利略這些科學家都研發了瞄準工具，以協助砲手瞄準及裝填大砲，提高準確度（圖二十五）。中國人似乎也學習採納了這些工具。[8]我們沒有直接證據能夠證明國姓爺採用這些工具，但我們確實知道他的砲兵部隊又快又準確，以致揆一在沮喪之餘寫道：「他們操控大砲竟然如此有效率……我們的士兵都不禁自嘆弗如。」[9]

至於手持槍砲呢？早在台灣戰爭之前，東亞就已經懂得使用火槍了。日本人曾在一五九〇年代使用火槍對付中國人，明朝也研究了這些火槍。他們還研究了歐洲人在十七世紀初帶來的先進火槍。國姓爺的父親在一六四五年出版的軍事手冊暨戰略指南《經國雄略》也收錄了火槍，不但提及練習能夠增加準頭，也提出統一槍口尺寸與槍彈重量的建議。[10]書中指出，人稱「鳥銃」的先進火槍雖然「速準」，卻也「力小，難禦大隊，難守險阻，難張威武」。[11]

圖二十五：砲手使用儀器測量大砲，約繪於一六一八年。這幅版畫描繪砲手利用所謂的「幾何火砲儀器」測量大砲及其杓子（也就是舀取及裝填火藥的長柄杓）。儘管中國知識分子知道這類儀器的存在（不少中文文獻裡都可見到這些儀器的記載），我們卻無法得知這些儀器在中國的戰爭當中是否廣泛使用。不論國姓爺的砲手有沒有使用這種儀器，他們的射擊技能卻絲毫不遜於荷蘭砲手。插圖摘自祖布勒，*Nova geometrica pyrobolia*，一六一八年。（羅德島普羅維登斯布朗大學圖書館安妮・布朗軍事收藏許可翻印。）

國姓爺的確實驗過火槍，且他的非洲火槍手對荷蘭人造成了致命的傷害。而他偏好體積較大、威力也較強的手持槍砲及弓箭，這樣的決定在台灣戰爭中對他並未帶來不利。荷蘭火槍部隊在歐洲雖然極爲著名，面對他的士兵卻毫無用處。拔鬼仔在戰爭開始之後的第二天率軍出城，深信看似古老過時的漢人部隊只要一嘗到鉛彈的滋味，必定就會立刻四散奔逃，結果卻是他自己的部下驚慌逃命。在另外幾場火槍兵參與過的衝突當中，例如哈梭威爾的士兵在澎湖遭到一小群漢人部隊擊潰的那場戰役，也看不出荷蘭的火槍面對國姓爺的斬馬刀與弓箭具有任何優勢。

這是因爲國姓爺的部隊紀律極爲嚴明，這點又推翻了另一項關於歐洲戰爭的常見論點。軍事革命論的支持者認爲軍事革命的一大關鍵，就是對操練與戰術的重視。本書應可讓我們了解到，這種強調紀律的做法很可能不是歐洲獨有的特質，也不一定是歐洲人成功征服四海的原因。儘管荷蘭的操練官與軍事手冊名揚全歐，事實卻證明國姓爺的士兵遠比荷蘭人更有紀律，在戰場上的戰力也更強。

這是一個重要的議題，因爲由此又可延伸到其他有關歐洲社會的廣泛理論，例如著作具有重大影響力的傅柯（Michel Foucault）所提出的理論。爲了說明他在歐洲社會當中看到的巨大變革，從利用景觀遂行社會控制轉爲採取監控與紀律的方式，他舉的一項關鍵例證就是軍事操練。在他眼中，這些新式的操練做法代表了現代社會控制模式發展過程中的一個決定性時刻。令人不得不注意的是，身爲軍事革命論先驅的史學家羅伯茲（Michael Roberts），爲了舉例闡述其論點，竟與傅柯挑選了一模一樣的例子：路易十四鑄造的一面紀念章，畫面中顯示國王舉行閱兵，所有士兵齊步行進的景象。沒有證據顯示他們兩人讀過對方的著作。

這種西方紀律的概念，也可見於一種所謂的西方戰爭方式的論點當中。這種論點認為西方人在戰場上殺敵之所以比較有效率，乃是因為一群獨特因素造成的結果，這些因素包括：「組織、紀律、士氣、主動性、彈性與指揮。」[12]這組因素取自韓森（Victor Davis Hanson）的著作，他認為西方人在數千年來之所以是最有效的士兵，主要是一套整體性軍事傳統造成的結果。但他卻幾乎沒有提及中國，而且他對西方戰爭的獨特性所提出的許多論點，都可藉由東亞地區的資料加以反駁。舉例而言，他指稱「成群作戰、固守陣地並且面對面戰鬥的步兵，是西方人獨有的特長——是一群中產地主階級的長期傳統所帶來的結果，因為他們向來都對無地農民與上層貴族表達了焦慮不安的心態」。[13]然而，中國的軍隊也經常以步兵為核心，在中國南方尤其如此。韓森的分析當中所隱含的整個歷史發展模式——「中產地主階級」與「上層貴族」——純粹都是以歐洲為基礎，而無法套用在中國的經驗上。

韓森的一項關鍵論點就是西方人比非西方人更有紀律。他寫道：「戰士不一定是士兵。這兩種殺手都可能很勇敢，但有紀律的部隊將群體置於個別英雄之上，可經由訓練而井然有序地行進，遵照命令集體戳刺射擊，並以一致的步調進攻或撤退——這是英勇的阿茲特克人、祖魯人與波斯人所做不到的。」[14]在本書中，我們見到國姓爺的士兵比他們面對的荷蘭士兵還要有紀律。這種對於操練的注重是中國的古老傳統，在明朝與清初已發展出詳盡完善的體系。我無意在此徹底駁斥韓森的觀點，[15]只是要指出韓森的論點顯示了我們對軍事史還需要有更深入的研究，尤其是非西方的軍事史。

所幸，這方面的發展顯得欣欣向榮，也就是我稱之為「中國軍事革命學派」的那群為數不多但日益成長的史學家。[16]他們的研究發現已經推翻了歐洲軍事史的許多核心觀念。舉例而言，孫來臣以深具說服力的證據指出中國人最早發展出排槍射擊法。一般的觀點向來認為這種射擊方式在十六世紀末出現於日本與歐洲，但孫來臣卻發現一三八七年的明朝文獻就已經描寫了這種技法。[17]此外，習於把目光集中在歐洲的大多數軍事史學家，一旦得知在十六世紀末與十七世紀初，也就是軍事手冊在歐洲迅速傳播的那段時期，中國、朝鮮與日本也生產了大量的軍事手冊，一定不免深感訝異。

東亞的軍事手冊與歐洲的一樣著重反覆操練，也利用圖示說明陣式。[18]韓森說的也許沒錯，說不定真的有所謂的西方戰爭方式，但除非我們對西方以外的戰爭獲得更多了解，否則就永遠不可能知道答案。我們知道的愈多，才愈能明白歐洲戰爭的獨特性何在。

大砲、火槍與軍事紀律都沒有為荷蘭部隊帶來可見的優勢，但荷蘭人確實在兩方面占有上風：舷側砲帆船與文藝復興堡壘。

船隻

中國的觀察人士並不諱言歐洲船隻在深水戰鬥中具有優勢，而本書中敘述的海戰也顯示了荷蘭船隻的確能夠抵敵大量的唐船。當然，傑出的領導還是能夠化解這項優勢，例如鄭芝龍在一六三三年的料羅灣之役當中，就藉著把火攻船偽裝成戰艦而打敗了荷蘭艦隊。同樣的，荷蘭人也可能浪擲自己的優勢，就像揆一不理會叛降漢人的建議，而將他的深水帆船駛入大員灣發動那場愚蠢的襲擊。

不過，若是在海上，外加擁有良好的領導，荷蘭船隻的威力就確實非常強大。這點在熱蘭遮城堡投降之後的一場海戰當中尤其明顯可見。國姓爺發瘋而死之後的次日，一位名叫博多（Balthasar

Bort）的荷蘭艦隊司令即率領一支艦隊前往中國爲台灣失守報仇。[19]他船上的許多部下在戰爭期間都身在台灣。實際上，博多旗艦上的船長就是當初允許荷蘭外科醫師活體解剖漢人俘虜的那名船長，當時他還以自己僅剩的一隻眼睛觀看了整個解剖過程。[20]

博多抵達中國沿岸，得知國姓爺已經逝世，他的兒子鄭經——就是與乳母通姦的那一位——正奮力爭奪領導人的位置。這是個絕佳的機會，博多於是敦促清朝領導人趕緊發動攻擊。清朝速度很慢，以致這兩個盟友直到次年的一六六三年才做好準備。不過，他們出擊之後還是打了一場非常漂亮的勝仗。

赫特與克雷沃克在一六六一年上岸之後長途跋涉謁見的靖南王耿繼茂，策畫了基本的作戰計畫：兩軍共同攻打廈門與金門的鄭氏基地（見圖九）。過去，清朝從來不曾打敗過鄭氏海軍，一支清軍艦隊還因慘敗而導致指揮官自殺。[21]耿繼茂認爲荷蘭的船隻能夠扭轉雙方的實力高下。

他不是唯一這麼認爲的人。一六六三年，博多的艦隊順著十一月的海風來到金門島，「國姓兒」——當時荷蘭人都這麼稱呼國姓爺的後繼者——也不禁憂心忡忡。鄭經擁有數百艘威力強大的唐船，荷蘭艦隊只有十五艘船，但他手下的指揮官卻寫了辭氣驚慌的信件給博多：「我們的船打不過你們的船。」[22]他們懇求他對清軍倒戈，或是至少保持中立：「我們懇求您與您的船航向別處，不要聯合清廷攻打我們。若是您……無法滿足我們的要求，那麼請立刻讓我們知道，或是率領您的十五艘船到料羅灣旁觀我們與清軍交戰，如此您將可見到他們落荒而逃。」[23]

這些信件連承諾帶懇求，又不忘加上威脅。他們一方面表示荷蘭人可以在台灣擁有港口，同時又指稱滿洲人性情奸詐，[24]還聲稱航道上有「乾燥處、礁石與暗藏於水底的岩石，因此我要提醒您，切勿在此頻繁往返而導致擱淺與船難」。[25]此外，他們也威脅將以兩百艘火攻船燒毀博多的艦隊，並且提醒他說還有不少荷蘭俘虜身在台灣。他們迫使一名荷蘭俘虜寫信懇求博多袖手旁觀，或者發射空包彈，或是向滿洲人謊稱他的船隻缺水而無法參與戰事。這名俘虜央求博多爲他以及別的荷蘭俘虜著想，同時也看在神的慈愛分上，讓他們得以獲釋。博多命令他的祕書將那人託付給神保護，並且送他三片培根與些許乳酪。[26]

博多與清軍發動攻擊的那一天，天氣非常好。海面平靜無波，風也吹得恰到好處。他自己率領八艘船繞過金門的一側，他手下的後隊司令（rear admiral）另率七艘繞過另一側。一百艘鄭氏的船就被他們夾在中間的一條狹隘水道裡。博多的船隊長驅直入。他在日誌裡寫道：「（我們的船隻）對他們發射了威力強大的砲火，他們根本不敢還擊。」[27]

但那些船卻以絕妙的方式逃了出去。有些航上岸邊的淺灘，有些則是採取之字形的航行路線順風逃逸。他們的去路雖然遭到荷蘭海軍少將的阻擋，卻還是避過了他，直接航向一大支清軍艦隊。這支清軍艦隊的規模極爲盛大：共有四百艘船，遠遠超過國姓兒的船艦數量。不過，清軍的反應卻出乎博多的意料之外，竟然四散奔逃，躲在荷蘭船隻旁邊，擋住了荷蘭船艦上的大砲。[28]國姓兒捕獲兩艘旗艦，並且殺害了清軍艦隊的總指揮官馬得功——他是清軍陣營裡勳業極爲彪炳的將領。鄭氏陣營只損失了三艘船。[29]

如此高超的航海技術實在令人震驚。博多寫道，國姓兒「拿出了士兵應有的優異表現」。[30]他對清軍則是頗不以爲然：

> 這下我們即可看見滿洲人有多麼懦弱。他們以這麼一大支艦隊面對敵軍的七、八艘唐船，卻連交火都不敢，只想躲在我們的大砲下保命，對自己的同袍也見死不救。實際上，他們拋下了自己的艦隊司令馬得功以及另一名高階指揮官……結果兩人都因此遇害。我們一旦遇到緊急時刻，能夠獲得他們提供多少協助，由此就可見而知了。[31]

第二天，清軍與荷蘭艦隊合作得比較順利。一支鄭氏艦隊企圖阻止清軍部隊在廈門登陸，博多隨即上前攻擊。他驅走了那支艦隊，清軍於是攻占了廈門。不久之後，金門也跟著失守。國姓兒紛紛逃亡。

於是，荷蘭船艦再度在一場公開交火當中證明了它們的優越性。在這場戰役之後，博多收到清朝指揮官李率泰的信件：「我在山頂上觀看你們的船隻，見到那些猛烈的大砲打得他們落荒而逃，心中實在欣喜不已……我會立刻以加緊文書向皇帝呈報你們服事大清帝國的功勞，敘明荷蘭人以英勇大膽的表現打擊我們雙方共同的的敵人。」[32]

博多送回巴達維亞的報告，對盟友的描述卻是毫不留情：「我們的朋友（滿洲人）極爲怯懦，因此我們確實可以說，如果沒有我們的保護，他們的艦隊必定不免全軍覆沒。」[33]他埋怨說自己不能指望清軍的協助，但也沒有關係，因爲「在水上……我們的力量（在神的幫助下）足以抵敵整支敵軍艦隊」。[34]

這不是毫無根據的傲慢之語。李科羅在一艘荷蘭船隻上目睹了這場海戰——希望他當時身上穿的是比較合身的內衣——而下筆寫道：「荷蘭船艦的威力抵得上敵人所有的船隻，因爲就連最小的荷蘭艦艇也具備三十六門重砲。」[35]當時的漢人、滿洲人與荷蘭人也都抱持相同的看法。博多的十五艘船艦足以抵敵鄭經的整支艦隊。

但有一個問題還是沒有解決：荷蘭船隻是不是比較善於逆風航行？當然，帆船絕對不可能直接逆風前進，但有些船能夠以比較接近逆風的角度航行。中文文獻指出歐洲船隻非常善於此道，但我們對傳統中國船隻在這方面的表現卻幾乎一無所知。[36]

證據顯示明朝的船逆風航行非常吃力。曾有一艘仿造明朝古帆船的船隻在二〇〇八至〇九年間完成了往返台灣與加州的航程——其實應該說是「差點完成」，因爲這艘船在距離航程終點不到一百英里時遭到一艘油輪撞上。我和那艘船上的一名船員通過信，他指稱唐船只能順風航行。他說：「我能夠以個人經驗擔保這一點。」[37]他的說法也獲得其他專家的謹慎證實。[38]

中荷戰爭當中的證據無疑也佐證了這一點。在一六三三年的料羅灣之役，普特曼斯的艦隊遭到鄭芝龍的僞裝火攻船打敗之後，鄭芝龍在正式報告中提及自己試圖以他的船追擊荷蘭船隻，卻追趕不上，因爲「粗惡夷船，戧風遠洋……愈追愈遠」。[39]此外，在一六六一年夏，國姓爺在完全出乎意料的情況下得知荷蘭人竟然派遣了一艘船逆著季風南下，到巴達維亞傳遞他侵略台灣的警訊（見圖二十二）。在季風方向改變之後抵達台灣，是他攻台策略的一大關鍵。他要不是認定此舉必定能夠奏效，絕對不會那麼孤注一擲。

歐洲船隻能夠以接近逆風的角度航行，其實不令人意外，因爲歐洲船隻的設計本來就是爲了因應當地的環境條件，而那樣的條件與唐船（或者該說是所有的亞洲船隻）所面臨的狀況是不同的。亞洲海域有季風。儘管季風有地區性的差異，但整體而言是春天吹一個方向，秋天吹另一個方向。在這種情況下，只要順風即可航行非常遠的距離。不過，大西洋的狀況卻複雜得多。要在西歐沿岸航行，特別是如果想繞過非洲，就必須面對複雜得令人摸不著頭緒的海風與洋流。[40]因此，歐洲的船隻與航海技術也就發展成爲能夠因應各式各樣的不同狀況。[41]如同大多數的亞洲船隻，唐船根本不需要像歐洲船隻那樣具備逆風航行的能力。

不過，比荷蘭航海科技更重要的，則是荷蘭的軍事工程技術。

堡壘

台灣戰爭的證據顯示，文藝復興堡壘被稱爲歐洲殖民擴張的關鍵科技，確實當之無愧。布萊克對這種觀點嗤之以鼻，寫下了這句非常值得引用的文字（這是我第二次引用這句話），指稱非歐洲人能夠輕易攻下這種堡壘，原因是他們「沒有讀過軍事革命論的文獻，不曉得歐洲砲兵部隊能夠藉著優越的科技打敗非歐洲人」。[42]不過，由台灣戰爭的證據觀之，他下此定論恐怕有點操之過急。

國姓爺率領了一支威力在全世界名列前茅的大軍，面對熱蘭遮城堡卻只能望城興嘆。他雖然終究攻下了這座城堡，卻是四度進襲才總算成功。第一次，他的攻城部隊遭到荷蘭大砲毫不留情的砲擊，他的軍官震驚不已，懇求荷蘭俘虜出去要求他們的同胞停止射擊。荷蘭俘虜明智地婉拒了這項請求。

第二次，國姓爺找到了一個架設大砲的絕佳位置，企圖攻下熱蘭遮城堡後方那座矗立於沙丘頂端的碉堡，但荷蘭人卻立刻建造了一座能夠提供還擊能力的防禦工事。第三次，他從北線尾沙洲上著手，親自督建一座設計精妙的岸邊堡壘，並且融合了歐式堡壘的元素。這次嘗試也差點成功，他的攻擊船艦因此能夠從海上封鎖熱蘭遮城堡。不過，荷蘭人再度興建一座反防禦工事，而化解了威脅。

第四次，同時也是最後一次，國姓爺獲得一名高階歐洲軍官的協助，也就是羅狄斯這個酒鬼。他向國姓爺指出，要攻下一座文藝復興堡壘，就必須建造精良的攻城工事。這些反防禦工事確實奏效，但這時已過了九個多月，國姓爺的軍隊早已因爲作戰、飢餓與疾病而損失慘重。他的部下有多達半數皆告喪生。

一六六六年，在揆一投降之後四年，國姓爺的後繼者又有機會攻下另一座文藝復興堡壘。一六六四年，荷蘭人決定在台灣另外建立一座新的殖民地，地點選在台灣北端一個名叫雞籠的近岸小島。這座小島不但環境不衛生，而且也孤立無援，四周都是敵友不明的原住民。不過，荷蘭人卻在他們於一六六一年拋棄的一片廢墟上開始興建一座文藝復興堡壘。興建工作非常緩慢，因爲當地陰雨不斷。一名荷蘭人寫詩埋怨當地的天氣：

> 爲什麼，上天呀，爲什麼？
> 你一定要這樣哭泣不休？
> 這連綿不斷的雨，

究竟還要持續多久？
還有多久，天主啊，還有多久，
這種潮濕的天氣才會結束？
天上的降雨無窮無盡，
求你快快將它止住！[43]

駐軍在潮濕的環境當中建成了一座龐大低矮、呈四方形的文藝復興堡壘。[44]兩座稜堡突出於海面上，另外兩座則是面對著平坦的原野。原野的盡頭矗立著一座青山，他們在山頂上建造了一座碉堡，就像四十年前的另一群荷蘭人也在一座沙丘上建造碉堡以保護熱蘭遮城堡。

國姓兒在一六六六年五月展開攻擊。四十艘唐船繞過雞籠島，在那座青山後方卸下一支三千人的部隊，在荷蘭大砲的射程之外。他們行軍繞過山腳，然後靜靜等待，掩蔽在茂密的樹叢裡，眺望著原野彼端。一小支荷蘭火槍兵連隊站在一片稀疏的菜園旁。他們開火，鄭軍回擊，火槍兵隨即撤退，鄭軍上前追擊。

不過，荷蘭指揮官採取的正是國姓爺的慣用伎倆：**示弱誘敵**。荷蘭火槍兵僞裝得極爲可信。「我們完全騙過了他們，」負責當地駐軍的荷蘭官員寫道：「因此他們全力追擊我們那一小支奔逃的部隊，進入了我方堡壘的大砲射程……這項策略執行得非常漂亮，就在他們以爲自己能夠穿著鞋襪衝進我們的堡壘之際，卻被砲火與我方士兵的襲擊止住了腳步。」[45]

許多鄭軍陣亡，指揮官也被擊中頭部。他們立即撤退，火槍兵在後追趕，將他們驅回山後。荷蘭指揮官興奮地指出：「這麼少的兵力竟然達成了如許成果！敵軍顯得震驚又害怕，我們的兵力要是再多個五、六十人，必然能夠打敗他們。要是再多個一百或一百五十人，即可將他們徹底趕出這座島嶼。」[46]

第二天，又有數千名部隊抵達。鄭軍總共可能有六千人，對付僅有三百人的歐洲駐軍。他們沒有進攻主要的堡壘，而是全力攻打山頂上的碉堡，碉堡內只有二十名守軍。他們在凌晨三點由兩千多人發動強攻，試圖架上梯子，爬上城牆。守軍發射大砲與火槍、拋擲手榴彈以及一桶桶的受潮火藥。其中一桶受潮火藥點燃引線之後，來不及拋出即告爆炸，燒死了四名守軍。

鄭軍在次夜再度發動攻城。「不過，」荷蘭指揮官寫道：「上天那位全能的戰爭英雄站在我們這邊，因此敵人無法憑藉其兵力攻下碉堡，而是被我軍以無比的勇氣驅退。敵方有許多人陣亡，也有許多人受傷。我們在堡壘內可以聽見敵人的哭叫聲。」[47]

鄭軍未能攻下碉堡，於是在山下的一座丘陵旁建造了一座堡壘，在裡面架設了四門大砲。這四門大砲獲得掩蔽，不受荷蘭砲火的襲擊，而對著碉堡射擊了一百零九發砲彈（荷蘭人仔細計算了敵軍發射的砲彈數量）。這些砲彈幾乎全部都沒有命中目標。一名荷蘭士兵喪生，但城牆完全沒有遭到損害。

接著，在鄭氏部隊抵達的九天之後，他們又離開了。荷蘭指揮官聲稱自己頗為失望：「我們以為他們會再次試圖攻打主要堡壘。我們甚至滿心期待他們這麼做，以便再與他們好好玩一場遊戲。我們所有人，包括其中最微不足道的成員，都充滿了勇氣，決心要以滿腔熱血對抗我們的敵人，那些邪惡的異教徒。不過，敵軍卻不敢輕舉妄動。他們甚至沒有勇氣從山後出來。」[48]他們搭船航行離開，「令他們自己蒙羞，也彰顯了神的榮光。」[49]

他對國姓兒的進攻方式深感困惑，不解對方為何只帶來那麼少的大砲，甚至也沒有試圖建造攻城工事。「他們只有四門大砲……看來他們認爲這座堡壘不值得他們多費心力，只需強攻打下即可。」[50]他相信對方若是正式發動攻城或封鎖行動，或是單純在島上再待久一點，必然終究會獲勝。他的評估值得在此引述：

> 我們不能將這場勝利的功勞攬在自己身上，因爲上帝這位偉大的戰士才是一切光榮之所歸。是祂打敗並驅走了我們的敵人，因爲漢人若是採取了適當的戰爭手段，必可擊敗我們……他們只要多製造一點警訊，讓堡壘裡的人員擔驚受怕，即可把我們累垮。而且我們的鉛彈存量極少，短短幾天即可能用罄。更別提他們若是構築砲台而以大砲對我們開火，我們的砲彈必定很快就會耗用殆盡，因爲我們的大砲絕大多數都是使用三、四磅重的砲彈，但我們的軍械庫裡卻沒有幾顆這樣的砲彈或是榴霰彈。[51]

漢人為什麼沒有「採取適當的戰爭手段」？

他們必定忘記了在熱蘭遮所學到的教訓。當時羅狄斯仍然健在，但他顯然沒有受到諮詢。他們進攻那座堡壘的方式就像攻打中國城牆一樣，但中國的堡壘沒有稜堡，守城大砲的數量也極少。結果，他們對荷蘭城堡的致命火力大吃一驚。荷蘭指揮官認爲自己非常幸運——或是獲得神的幫助——因爲鄭軍實在沒有不勝之理。他們要是採用了適當的戰爭手段，必然能夠打贏這場仗。

因此，文藝復興堡壘被稱爲歐洲擴張的關鍵科技確實當之無愧。傳統城牆（即便是中國的那種厚實城牆）皆可靠著強攻而打下來。只要轟掉城垛，迫使守軍無法再對外射擊或者對進犯部隊拋擲石塊、死狗及人類糞便，即可爬上城牆。若是不想登牆，也可撞破城門。但要攻下文藝復興堡壘，就需要大型的攻城工事，也必須預期敵人會進一步構築防禦工事。如此一來，就必須再建造更多的攻城工事，如此不停地循環下去。這種攻城行動煩瑣、耗時，而且代價高昂。[52]多虧羅狄斯的協助，國姓爺終於在最後想通了這一點，但這項知識顯然沒有傳遞下去。他的後繼者未能攻下雞籠的堡壘。所幸，荷蘭人後來還是放棄了這座堡壘，炸毀了城牆，「只留給敵人一堆石礫。」[53]

國姓兒在另一方面也相當幸運：荷蘭人放棄與清朝結盟，也不再打算奪回台灣。荷、清之間的合夥從一開始就充滿緊張，但在一六六四年，不滿終於爆發開來。博多與一位名叫施琅的清朝海軍將官——讀者也許還記得，他就是國姓爺麾下那個才智過人的將領，爲逃避遭到處死的命運而投奔清廷——共同策畫收復熱蘭遮城堡，靖南王耿繼茂也承諾荷蘭人可保有台灣。[54]一開始，事情進展得頗爲順利。博多的船隻與施琅的艦隊在料羅灣會合——當初鄭芝龍在此擊敗普特曼斯，國姓爺也從這裡出發攻台。他們在一六六四年耶誕夜乘著強風揚帆啓航。不過，博多突然聽到施琅的旗艦發出三聲砲響，並且隨即看到清軍艦隊的三百艘船隻全數回頭。博多氣憤不已。施琅說當時的海象太危險，不適合航行，但博多不同意這項看法。施琅反駁說他會在春季再次嘗試出海，如果博多不想幫忙也沒關係，因爲他自己就可攻下台灣。他嘲諷指出，丟掉台灣的可是荷蘭人。[55]博多於是率領船艦返回巴達維亞。

他沒有再回到中國，代替他前來的人也無法修補雙方的結盟關係。荷蘭人對於「韃靼人的背信棄義」深感憤怒。當初在一六六一年歡迎赫特與克雷沃克的耿繼茂與李率泰也愈來愈氣憤。通商與債務的議題引發了爭吵，雙方怒吼叫罵，甚至還有意外發生。一名荷蘭士兵殺害了一名清廷的國民、荷蘭士兵劫掠了一座佛教寺廟。雙方的結盟因此崩解，台灣仍舊掌握在鄭氏家族手裡。[56]

清廷在一六七〇年代末期曾經試圖恢復與荷蘭方面的盟約，但荷蘭領導人仍然懷恨在心，拒絕了這樣的請求。一六八三年，施琅征服台灣。那時，讓荷蘭人保有台灣的想法早已沒人記得，反正荷蘭人也不感興趣了。清廷在台灣設置地方政府，並且在次年允許歐洲人到中國本土通商；這正是荷蘭人向來追求的目標。

戰爭方式

今天，統治台灣的是一個與中國有淵源的政權，與當初鄭氏家族在清朝的威脅下統治台灣二十二年的狀況頗有相似之處。我們不知道未來會怎麼樣，但中華人民共和國正迅速研發新的飛彈、潛水艇、驅逐艦與航空母艦，許多西方專家都爲此感到憂心忡忡。[57]據報該國將一艘航空母艦命名爲「施琅號」——取自那位從國姓爺的後繼者手上拿下台灣的海軍將官。由此可見——除此之外也還有其他許多徵象——該國並不打算讓台灣保有獨立地位。

美國承諾捍衛台灣，所以這兩大強國說不定有一天會在戰場上相見。這種情形如果真的發生，一六六六至一六六八年間的中荷戰爭是否能夠帶來任何啓示呢？畢竟，今天東西方科技實力的對比與十七世紀較爲近似，而不像鴉片戰爭、八國聯軍及一九五〇至五三年間的韓戰時期那樣落差懸殊。

我們從中可以得到的一項教訓是，單靠科技不足以贏得戰爭。在中荷戰爭裡，領導的優劣才是關鍵，而荷蘭陣營的領導表現極差。愚蠢的拔鬼仔任由自己走進陳澤的陷阱裡，貓難實叮沒有在普羅民遮城儲備充足的糧食、水與火藥，揆一則是一再與同僚意見不合。他在一六六〇年與范德蘭爭吵，結果導致這位海軍將領帶著最精良的船艦和軍官離去。他與一六六一年率領援助艦隊來台的卡烏不和，將他描述爲一個有語言缺陷的笨蛋。此外，他與巴達維亞東印度評議會的成員費爾勃格也有著長久以來的嫌隙。

揆一在他的書裡譏嘲了這些人，史學家也向來採信他所描繪的醜化形象。不過，也許揆一本身才是問題所在。他看起來似乎是個難以相處的人，暴躁易怒，又睚眥必報。他曾掌摑一名部下，原因是對方沒有對他表現出必恭必敬的態度。接著，他又對這名部下的同袍展開調查，只因爲那人在喝醉之後說了些不中聽的話。到了一六六一年，他又與哈梭威爾、卡森布魯及卡烏等人嚴重失和，以致未能充分利用他們與清朝的結盟關係。而他與巴達維亞的死對頭之間的芥蒂，也影響了台灣殖民地與上級長官的互動。

相較之下，國姓爺及其手下指揮官的領導能力便優秀得多。這點在侵台的第一天就明顯可見，當時他們避開主要水道，從鹿耳門航入大員，並且善用了一波漲潮。國姓爺的傳記作者將那波漲潮歸功於天意，但國姓爺其實精心策畫了他的侵略時間，以便乘著漲潮入灣，避開熱蘭遮城堡，在揆一還來不及反應之前就把部隊送上陸地。不到幾天時間，他就掌握了台灣本土上的大片區域，並且迫使普羅民遮城投降。他手下的指揮官陳澤在陸地上打敗了過度自信的拔鬼仔，在海上又戰勝了三艘荷蘭船艦。後來，揆一在大員灣發動那場愚蠢的海軍襲擊，陳澤又將荷蘭人誘入陷阱裡，打得他們潰不成軍。在圍困熱蘭遮的九個月裡，國姓爺的部隊幾乎在每一場交鋒中都打了勝仗，他的軍官也一再計勝荷蘭指揮官。

當然，國姓爺的領導並不完美。他的陣營裡也免不了內訌，例如他的繼兄鄭泰就拒絕運米到台灣。此外，國姓爺也可能有過度自信之嫌。當初張煌言敦促他立刻攻打南京，指稱軍隊不該停滯不動，以免夜長夢多，他卻置之不理，一心認定南京城必然會在不久之後投降。他首次攻擊熱蘭遮城堡，也犯了過度自信的毛病。在攻城失敗之後，他又因過度自信而將所有部隊都派往台灣的各個邊疆地區，而沒有在他的新都留下足夠的守軍。他深信荷蘭人不可能派人逆風求援，因此荷蘭援助艦隊的抵達令他大感震驚。

儘管有這些過失，國姓爺與他的軍官還是展現了優異的領導能力。有些中國史學家認爲他們獲益於中國豐富的軍事思想傳統。[58]這是一項非常吸引人的觀點。在國姓爺及其父的相關記載中，經常可見到來自《孫子兵法》及其他文獻的格言與策略。鄭芝龍在一六三三年準備以火攻船攻擊普特曼斯的艦隊之時，曾向他手下的指揮官說：**兵之情主速**——這是《孫子兵法》裡的一句名言。同樣的，國姓爺在一六四〇年代晚期於中國南方學習爲將之道，他和他手下的指揮官也引用了各種古老格言，例如**相度地利**與**先拿地民**。在他所有的戰役當中，他都明確採用中國軍事傳統當中的戰術：**示弱誘敵**、**頭尾不能相顧**、**以逸待勞**。

這些格言有許多都涉及欺敵之法。實際上，《孫子兵法》當中第一句具體的箴言，就是「兵者，詭道也」，而這項原則也是書中大部分內容的基礎。此外，漢學家勝雅律（Harro von Senger）畢生鑽研的古老軍事格言，即所謂的三十六計，也絕大部分都以此爲基礎。[59]

所有軍事傳統都有將領欺瞞敵人的記載，但此一主題在中國尤其源遠流長。在中國歷史與小說中最爲人稱頌的軍師，就是足智多謀的諸葛亮。在著名的赤壁之戰裡，他佯裝要渡過長江攻擊敵人。當時江上霧氣濃厚，敵人看不出船上的士兵其實都是茅草紮成的草人。他命令手下擂鼓吶喊，製造進兵的假象，然後悠然飲酒，任由敵人浪擲羽箭，事後再將這些箭收集起來，用於反擊敵人。在另一則著名的傳說裡，諸葛亮欺敵的方式則是大開城門，怡然自得地在城牆上飲酒，同時還有兒童在他身旁玩耍。敵人懷疑他設下陷阱，於是放棄攻城，立刻退兵，但諸葛亮的城裡其實缺乏防守的部隊。詐術是傳統中國戰爭故事裡的核心要素。

當然，我們絕對不該過度強調西方與中國戰爭的差異。這兩種傳統都相當複雜，都有多重層面，也有許多例外。西方最著名的戰爭傳說就涉及一項極度知名的欺敵手段，並且因此產生一句流傳至今的俗語：特洛伊木馬。在戰場上奮勇殺敵——也就是歐洲的貴族戰士非常看重的那種作戰方式——在中國也同樣備受重視。中國的戰士英雄，例如《水滸傳》裡的眾主角，也與封建歐洲的騎士故事當中的人物頗爲相似。[60]實際上，國姓爺本身的公眾形象在許多方面都體現了一種相當類似於歐洲騎士的貴族理想：正直重義，並且對自己的君主忠誠不貳。

然而，對於戰爭乃是詭道的理解，卻是國姓爺的領導作爲的正字標記，而他自己也表明了這一點。一六六〇年，一名荷蘭使節問他是否有意攻打台灣，他答道：「我通常會聲東擊西。」[61]這正是三十六計當中最廣爲人知的一道計策。我們在本書中也看到，國姓爺確實都會盡可能採用詐術。**示弱誘敵**便是他屢試不爽的一種伎倆。

實際上，他也將詐術融入了部隊的操練當中。我們對於他的五（點）梅花陣雖然所知極少，證據卻顯示其中包括了佯裝撤退的隊形。[62]一六五九年的鎮江之役讓我們看到了這麼一種隊形的實際運作方式。他的部隊正與清軍正面衝擊，但他的陣營中央卻突然舉起一支白旗高高揮舞，他的部眾於是立即開始撤退。

> 鄭陣中一將舉白旗一揮，兵即兩開，如退避狀；有走不及者，即伏於地。大兵望見，謂其將遁，可以乘勢衝擊，遂馳馬突前；不虞鄭陣中忽發一大砲，擊死千餘，餘軍驚潰。鄭兵馳上，截前五隊騎兵圍之，大殺。[63]

那是一場決定性的大勝。

陳澤也採用詐術打敗拔鬼仔，派遣一支部隊繞到敵軍後方，躲藏在林投樹叢裡。後來，他在大員灣裡又以另一項詐術挫敗了揆一那場愚蠢的襲擊。他佯裝撤退，引誘荷蘭船隻駛出安全範圍，然後才掉頭展開攻擊。實際上，荷蘭人在陸地上唯一一次戰勝鄭軍，也是採用詐術的結果——一六六六年，雞籠駐軍的指揮官佯裝撤退，將敵人誘入大砲的射程裡。

因此，明智的領導與豐富的軍事傳統協助國姓爺贏得了中荷戰爭。不過，另外還有一項因素也同樣重要：國姓爺的靈活應變能力。他在日本的武士社會中長大，母親也是日本人，後來卻奮力學習漢學，而且表現極爲傑出，就連當代最著名的學者也對他的能力大爲讚賞。戰爭發生之後，他初期雖然屢戰屢敗，卻還是不斷學習，將原本只有數十人的部眾擴展爲一支人數成千上萬的大軍。楊英的記述顯示了他隨著每周每月過去而愈來愈精悍，先是藉著中國南方的寨柵試驗身手，接著再攻打清軍，建立了穩定成長的軍隊與組織。如果是比較缺乏彈性的指揮官，遭遇了南京那場挫敗之後即可能一蹶不振，但他卻重新集結，另起爐灶，不理會手下將領的判斷，堅決航越充滿危險的台灣海峽，發動一場龐大的侵略行動。

他初次攻打熱蘭遮城堡沒有成功，於是立刻改採封鎖策略。荷蘭援助艦隊的抵達，又促使他再次改變策略。他先是建造新砲台，試圖攻下熱蘭遮城堡後方沙丘頂端的碉堡。荷蘭人構築新的防禦工事反制他的攻擊，他於是撤軍，改在北線尾沙洲上興建一座文藝復興式的堡壘，其中的大砲讓他的沙船得以切斷荷蘭人的運補路線。荷蘭人的因應方式是建造另一座堡壘，而他也再次臨機應變，興建威力強大的歐式攻城工事。他藉著這些工事打下了沙丘頂端的碉堡，迫使揆一投降。

在九個月的時間裡，他學會了歐洲人花了數百年時間才發展成熟的攻城戰術。當然，他獲得了歐洲叛降人士的幫忙，特別是日耳曼人羅狄斯。不過，他的成就仍然不容否認。他願意聆聽建言，就是善於應變的一種表現。

相對之下，揆一則是性格剛愎，聽不進別人的意見。漢人農夫蘇建議他運用新抵達的艦隊封鎖台灣，他卻反倒發動了一場愚蠢的襲擊。事後，叛降漢人一再勸他發動封鎖，他卻也一再置之不理。當然，封鎖行動有其困難，因爲風強浪大、近岸地區水淺，而且唐船又占有順風航行的優勢，但這卻是他僅剩的最佳選項。國姓爺的部隊深受挨餓之苦，迫切需要米糧。荷蘭人雖然不可能攔下所有的運補船隻，但正如叛降漢人說的，許多船長都會因爲害怕荷蘭船艦而不肯航向台灣。實際上，叛降人士明言指出，國姓爺生怕荷蘭人發動封鎖。揆一要是聽取了這些建議，也許就可阻擋後來挽救了國姓爺的部下免於挨餓的大批外來米糧。

國姓爺的應變能力也許反映了他多重文化的成長背景。他的母親是日本人，父親則是會說葡萄牙語又信奉天主教的漢人。他的家族財富來自國際貿易，運貨的船隻則是結合了歐式設計元素的唐船。他的父親身邊跟隨著一支非洲儀隊，國姓爺也模仿他的做法，建立了一支由非洲士兵組成的部隊，使用的武器是荷蘭火槍，指揮官則是一名喜歡穿著歐式服裝的漢人將領。[64]此外，國姓爺著名的鐵人部隊身著裝甲，採用的戰術也受到日本戰爭的影響。[65]因此，他最後會在一名日耳曼中士的協助下擊敗荷蘭人，也就不令人意外了。

由此即可談到本書最深切的一項教訓：現代化本身就是一種相互適應的過程。軍事革命始於中國，傳到歐洲，後來又從歐洲傳了回來。這種相互借取的現象原已存在數千年之久，但在十七世紀又達到新高。如同史學家卜正民（Timothy Brook）所寫的，當時「有更多人移動了更長的距離，離家的時間也更長，比起人類史上先前的其他任何時期都尤有過之」。[66]商品、科技與觀念的流動範圍與速度都更甚以往。

中國人採用了歐洲的槍砲，但荷蘭人卻穿著中國的絲綢，在爪哇咖啡裡添加巴西的糖，將磨碎的印度胡椒撒在美洲的馬鈴薯上，盛在日本的瓷器裡。荷蘭的台夫特陶瓷雖與木鞋及高達乳酪同樣都被視爲典型的荷蘭產物，卻是模仿中國的青花瓷而來。維梅爾（Jan Vermeer）的畫作可以看出受到中國影響的蹤跡，中國的繪畫也因歐洲的藝術潮流傳入而開始出現轉變。[67]

愈來愈處於全球通商網絡中心的歐洲，向來被視爲現代化的核心，而世界史的正統模型也向來認爲歐洲人在海外的征服成就是優越的科技所促成的結果。然而，國姓爺卻輕易採用了歐洲的大砲，他手下紀律嚴明的士兵擊潰了荷蘭的火槍兵，他的攻城部隊也征服了文藝復興堡壘。看到他如此靈活應變，我們對於歐洲科技優越性的論點是否應該三思？

沒錯。但在中荷戰爭期間，荷蘭人的科技能力顯然勝過中國。歷史修正主義者也許會反對此一結論，但大部分的中國史學家卻不會。一名華語學者甚至認爲歐洲軍事科技的優越性植根於科學，指稱歐洲人的瞄準技術奠基於彈道學的數學與物理知識，不但比中國先進，也是歐洲武力的一項關鍵優勢。[68]

另一方面，正統模型也必須有所改變。長久以來，亞洲一直被視爲停滯落後，歐洲則是充滿發展動力。然而，促成歐洲現代化的各種過程——包括商業化、金融創新、長程貿易、醫學進展、人口擴張、農業生產力及軍事現代化——在亞洲也都沒有缺席。[69]我們必須拓展我們對現代化的理解，以及我們對其深層原因的探尋。長久以來，史學家一直把槍砲視爲歐洲早熟的現代化發展的一項關鍵驅動力，[70]但槍砲最早發明於中國，其所帶來的快速變遷也最早出現於中國。現代化的歷史其實不是歐洲支配史，而是散播現象愈來愈快的過程。歐洲本身的貢獻——特別是科學以及科學在技術上的應用——確實至關緊要，也不容忽視，但必須放在全球性的背景脈絡中加以理解。現代化的眞正特色，乃是人員、商品與觀念史無前例的移動。

今天，文化移轉的進程比以往都還要強烈。我的大女兒最喜愛的電影是日本動畫經典《風之谷》，其作者宮崎駿熱愛世界各地的神話與故事。該片的女主角娜烏西卡公主是個融合了全球各地特色的人物，參考樣本包括荷馬筆下的一名公主以及日本民俗故事裡的一個人物。有一天，我的女兒哼著那部電影的主題曲，她的美術老師無意間聽到，開心不已，因爲在日本長大的她，小時候就非常喜愛這部動畫片。今天，我們對於這樣的連結已經愈來愈習以爲常。我們愈來愈意識到自己是這個全球大家族的一分子。人類在十七世紀才剛開始意識到這種互相依賴的現象。

十七世紀的人還認知到一件事，是今天許多人都忽略了的：亦即天意才是人類事務的最高決定因素。我不是指上帝或任何超自然的神明，而只是單純說我們所有人——不論科技如何發展——都免不了自然力量的擺布。

國姓爺與揆一都知道這一點。他們怎麼可能不知道呢？天氣一次又一次阻撓了他們的計畫。一六五八年，國姓爺原已準備好要上溯長江攻打南京，而且他的時間也掌握得非常理想，因爲清朝最大的軍隊都遠在中國西南方。但他的艦隊在羊山下錨之後，一場颱風卻吹散了他的船隻，導致不少官兵溺水。第二年，他總算航入長江，清朝的一支大軍卻剛結束西南方的遠征，在歸途上協助打敗了他。若非遭遇那場風暴，國姓爺說不定在一六五八年就攻下了南京。如此一來，他與清朝的戰局也許會因此翻轉，說不定根本不會侵略台灣。

另一方面，卡烏的艦隊也同樣遭到一場風暴吹走，以致揆一無法讓部隊登陸，攻打國姓爺的東都明京。另一場風暴將哈梭威爾吹向中國沿岸，他因此與清朝取得聯繫，差點又扭轉了戰爭的態勢。然而，又一場風暴迫使卡烏無法前往中國鞏固這項結盟關係。

實際上，這整起事件都是天氣引起的。十七世紀中葉的氣候變遷——火山活動以及太陽黑子的數目減少——導致許多旱災與水災，不僅動搖了強大的明朝，也影響了其他許多政府，以致十七世紀堪稱是人類史上戰亂最頻繁、也最動盪不安的一個世紀。

相較於我們在二十一世紀可能目睹的災變，十七世紀的氣候變遷根本微不足道。大自然顯然即將要教導我們現代人一堂謙卑的課程。

誌謝

我不可能一一感謝所有協助我完成本書的人士，但我表達謝意最好的起點，就是我在埃默里大學的同事。歷史學系主任Kristin Mann、文學院前院長Bobby Paul、現任院長Robin Forman與研究所所長Lisa Tedesco爲我提供了各式各樣的協助，包括安排休假時間，乃至資助旅費、翻印、提供許可、協助製作地圖與索引。

歷史系的同事建立了一個亦師亦友的環境。Mark Ravina、Phil Rosenberg與Jen Tierny爲我提供了友誼以及寫作方面的建言。與Jeffrey Lesser的談話讓我產生了撰寫本書的構想，也促使我付諸實現。Clifton Crais在寫作方面爲我提供了這輩子最受用的忠告。我問他怎麼能夠有那麼多的文字產出，他答道：「一段一段寫。」我呆呆地笑，等著他進一步闡述，但他卻說：「我是認眞的。」Patrick Allitt爲我引介了托洛普（Anthony Trollope）的自傳，協助我以認眞嚴肅的態度面對工作。我不能說我寫作的時候都會在面前放著一支錶，「要求自己每二十五分鐘寫下兩百五十個字」（我也不是全職的郵務稽查人員），但他的觀點確實令我耳目一新：寫作沒什麼奧祕，坐下來寫就對了。

埃默里大學的「學術調查與研究學程」是一門絕佳的學程，其中的學生爲我的著作提供不少靈感，也注入了不少活力，特別是Christina Welsch與Matt Zorn這兩位。Kirsten Cooper爲我的初稿提出了詳盡的建議。不過，我最需要感謝的是我那群才華洋溢的研究助理——Saul Arvizu、Jackson Harris、Shirley Yang與Hannah Kim——他們幫我尋找資料、掃描、查核、影印、編排與校對。如果沒有他們的協助，本書必得花上更長的時間才有可能完成。

我的朋友也在本書的寫作過程中扮演了相當程度的角色。Hee-Kyung Kim和她的兒子Alex幫忙翻譯了韓文的部落格貼文。劇作家Jen Barclay與她身爲小說家的丈夫Andrew Newsham在本書的初期研究階段，邀請了我太太、我，還有我們一歲大的女兒，和他們一同到波多黎各度蜜月。我和他們探討戲劇結構與主題的談話，對我的幫助與影響恐怕遠遠超出他們的想像。另一個對我影響甚大的友人是Andrew Leonard，他熱切閱讀了我的寫作提案，而他在Salon.com經營的傑出部落格也一再讓我深受啓發。

檔案管理員與圖書館員是研究者最好的朋友。耶魯大學的史德林圖書館（Sterling Library）慨然同意讓我外借館內收藏的微縮軟片，爲此我要特別感謝Susanne Roberts、May Robertson與Carol L. Jones。普林斯頓大學圖書館的明朝專家Martin Heijdra幫我解答了許多關於罕見軍事手冊的問題。哈佛燕京圖書館讓我得以參閱《經國雄略》——一部罕見的戰略手冊，由國姓爺的家族出版。此外，館方也大方允許我翻印其中的插圖。

埃默里大學的伍卓夫圖書館（Woodruff Library）擁有一群極爲傑出的職員。Marie Hansen和她在館際合作部門的同事Margaret Ellingson、Sarah Ward與Anne Nicolson幫忙尋找及取得了大量稀有文獻，而且我提供她們的常常只有不完整的引述內容。中國學科館員Guo-Hua Wang幫我取得了數十冊極爲昂貴的中國專書，也讓我得以使用許多學術資料庫。歷史館員Alan St. Pierre爲荷蘭國家檔案館荷蘭東印度公司收藏的部分內容建立了鏡像網站。由此製成的微縮軟片使得伍卓夫圖書館成爲在北美洲研究十七世紀荷蘭帝國的最佳地點。

期刊《歐洲擴張史》（*Itinerario*）的Frans Paul van der Putten、《加拿大社會學期刊》（*The Canadian Journal of Sociology*）的Kevin Haggerty與《世界史期刊》（*The Journal of World History*）的Jerry Bentley接受刊登了本書三個不同章節的部分內容，而這些內容也都獲益於刊登過程的審查與編輯。他們也慷慨允許這些內容收錄於本書中。

若不是我先前的經紀人Dan O'Connell獨具慧眼並熱切鼓勵，這本書恐怕根本不可能誕生。他在我早期發表的一篇文章裡看出了這項主題的潛力。我後來終於產生寫作本書的構想，他更協助我釐清整個寫作計畫、完成寫作提案。值得一提的是，本書最後的成果與當初的原始構想大致相同。

普林斯頓大學出版社是絕佳的合作夥伴。Brigitta van Rheinberg與Clara Platter的熱心維繫了我的動力，她持續不斷的督促也讓我的寫作進度不致落後。Sara Lerner詳盡徹底的製作管理是效率的模範。Dimitri Karetnikov把插圖編排得極爲美觀，Michael Alexander負責製作地圖，Jennifer Harris負責審稿，David Luljak負責製作索引，Jason Alejandro則設計了優美的書封。普林斯頓傑出的行銷團隊想出了本書的書名。我心中的學究氣原本對此一書名抱有疑慮，但Clara協助我克服了這項心理障礙，向我擔保這個書名必定能夠比我提議的其他書名吸引更多讀者。我認爲我輩學術中人應當盡可能將觸角伸展至一般大眾，因此也就同意了他們採用這個書名。

我也必須感謝普林斯頓大學出版社的審稿人員，尤其是衛思韓（Jack Wills），他不惜放棄匿名性，而與我密切合作校訂工作。他的書與文章都深具影響力，我絕對必須徹底肯定這些作品對我的助益。他是一名模範學者，仔細又博學，更重要的是爲人慷慨，總是樂於分享自己的智慧與知識。若沒有他，本書絕不可能完成，而且不只是因爲他毫無保留的協助，也因爲他是明清史領域的巨人。他的研究工作對這個領域具有奠定基礎的貢獻。

另一位具有基礎重要性的人物是司徒琳（Lynn Struve）。她研究深入而且文筆出色的著作，爲我們當前對於南明的理解奠定了根基。此外，她也在本書的寫作過程中提供了具體的指導。她雖然對我在書中提出的觀點不盡同意，但我仍然深深感激她的幫忙。

包樂史（Leonard Blussé）的著作不但引人入勝，研究的詳盡程度也令人心生敬畏。我深深受到他的影響，再怎麼表達對他的感謝也不可能足夠。他曾針對中國人戰勝荷蘭人的這場戰爭撰寫了一篇短文（〈中國夢魘〉〔De Chinese nachtmerrie〕）。在本書提出的論點當中，有不少關鍵面向在那篇短文當中已可看到。他也慨然閱讀及評論了本書的一份初稿。

帕克對我有直接與間接的影響，一方面因爲他是我的恩師，另一方面則是他身爲學者的表現。他善於以實證研究方式細膩探討龐大的議題，例如軍事革命與全球危機。且容我這麼比喻：本書也許可以算是帕克體系這棵大樹當中的一根樹枝。他也閱讀了本書的草稿，提供的評語大幅強化了本書的內容。

其他閱讀了書稿並提供評語的人士還包括Pol Heyns、Dahpon Ho、杭行與Peter Silver。他們的洞見與建言都提升了本書的品質，但Peter的忠告尤其實用，幫助我重新構想了結論，並且對內容進行了若干重要調整。不消說，書中如有任何事實、判斷或詮釋上的錯誤，完全都是作者自己的責任。

家人是我最大的支柱。我太太Andrea Artuso Andrade肩負了子女主要照顧者的重任，也必須負責打理我們有著兩名幼兒成員的家庭。她全力維護我的寫作時間。若不是她，我絕對不可能完成這項工作。我的大女兒Amalia也幫了忙。我幾乎每天都說故事給她聽，從而得知最能夠吸引她注意的不是劇情或刺激場面，而是情感。我將本書獻給她，因為她幫助我學會了如何講述好的故事。

註釋

※註釋當中出現的英文縮寫，其所代表的史料名稱如下：

DRB：荷蘭艦隊司令博多的日誌。

DRC：荷蘭艦隊指揮官卡烏的日誌。

DZ：熱蘭遮城日誌。這份史料可參見包樂史等校譯的《熱蘭遮城日誌》，以及江樹生所翻譯，由台南市政府出版的中文版本。

HCCA：赫特與克雷沃克從下船踏上福建的土地，到與靖南王會面後返回船艦，這段期間所寫的日誌（一六六一年十月十六日至十一月三日）。

VOC：荷蘭東印度公司的相關檔案資料。

前言

一場死刑

1 我描寫早期現代時期的巴達維亞，參考了許多文獻，其中最重要的是華倫坦的《新舊東印度誌》（François Valentijn, *Oud en Nieuw Oost-Indiën*，頁二二九—二三九）。而安德烈斯・貝克曼（Andries Beeckman）所繪的*View of Batavia*是一份絕佳的參考資料，在冉福立（Zandvliet）的*The Dutch Encounter with Asia: 1600-1950*，頁三四至三五裡有詳細的探討。至於旅人的記述，則提供了額外的細節，其中最重要的作品包括Wintergerst，*Reisen*

auf dem mittelländischen Meere, der Nordsee, nach Ceylon und nach Java, 1688-1710, pt. 2，頁一三三—一三八；海卜脫，*Reise nach Java, Formosa, Vorder-Indien und Ceylon 1659 -1668*，頁三八—三〇；Schouten, *De Oost-Indische voyagie van Wouter Schouten*，頁四八—四九等。

2 揆一寫給Carel Hartsinck總督的信，一六六二年四月十二日，收錄於"Resolutions of the Grand Council of the Indies, Batavia, 13 April 1662", VOC 678:73-74。

3 Criminele sententie van de Hr Frederick Coyet dato den 12 Januarij 1666, Kopie-criminele sententiën van de Raad van Justitie in Batavia, VOC 9335（無頁碼）。

4 Frederick Coyet, *'t Verwaerloosde Formosa*。中譯本見林野文譯，《被遺誤的台灣：荷鄭台江決戰始末記》（台北：前衛出版，二〇一一年）。

5 衛思韓（Jack Wills）是全世界研究中國與歐洲海上強權之關係的第一把交椅，他寫道：「荷蘭人不論怎麼做……都不可能抵擋得了國姓爺在台灣送上岸的那支龐大又紀律嚴明的軍隊。」（Jack Wills, "Relations with Maritime Europeans, 1514-1662", *Cambridge History of China*，第八卷第二部分，頁三七三）。另見Mostert, "Chain of Command: Military System of the Dutch East India Company, 1655-1663"，碩士論文，頁一〇九。

6 見賈德．戴蒙所著的《槍砲、病菌與鋼鐵：人類社會的命運》（*Guns, Germs, and Steel: The Fates of Human Societies*）。中譯本由時報文化出版。

7 「歷史修正主義」一詞可見於許多地方，包括Flynn and Giráldez, "Cycles of Silver: Global Economic Unity through the Mid-Eighteenth Century"；蘭迪斯（David Landes），"Why Europe and the West? Why Not China"；以及Joseph Bryant, "The West and the Rest Revisited: Debating Capitalist Origins, European Colonialism, and the Advent of Modernity", *The Canadian Journal of Sociology*, 31, no.4(2008)。身爲歷史修正主義陣營成員的葛斯通（Jack Goldstone）在回應Bryant的一篇文章裡，欣然接受了這個標籤：葛斯通，"Capitalist Origins"。我曾經詳細探討過這個「勢均力敵的時期」論述的歷史研究方法，見歐陽泰，"Beyond Guns, Germs, and Steel: European Expansion in Eurasian Perspective,1400-1800", *Journal of Early Modern History*, 14(2010)。

8 見弗蘭克（Andre Gunder Frank），《白銀資本》（*ReOrient: The Global Economy in the Asian Age*）；葛斯通，《歐洲興起》（*Rise of the West*）；傑克．古迪（Goody），*Capitalism and Modernity: The Great Debate*；彭慕蘭（Kenneth

Pomeranz），《大分流》（*The Great Divergence*）；王國斌（Bin Wong），《轉變的中國》（*China Transformed*）。

9 Bryant, "The West and the Rest Revisited: Debating Capitalist Origins, European Colonialism, and the Advent of Modernity"，頁四〇三、四一八。當然，Bryant不是唯一對歷史修正主義者提出批判的學者。類似的反歷史修正主義觀點也可見於莫克（Joseph Mokyr），《文明的經濟》（*The Enlightened Economy*）；蘭迪斯，"Why Europe and the West? Why Not China"；以及麥迪森，《世界經濟千年史》（*TheWorld Economy*，尤其是頁二四九—二五一）。另見Duchesne, "Peer Vries, the Great Divergence, and the California School: Who's In and Who's Out?"；Vries, "Is California the Measure of All Things Global? A Rejoinder to Ricardo Duchesne", *World History Connected*, 2, no.2(2005)；以及Broadberry and Gupta, "The Early Modern Great Divergence: Wages, Prices and Economic Development in Europe and Asia, 1500-1800", *Economic History Review*, 59, no.1(2006)。

10 見歐陽泰，《福爾摩沙如何變成臺灣府?》。中譯本由遠流出版公司出版。

11 這種論點當然不是我首先提出的。見Wills, "Maritime Asia, 1500–1800: the Interactive Emergence of European Domination"和"Was There a Vasco de Gama Epoch? Recent Historiography"。三桔・薩布拉曼洋（Sanjay Subrahmanyam）也發表過一篇精彩的文章，提出了亞洲海上擴張的其他案例，見薩布拉曼洋，"Of Imârat and Tijârat Tijdrat: Asian Merchants and State Power in the Western Indian Ocean, 1400-1750 ", *Comparative Studies in Society and History*, 37, no.4(1995)。

12 Bryant, "The West and the Rest Revisited: Debating Capitalist Origins, European Colonialism, and the Advent of Modernity"，頁四三五，注釋二九。

13 布萊克反對帕克的論點散見於他大量的作品當中。其中最重要的可能是布萊克的《戰爭簡史》（*War: A Short History*）。另見帕克，*The Military Revolution: Military Innovation and the Rise of the West, 1500-1800*，以及布萊克，"On Diversity and Military History"。

14 孫來臣，"Ming-Southeast Asian overland interactions, 1368-1644"，博士論文，頁三一。

15 孫來臣，"Ming-Southeast Asian overland interactions, 1368-1644"，頁七五。

16 孫來臣，"Military Technology Transfers from Ming China and the Emergence of Northern Mainland Southeast Asia (c. 1390–1527)", *Journal of Southeast Asia Studies*, 34, no.3(2003)，頁五一六。

17 最重要的學者爲石康（Kenneth Swope）、盧彼得（Peter Lorge）與蔡斯（Kenneth Chase）。

18 李約瑟（Joseph Needham）指出，認爲火藥源自歐洲的觀念「頑強持續」至第二次世界大戰。參見李約瑟，《中國科學技術史》（*Science and Civilisation in China*），第五卷第七分冊。

19 蔡斯，*Firearms: A Global History to 1700*，頁一三。

20 蔡斯，*Firearms: A Global History to 1700*，頁三二。

21 石康，"Crouching Tigers, Secret Weapons: Military Technology Employed during the Sino-Japanese-Korean War, 1592-1598", *The Journal of Military History*, 69, no.1(2005)，頁二〇。

22 黃一農，〈歐洲沉船與明末傳華的西洋大砲〉，《中央研究院歷史語言研究所集刊》，七十五：三（二〇〇四）。

23 歐洲與中國的軍隊在先前也曾交手過，最著名的是一五二一與一五二二年的兩場戰役，葡萄牙艦隊先後敗在大明水師手下。不過，相較於中荷戰爭，先前的中歐戰役都只是小衝突而已。我把一六六八年定爲中荷戰爭的結束時間，因爲荷蘭人在那年，才終於放棄台灣。但後續仍有零星的衝突，特別是在東南亞。台灣學者鄭維中即將發表的一篇論文，就詳細描寫了這些持續的衝突（這篇論文的標題還沒決定，預計將在二〇一一或二〇一二年完成於萊登大學，由包樂史教授指導）Tristan Mostert認爲荷蘭對這場戰爭涉入不深，因爲主導戰事的是荷蘭東印度公司（參見Mostert, "Chain of Command: Military System of the Dutch East India Company, 1655-1663"，頁一三）。我採取他的觀點，但我認爲，由於東印度公司與荷蘭政府關係緊密，且該公司又有權代表國家發動戰爭及簽訂條約，因此把這場戰役稱爲中荷戰爭，並不爲過。

24 葛斯通，"Capitalist Origins, the Advent of. Modernity, and Coherent Explanation: A Response to Joseph M. Bryant"，頁一二七。

25 江樹生，《鄭成功和荷蘭人在台灣的最後一戰及換文締和》（台北：漢聲出版社，二〇〇三），頁四二。

26 證據顯示，十四世紀中葉的一場中國戰役，首次採用了這種技法。參見孫來臣，"Military Technology Transfers from Ming China and the Emergence of Northern Mainland Southeast Asia (c. 1390–1527)"，頁五〇〇。

27 見Platt，"The Chinese Sail"。

28 包樂史的作品充滿氣魄，對中西文獻也都仔細爬梳；這些作品是從事這方面研究的重要起點：包樂史，"De

Chinese nachtmerrie : een terugtocht en twee nederlagen"與"'t Verzuymd Brazil and 't Verwaarloost Formosa: An Investigation into the Loss of Two Dutch Colonial Settlements"。的確，他的分析在許多重要面向上都預示了本書的論點。另一部值得注意的作品則是江樹生的《鄭成功和荷蘭人在台灣的最後一戰及換文締和》。其他許多研究與記述雖然沒那麼詳細，但仍非常有用，其中最重要的有Boxer, "The Siege of Fort Zeelandia and the Capture of Formosa from the Dutch, 1661-1662"；盧建榮，《入侵台灣——烽火家國四百年》（台北：麥田出版，一九九九），頁二〇—八九；湯韻旋，《鄭成功收復台灣》（福建教育出版社，二〇〇七）；鄧孔昭，〈鄭成功收復台灣的戰略運籌〉，《鄭成功與明鄭台灣史研究》（北京：台海出版社，二〇〇〇）；Mostert, "Chain of Command: Military System of the Dutch East India Company, 1655-1663"，以及楊彥杰，《荷據時代台灣史》（台北：聯經出版，二〇〇〇）。舊時的文獻非常多，包括Dickens, "Formosa and the Japanese"；Kalff, "De Val van Formosa"與"Kort enbondigh verhael"。若要從第一手文獻去了解這場戰爭役，最好的起點是司徒琳，*Voices from the Ming-Qing Cataclysm: China in Tigers' Jaws*，以及《鄭成功收復台灣史料選編》。

29 這位植物學家名叫Wolfgang Stuppy，任職於基尤皇家植物園。

30 宋漢理（Zurndorfer），"What Is the Meaning of 'War' in an Age of Cultural Efflorescence? Another Look at the Role of War in Song Dynasty China (960-1279)", *War in Worlds,* ed. Formisano，頁九〇。

31 韓森，《大屠殺與文化：西方強權崛起過程中的幾個指標性戰役》（*Carnage and Culture: Landmark Battles in the Rise of Western Power*），頁五。

32 張云、孫兆軍，〈中國傳統兵學與鄭成功東征台灣之役〉，《軍事研究》一（二〇〇二）。

33 伍特・舒頓（Wouter Schouten），*De Oost-Indische voyagie van Wouter Schouten*，頁一七一。

第一章

情緣難割

1 此一故事改寫自許多不同的版本：劉獻廷，《廣陽雜記》（台北：台灣銀行，一九六五）；彭孫貽，《靖海志》（台北：台灣銀行，一九五九），頁一；林時對，《荷牐叢談》（台北：台灣銀行，一九六二），頁一五五；以及陸圻，《織言》（上海書店，一九九四）。

2 〈奉剿紅夷報捷疏〉，鄒維璉的信收錄於頁三四—四二，引用自頁四〇。

3 張遴白，〈平國公鄭芝龍傳〉，《難游錄》（江西人民出版社，一九八九），頁三七〇—三七一。

4 計六奇，《明季南略》（台北：台灣銀行，一九六三），頁五一八。劉獻廷的《廣陽雜記》也指稱他與繼母通姦，參見劉獻廷，《廣陽雜記》，頁三四—三五。史學家陳碧笙對此提出質疑，認爲鄭芝龍的父親太過窮困，不可能納妾。參見陳碧笙，〈明代末期海上商業資本與鄭芝龍〉，《鄭成功歷史研究》（北京：九州出版社，二〇〇〇），頁七七。

5 持棍追打一事的細節參見《靖海志》，頁一。也可見於計六奇，《明季南略》，頁五一八。

6 張彬村，"Chinese Maritime Trade: The Case of Sixteenth-Century Fu-chien"；Wills, "Relations with Maritime Europeans, 1514-1662"；吳振強，*Trade and Society : The Amoy Network on the China Coast*；張彬村，〈晚明福建的海上貿易與地方經濟〉，*Development and Decline of Fukien Province in the 17th and 18th Centuries*, ed. Vermeer，頁六三—八二；林仁川，《明末清初私人海上貿易》，頁一六三—二一六；以及吳振強，"South Fukienese"，頁二九七—三二六。

7 Palafox, *Conquest*，引用自Boxer, "Rise and Fall"，頁四二七—四二八。

8 岩生成一（Iwao）, "Li Tan, Chief of the Chinese Residents at Hirado, Japan"，頁七六。

9 Clulow, "From Global Entrepôt to Early Modern Domain: Hirado, 1609- 1641", *Monumenta Nipponica*, 65, no.1(2010)。

10 張遴白，〈平國公鄭芝龍傳〉，頁三七一。張遴白在文中提到的名字爲李習而非李旦。這兩者應是同一人，但無法確定。見陳支平，《鄭氏家族與清初南明相關史料專輯》，頁三七四。

11 德福，《閩政領要》，轉引自陳支平，《鄭氏家族與清初南明相關史料專輯》，頁三七二—三七三。

12 學者確知其姓爲「田川」，但不太確定名字是否眞的爲「松」。中國文獻向以「翁氏」稱之。

13 包樂史，"The Dutch Occupation of the Pescadores (1622-1624)", *Transactions of the International Conference of Orientalists in Japan*, 18(1973)。

14 Gerrit Fredricxz。De Witt寫給Pieter de Carpentier總督的信，一六二六年十一月十五日，VOC 1090: 196-206, fol.

202。

15 De Jong, *"Staat van Oorlog"*。

16 這是明訂於該公司章程裡的條件。澳洲水道測量學會的網站上有一份很好的英文譯本：http://www.australiaonthemap.org.au/content/view/50/59（二〇一〇年七月十七日參閱）。

17 岩生成一，"Li Tan, Chief of the Chinese Residents at Hirado, Japan"，頁五一—五二。

18 有些荷蘭文獻指稱他沒有辭職就逕行離去。參見Hamel, "Verhaal"，頁一〇五。另轉引自岩生成一，"Li Tan, Chief of the Chinese Residents at Hirado, Japan"，頁七七。

19 《台灣外記》（台北：台灣銀行，一九六〇），頁五。

20 見歐陽泰，《福爾摩沙如何變成臺灣府？》，第二章。

21 Gerrit Fredericxz長官。De Witt寫給Pieter de Carpentier的信，一六二六年三月四日，VOC 1090: 176-181, fol. 179。另見Resolutions, 26 June 1627, VOC 1093: 385v-386。

22 巴達維亞的H. Brouwer, P. Vlack與J. van der Burch寫給阿姆斯特丹十七人董事會的信，一六三二年十二月一日（參見程紹剛譯註，《荷蘭人在福爾摩沙》〔*De VOC en Formosa 1624-1662*〕，頁一〇五）。另見包樂史，"Minnan-jen or Cosmopoltan? The Rise of Cheng Chih-lung alias Nicolas Iquan", *Development and Decline of Fukien Province in the 17th and 18th Centuries, ed. Vermeer*，頁二五五。這只是官方的數字。包樂史認爲他有許多收入沒有呈報巴達維亞。參見包樂史，"The VOC as Sorcerer's Apprentice: Stereotypes and Social Engineering on the China Coast", *Leiden Studies in Sinology*, ed. Idema，頁九九。

23 Cornelis Reijersz指揮官寫給總督的信，一六二四年二月二十日，收錄於Groeneveldt, *De Nederlanders in China*，頁四八二。

24 一般政務報告，一六二八年一月六日，收錄於Hamel, *Verhaal*，頁一〇五。另轉引自岩生成一，"Li Tan, Chief of the Chinese Residents at Hirado, Japan"，頁七八。

25 《鄭氏史料初編》（台北：台灣銀行，一九六一），頁一。對於「製自外番」一語，我採取汪榮祖的詮釋（參見汪榮祖，"Security and Warfare on the China Coast: The Taiwan Question in the Seventeenth Century", *Monumenta Serica*, 35〔1981-83〕，頁一二四），解讀爲「由外番製造」；不過，這段話也可解釋爲「仿自外番」。

26 《明實錄閩海關係史料》（台北：台灣銀行，一九七一），頁一五四。
27 《鄭氏史料初編》，頁一。
28 川口長孺，《台灣鄭氏紀事》（台北：台灣銀行，一九五八），頁五。
29 見汪榮祖，"Security and Warfare on the China Coast: The Taiwan Question in the Seventeenth Century"，頁一二五。
30 《靖海志》，頁三。明代其他文獻也證實鄭芝龍建立了一種博愛慈善的形象。舉例而言，見曹履泰，《靖海紀略》（台北：台灣銀行，一九五九），頁三—四。
31 兵部尚書梁廷棟回憶錄，收錄於《明實錄閩海關係史料》，頁一五四。
32 轉引自湯錦台，《開啓台灣第一人——鄭芝龍》（台北：果實出版，二〇〇二），頁一一三。
33 董應舉，《崇相集選錄》（台北：台灣銀行，一九六七），轉引自陳碧笙，〈明代末期海上商業資本與鄭芝龍〉，頁八二。
34 這些話據稱出於泉州守官之口，名叫王猷。見林時對，《荷牐叢談》，頁一五五。現代學者也認爲鄭芝龍從初期就意在尋求朝廷招安。參見陳碧笙，〈明代末期海上商業資本與鄭芝龍〉，頁八四。
35 兵部尚書梁廷棟回憶錄，收錄於《明實錄閩海關係史料》，頁一五四。
36 兵部尚書梁廷棟回憶錄，收錄於《明實錄閩海關係史料》，頁一五四。
37 《靖海志》，頁三。
38 DZ 1, A: 394。
39 DZ 1, A: 394。
40 至少這是一名漢人對荷蘭人所說的。參見DZ 1, A: 395。
41 DZ 1, A: 399。
42 普特曼斯寫給Specx的信，一六三〇年十月五日，VOC 1101: 412-423, fol. 422；普特曼斯寫給Coen的信，一六三〇年三月十日，VOC 1101: 408-411。
43 兵部尚書梁廷棟回憶錄，收錄於《明實錄閩海關係史料》，頁一五三—一五四。
44 〈奉剿紅夷報捷疏〉，頁四〇。
45 〈奉剿紅夷報捷疏〉，頁四〇。

46〈奉剿紅夷報捷疏〉，頁四〇。
47 黃宗羲，《賜姓始末》（台北：台灣銀行，一九五八），頁一。
48〈奉剿紅夷報捷疏〉，頁四〇。
49 普特曼斯寫給Specx的信，一六三二年十一月九日，VOC 1109: 195-197。
50 DZ 1, B: 591-592。
51 普特曼斯沒有將鄭芝龍稱爲「鄭芝龍」。爲避免讀者混淆，我更動了引文裡的姓名。見普特曼斯寫給Specx的信，一六三〇年十月五日，VOC 1101: 412-423, fol. 416。
52 普特曼斯寫給Specx的信，一六三〇年十月五日，VOC 1101: 412-423, fol. 416。一如以往，我也必須感謝包樂史在他的研究當中提醒讀者注意這段篇章。
53 荷蘭水手一個月的薪資約爲八荷蘭盾，約等於三點五兩白銀，年薪約爲四十二兩。參見*Uytrekening*，頁一一。
54 一般政務報告，H. Brouwer, A. van Diemen, P. Vlack, Philips Lucasz., en J. van der Burch，巴達維亞，一六三三年八月十五日，收錄於程紹剛譯註，《荷蘭人在福爾摩沙》，頁一〇八—一一一。

海盜戰爭

1 Dewald, *Europe 1450 to 1789: Encyclopedia of the Early Modern World*。
2 帕克，*The Military Revolution: Military Innovation and the Rise of the West, 1500-1800*，頁一〇四—一一三。至於這種立場的傳統陳述則比較沒這麼細膩：Cipolla, *Guns*。
3 Marshall, "Western Arms in Maritime Asia in the Early Phases of Expansion", *Modern Asia Studies*, 14, no.1(1980).
4 歐陽泰，"Asian Expansions and European Exceptionalism: The Maritime Factor", *Asian Expansions: The Historical Processes of Polity Expansion in Asia*, ed. Wade；Chaudhuri, *Trade and Civilisation in the Indian Ocean: An Economic History from the Rise of Islam to 1750*，特別是頁六三—七九；Pearson, *The Indian Ocean*；Newitt, *A History of Portuguese Overseas Expansion 1400-1668*（但Newitt認爲近來的研究都忽略了軍事變數）；Ringrose, *Expansion and Global Interaction: 1200-1700*，頁一四九—一六〇；Glete, *Warfare at Sea, 1500-1650*，頁七六—七七；約翰．達爾文（John Darwin），《帖木兒之後》（*After Tamerlane: The Rise & Fall of Global Empires, 1400-2000*）。一項絕佳

的反論可見於薩布拉曼洋，“Of Imârat and Tijârat Tijdrat: Asian Merchants and State Power in the Western Indian Ocean, 1400-1750”。

5 但請參見吉爾馬丁（Guilmartin），《火藥與戰艦》（*Gunpowder and Galleys: Changing Technology and Mediterranean War-fare at Sea in the 16th Century*）。

6 這段引文取自「中丞南公祖來視閩師」一段，轉引自蘇同炳，《台灣史研究集》（台北：國立編譯館，一九八〇），頁六〇。

7 鄭大郁，《經國雄略》，〈武備考．卷八〉，fols. 22-22v。

8 《新校本明史》（台北：中研院史語所，一九九〇—），頁八四三七。

9 〈奉剿紅夷報捷疏〉，頁四〇。

10 《台灣外記》，頁四三。

11 《新校本明史》，頁八四三七。

12 普特曼斯寫給Specx的信，一六三〇年十月五日，VOC 1101: 412-430, fol. 416。

13 有些文獻指出，這種巨型帆船戰艦只有十五艘。見陳碧笙，《明代末期海上商業資本與鄭芝龍》，頁八八。

14 帕克，*The Military Revolution: Military Innovation and the Rise of the West, 1500-1800*，頁九四—九六。

15 普特曼斯寫給Brouwer的信，一六三三年九月三十日，VOC 1113: 776-787, fol. 777v。

16 一份中文文獻指出，這些船隻正受到「燂洗」。轉引自楊緒賢，〈鄭芝龍與荷蘭之關係〉，頁三〇一。

17 李科羅，“Hechos de la Orden de predicadores en el Imperio de China”，轉引自Busquets, “Los Frailes de Koxinga”, *La investigacíon sobre Asia-Pacífico en España*，頁四〇四。

18 我對這場戰役的描寫參考自三份不同的荷蘭文獻，每一份都各自凸顯了不同的細節：DZ 1, F: 16；普特曼斯寫給Brouwer的信，一六三三年九月三十日，VOC 1113: 776-787, fols. 777-778；以及普特曼斯寫給阿姆斯特丹商會（Kamer Amsterdam）的信，一六三三年九月三十日，VOC 1109: 227-234, fol. 229。

19 這場襲擊不僅摧毀了他的艦隊，還導致他遭到降職處分。參見楊緒賢，〈鄭芝龍與荷蘭之關係〉，頁三〇一。

20 一官（鄭芝龍）寫給普特曼斯的信，一六三三年七月二十四日，《鄭成功研究國際學術會議論文集》（江西人民出版社，一九八九），VOC 1113: 548-549。

21 一官寫給普特曼斯的信，一六三三年七月二十四日，VOC 1113: 548-549, fol. 549v。我更改了文句的順序，將「你的行爲與海盜無異」置於開頭。此外，「你難道以這樣的舉動爲傲？」一語，若是採取較爲貼近字面的翻譯，也許可以譯爲「你認爲此舉很高明嗎？」

22 施邦曜的報告，摘錄於楊緒賢，〈鄭芝龍與荷蘭之關係〉，頁三〇一。

23 這些要求分別提出於幾封寫給明朝官員的信件裡。舉例而言，見普特曼斯寫給Haijto van Chincheuw的信，一六三三年七月二十九日，VOC 1113: 564-566。

24 普特曼斯寫給Brouwer的信，一六三三年九月三十日，VOC 1113: 776-787, fol. 786v。

25 普特曼斯寫給Brouwer的信，一六三三年九月三十日，VOC 1113: 776-787, fol. 786v。

26 一般政務報告，H. Brouwer, A. van Diemen, P. Vlack, J. van der Burch與Antonio van den Heuvel，巴達維亞，一六三三年十二月十五日，收錄於程紹剛譯註，《荷蘭人在福爾摩沙》，頁一一六。

27 普特曼斯寫給Brouwer的信，一六三三年九月三十日，VOC 1113: 776-787, fol. 786v。

28 普特曼斯寫給Brouwer的信，一六三三年九月三十日，VOC 1113: 776-787, fol. 787。

29 普特曼斯寫給Brouwer的信，一六三三年九月三十日，VOC 1113: 776-787, fol. 787。

30 見楊緒賢，〈鄭芝龍與荷蘭之關係〉，頁二九九—三〇〇，其中從廈門的一份地方志（周凱，《廈門志》〔台北：台灣銀行，一九六〇〕）摘錄了一段內容凌亂但仍足以令人洞悉內情的文字，而這段文字裡又引用了《東林傳》的內容，讓人得以體味他們的分歧。楊緒賢針對鄭維璉的事件，也列出了其他參考文獻（見頁三〇〇）。

31 鄭芝龍對鄭維璉的報告，崇禎六年九月二十二日（西元一六三三年十月二十四日），收錄於〈奉剿紅夷報捷疏〉，頁三五。荷蘭文獻提到他帶去的大批隨員，似乎是巴達維亞的官員從漢人商人口中得知的消息。參見一般政務報告，H. Brouwer, A. van Diemen, P. Vlack, J. van der Burch與Antonio van den Heuvel，一六三三年十二月十五日，收錄於程紹剛譯註，《荷蘭人在福爾摩沙》，頁一一八。

32 在這段期間，共有七份盤點目錄分別記錄了劫掠而來並宣稱爲「正當戰利品」的金錢與財貨，可見於荷蘭東印度公司檔案：VOC 1109: 240-242。

33 包樂史，"De Chinese nachtmerrie : een terugtocht en twee nederlagen"，頁二二三。

34 DZ 1, F: 34。

35 DZ 1, F: 33。另見普特曼斯寫給阿姆斯特丹商會的信，一六三四年十月二十八日，VOC 1114: 1-14, fol. 1。

36 DZ 1, F: 33。一份近乎完全相同的記述可見於Extract van het dachregister in het jacht Bredamme gehouden over het verongelucken van het jacht Catwijk，一六三三年十月十三日，VOC 1113: 705-706。我對這段文字的翻譯稍微加以自由發揮，而將「Schier buijten hoope」譯為「我們沒什麼希望」。我也不確定這段文字是不是普特曼斯自己寫的，不過一切文字紀錄絕對都必須經過他的核准。

37 普特曼斯寫給阿姆斯特丹商會的信，一六三四年十月二十八日，VOC 1114: 1-14, fol. 1。

38 DZ 1, F: 33。

39 DZ 1, F: 34。包樂史認為這是一則假消息。見"Chinese nachtmerrie"，頁二二三。

孫子言：「兵者，詭道也」

1 DZ 1, F: 35。我稍微更動了這段文字的翻譯。若是按照字面翻譯，應該是：「皇帝豈能容許一條狗將頭擱在他休憩處的枕頭上？」在十七世紀，「狗」是罵人最難聽的話，但這項侮辱在今天聽來頗為可笑，因此我加上「賤」字以凸顯鄭芝龍這句話的語氣。

2 包樂史，"The VOC as Sorcerer's Apprentice: Stereotypes and Social Engineering on the China Coast"，尤其是頁一〇二—一〇四。

3 普特曼斯寫給Chitoo的信，VOC 1113: 569v-570（概述於DZ 1, F: 25）。

4 DZ 1, F: 35-36。

5 普特曼斯寫給阿姆斯特丹商會的信，一六三四年十月二十八日，VOC 1114: 1-14, fol. 1。DZ 1, F: 35探討了藍色三角旗。在荷蘭現存關於料羅灣之役的記述裡，幾乎都完全沒有提到海盜。從中文文獻可得知這些海盜的參與，同時也有一份荷蘭文獻提及海盜四散奔逃。見一般政務報告，H. Brouwer, A. van Diemen, P. Vlack與J. van der Burch，巴達維亞，一六三四年二月二十日，收錄於程紹剛譯註，《荷蘭人在福爾摩沙》，頁一一五。

6 鄭芝龍對鄒維璉的報告，崇禎六年九月二十二日（西元一六三三年十月二十四日），收錄於〈奉剿紅夷報捷疏〉，頁三五。

7 《台灣外記》記載這場戰役發生於一六三九年，但我和其他學者一樣，認為其中記述的應是一六三三年的戰役。

見楊緒賢，〈鄭芝龍與荷蘭之關係〉，頁三〇四—三〇五。

8 《台灣外記》，頁四三—四四。

9 《台灣外記》，頁四三—四四。

10 沈雲，《台灣鄭氏始末》（台北：台灣銀行，一九五八），頁六。

11 DZ 1, F: 36。

12 普特曼斯寫給阿姆斯特丹商會的信，一六三四年十月二十八日，VOC 1114: 1-14, fols. 1v-2。

13 關於叫喊的詳細記述，見一般政務報告，H. Brouwer, A. van Diemen, P. Vlack與J. van der Burch，巴達維亞，一六三四年二月二十日，收錄於程紹剛譯註，《荷蘭人在福爾摩沙》，頁一一四。

14 參將鄧樞對鄭維璉的報告，崇禎六年九月二十二日（西元一六三三年十月二十四日），收錄於〈奉剿紅夷報捷疏〉，頁三九。

15 泉南游擊張永產對鄭維璉的報告，崇禎六年九月二十二日（西元一六三三年十月二十四日），收錄於〈奉剿紅夷報捷疏〉，頁三八。

16 DZ 1, F: 36。

17 副總高應岳對鄭維璉的報告，接收於崇禎六年九月二十二日（西元一六三三年十月二十四日），收錄於〈奉剿紅夷報捷疏〉，頁三七。

18 DZ 1, F: 36-37。

19 普特曼斯寫給阿姆斯特丹商會的信，一六三四年十月二十八日，VOC 1114: 1-14, fol. 2。

20 副總高應岳對鄭維璉的報告，接收於崇禎六年九月二十二日（西元一六三三年十月二十四日），收錄於〈奉剿紅夷報捷疏〉，頁三七。

21 鄭芝龍，「回報」，頁三六。

22 DZ 1, F: 36。

23 普特曼斯寫給阿姆斯特丹商會的信，一六三四年十月二十八日，VOC 1114: 1-14, fol. 1。

24 鄭芝龍，「回報」，頁三五。

25 鄭芝龍，「回報」，頁三五。

26 鄭芝龍，「回報」，頁三六。
27 鄭芝龍，「回報」，頁三六。
28 鄭芝龍，「回報」，頁三六。
29 Monsterrol van het jacht Broeckerhaven, fol. 769；以及Monsterrol van het jacht Sloterdijck, fol. 768。
30 「吧吐」指的無疑是Antonij Paets，亦即荷蘭在這場戰役中損失的最高階人員。見Monsterrol van het jacht Broeckerhaven，頁七六九；以及Monsterrol van het jacht Sloterdijck，頁七六八。Paets搭乘的船艦*Broeckerhaven*號在戰役初期即遭到擊沉。
31 泉南游擊張永產對鄭維璉的報告，崇禎六年九月二十二日（西元一六三三年十月二十四日），收錄於〈奉剿紅夷報捷疏〉，頁三八。
32 《鄭氏史料初編》，頁八八—九〇與九四—九五，轉引自汪榮祖，"Security and Warfare on the China Coast: The Taiwan Question in the Seventeenth Century"，頁一二八。
33 〈奉剿紅夷報捷疏〉，頁四二。
34 鄭芝龍，「回報」，頁三六。
35 Colenbrander編，*Dagh-register gehouden int Casteel Vatavia vant passerende daer ter plaetse als over geheel Nederlandts-India, Anno 1631-1634*，頁二五三。
36 DZ 1, F: 37。
37 一般政務報告，H. Brouwer, A. van Diemen, P. Vlack與J. van der Burch，巴達維亞，一六三四年八月十五日，收錄於程紹剛譯註，《荷蘭人在福爾摩沙》，頁一三二。
38 根據《明史》記載，鄭維璉備遭閩人中傷，以致他的死對頭得以促使朝廷撤換他。參見《新校本明史》，頁六一三八。
39 〈奉剿紅夷報捷疏〉，頁四〇。
40 〈鄭維璉〉，百度百科介紹鄭維璉的條目，見http://baike.baidu.com/view/222016.htm（二〇〇九年十一月二十五日參閱）。
41 蘇同炳，《台灣史研究集》，頁六四。

42 歐陽泰，《福爾摩沙如何變成臺灣府？》，第三、六、七、八章。

43 林時對，《荷牐叢談》，頁一五六；以及《鄭成功傳》，頁三。這些文獻都使用「金」字，因明、清時期經常以「金」代表「銀兩」。

44 在一六二七至一六四〇年間，荷蘭東印度公司的平均歲收爲兩百七十萬荷蘭盾。參見De Korte, *De Jaarlijkse*，頁三一。另見Gaastra, *Dutch*，頁一三二。以一盾兌三點五兩銀的比率來看，這樣的歲收約等於九百萬或一千萬兩。見*Uytrekening*，頁一二。貨幣兌換比率在十七世紀期間起伏相當大，金銀比價也是如此。參見Flynn and Giraldez, "Arbitrage, China and World Trade in the Early Modern Period"。

45 後代一項審愼的估計認爲，鄭氏家族的海外貿易事業每年約可賺進兩千五百萬兩。一六三〇與四〇年代的數字也許高得多。參見楊彥杰，〈一六五〇至一六六二年鄭成功海外貿易的貿易額和利潤額估算〉，《台灣鄭成功研究論文選》（福建人民出版社，一九八二），頁二二一—二三三。另見韓振華，〈再論鄭成功與海外貿易的關係〉，《鄭成功研究論文選續集》（福建人民出版社，一九八四）。

46 這點受到後來另一項比較的佐證：杭行，"Between Trade and Legitimacy, Maritime and Continent: The Zheng Organization in Seventeenth-Century East Asia"，頁一〇二—一〇九。

47 陸圻，《纖言》，關於鄭芝龍的段落。李科羅這位可靠的記錄者也同意此一評估。參見李科羅，"Hechos de la Orden de predicadores en el Imperio de China"，轉引自Busquets, "Los Frailes de Koxinga"，頁三九八。

48 林時對，《荷牐叢談》，頁一五六。

49 林時對，《荷牐叢談》，頁一五六；以及《鄭成功傳》，頁三。

50 《靖海志》，頁六。

51 陸圻，《纖言》，關於鄭芝龍的段落。

52 汪榮祖，"Security and Warfare on the China Coast: The Taiwan Question in the Seventeenth Century"，頁一二九。

53 《鄭成功傳》，頁三。

54 林時對，《荷牐叢談》，頁一五六。

1 帕克，“Crisis and Catastrophe: The Global Crisis of the Seventeenth Century Reconsidered”, *American Historical Review*, 113, no.4(2008)，頁一〇五三。

2 帕克，“Crisis and Catastrophe: The Global Crisis of the Seventeenth Century Reconsidered”，頁一〇五六。

3 關於中國人口統計史近來的爭議，見Marks, “China's Population Size during the Ming and Qing: A Comment on the Mote Revision”。

4 Magisa, *Svcceso raro de tres volcanes, dos de fvego, y vno de agva, qve rebentaron a 4 de Enero deste año de 641 a un mismo tiempo en diferentes partes estruendopor los ayres como de artilleria, y mosqueteria*，轉引自帕克，*The Global Crisis of the Seventeenth Century Reconsidered*。

5 艾維四（William S. Atwell）指出，北半球在一六四〇至四三年間遭受濃厚的塵埃籠罩，這點與冰核的高硫酸含量有關。參見艾維四，“Volcanism and Short-Term Climatic Change in East Asian and World History, c.1200-1699”，頁六二一一六三。

6 帕克，“Crisis and Catastrophe: The Global Crisis of the Seventeenth Century Reconsidered”，頁一〇六七一一〇六八。

7 帕克，“Crisis and Catastrophe: The Global Crisis of the Seventeenth Century Reconsidered”，頁一〇六九。

8 帕克引用了Buisman, *Duizend Jaar weer: wind en water in de Lage Landen*, IV，頁四六九一四七〇。

9 帕克，*The Global Crisis of the Seventeenth Century Reconsidered*。

10 帕克，*The Global Crisis of the Seventeenth Century Reconsidered*。

11 轉引自帕克，*The Global Crisis of the Seventeenth Century Reconsidered*，關於中國的段落。帕克接著又引用了Des Forges, *Cultural Centrality and Political Change in Chinese History: Northeast Henan in the Fall of the Ming*，頁六二。

12 葉紹袁，轉引自Michael Marmé, “Locating linkages or painting bull's-eyes around bullet holes ? An East Asian perspective on the seventeenth-century crisis”, *American Historical Review*, 113, no.4(2008)，頁一〇八三。另見艾維四，“Volcanism and Short-Term Climatic Change in East Asian and World History, c.1200-1699”，頁六七一六八。

13 艾維四，“Volcanism and Short-Term Climatic Change in East Asian and World History, c.1200-1699”，頁六六、六八。

14 鄭培凱，《明朝的光榮與衰落》，頁三三三。

15 史景遷（Jonathan D. Spence），《追尋現代中國》（台北：時報出版，二〇〇一）。

16 多爾袞寫給吳三桂的信，轉引自鄭培凱、李文璽（Michael Lestz）與史景遷合著，*The Search for Modern China: A Documentary Collection*，頁二六。

17 司徒琳，《南明史》（*The Southern Ming, 1644-1662*），頁七七。

18 鄭孔昭，〈鄭芝龍的一生〉，《鄭成功與明鄭台灣史研究》，頁一七九—一八〇。

19 鄭孔昭，〈鄭芝龍的一生〉，頁一八一。

20 最佳的一份記述見於《靖海志》。另外還有一份篇幅較長，也比較詳細的探究，而出人意料的是，其中對鄭芝龍的描寫卻是正面得多：參見陳燕翼，《思文大紀》（台北：台灣銀行，一九六一）。

日本武士

1 這段故事取自清新有趣的《台灣外記》——一部將眞實歷史與幻想傳說完全混合一氣的著作；而這段故事屬於幻想傳說。參見《台灣外記》，頁八。

2 見歐陽泰，《福爾摩沙如何變成臺灣府？》，第十章第六節。

3 基恩，*The Battles of Coxinga*，頁四四。

4 基恩，*The Battles of Coxinga*，頁四四。

5 吳正龍認爲國姓爺的忠心有受到誇大之嫌，見吳正龍，《鄭成功與清政府間的談判》（台北：文津出版，二〇〇〇）。鄭孔昭則稱國姓爺爲英勇忠誠的英雄，見鄭孔昭，〈試論鄭成功對鄭芝龍的批判與繼承〉，《鄭成功與明鄭台灣史研究》，頁一九—三七。而汪榮祖將他描寫成一名極度忠心的狂熱分子，見汪榮祖，"Security and Warfare on the China Coast: The Taiwan Question in the Seventeenth Century"，頁一三三。Ralph Crozier審視了證據之後，雖對國姓爺的忠心提出質疑，但卻認爲這個問題不可能找到答案，見Crozier, *Koxinga and Chinese Nationalism: History, Myth, and the Hero*，頁二〇—二三。另見楊錦麟，〈論鄭成功與南明宗室的關係〉，《鄭成功研究論文選續集》，頁二九〇—三〇二。此外，杭行的描繪則是細膩又引人入勝。在他筆下，國姓爺務實而不狂熱，有如一位「精明的公司經理人」、「精明的生意人」，懂得「分散政治風險」，見杭行，"Between Trade and Legitimacy, Maritime and Continent: The Zheng Organization in Seventeenth-Century East Asia"，頁一二八。

6 揆一原著，林野文譯，《被遺誤的台灣：荷鄭台江決戰始末記》，頁九〇。（編註：作者在此引用的是荷蘭文原版，中文版則是譯自英文版，爲方便讀者索引與區隔，歐陽泰引用荷文版《被遺誤的台灣》之註釋，一律採中文版譯名。）

7 各種神祕的發現一再出現，例如國姓爺的一幅書法就在一九九〇年代中期被人發現於日本。不過，這幅書法顯然是在他離開日本之後所寫的。見夏明，〈日本發現鄭成功手書〉，《科技文萃》六（一九九五）。

8 白蒂（Patrizia Carioti），《鄭成功》（*Zheng Chenggong*）。證據在於國姓爺同母異父的弟弟田川七左衛門是足輕。

9 杭行，"Between Trade and Legitimacy, Maritime and Continent: The Zheng Organization in Seventeenth-Century East Asia"，頁七二，註釋三一。

10 日本有許多關於國姓爺的故事與傳說。以他在日本的名聲來看，這點並不令人意外。誠如一位中國學者指出的，也許因爲國姓爺出生於日本，所以他是日本最著名的三個中國人物之一，另外兩人是諸葛亮與岳飛。參見高致華，〈日人觀點中的鄭成功〉，《長共海濤論延平》（上海古籍出版社，二〇〇三），頁三六七—三六八。

11 鄭森爲國姓爺兒時的名字。轉引自毛一波，《南明史談》（台北台灣商務，一九七〇），頁一五三。

12 毛一波，《南明史談》，頁一五四。

13 汪榮祖，"Security and Warfare on the China Coast: The Taiwan Question in the Seventeenth Century"，頁一三三。

14 《先王實錄》陳碧笙編（福建人民出版社，一九八一），頁六二。

15 見陳支平，《鄭氏家族與清初南明相關史料專輯》，頁三八四。關於鄉試的更多證據，見李國宏，〈新近出現的鄭成功史料辨析〉，《長共海濤論延平》，頁三一九—三二〇。

16 《鄭成功傳》，頁三。

17 Wakeman, "Romantics, Stoics, and Martyrs in Seventeenth Century China"，頁六三七。

18 關於錢謙益的決定對他的詩作所造成的影響，見嚴志雄所著的*The Poet-historian Qian Qianyi*的探討。另見黃衛總（Martin W. Huang），《中華帝國晚期的男性構建》（*Negotiating Masculinities in Late Imperial China*），頁七七—七八。

19 《閩海紀要》（台北：台灣銀行，一九五八），頁二。

20 隆武帝稱他爲「國姓成功」，見陳燕翼，《思文大紀》（關於隆武帝回憶自己這麼稱呼國姓爺，見第五九與九四頁）。

21 陳燕翼，《思文大紀》，頁三一。鄭氏家族的宗譜當中也有相關證據，參見《鄭氏宗譜》，轉引自張宗洽，〈鄭成功家世資料《鄭氏宗譜》和《鄭氏家譜》的新發現〉，頁一四五。

22 《閩海紀要》，頁三。另見《鄭成功傳》，頁四。

23 《閩海紀要》，頁三。

24 《閩海紀要》，頁三。

25 《閩海紀要》，頁三。

26 《閩海紀要》，頁三。

27 在隆武的編年史當中，可見到國姓爺接受軍事命令的許多證據：陳燕翼，《思文大紀》。另見陳碧笙，〈鄭成功焚儒服說質疑〉，《鄭成功歷史研究》，頁一〇八—一一〇。

28 計六奇，《明季南略》，頁三一七。這部文獻不是第一手史料，卻是最早的記述之一，而且大致上頗爲可靠。

29 《閩海紀要》，頁四。

30 《閩海紀要》，頁四。

31 《鄭成功傳》，頁五。

32 可惜我們對這支部隊所知極少，對於身在中國的非洲人也幾無所知。而這必定會是一項絕佳的研究主題。最好的探究起點可能是Boxer, “Rise and Fall”，頁四三七。

33 《鄭成功傳》，頁五。

34 阮旻錫，《海上見聞錄》（台北：台灣銀行，一九五八），頁三。

35 Boxer, “Rise and Fall”，頁四三七，註釋四二。

36 《靖海志》，頁一四。另一份類似的記述可見於黃宗羲，《賜姓始末》，頁二。還有一個版本寫於極早之前，則是略去了洗滌肚腸的細節，而提到她被捉並遭到「凌辱」之後，當時還未被軟禁的鄭芝龍付贖金將她救了出來，但她獲釋之後即上吊自殺。參見陳支平，〈鄭氏史料輯補〉，頁三七〇—三八八。

37 《鄭成功傳》，頁五。

38 《鄭成功傳》，頁五。

39 見Wills, *Mountain of Fame: Portraits in Chinese History*，頁二二五。比較陳碧笙，〈鄭成功焚儒服說質疑〉，頁一〇七—一一六。

為將之道

1 李科羅說他只有一艘舢舨。參見李科羅，"Hechos de la Orden de predicadores en el Imperiode China"，轉引自Busquets, "Los Frailes de Koxinga"，頁四〇一。

2 李科羅，"Hechos de la Orden de predicadores en el Imperiode China"，轉引自Busquets, "Los Frailes de Koxinga"，頁四〇一。

3 《鄭成功傳》，頁五。

4 國姓爺與他的同志究竟在哪裡立誓，目前仍眾說紛紜。見陳碧笙，〈鄭成功焚儒服說質疑〉，頁一一一—一一二，以及陳碧笙，〈從《惠安王忠孝全集》的兩條史料中說明一六四六年鄭成功是怎樣在海上起兵的〉，《鄭成功歷史研究》，頁一二〇。

5 黃宗羲，《賜姓始末》，頁二。

6 王忠孝提到他和其他人在隆武帝駕崩之後各舉義兵，在省裡互相聯絡協調。參見王忠孝，〈自狀〉，收錄於王忠孝，《王忠孝公集》（江西古籍出版社，二〇〇〇），摘錄於李國宏，〈新近出現的鄭成功史料辨析〉，頁三二五—三二七。

7 這個數字來自《靖海志》，頁一五；以及《海上見聞錄》，頁五。

8 《海上見聞錄》，頁五；《靖海志》，頁一五。

9 《海紀輯要》（台北：台灣銀行，一九五八），頁六；《海上見聞錄》，頁六。

10 另一份殘缺的抄本發現於一九六一年。《先王實錄》即是由這兩份抄本結合而成。

11 《先王實錄》，頁一。

12 《先王實錄》，頁一〇—一一。

13 《先王實錄》，頁九。

14《先王實錄》，頁一二。
15《先王實錄》，頁一五。
16這句話隱含了上天幫助的意思。見《先王實錄》，頁一七。
17《鄭成功傳》，頁一五。
18李國宏，〈新近出現的鄭成功史料辨析〉，頁三二六—三二八。
19《海紀輯要》，頁七。
20《鄭成功傳》，頁一五。
21比較張宗洽，〈鄭成功在廈門的史蹟〉，《鄭成功叢談》（廈門大學，一九九三），頁一七六—一七七。
22楊英沒有記錄這類細節，只提到國姓爺前往廈門下令撤銷其親戚的軍權，結果一人遵令，另一人因此逃跑。參見《先王實錄》，頁一七。
23《先王實錄》，頁二四。
24《先王實錄》，頁二四—二五。
25《鄭成功傳》，頁九。
26《先王實錄》，頁二五。
27他的沉默提及於《海紀輯要》，頁八，以及《靖海志》，頁二一。
28《先王實錄》，頁二六。
29阮旻錫，《海上見聞錄》，頁一〇。
30《先王實錄》，頁二八。
31《先王實錄》，頁二八。
32《先王實錄》，頁一六。
33《先王實錄》，頁一六—一七。
34這起事件的資訊來自國姓爺寫給他父親的信，但信件內容恐有誇大之嫌。見《先王實錄》，頁六三。
35《先王實錄》，頁一六。
36《先王實錄》，頁三三。

37《先王實錄》，頁三五。
38《先王實錄》，頁三七—三九。
39《先王實錄》，頁四〇。另見《海紀輯要》，頁一一；《海上見聞錄》，頁一一。
40 這則傳說有幾種不同的版本，我採用了《東觀漢記》的記載。
41《先王實錄》，頁四三。
42《先王實錄》，頁四三—四四。
43《先王實錄》，頁四七。
44《鄭成功傳》，頁一〇。他指的是一首詩。
45《靖海志》，頁二七。
46《海上見聞錄》，頁一三；《靖海志》，頁二七。
47《海上見聞錄》，頁一三；《靖海志》，頁二七。
48《鄭成功傳》，頁一〇。
49《鄭成功傳》，頁一〇。
50《海上見聞錄》，頁一三；《靖海志》，頁二七。
51《先王實錄》，頁五四。
52《先王實錄》，頁五五。
53《先王實錄》，頁五五。
54《先王實錄》，頁五五。
55《先王實錄》，頁五五。
56《先王實錄》，頁五五。
57《先王實錄》，頁五五。
58《先王實錄》，頁五五。
59《先王實錄》，頁五六。
60《先王實錄》，頁五六。

61 《先王實錄》，頁五六。
62 《先王實錄》，頁五七。
63 《先王實錄》，頁五六。
64 順治皇帝發給國姓爺的敕諭，收錄於《先王實錄》，頁六九—七〇。
65 孔子，《論語．子路第十三》。
66 《先王實錄》，頁八三—八四。
67 吳正龍，《鄭成功與清政府間的談判》，頁一八二。
68 「狂熱」是汪榮祖使用的字眼，見“Security and Warfare on the China Coast: The Taiwan Question in the Seventeenth Century”，頁一三三。比較鄭孔昭，〈試論鄭成功對鄭芝龍的批判與繼承〉，頁一九—三七。
69 根據楊英的記載，這是一項明確的策略。見《先王實錄》，頁六二。
70 《先王實錄》，頁七五—七六。
71 見高致華，〈日人觀點中的鄭成功〉，頁三六八—三六九。
72 《先王實錄》，頁二五。
73 《先王實錄》，頁二八。
74 《先王實錄》，頁六二。
75 即總督部院陳錦。
76 《海紀輯要》，頁一一。
77 例如《先王實錄》，頁三九。
78 《先王實錄》，頁八七。
79 《先王實錄》，頁八七。
80 《海紀輯要》，頁一八。
81 《海紀輯要》，頁一九。另見頁一二。

1　《鄭成功傳》，頁一二。

2　國姓爺在永曆帝的許可下建立這個鏡像據點，並且任命了特定階級的官員。見《海紀輯要》，頁一三。

3　關於這些機構，見呂榮芳與葉文程，〈鄭成功在廈門的軍政建設〉，《鄭成功研究論文選續集》，頁一三三—一三四。

4　《海紀輯要》，頁一三。

5　《海紀輯要》，頁一四。

6　關於操練場的所在地點，見張宗洽，〈鄭成功在廈門的史蹟〉，頁一七七—一七八，以及呂榮芳與葉文程，〈鄭成功在廈門的軍政建設〉，頁一五四—一五五。

7　《先王實錄》，頁一一二—一一六。

8　《先王實錄》，頁一一九。

9　《先王實錄》，頁一一九。

10　《先王實錄》，頁一二〇或一二一。

11　《先王實錄》，頁一二一。

12　李科羅，"Hechos de la Orden de predicadores en el Imperiode China"，頁五九〇。

13　Navarrete, *Tratados historicos, politicos, ethicos, y religiosos de la monarchia de China*，轉引自Busquets, "Los Frailes de Koxinga"，頁四一〇。關於國姓爺在日本的經歷，見高致華，〈日人觀點中的鄭成功〉，頁三六七—三六八。

14　李科羅，"Hechos de la Orden de predicadores en el Imperiode China"，頁五九〇。

15　蘇茂與黃梧的事件記載於《先王實錄》，頁二〇—二二。

16　《先王實錄》，頁二一。

17　《靖海志》，頁三六。

18　尤其見南棲，〈台灣鄭氏五商之研究〉，《台灣鄭成功研究論文選》，頁一九四—二〇八。

19　見吳玫，〈論黃梧降清〉，《鄭成功研究國際學術會議論文集》，頁一八二—一九九。

20　《先王實錄》，頁一二七。

21　《先王實錄》，頁一二七。

22 盛巽昌，〈鄭成功的「空城計」〉，《科技文萃》六（一九九五），頁九三—九四。
23 司徒琳，《南明史》，頁一八一。
24 《先王實錄》，頁一二三。
25 關於這場北伐的最佳記述仍是廖漢臣，〈延平王北征考評〉（這篇文章有兩個版本，一九六四年版細節較多），《台灣文獻》十二：七〇—二（一九六四）。
26 《先王實錄》，頁一五四。
27 《鄭成功傳》，頁一四。
28 陳碧笙，〈一六五七—一六五九年鄭成功三次北上江南戰役〉，《鄭成功歷史研究》，頁一—二。
29 李科羅，"Hechos de la Orden de predicadores en el Imperiode China"，轉引自Busquets, "Los Frailes de Koxinga"。
30 不是只有楊英這麼說。這則故事的不同版本也可見於其他不少中國文獻。我在此處的敘述（其中省略了國姓爺的若干言語）採自《先王實錄》，頁一七六—一七七，以及《靖海志》，頁四二。
31 廖漢臣，〈延平王北征考評〉，頁九六。
32 這些侍妾與兒子有幾人存活了下來。見張宗洽，〈鄭氏文物史蹟雜考〉，《鄭成功叢談》，頁二一〇—二一二，以及郭榮，〈國姓鄭成功史料探討〉，頁三〇〇—三〇二。
33 廖漢臣仔細檢視了相關證據。見廖漢臣，〈延平王北征考評〉，頁九五—九六。
34 《清實錄》，轉引自廖漢臣，〈延平王北征考評〉，頁九五。
35 此一苦笑記載於《先王實錄》，頁一七七。
36 〈北征得失紀略〉，《張蒼水詩文集》（台北：台灣銀行，一九六二），頁一。
37 廖漢臣認爲國姓爺趕著要在西南方的援兵到來之前抵達南京，而他對那些援兵的擔憂即可解釋他在一六五九年戰役當中的種種行爲。見廖漢臣，〈延平王北征考評〉，頁一〇八。
38 〈北征得失紀略〉，頁一。
39 〈北征得失紀略〉，頁一。
40 《先王實錄》，頁一九七。
41 《先王實錄》，頁一九八。

42 〈北征得失紀略〉，頁二。
43 〈北征得失紀略〉，頁二。
44 〈北征得失紀略〉，頁二。
45 〈北征得失紀略〉，頁二。
46 《先王實錄》，頁二〇一—二〇二。血水流滿溝渠的記述取自《鄭成功傳》，頁一六。
47 《靖海志》，頁四八。
48 《靖海志》，頁四八。
49 《先王實錄》，頁二〇二—二〇三。
50 《靖海志》，頁四八。
51 《先王實錄》，頁一九九。
52 〈北征得失紀略〉，頁三。
53 〈北征得失紀略〉，頁三。
54 《鄭成功傳》，頁一七。
55 《先王實錄》，頁二〇三。
56 大多數的史學家都怪罪國姓爺對甘輝與張煌言的建言置之不理，卻沒注意到他也試圖從陸路進軍。在當時的狀況下，循水路進軍可能會是比較好的選擇。楊英提及這些上陸的部隊因為大雨而無法達成行軍的目標距離。見《先王實錄》，頁二〇四。值得注意的一個例外是廖漢臣，〈延平王北征考評〉，頁一〇四—一〇五。不過廖漢臣倒是責怪國姓爺在鎮江拖延了太久。
57 〈北征得失紀略〉，頁二。
58 〈北征得失紀略〉，頁三。
59 《先王實錄》，頁二〇四。
60 司徒琳，《南明史》，頁一八七。
61 〈北征得失紀略〉，頁四。
62 《先王實錄》，頁二〇八。

63《先王實錄》，頁二〇八。
64《先王實錄》，頁二〇八。
65《先王實錄》，頁二〇八。
66《先王實錄》，頁二〇八。
67《先王實錄》，頁二一〇。
68《先王實錄》，頁二一〇。
69《先王實錄》，頁二一二。
70〈北征得失紀略〉，頁四。
71〈北征得失紀略〉，頁四。
72安雙成，〈清鄭南京戰役的若干問題〉，《鄭成功研究國際學術會議論文集》，頁一二三—一二四。
73〈北征得失紀略〉，頁四。
74〈北征得失紀略〉，頁四。
75《鄭成功傳》，頁一七。
76《靖海志》，頁五〇。
77《靖海志》，頁四九—五〇。
78《鄭成功傳》，頁一七。
79關於余新的事件，最可信的版本是《先王實錄》，頁二一〇—二一二。
80在南京的民間傳說當中，這道被封起來的門是興中門（原本稱爲儀鳳門）。不過，根據《靖海志》的記載，清軍卻是從神策門出兵。《靖海志》的記載相當可靠，參考的資料包括清朝與鄭氏家族的文獻。見《靖海志》，頁五〇。《先王實錄》提供了佐證：余新在儀鳳門部署重兵，因爲他預期清軍會從那裡發動攻擊。見《先王實錄》，頁二一一。
81《靖海志》，頁五〇。
82將軍山在當時稱爲觀音山。
83《靖海志》，頁五〇。

84 《靖海志》，頁五一。

85 《先王實錄》，頁二一六。

86 〈北征得失紀略〉，頁四—五。

87 〈北征得失紀略〉，頁五。

88 這位書生名叫羅子木。這起事件記載於至少兩部文獻裡：《東南紀事》與《葉、羅二客傳》。轉引自廖漢臣，〈延平王北征考評〉，頁一〇一。

天末厭亂

1 《先王實錄》，頁二四四。

2 《先王實錄》，頁二四四。

3 在這場會議最可靠的兩份記述當中，都可見到「難色」一詞。見《先王實錄》，頁二四四，以及《靖海志》，頁五六。

4 鄧津華，*Taiwan's Imagined Geography: Chinese Colonial Travel Writing and Pictures, 1683-1895*。

5 《先王實錄》，頁二四四。關於國姓爺手下將領的抗拒，見陳碧笙，〈鄭成功在收復開發台灣過程中所面臨的反對和鬥爭〉，《鄭成功歷史研究》，頁五五—五六。

6 《先王實錄》，頁二四四；《靖海志》，頁五六。

7 許多中國史學家都把何斌描寫成英雄。舉例而言，陳碧笙甚至針對早期中文文獻裡指他因為負債及侵吞公款而逃離台灣的記載為他提出辯護，並且宣稱他是「大大有功的一個人」。見陳碧笙，〈何斌事蹟略考〉，《鄭成功歷史研究》，頁一〇六。

8 歐陽泰，"Chinese under European Rule: The Case of Sino-Dutch Mediator He Bin", *Late Imperial China*, 28, no.1(2007)，頁一〇一一一。

9 歐陽泰，"Chinese under European Rule: The Case of Sino-Dutch Mediator He Bin"，頁一一一一三。

10 Vertoogh van de voornaemste Chineesen in Tayouan over de onhebbelijckheden gepleecht door den tolck Pincqua，一六五四年十一月十五日，VOC 1207: 550-552。

11 Vertoogh van de voornaemste Chineesen in Tayouan over de onhebbelijckheden gepleecht door den tolck Pincqua，一六五四年十一月十五日，VOC 1207: 550-552。

12 巴達維亞當局寫給福爾摩沙的信件，一六五五年五月十四日，VOC 878: 209-242，引文在232v。

13 巴達維亞當局寫給中國大官國姓爺的信件，一六五五年七月十七日，VOC 879: 296-298。

14 巴達維亞當局寫給台灣的信件，一六五五年七月二十六日，VOC 879: 413-427，特別是416-417。

15 DZ 4, A: 249-251。

16 DZ 4, A: 266。

17 一般政務報告，vol. 3（1655-1674），Maetsuyker, Hartzinck, Cunaeus, Van Oudtshoorn等，XIII，一六五七年一月三十一日，引文在第一一七頁。

18 Cornelis Caesar長官寫給Jan Maetsuycker總督的信，一六五六年十二月二十七日，VOC 1218: 467-471，引文在第四六九頁。

19 DZ 4, B: 159。

20 轉引自歐陽泰，"Chinese under European Rule: The Case of Sino-Dutch Mediator He Bin"，頁一八—一九。

21 歐陽泰，"Chinese under European Rule: The Case of Sino-Dutch Mediator He Bin"，頁一八。

22 這項過路費爲國姓爺的組織所許可，詳見歐陽泰，"Chinese under European Rule: The Case of Sino-Dutch Mediator He Bin"，頁二二—二三。

23 DZ 4, B: 255。

24 揆一，*Neglected Formosa*，頁一九。（編註：此處所引用的即爲《被遺誤的台灣》英文版，爲與前頁的荷文版區隔，故維持原英譯書名。）

25 歐陽泰，"Chinese under European Rule: The Case of Sino-Dutch Mediator He Bin"，頁二二—二三。

26 有些學者指稱揆一涉入了何斌的斂財活動，參見陳碧笙，〈何斌事蹟略考〉，頁一〇四。在巴達維亞起訴他的檢察官正是這麼表示（Eysch en conclusie, gedaan maken, en den E. Achtbaren Raad van Justitie des Kasteels Batavia overgelevert, by ende vanwegen Mr. Louis Philibert Vernatti, advocaat fiscael van India, in Coyet, *Verwaerloosde*，頁二一二—二一四。見揆一，*Neglected Formosa*，頁一一〇—一一七）。不過，觀諸福爾摩沙議會決議以及揆一和其

同僚所撰寫的日誌可知，當他們得知何斌私下收取過路費的時候，確實深感震驚。

27 何斌有可能在較早之前走訪廈門的時候把地圖帶了過去。見陳碧笙，〈何斌事蹟略考〉，頁一〇三—一〇四。

28 《先王實錄》，頁二四四。

29 《先王實錄》，頁二四四。

30 關於犁及其他農場工具，見吳奇衍與黃武，〈略述鄭氏在台灣的屯墾〉，《鄭成功研究論文選續集》，頁二三九。

31 《先王實錄》，頁二四五。

32 Parthesius, *Dutch Ships in Tropical Waters: The Development of the Dutch East India Company (VOC) Shipping Network in Asia 1595-1660*，頁六〇。

33 郁永河，《裨海紀遊》（台北：台灣銀行，一九五九），頁六。

34 謝金鑾，《續修台灣縣志》（台北：台灣銀行，一九六二），頁三一。

35 鄭孔昭指稱國姓爺在出發前裝載了許多糧食。見鄭孔昭，〈鄭成功收復台灣的戰略運籌〉，頁七—八。也許如此，但也有充分證據顯示國姓爺在澎湖陷入了糧食不足的困境，其他漢學家也接受這項看法。舉例而言，見張宗洽，〈鄭成功收復台灣記〉，《鄭成功叢談》，頁二八。

36 《先王實錄》，頁二四五。

37 這則事蹟的記載有幾種不同的版本，其中最具權威性的是《東觀漢記》。這段傳說有一份英文記述，見「Wang Ba」條，Giles, *A Chinese Biographical Dictionary*，頁八三三—八三四。

38 《先王實錄》，頁二四五—二四六。

39 《台灣外記》，頁一九四—一九五。

第二章

一場猛烈駭人的風暴

1 DZ 4, A: 285。

2 DZ 4, A: 285。

3 DZ 4, A: 286。

4 荷蘭人稱之爲鳳梨樹，但實際上可能是林投樹。見郭榮，〈國姓鄭成功史料探討〉，《長共海濤論延平》，頁二九五—二九六。

5 DZ 4, A: 287。

6 DZ 4, A: 298。

7 DZ 4, A: 299。

霧氣瀰漫的早晨

1 伍特・舒頓，*De Oost-Indische voyagie van Wouter Schouten*，頁一六五。

2 DZ 4, D: 506。

3 荷蘭方面頒布的命令企圖阻止這種行爲，見DZ 4, D: 478，以及Resolutions, 14 February 1661, VOC 1235: 474-475。

4 海卜脫，*Reise nach Java, Formosa, Vorder-Indien und Ceylon 1659 - 1668*，頁五〇。

5 海卜脫，*Reise nach Java, Formosa, Vorder-Indien und Ceylon 1659 - 1668*，頁五一。

6 海卜脫，*Reise nach Java, Formosa, Vorder-Indien und Ceylon 1659 - 1668*，頁五〇。

7 DZ 4, D: 508。

8 海卜脫，*Reise nach Java, Formosa, Vorder-Indien und Ceylon 1659 - 1668*，頁五一。

9 揆一原著，林野文譯，《被遺誤的台灣：荷鄭台江決戰始末記》，頁八五。

10 揆一原著，林野文譯，《被遺誤的台灣：荷鄭台江決戰始末記》，頁八四。

11 揆一原著，林野文譯，《被遺誤的台灣：荷鄭台江決戰始末記》，頁八七。

12 揆一原著，林野文譯，《被遺誤的台灣：荷鄭台江決戰始末記》，頁八九。這句話原本是由他人轉述，我將其改爲第一人稱的語句。

13 國姓爺寫給揆一的信，永曆十四年十月十九日，收錄於揆一原著，林野文譯，《被遺誤的台灣：荷鄭台江決戰始

14 國姓爺寫給揆一的信，永曆十四年十月十九日，收錄於揆一原著，林野文譯，《被遺誤的台灣：荷鄭台江決戰始末記》，頁八九－九一。

15 國姓爺寫給揆一的信，永曆十四年十月十九日，收錄於揆一原著，林野文譯，《被遺誤的台灣：荷鄭台江決戰始末記》，頁八九－九一。

16 《先王實錄》，頁二二三。

17 楊英沒有提到起霧，但倒是將黎明與天亮（辰時：上午七－九時）區分了開來。《熱蘭遮城日誌》提及當時的天氣爲「霧濃無風」（DZ 4, K: 513），海卜脫也提及當時霧氣非常濃：「看得見的距離很短，但霧氣一散，我們就看見了船。」（海卜脫，*Reise nach Java, Formosa, Vorder-Indien und Ceylon 1659 - 1668*，頁五一。）

18 《先王實錄》，頁二四七。

19 張宗洽指出，國姓爺必然想在農曆的初一或十六登陸，亦即新月或滿月時的漲潮時刻。見張宗洽，〈鄭成功收復台灣記〉，頁二八。

20 這是張宗洽的解讀。見張宗洽，〈鄭成功收復台灣記〉，頁二九。

21 對於一六六一年四月三十日發生的事件，《熱蘭遮城日誌》裡的記載時序並不正確，原因似乎是出版前的抄寫過程出現了錯誤。DZ, folio 518描寫荷蘭士兵追擊來自北線尾沙洲的鄭軍，頁面最後的文字是「niet en conden achterhalen」，我認爲再來應該接著folio 515開頭的文字「Een wijl de plunderagie Chinesen vervolght hebbende」。我試圖重新排列時間順序，但《熱蘭遮城日誌》其他地方的時序混亂雖可順利獲得重整，這次我卻找不出確切的答案，只能排列出大致的先後順序。

22 如同先前提過的，這裡所謂的「鳳梨」實際上並不是鳳梨。

23 DZ 4, D: 516。

24 楊英也提及這些小船的偵察任務。見《先王實錄》，頁二四六－二四七。

25 DZ 4, D: 516-517。

26 台灣學者郭榮指出，馬信是在油車行村地區登陸的第一位指揮官，率領了他那支威力強大的騎兵部隊。見郭榮，〈國姓鄭成功史料探討〉，頁二八六。

國姓爺的連番勝仗

1 這句話取自帕克，*The Military Revolution: Military Innovation and the Rise of the West, 1500-1800*，頁一七。

2 孫來臣，"Military Technology Transfers from Ming China and the Emergence of Northern Mainland Southeast Asia (c. 1390-1527)"，頁五〇〇。

3 帕克，*The Military Revolution: Military Innovation and the Rise of the West, 1500-1800*，頁一四〇。

4 帕克，*The Military Revolution: Military Innovation and the Rise of the West, 1500-1800*，頁二〇—二三。

5 一般政務報告，一六三二—一六五五年，Reniers, Maetsuyker, Hartzinck, Cunaeus, Caesar與Steur VII，一六五二年十二月二十四日，頁六一一；台灣長官費爾勃格寫給巴達維亞的信，一六五二年十月三十日，VOC 194: 121-127；Huber, "Chinese Settlers Against the Dutch East India Company: The Rebellion Led by Kuo Huai-i on Taiwan in 1652", *Development and Decline of Fukien Province in the 17th and 18th Centuries, ed. Vermeer*，頁一七二—一七五。

6 DZ 4, D: 523；海卜脫，*Reise nach Java, Formosa, Vorder-Indien und Ceylon 1659 - 1668*，頁五四。拔鬼仔有幾名子女，這個兒子可能年紀還小，因爲記載裡爲他冠上了孩童的形容詞（soontjen），而且他還有家庭教師。他可能是Abraham Pedel，於一六五六年九月十七日受洗。參見Indonesian National Archive, Burgerlijke Stand Collection, Taiwan Doop-en Trouwboek, Burgerlijke Stand No. 360。（編註：此爲荷蘭聯合東印度公司所藏相關檔案，關於台灣的史料，可參考查忻〈雅加達ANRI所藏17世紀台灣關係資料介紹〉，《暨南史學》第九期，頁三五—五九。）拔鬼仔至少還有一個兒子，也就是年紀大得多的威廉。威廉是個通譯。

7 根據正式的決議紀錄，台灣長官與議會早在前一天就已決定派遣拔鬼仔出戰。見Resolution, 1661-04-30, VOC 1235: 352。另一方面，《熱蘭遮城日誌》的記載則指稱該項決定於五月一日做出。更糟的是，福爾摩沙議會決議的原稿破損嚴重，許多段落都模糊不清。

8 台灣長官奴易茲寫給巴達維亞的信，一六二九年九月十五日，VOC 1098: 33-38，fol. 36。

9 《先王實錄》，頁二四九。一名漢人俘虜接受審問的時候指出：「在艦隊最高的四名領袖當中，有一人是Zoncktisieu。」他指的可能就是陳澤。他還說Sonihaio是「（海灣）外那一小支艦隊的其中一個主要領導者」（DZ 4, D: 523）。

10 揆一原著，林野文譯，《被遺誤的台灣：荷鄭台江決戰始末記》，頁一〇四。

11 揆一，*Neglected Formosa*，頁四七。

12 要重建北線尾沙洲的地形並不容易，但這部分所謂的沙丘與一小叢「鳳梨」林，不僅可見於海卜脫、揆一與《熱蘭遮城日誌》的記載，也可見於地圖當中。最重要的是Pascaert, waerin verthoont wort de gelegentheut van Tayouan enz., Dutch Nationaal Archief, inventarisnr, VEL0302，其中提到沙洲上有個「tweede bos」。當然，這份地圖繪製的時間相當早，比起拔鬼仔發動那場自不量力的攻擊早了將近四十年。

13 Resolution of the Council of Formosa, 1661-04-30, VOC 1235: 352。

14 關於鋼盔擦得閃閃發亮的描述，取自DZ 4, D: 525。其他的部分取自海卜脫，*Reise nach Java, Formosa, Vorder-Indien und Ceylon 1659 - 1668*。

15 帕克，*Cambridge Illustrated History of Warfare*，頁二。

16 石康，*A Dragon's Head and a Serpent's Tail: Ming China and the First Great East Asian War, 1592-1598*，頁一八—一九、一六九、一八三。另見盧彼得，*The Asian Military Revolution: From Gunpowder to the Bomb*，頁六〇—六一與八〇—八一。

17 《先王實錄》，頁一一二。

18 DZ 4, D: 525。

19 海卜脫使用了「Gliederweiss」一詞。見海卜脫，*Reise nach Java, Formosa, Vorder-Indien und Ceylon 1659 - 1668*，頁五六。

20 海卜脫，*Reise nach Java, Formosa, Vorder-Indien und Ceylon 1659 - 1668*，頁五四。

21 《先王實錄》，頁二四九。

22 舉例而言，卡烏司令官的日記指出，他艦隊當中四艘最大的戰鬥帆船各自搭載的火砲數為三十六門（九門銅砲、二十七門鐵砲）、三十四門（四門銅砲、三十門鐵砲）、三十三門（四門銅砲、二十九門鐵砲）、三十二門（四門銅砲、二十八門鐵砲）；而船上除了船員之外，載運的士兵人數分別為一百零四、九十、九十及八十六人。參見DRC，頁一三。

23 DZ 4, D: 621。

24 Dagregister gehouden bij den schipper Andries Pietersz, in the yacht 's-Gravenlande，一六六一年四月三十日至一六六一年七月五日，VOC 1237: 41-56, fol 41。

25 《熱蘭遮城日誌》裡有一項後來由斯格拉弗蘭號上的人員所轉述的記載，描述鄭軍將其船隻繫縛於斯格拉弗蘭號上的小艇，小艇則是以繩子繫於船尾。參見DZ 4, D: 589。

26 Dagregister gehouden bij den schipper Andries Pietersz, in the yacht 's-Gravenlande，一六六一年四月三十日至一六六一年七月五日，VOC 1237: 41-56, fol．41v。

27 "Basisrondleiding Batavia 2006"，頁二六。可見於www.bataviawerf.nl/assets/files/Batavia_basisrondleiding.pdf（二〇一一年二月四日參閱）。

28 舉例而言，見陳碧笙，《鄭成功收復台灣戰史研究》，《鄭成功歷史研究》，頁三二。

29 陳碧笙，《鄭成功收復台灣戰史研究》，頁一一。

30 見Parthesius, *Dutch Ships in Tropical Waters: The Development of the Dutch East India Company (VOC) Shipping Network in Asia 1595-1660*，頁七二—八〇。

談判與投降協定

1 DZ 4, D: 530。

2 關於國姓爺營地的所在地點，以及與當今台南地標的相對位置，詳見郭榮，〈國姓鄭成功史料探討〉，頁二八六—二八七。

3 《梅氏日記》，頁五下。

4 我不完全確定這名婦女是荷蘭人。她沒有記載於Taiwan Doop-en Trouwboek, Indonesian National Archive, Burgerlijke Stand Collection, Burgerlijke Stand No. 360。

5 貓難實叮寫給揆一的信，一六六一年五月一日，VOC 1235: 881。

6 《先王實錄》，頁二四九。

7 楊英也把那名男子誤指爲貓難實叮的弟弟，那名婦女則誤指爲貓難實叮的弟媳。見《先王實錄》，頁二四九。

8 《梅氏日記》，頁四下。公告的內容可見於DZ 4, D: 521-522。

9 DZ 4, D: 520-521。

10 冉福立繪出了當時普羅民遮城的形勢，見冉福立，《十七世紀荷蘭人繪製的台灣老地圖》江樹生編（台北：英文漢聲出版社，一九九七），下冊，頁八二。

11 貓難實叮寫給國姓爺的信，一六六一年五月一日，VOC 1235: 908-909。

12 國姓爺寫給貓難實叮的信，一六六一年五月二日，VOC 1235: 906。

13 國姓爺寫給貓難實叮的信，一六六一年五月二日，VOC 1235: 906。

14 惡臭的現象在若干文獻裡都曾提及，其中最早的是貓難實叮寫給揆一的一封信，一六六一年五月一日，VOC 1235: 882。《梅氏日記》也提到這一點（頁八下），還有Resolution of the Council of Formosa, 4 May 1661, VOC 1235: 361v。

15 DZ 4, D: 535-536提及這幾個人的名字：Leonard Leonardus, Thomas van Iperen, Joan van Valkenstein, Willem Pedel與Sergeant Hendrick Draek，並有四名士兵擔任護衛。

16 Meij, "'t Naervolgende"。

17 《梅氏日記》。

18 Resolution, 1661-05-02, VOC 1235: 356-359, fol. 358。

19 Resolution, 1661-05-02, VOC 1235: 356-359, fol. 359v。另見Iperen and Leonardis, "Mondeling verhael", fol. 917。關於和台灣長官的飲酒會面，見DZ 4, D: 535。

20 Resolution, 1661-05-02, VOC 1235: 356-359, fol. 358。

21 Resolution, 1661-05-02, VOC 1235: 356-359, fol. 359v。台灣長官與議會提出了貓難實叮應該設法促使國姓爺接受的條件，包括台灣的基督徒應當受到的待遇，以及在有尊嚴的情況下撤出堡壘等。

22 四人、六人或十人一列的記載見於Iperen and Leonardis, "Mondeling Verhael", fol. 914。

23 《梅氏日記》，頁一〇下。

24 計六奇，《明季南略》，頁三二九。

25 Iperen and Leonardis, "Mondeling verhael", fol. 914v。

26 這群代表將揆一寫的一封信呈遞給國姓爺，其中提到揆一很想「理解殿下的信件內容。由於缺乏合格的翻譯，因此殿下的信件對我們而言仍然晦澀不清」。參見揆一寫給國姓爺的信，一六六一年五月二日，收錄於DZ 4, D: 534-535。

27 Iperen and Leonardis, "Mondeling verhael", fol. 915。

28 Iperen and Leonardis, "Mondeling verhael", fol. 915。

29 Iperen與Leonardis在他們的記述裡沒有提到將條約拿給國姓爺看，但福爾摩沙議會的一份決議提及他們把條約放在「他的面前」。參見Resolution of the Council of Formosa, 4 May 1661, VOC 1235: 360v。不過，我們無法確知他們所指的究竟是一六三〇年的哪一份文件。

30 關於國姓爺對荷蘭代表叫囂威嚇的情形，並沒有記載於代表團的正式報告當中，但可見於梅氏的日記裡，其中提到代表團向他與貓難實叮轉述了國姓爺的叫囂與威嚇。參見《梅氏日記》，頁一一下。

31 Iperen and Leonardis, "Mondeling verhael", fol. 918。

32 《梅氏日記》，頁一二。

33 福爾摩沙議會決議指出，旗幟應上升及下降三次；梅氏則是說兩次。參見Resolution, 1661-05-04, VOC 1235: 361v；《梅氏日記》，頁一二下。

34 《梅氏日記》，頁一七下。

35 《梅氏日記》，頁一七—一八。

36 根據楊英的記載，他直到農曆五月二日才被任命為台灣府尹，對照日期應為一六六一年五月底。

37 楊英提到國姓爺對貓難實叮「厚賜唐山土儀」（《先王實錄》，頁二五九）。梅氏記載了相關細節，從中可以感受到貓難實叮對這份厚禮其實垂涎不已：一襲黑色絲綢繡金線的官袍、一條飾金的藍色絲綢肩帶、幾雙飾有黑色天鵝絨與金漆的「中式官靴」，以及一頂和國姓爺一樣的帽子，帽緣插著一根小小的白色羽毛。

38 海卜脫，*Reise nach Java, Formosa, Vorder-Indien und Ceylon 1659 - 1668*，頁五八。

39 貓難實叮寫給揆一的信，赤崁，一六六一年五月七日，VOC 1235: 877-878。

40 貓難實叮寫給揆一的信，赤崁，一六六一年五月七日，VOC 1235: 877-878。

41 國姓爺寫給揆一的信，一六六一年五月二日（永曆十五年四月四日），收錄於DZ 4, D: 528-529。

城堡

1 有些學者，尤其是Kelly DeVries，提出了令人信服的證據，顯示中世紀城牆抵擋砲火的能力其實比過去以為的還要優秀。見DeVries, "The Walls Come Tumbling Down: The Myth of Fortification Vulnerability to Early Gunpowder Weapons", *The Hundred Years War*。

2 關於此一發展過程的經典論述，而且至今也仍然深具權威性的，乃是帕克的*The Military Revolution: Military Innovation and the Rise of the West, 1500-1800*。

3 Lynn, "The Trace Italienne and the Growth of Armies: The French Case", *The Military Revolution Debate*, ed. Rogers，頁一六九—一九九。

4 近代關於此一發展過程的最佳研究為冉福立，"Vestingbouw in de Oost"。

5 Black, "The Western Encounter with Islam", *Orbis*, 48, no.1(2004)，頁一三。

6 DZ 1, F: 51-52。

7 DZ 1, L: 737。

8 我描寫熱蘭遮的資料蒐集自《熱蘭遮城日誌》及其他荷蘭紀錄。關於圓石街道的部分參考自Dapper, *Gedenkwaerdig bedryf der Nederlandsche Oost-Indische Maetschappye, op de kuste en in het keizerrijk van Taising of Sina*，頁四一—四二。

9 這起事件提及於揆一的書裡，但在官方紀錄當中似乎沒有留下記載。

10 DZ 4, D: 543-545。

11 太陽毒辣的情形記載於貓難實叮代表國姓爺寫給揆一的一封信件裡，信中試圖說服揆一早日獻城投降。參見貓難實叮寫給揆一的信，一六六一年五月九日，VOC 1235: 879-880。

12 貓難實叮寫給揆一的信，赤崁，一六六一年五月七日，VOC 1235: 877-878。

13 DZ 4, D: 550。

14 舉例而言，見Resolution, 1661-05-14, VOC 1235: 374。

15 DZ 4, D: 567。

16 DZ 4, D: 573。
17 DZ 4, D: 576。
18 海卜脫，*Reise nach Java, Formosa, Vorder-Indien und Ceylon 1659 - 1668*，頁六六。海卜脫指稱這枚榴彈發射於五月底，但他也提到這是漢人見到的第一枚榴彈。海卜脫描寫事件非常詳細，但對於時序並不嚴謹。我對他描寫的內容幾乎都找到了佐證，包括許多我原本以爲找不到佐證的事物。不過，他記錄的日期通常不精準。
19 DZ 4, D: 603。
20 DZ 4, D: 679。
21 DZ 4, D: 760。
22 DZ 4, D: 604。
23 DZ 4, D: 587。
24 DZ 4, D: 569。
25 DZ 4, D: 538。
26 國姓爺寫給揆一的信，一六六一年五月四日（永曆十五年四月六日），DZ 4, D: 542。
27 貓難實叮寫給揆一的信，赤崁，一六六一年五月七日，VOC 1235: 877-878。
28 貓難實叮寫給揆一的信，赤崁，一六六一年五月九日，VOC 1235: 879-880。
29 貓難實叮寫給揆一的信，赤崁，一六六一年五月九日，VOC 1235: 879-880。
30 揆一將這種推想的外交手段視爲他和其顧問刻意採取的策略。參見Resolution, 1661-05-07, VOC 1235: 369。
31 揆一寫給貓難實叮的信，一六六一年五月七日，VOC 1235: 876。
32 揆一寫給貓難實叮的信，一六六一年五月七日，VOC 1235: 876。
33 國姓爺寫給揆一的信，一六六一年五月二日，收錄於DZ 4, D: 528-529。
34 國姓爺寫給揆一的信，一六六一年五月三日（永曆十五年四月五日），收錄於DZ 4, D: 536-537。
35 國姓爺寫給揆一的信，一六六一年五月十日（永曆十五年四月十二日），DZ 4, D: 563。
36 國姓爺寫給揆一的信，一六六一年五月十日，DZ 4, D: 563。
37 揆一寫給國姓爺的信，一六六一年五月十日，DZ 4, D: 565。

一場攻擊

1 DZ 4, D: 581-582。

2 DZ 4, D: 588。

3 DZ 4, D: 592。

4 國姓爺寫給揆一的信，一六六一年五月二十四日（永曆十五年四月二十六日），收錄於DZ 4, D: 595-597。可惜這封信（以及國姓爺寫給荷蘭人的其他所有信件）現存只有荷蘭譯文的版本。我將荷蘭譯文裡的「上帝」改爲「天」，因爲國姓爺不可能提及上帝。我猜當初把這封信譯成荷文的貓難實叮——他本身的文筆也相當好——把「天」都譯成了「上帝」。

5 Resolution, 1661-04-24, VOC 1235: 384-385。

6 《先王實錄》，頁二五二。這起事件發生於五月十日（農曆四月十二日）。「壺漿」一詞引自孟子的「簞食壺漿，以迎王師」。國姓爺喜歡用這個詞語激勵部隊表現良好的行爲，如《先王實錄》，頁一七〇與一九一。

7 歐陽泰，"Political Spectacle and Colonial Rule: The Landdag on Dutch Taiwan, 1629-1648", *Itinerario*, 21, no.3(1997)。

8 韓布魯克的情報來自國姓爺的陣營以及普羅民遮城，記載於DZ 4, D: 600-605。

9 DZ 4, D: 600‥Resolution, 24 May 1661, VOC 1235: 386。

10 見冉福立，"Art and Cartography in the VOC Governor's House in Taiwan"，以及江樹生，〈VOC在台灣的長官公署〉。

11 也許不只是頂樓。今天，熱蘭遮城堡只留下些微殘跡，我們只能從少數幾幅素描與繪畫以及幾堵牆推想其原本的構造。

12 住在房屋裡的人數「omtrent 50 zielen」，引自Resolution, 25 May 1661, VOC 1235, fol. 387。

13 Resolution, 25 May 1661, VOC 1235, fol. 386。這一頁因破損而難以閱讀。

14 Resolution, 25 May 1661, VOC 1235: 387。

15 Resolution, 25 May 1661, VOC 1235: 388。

16 Resolution, 25 May 1661, VOC 1235: 389。

17 這段描寫引自DZ 4, D: 607-608，以及海丄脫，*Reise nach Java, Formosa, Vorder-Indien und Ceylon 1659 - 1668*，頁六三—六五。

18 揆一，*Neglected Formosa*，頁六一；海丄脫，*Reise nach Java, Formosa, Vorder-Indien und Ceylon 1659 - 1668*，頁六四—六五。

19 Resolution, 25 May 1661, VOC 1235: 389。

20 Resolution, 25 May 1661, VOC 1235: 389。

21 Resolution, 25 May 1661, VOC 1235: 389。

22 Resolution, 25 May 1661, VOC 1235: 390。

23 所有的引文都取自揆一，*Neglected Formosa*（英文版），頁五九—六〇。我為了顧及正確性與可讀性而稍微調整了譯文，並且參考荷蘭文原著，台灣由林野文譯，《被遺誤的台灣：荷鄭台江決戰始末記》，頁一二一—一二三。

24 揆一，*Neglected Formosa*，頁六〇。

25 Mote, "The Transformation of Nanking, 1350-1400", *The City in Late Imperial China*, ed. Skinner.

26 帕克，*The Military Revolution: Military Innovation and the Rise of the West, 1500-1800*，頁一四三。

27 盧彼得，*The Asian Military Revolution: From Gunpowder to the Bomb*，頁七四。

28 帕克，*The Military Revolution: Military Innovation and the Rise of the West, 1500-1800*，頁一四四。

29 孫子，《孫子兵法．謀攻第三》。

30 陳孔立，〈鄭成功收復台灣戰爭的分析〉，《鄭成功研究論文選續集》，頁三一七；鄧孔昭，〈鄭成功收復台灣的戰略運籌〉，頁一一一—一一三。

31 鄧孔昭，〈鄭成功收復台灣的戰略運籌〉，頁一一一—一一三。

32 此處的資料完全來自國姓爺的主要紀錄——《先王實錄》。這份記錄記載了國姓爺每次攻下或試圖攻下一座寨城——不論是城鎮還是堡壘——所使用的手段。但這樣的資料並不完整，而我也該在此提出若干例外。我發現有五十三件攻城戰役沒有留下詳細的記載，而且我也不是每次都能明確看出他攻破城牆的主要手段。在其他的例子裡，他嘗試使用不只一種方法，因此我必須判斷何者才是主要手段。還有一點必須注意的是，我沒有將他持有該座城池的時間納入考慮。舉例而言，他在一年內就曾兩度攻打長泰縣的縣城。

33 如果不將一六五九年南京之役期間歸順他的大量城池納入，這項比例就會降到百分之二十七。不過，這仍是他取得寨城最常用的方式。

34 DZ 4, D: 539。

35 轉引自John Wills, *Pepper, Guns, and Parleys: The Dutch East India Company and China, 1622-1681*，頁四六。

36 《梅氏日記》，頁二七下。

37 揆一原著，林野文譯，《被遺誤的台灣：荷鄭台江決戰始末記》，頁一二二。

38 鄧孔昭，〈鄭成功收復台灣的戰略運籌〉，頁一二—一三。

39 見Subrahmanyam and Parker, "Arms and the Asian: Revisiting European Firearms and Their Place in Early Modern Asia"，尤其是第二六—二八頁；以及李約瑟，《中國科學技術史》，第四卷第六部份，頁二六〇—二六三。

40 Bort, Daghregister, fol. 2614。

41 攻打鷗汀寨的這場戰役發生於一六五七年。

42 攻擊行動結束後不久遭到捕捉的一名漢人俘虜向揆一表示，國姓爺使用大砲只是爲了威嚇荷蘭人而已。

43 《梅氏日記》，頁二六下。

44 DZ 4, D: 650。

45 另一方面，一名俘虜的證詞則顯示，國姓爺對馬信（熱蘭遮鎮部隊的指揮官）射擊城堡的火力如此猛烈大爲憤怒。參見DZ 4, D: 627。

46 揆一寫給國姓爺的信，一六六一年五月二十五日，收錄於DZ 4, D: 597-598。

47 海卜脫，*Reise nach Java, Formosa, Vorder-Indien und Ceylon 1659 - 1668*，頁六三。海卜脫對於事件先後次序的記述有些錯誤，指稱韓布魯克在攻擊之前而不是之後離開城堡。

48 伍特・舒頓，*De Oost-Indische voyagie van Wouter Schouten*，頁一六八—一六九。

49 華倫坦，《新舊東印度誌》，vol. 4/B, pt. 3，頁九〇—九二。

50 Joannes Nomsz, *Anthonius Hambroek*。

51 關於這種詩作的實例，見Moens, "Edele zelfopoffering van Antonius Hambroek"。

52 DZ 4, F: 754。資料來源是一名在一六六一年九月三日投奔荷蘭陣營的漢人士兵。

53 《梅氏日記》，頁二一七。

悲慘的夏季

1 DZ 4, D: 611。

2 此一描述取自海卜脫，*Reise nach Java, Formosa, Vorder-Indien und Ceylon 1659 - 1668*，頁七〇。

3 我沒找到熱蘭遮肢刑架的描述，但當時大部分的荷蘭刑架都具備這種薑餅人的形狀。

4 DZ 4, D: 622。

5 DZ 4, D: 624。

6 實際上，中國的文獻甚至沒有提及五月二十五日的砲戰。楊英只提到在一六六一年五月二十二日，國姓爺認定攻打熱蘭遮城堡「未免殺傷」（楊英記載的日期爲農曆四月二十四日，亦即五月二十二日，參見《先王實錄》，頁二五二）。他爲什麼沒提及這場失敗的戰役？這件事無疑發生過。歐洲文獻提供了逐日記載——甚至是逐個小時的記載——且包括許多不同觀點。此外，楊英記載的細節也與荷蘭文獻相符，即提到國姓爺手下的高階指揮官林福「被紅夷銃傷」，正是在這場失敗的戰役發生之際（見《先王實錄》，頁二五二）。這點可與四哥告訴揆一的話互相佐證，即「一個名叫Lintouw的高官被打斷了手臂」（DZ 4, D: 622）。「Lim」乃是「林」的閩南方言發音，因此這個名字有可能指的就是林福。四哥還對揆一說，國姓爺軍隊裡的人員口風都很緊，毫不透露這場攻擊行動中有多少人受傷。也許楊英是羞於承認一小群荷蘭人竟然能夠抵擋他自己所屬的這支強大軍隊。

7 這支包括楊英在內的隊伍，派遣於五月二十日（農曆四月二十二日）。

8 《先王實錄》，頁二五二。該紀錄顯示楊英應當蒐集紅夷儲存的穀物，因此可能還有其他糧倉。不過，楊英與他的同伴應該會檢查得很徹底，以便回報的數字能夠漂亮些。

9 《先王實錄》，頁二五二。

10 一杯乾米約含六百卡。一公升等於四杯，因此一升米約有兩千五百卡。一石米含有二十五萬卡的熱量，故六千石乾米含有十五億卡熱量。

11 DZ 4, D: 613（五月二十六日）。
12 《先王實錄》，頁二五二。
13 《先王實錄》，頁二五二。荷蘭人從漢人俘虜口中得知國姓爺爲這座城市更名的消息，見DZ 4, D: 655。
14 《先王實錄》，頁二五四。
15 《先王實錄》，頁二五二。
16 《先王實錄》，頁二五三—二五五。
17 梅氏以「小時」做爲距離的單位。若以《荷蘭語辭典》對「步行一小時」（uurgaans）的定義（五千五百五十五公尺）爲準，八小時即相當於四十五公里。
18 我認爲江樹生對這段文字的翻譯有誤，因爲他的譯文指稱這些城鎮應距離岸邊四小時（見《梅氏日記》，頁五一）。而冉福立則提及這些城鎮應當「盡可能接近岸邊」，我認爲這與梅氏寫的比較近似。參見冉福立，"The Contribution of Cartography to the Creation of a Dutch Colony and a Chinese State in Taiwan", *Cartographica*, 35, no.3/4(1998)，頁一三四。
19 《梅氏日記》，頁三三下。
20 《梅氏日記》，頁三三—三四下。
21 梅氏以「桿」（roeden）爲長度單位，我將其更改爲英尺，換算比例是一桿等於十英尺。見《梅氏日記》，頁三三—三四下。
22 《梅氏日記》，頁三四—三五下。
23 《梅氏日記》，頁三三下。
24 《梅氏日記》，頁三五—三六下。
25 冉福立，*Mapping for money : maps, plans, and topographic paintings and their role in Dutch overseas expansion during the 16th and 17th centuries*，頁一五八。
26 關於大肚王最完整的記載，是一位名叫David Wright的蘇格蘭人所寫下的記述，但這份記述現已佚失。見Campbell, *Formosa Under the Dutch: Described from Contemporary Records, with Explanatory Notes and a Bibliography of the Island*，頁六—七。

27 《先王實錄》，頁二五七。

28 海卜脫，*Reise nach Java, Formosa, Vorder-Indien und Ceylon 1659 - 1668*，頁六六—六八。梅氏的日記佐證了海卜脫的記述大綱，只是沒有細節。參見《梅氏日記》，頁三七下。至於一名中國叛降人士提供的另一份記述，則收錄於DZ 4, F: 754-755。

29 《梅氏日記》，頁三七下。

30 DZ 4, D: 737；《梅氏日記》，頁三二下。在有關被俘的漢人或是叛降漢人的報告當中，最常見的數字就是每個月三千。這個單位的意義在東印度各地因地而異，但大約等於十磅或十磅以下。也就是說，士兵頂多一天領有一磅米。一克沒有添加其他食物的乾米含有三點五卡左右，所以假設以一磅五百克的比例換算，士兵一天從米飯當中攝取的熱量即是一千七百五十卡。這樣的熱量不足以支持他們從事繁重的工作。一個月三千的數字可見於兩份不同的荷蘭記述裡。當然，配給量很可能隨著單位與駐紮地點的不同而有異。舉例來說，一名叛降漢人在一六六一年九月透露，他每個月領取四千米，但他覺得根本不夠吃，所以才會投靠荷蘭人（參見DZ 4, F: 753）。當時的許多記述都顯示國姓爺的士兵在台灣各地皆深受飢餓之苦。

31 DZ 4, D: 737。

32 根據鄭氏族譜，鄭泰是個遠房族兄。參見張宗洽，〈鄭成功家世資料《鄭氏宗譜》和《鄭氏家譜》的新發現〉，《鄭成功叢談》，頁一四六。不過，鄭芝龍收他爲子，所以他才會成爲國姓爺的繼兄。見杭行，“Between Trade and Legitimacy, Maritime and Continent: The Zheng Organization in Seventeenth-Century East Asia”，頁八二。

33 《先王實錄》，頁二五七

34 舉例而言，見陳碧笙，〈鄭成功收復台灣戰史研究〉，頁一六。

35 盧若騰，〈石尤風〉，收錄於盧若騰，《島噫詩》（台北：台灣銀行，一九六八），頁二五。史學家鄧孔昭在當代的其他文獻裡找到佐證，顯示當時的確有異常的暴風。見鄧孔昭，〈從盧若騰詩文看有關鄭成功史事〉，《鄭成功與明鄭台灣史研究》，頁六二—六九。

36 《先王實錄》，頁二五七。

37 DZ 4, D: 655。這是一名漢人俘虜在一六六一年六月十八日告訴揆一的。

38 DZ 4, D: 739。

39 我們不清楚像揆一這樣的官員是否也算在內，但我認為應該有。參見Resolution, 16 May 1661, VOC 1235: 374。

40 見DRC，頁一二六。另見冉福立，*Mapping for money : maps, plans, and topographic paintings and their role in Dutch overseas expansion during the 16th and 17th centuries*，頁一四三。

41 Resolution, 21 September 1661, VOC 1238: 544。

42 DRC，頁七六—七七。

43 Resolution, 5 May 1661, VOC 1235: 365-366。

44 歐陽泰，《福爾摩沙如何變成臺灣府?》，頁一三四—一三六。

45 Brown, *Scurvy: How a Surgeon, a Mariner, and a Gentlemen Solved the Greatest Medical Mystery of the Age of Sail*，頁三—四。

46 Carpenter, *Beriberi, White Rice, and Vitamin B: A Disease, a Cause, and a Cure*，頁二—三。

47 Resolution, 16 May 1661, VOC 1235: 375。一「legger」約等於荷蘭的六百「kan」，也相當於九百公升（兩百四十加侖）。摘自*Woordenboek der Nederlandsche Taal*, "Legger", definition F, no. 4，其中指出「De legger arak wordt in Batavia op 160 oude Engelsche wijngallon gerekend: dat zijn . . . 605.6 ned. kan」。

48 Resolution, 16 May 1661, VOC 1235: 374-375。

49 DZ 4, D: 677。

50 一名在一六六一年十月十一日投奔荷蘭陣營的漢人士兵指出，這些「懂得使用火槍的黑人男孩」共有二十四人，駐在熱蘭遮鎮裡（DZ 4, D: 806）。

51 《梅氏日記》，頁三一下探討了這支部隊的成立過程。

52 DZ 4, D: 661。

53 DZ 4, D: 671。

54 DZ 4, D: 671。

55 DZ 4, D: 707（一六六一年七月二十三日）。

56 DZ 4, D: 634（一六六一年六月二日）。

57 DZ 4, D: 695。那名士兵遭到判處的刑罰記載於DZ 4, D: 724。

58 DZ 4, D: 657。

59 DZ 4, D: 666。
60 DZ 4, D: 677。
61 DZ 4, D: 688。

來自海上的援助

1 這場會議只描述於一份文獻裡，是由另一名船長寫的。克勞森自己沒有留下任何文件。Dagregister gehouden bij den schipper Andries Pietersz int jacht 's-Gravenlande, op de Taijouanse rhede leggende, als op de Formosaens cust swervende, VOC 1237: 41-56。
2 Dagregister gehouden bij den schipper Andries Pietersz int jacht 's-Gravenlande, op de Taijouanse rhede leggende, als op de Formosaens cust swervende, VOC 1237: 41-56, fol. 42。
3 我猜他不是自己誦讀，最有可能是由他的祕書Constantine Nobel誦讀。
4 馬信寫給揆一的信，一六六一年六月二十五日（五月二十九日），收錄於DZ 4, D: 665-666。
5 馬信寫給揆一的信，一六六一年六月二十五日（五月二十九日），收錄於DZ 4, D: 665-666。
6 DZ 4, D: 656，一六六一年六月二十日。
7 DZ 4, D: 666。
8 DZ 4, D: 667。
9 祕書Constantine Nobel寫給馬信的信，一六六一年六月二十七日，DZ 4, D: 667-668。
10 Resolution, 1661-06-28, VOC 1235: 401v-402。
11 國姓爺寫給揆一的信，一六六一年六月二十九日（六月三日），DZ 4, D: 672-673。
12 揆一寫給國姓爺的信，一六六一年七月一日，DZ 4, D: 675-677。
13 揆一寫給國姓爺的信，一六六一年七月一日，DZ 4, D: 675-677。這份決議的最後幾行因為水漬而難以辨識。儘管我深信自己的解讀沒錯，卻不敢百分之百確定。
14 揆一寫給國姓爺的信，一六六一年七月一日，DZ 4, D: 675-677。
15 Resolution, 1 July 1661, VOC 1235: 404-405。

16 Resolution, 1 July 1661, VOC 1235: 404-405。

17 DZ 4, D: 686。

18 DZ 4, D: 686。

19 Resolution, 14 July 1661, VOC 1235: 409。

20 Resolution, 14 July 1661, VOC 1235: 409-410。

21 DZ 4, D: 690。

22 DZ 4, D: 701。揮舞帽子的動作記載於DZ 4, D: 699。

23 DZ 4, D: 704。

24 DZ 4, D: 704。

25 Resolution, 22 July 1661, VOC 1235: 411-412。

26 Klencke的日記指出有五名水手，日誌則記載了六名。這是個小細節。Journael off dagregister gehouden bij Herman Klencke van Odessen int Jacht Hoogelande, zedert 22en Junij Jongstleden dat met 'tselve . . . voor vervanger int gouverno des E Héer Gouverneur Frederik Coijet naer taijouan vertrock, tot heden dat met het jacht Hogelande in Japan voor het eijlant 'schisma behouden ten ancker koomen, VOC 1237: 11-30。DZ 4, D: 716。

27 實際上，揆一與他的議員早已知道了這項壞消息。一艘來自巴達維亞的唐船先抵達了熱蘭遮。在這一章的一份草稿中，我敘述了這艘船的故事——這艘船在北線尾沙洲擱淺，船員與乘客紛紛逃下船，試圖搶救他們的貴重物品，結果荷蘭水手協助船上的商人渡過水道前往熱蘭遮城堡（並且爲此獲得金錢的報酬——不過此一報酬究竟是偷來的還是對方心甘情願給的，就端看你相信哪一方的記載了），其他的船員與乘客則投奔國姓爺。不過，我後來決定刪除這一段，以免全書篇幅太長。相關文獻請見海卜脫，*Reise nach Java, Formosa, Vorder-Indien und Ceylon 1659 - 1668*，尤其是第七〇頁；另見Resolution, 28 July 1661, VOC 1235: 412-413；以及DZ 4, D: 710。

28 轉引自Roos, "The Amalgamation of Church and State in a Formula for Colonial Rule: Clergymen in the Dutch Administration of Formosa, 1627-1651"，碩士論文，頁四五。

29 揆一原著，林野文譯，《被遺誤的台灣：荷鄭台江決戰始末記》，頁一九四—一九五。

30 揆一寫給總督Jan Maetsuycker的信，一六六〇年三月十日，VOC 1233: 700-714, fol. 711。

31 揆一寫給總督Jan Maetsuycker的信，一六六〇年四月十一日，VOC 1233: A146-A152（behind folio 810），fol. A149。

32 揆一原著，林野文譯，《被遺誤的台灣：荷鄭台江決戰始末記》，頁一九八。

33 台灣長官費爾勃格寫給巴達維亞的信，VOC 1172: 466-91, fol. 472。他非常喜歡這句話，曾多次寫過類似的語句。亦可見於Verburg, "Cort vertooch", fol. 235。

34 Verburg, "Cort vertooch"。

35 Verburg, "Cort vertooch", fol. 237。

36 Verburg, "Cort vertooch", fol. 237。我將「這裡」改為「台灣」，以免讀者混淆。

37 一般政務報告，一六五五—一六七四年，Maetsuyker, Hartsinck, Van Oudtshoorn, Verburch與Steur, XXI，一六六一年一月二十六日，頁三六一。

38 一般政務報告，一六五五—一六七四年，Maetsuyker, Hartsinck, Van Oudtshoorn, Verburch與Steur, XXI，一六六一年一月二十六日，頁三六一—三六二。

39 揆一原著，林野文譯，《被遺誤的台灣：荷鄭台江決戰始末記》，頁一三〇—一三三。參閱*Neglected Formosa*，頁六六。

40 總督Jan Maetsuycker寫給揆一的信，一六六一年六月二十一日，VOC 1234: 265-290, fol. 277v。

41 總督Jan Maetsuycker寫給揆一的信，一六六一年六月二十一日，VOC 1234: 265-290, fol. 283。

42 Resolution, 1 August 1661, VOC 1235: 519。

43 DZ 4, D: 717：Journael off dagregister gehouden bij Herman Klencke van Odessen int Jacht Hoogelande, zedert 22en Junij Jongstleden dat met 'tselve . . . voor vervanger int gouverno des E Heer Gouverneur Frederik Coijet naer taijouan vertrock, tot heden dat met het jacht Hogelande in Japan voor het eijlant 'schisma behouden ten ancker koomen, VOC 1237: 11-30, fol. 23。

44 DZ 4, D: 717。

45 海卜脫，*Reise nach Java, Formosa, Vorder-Indien und Ceylon 1659 - 1668*，頁七一。

46 DRC，頁七六—七七。

47 海卜脫，*Reise nach Java, Formosa, Vorder-Indien und Ceylon 1659 - 1668*，頁七一。

48 Resolutions, 12 August 1661, VOC 1238: 523。

第三章

增援艦隊

1 《梅氏日記》，頁三九下。

2 《梅氏日記》，頁三一。

3 DZ 4, D: 735。

4 這則花絮來自Hendrick Robbertsz. van Amsterdam的證詞，他在被俘三個月後逃了出來，返回熱蘭遮城堡。見DZ 4, D: 735。

5 張宗洽，《鄭成功族譜三種》，頁四—五與二四一—二四二。

6 這段記述取自《梅氏日記》，頁四〇。另一份第三手的記載則是指稱國姓爺親自到貓難實叮的住處拜訪他（DZ 4, D: 736）。不過，這兩份文獻對於貓難實叮與國姓爺的談話記載得極為近似。

7 《梅氏日記》，頁三八下。

8 《梅氏日記》，頁二九下。

9 這段十字架酷刑的描述主要取自《梅氏日記》，頁二八—二九。但這場發生於貓難實叮住處前方的酷刑細節，則是參考自DZ 4, D: 729。該起事件的另一份記述可見於DZ 4, D: 748-749。

10 DZ 4, D: 736。

11 Resolution, 1 July 1661, VOC 1235: 404-405。

12 DZ 4, D: 726。

13 卡烏寫給揆一的信，1661-08-12，收錄於DRC，頁四一—四二，引自頁四一。

14 伍特·舒頓，*De Oost-Indische voyagie van Wouter Schouten*，頁一六四。

15 DZ 4, D: 728。關於這場航程的速度，見DRC，頁三七。

16 揆一在一封寫給卡烏的信件裡提到，又一艘船航越了水道，而豆子與米酒是他最迫切需要的物品，因爲熱蘭遮城堡的這些物品已經用罄。參見DRC，頁四七。如欲知更多細節，可參見DZ 4, D: 746，其中列出了*Domburgh*號這艘比較晚抵達的船隻所裝載的貨物。

17 DRC，頁四五。

18 DZ 4, D: 740。

19 海卜脫，*Reise nach Java, Formosa, Vorder-Indien und Ceylon 1659 - 1668*，頁七二。

20 《熱蘭遮城日誌》提及一位名叫Benjamin Velthuysen的生還者所寫的一封信（原件似乎沒有留存下來），其中提到船員遭敵人俘虜，見DZ 4, D: 743。而DZ 4, D: 749的另一份記述則指稱四十二名船員當中，有十四人遭新港人砍掉了頭顱（記述者認爲其他人被送到了南部）。

21 這是最標準的說法，但也可見DZ 4, D: 743。

22 DZ 4, D: 751。

23 這名漢人農夫的路線描述乃是奠基於DZ 4, D: 774-776，以及DRC，頁七九—八〇。參照Resolution, 14 September 1661, VOC 1238: 519-621, fol. 535。

24 DZ 4, D: 775。

25 DZ 4, D: 769-770。

26 這段文字可能不是卡烏自己寫的，而是由他的祕書記錄於卡烏的官方日記。見DRC，頁七六—七七。

27 塞伊對揆一、卡烏及其他人所說的話，取自DZ 4, D: 774-776，以及DRC，頁七九—八〇。

28 DZ 4, D: 775。

愚蠢的襲擊

1 DRC，頁八一—八二。

2 DRC，頁一八八。

3 揆一，*Neglected Formosa*，頁六九。我爲了顧及可讀性而稍微更動了譯文。

4 DZ 4, D: 781。

5 DRC，頁八三。（另見DZ 4, D: 781。）
6 DZ 4, D: 780。我將「neder te vellen」譯為「殺」。
7 DZ 4, D: 781。
8 DZ 4, D: 784。
9 陳碧笙，〈鄭成功收復台灣戰史研究〉，頁一七。
10 DZ 4, D: 783。
11 DZ 4, D: 782。
12 DRC，頁八六。
13 我把「krankenbezoeker」譯為「探訪傳道」（deacon）。
14 我把「dregge」譯為「挖泥鏟」。
15 DZ 4, D: 785。
16 DZ 4, D: 785。
17 DRC，頁九三。
18 海卜脫，*Reise nach Java, Formosa, Vorder-Indien und Ceylon 1659 - 1668*，頁七三—七四。
19 DRC，頁九三。
20 DRC，頁九〇、九二。
21 Resolution, 23 September 1661, VOC 1238: 545-546；DRC，頁九七—九八；DZ 4, D: 792-793。
22 DRC，頁九〇。
23 DRC，頁一八四—一八五。
24 DRC，頁九七—九八（另見Resolution, 23 September 1661, 545-546，以及DZ4, D: 792-793）。
25 DRC，頁九八。
26 DZ 4, D: 792-793。
27 這段旅程的記述奠基於塞伊在一六六一年十月一日針對其間諜工作提出的報告——也許不盡可信。收錄於DZ 4, D: 796-798，以及DRC，頁一〇五—一〇七。

28 DZ 4, D: 796-798；DRC，頁一〇五—一〇七。

29 DZ 4, D: 796-798；DRC，頁一〇五—一〇七。

30 DZ 4, D: 796-798，以及DRC，頁一〇五—一〇七。

31 DRC，頁一〇五。

32 將塞伊帶到船上的決定，以及揆一對他的報告心存懷疑，都沒有記載於揆一的日誌（DZ 4, D: 796-798）。見DRC，頁一〇七。

叛降人士

1 這點證實於Verbael gehouden bij den secretaris Pieter Marville ten overstaen van den heeren Louijs Philibert Vernattij, advocate fiscael van India, Joan Croon, ontfanger generael, en Willem van Outhoorn, gecommitteerde leden uijt den achtbaren raedt van Justitie des Casteel Batavia, door ordre van haer Ed. Ten hijse van d'E. Frederick Coyett gewesen gouverneur van het Eijlandt Formosa bij sich hebbende sijne raetspersoonen, om de resolutien bij haer lieden getrocken en alhier ongeteeckent overgebracht, te teekcenen, Batavia, 20 September 1662, VOC 1238: 799-847。

2 DZ 4, D: 796。

3 DZ 4, D: 796。我將「狗」譯爲「賤狗」以凸顯其嘲諷的語氣。此外，我將荷蘭語的「schelm」譯爲「蛆蟲」，這是十七世紀最惡毒的侮辱，若要在今天找到語氣類似的罵人詞彙，可能以帶有性別歧視意味的「死娘砲」比較接近。說來奇怪，我們當今許多最凶惡的罵人詞語都帶有這種性別歧視的意味，但十七世紀的荷蘭語似乎不是如此（順帶一提，我們已無法得知當初荷蘭人譯爲「schelm」的中文字眼是什麼）。

4 DZ 4, D: 789（一六六一年九月二十三日）；DZ 4, D: 803（十月七日）。

5 由於一千約等於十磅或五公斤，而一公克未添加其他食物的乾米約含有三點五卡的熱量，因此兩個五公斤即是一萬公克，相當於一個月三萬五千卡，一天只稍微多於一千卡。

6 抵達於十月六日，DZ 4, D: 802。

7 抵達於十月六日，DZ 4, D: 802。另一名叛降人士指稱漢人士兵每天領有半斤牛肉，「和沒有差不多」（DZ 4, D: 805）。

8 *VOC Glossarium*, "Kati"。

9 一磅牛肉約含七百卡，依其脂肪含量多寡而定。當時宰殺的牛隻應該都非常精瘦，因爲那些都是迫不得已才宰殺的耕牛，不是爲了食用而飼養的肉牛。

10 抵達於十月七日，DZ 4, D: 803。

11 DZ 4, D: 805。

12 抵達於九月三十日，DZ 4, D: 795。

13 抵達於十月七日，DZ 4, D: 803。

14 DZ 4, D: 802。

15 DZ 4, D: 802。

16 抵達於十月七日，DZ 4, D: 803。

17 DZ 4, D: 806。

18 抵達於十月七日，DZ 4, D: 803。

19 抵達於九月二十六日，DZ 4, D: 791。

20 《先王實錄》，頁二五七。見陳碧笙，〈鄭成功在收復開發台灣過程中所面臨的反對和鬥爭〉，頁五六。

21 《先王實錄》，頁二五八。

22 盧若騰，〈東都行〉，摘錄於吳奇衍與黃武，〈略述鄭氏在台灣的屯墾〉，頁二四六。

23 這兩名男孩以馬信的頭銜「馬本督」稱呼他。

24 關於這兩名黑人男孩，卡烏日誌裡的記載遠多於熱蘭遮日誌。有關他們的抵達與報告，可見於DRC，頁一二八—一三〇。

25 這兩名非洲男孩遭到懷疑的原因記載於DRC，頁一三四—一三五。

26 卡烏的日誌提及他們有意以肢刑架恫嚇那兩名男孩，但沒有提到他們被帶到肢刑架前。後來他們以笞杖抽打兩名男孩，而非使用肢刑架。見DRC，頁一三五。

27 審問及刑求兩名男孩的描寫取自DRC，頁一三五—一三七，以及DZ 4, E: 632-634。

28 塞伊從停泊在大員附近海面上的de Roode Vos號逃亡的經過共有兩份記載。最完整的是DRC，頁一三九—一四一。另一份記載是DZ 4, E: 637-638。

29 DRC，頁一四一。

30 DZ 4, E: 637-638。

31 DZ 4, E: 634-637。

32 《先王實錄》，頁一三四。

33 DZ 4, E: 634-637。

34 《先王實錄》，頁三九。在國姓爺死後半個世紀首度演出的著名日本木偶劇當中，這種行為更是被強調到了荒謬的地步，劇中角色都一一為了忠貞或榮譽而自殺。參見近松門左衛門，《國姓爺合戰》。

35 Resolutions of the Grand Council of the Indies, 12 April 1662, VOC 678: 71-72。

36 DZ 4, E: 637-638。

37 DRC，頁一四二。

38 抵達於九月二十六日，DZ 4, D: 791。

39 抵達於九月三十日，DZ 4, D: 795。

40 鄭大郁，《經國雄略》，〈武備考．卷八〉，fol. 22v。

41 郁永河，《裨海紀遊》，頁六四。

42 《台灣外記》，頁四二。

43 鄭大郁，《經國雄略》，〈武備考．卷八〉，fol. 22。

44 郁永河，《裨海紀遊》，頁六四。見Keliher, *Small Sea Travel Diaries Yu Yonghe's Records of Taiwan*，頁一九二—一九五。

45 郁永河，《裨海紀遊》，頁六四。

46 Resolution, 1661-09-27, VOC 1238: 547；以及1661-10-03, VOC 1238: 550v。關於米糧船的情報，見DZ 4, D: 801。

47 DZ 4, D: 807。另見DRC，頁一一六。

48 DRC，頁一一七。

49 DZ 4, D: 808。

50 這段互罵描述於兩份文獻裡：DZ 4, D: 808，以及DRC，頁一一七，兩份記載極為相近。

51 DZ 4, D: 810。

國姓爺步步進逼

1 DZ 4, D: 798。這項資訊來自於塞伊在一六六一年十月一日提出的證詞，因此不可盡信。

2 DRC，頁一〇二。

3 DZ 4, D: 793。

4 Resolution, 29 September 1661, VOC 1238: 549。

5 Resolution, 29 September 1661, VOC 1238: 549。

6 DRC，頁一〇二。

7 DZ 4, D: 794-795，以及DRC，頁一〇六。

8 Resolution, 29 September 1661, VOC 1238: 549。

9 DRC，頁一〇二。卡烏指稱九英尺，福爾摩沙議會決議記載則為七英尺。參見Resolution, 29 September 1661, VOC 1238: 550。

10 Resolution, 29 September 1661, VOC 1238: 549v。

11 Resolution, 29 September 1661, VOC 1238: 550。

12 DRC，頁一〇二—一〇三。

13 《先王實錄》，頁四二。

14 《先王實錄》，頁五六。

15 DRC，頁一〇五。

16 DRC，頁一〇五。

17 DRC，頁一〇五。

18 DRC，頁一二六。

19 DZ 4, D: 807。

20 DRC，頁一一四。

21 DRC，頁一一五。

22 DRC，頁一二三。

23 DRC，頁一二四—一二五。卡烏對這場攻擊的描述最爲詳實，但亦可見Resolution, 20 October 1661, VOC 1238: 557-558，以及DZ 4, D: 813。

24 DZ 4, E: 625。

25 DRC，頁一四二。

26 DRC，頁一四一。

27 「熕」爲閩南方言，意指「大砲」。參見《海上見聞錄》，頁八。靈熕設置於北線尾沙洲上的資訊並非來自中國文獻，因爲這段時期的中文記載相當少。這項資訊記載於荷蘭文獻裡，是一名叛降漢人透露的。見DZ 4, E: 678，以及DRC，頁一九〇—一九一。

28 《先王實錄》，頁一七九。

29 《先王實錄》，頁一七九。

30 黃一農，〈歐洲沉船與明末傳華的西洋大砲〉，頁五七三—六三四。

31 鄧士亮，《心月軒稿》（北京出版社，一九九七），轉引自黃一農，〈歐洲沉船與明末傳華的西洋大砲〉，頁六〇三。

32 《先王實錄》，頁一七九。

33 DRC，頁一三八。

34 這起事件發生於一六六一年十月二十七日。參見DZ 4, E: 639。

35 DZ 4, E: 669。這起事件發生於一六六一年十月十四日。

36 這起事件發生的時間比較晚，在一六六一年一月十日。DZ 4, E: 715。

37 DZ 4, E: 648。

38 DZ 4, E: 638。

39 《先王實錄》，頁二〇六。
40 DRC，頁一四九—一五〇。
41 DRC，頁一四九。
42 DRC，頁一四八。
43 DZ 4, E: 641。
44 Resolution, 7 November 1661, VOC 1238: 567v。死刑的資訊見於DRC，頁一六六。
45 DRC，頁一二五—一二六。
46 DRC，頁一六五。
47 Resolution, 7 November 1661, VOC 1238: 568。
48 Resolution, 7 November 1661, VOC 1238: 568v。
49 DRC，頁一六九。
50 DRC，頁一七一。
51 DRC，頁一七一—一七二。
52 DRC，頁一七五。

意外的使節

1 Instructie voor den coopman David Harthouwer vertrekkende als commissaris naar Tamsiu en Quelang, 26 September 1661, VOC 1235: 838-841, fol. 839。
2 Resolution, 21 September 1661, VOC 1235: 542v。
3 DZ 4, D: 793（挑選船隻）。Resolution, 26 November 1661, VOC 1238: 580。
4 Resolution, 1661-10-05, VOC 1238: 552；DZ 4, D: 801。
5 DRC，頁一〇九。
6 DZ 4, E: 627。
7 Harthouwer, Daghregister, fol. 941-942。

8 漁船的記載見於Harthouwer, Daghregister, fol. 943。

9 DRC，頁五〇—五一。

10 DRC，頁六七。

11 Instructie voor den coopman David Harthouwer vertrekkende als commissaris naar Tamsiu en Quelang, 26 September 1661, VOC 1235: 838-841, fol. 840。

12 DZ 4, E: 652。

13 這座城鎮的描述取自兩份文獻，一是哈梭威爾本身在一星期後走訪這座城鎮的觀察（Harthouwer, Daghregister, 954-955），以及赫特與克雷沃克的描寫（HCCA, 959-962）。另外還有一段文字紀錄，見DZ 4, E: 649-651。

14 《鰲城分支清溪張氏家譜序》，轉引自李國宏，〈新近出現的鄭成功史料辨析〉，頁三二六，註釋一七。見DZ 4, E: 650。

15 來自印度的布匹：salempoeris。日晷（sonwijser）可能實際上是六分儀。

16 赫特的日記沒有提及這場談話的確切內容，但我們可以從哈梭威爾爲他與克雷沃克寫下的詳細指示猜出：Bericht en memorie voor d Srs Melkior Hurt ende Jacob Clewerik gaande als expresse gecommitteerden aande Tartarischen Gouverneur der stadt Inglingh Thia genaemt, 16 October 1661, VOC 1235: 945-947。

17 HCCA, fol. 960v。

18 赫特與克雷沃克寫給哈梭威爾的信，一六六一年十月十六日，VOC 1235: 947。

19 哈梭威爾寫給赫特與克雷沃克的信，一六六一年十月十六日，VOC 1235: 947v。

20 HCCA, fol. 961v。

21 出發情景的描述見於ＨＣＣＡ，但二十名騎馬人員陪同的細節則是來自哈梭威爾的記載。他從船上的醫師口中得知這一點，因爲那名醫師當時在岸上，目睹了他們離開永寧。參見Harthouwer, Daghregister, fol. 949。

22 DZ 4, E: 653-654。這座橋也許是順濟橋，建於十三世紀初，後來在二〇〇六年被洪水沖垮了一部分而因此拆除。

23 HCCA, fol. 963。

24 HCCA, fol. 963v。

25 HCCA, 964v。

26 HCCA, fol. 964v。

27 HCCA, fol. 965v。

28 HCCA, fol. 966v。他們將這座城鎮稱爲「Hingoughoe」，也許是鄰近莆田的興化府。感謝衛思韓（Jack Wills）協助解譯荷蘭文獻中的音譯。

29 HCCA, fol. 966v。

30 HCCA, fol. 966v。我將單數人稱改爲複數人稱，原文爲「我醉得眼前一片迷茫」。我不確定這是誰寫的，只能猜測是赫特。

31 HCCA, fol. 966v。

32 HCCA, fol. 966v。

33 HCCA, fol. 966v。

34 “Hebben int incomen binnen sijn muragie van wederzijden noch een fortjen affgesloten”。Hurt and Clewercq, “Corte aanteijkening”, fol. 967。

35 Hurt and Clewercq, “Corte aanteijkening”, fol. 967。

36 Hurt and Clewercq, “Corte aanteijkening”, fol. 967v。

37 HCCA, fol. 971。

38 我猜測原文裡的「深揖」其實是磕頭，因爲這樣比較合理。

39 原稿在此處破損，因此我不確定內容究竟是什麼。見HCCA, fol. 968。

40 原文當中將這人描述爲「caffer . . . die soo’t scheen voor geck diende」。見HCCA, fol. 968v。

41 HCCA, fol. 968v。

42 HCCA, fol. 968v。

43 HCCA, fol. 968v。

44 HCCA, fol. 969。

45 HCCA, fol. 969。

46 HCCA, fol. 969-969v。

47 赫特與克雷沃克寫給哈梭威爾的信，中國泉州，一六六一年十月十六日，VOC 1235: 947。

48 哈梭威爾想到耿繼茂曾派駐於廣州，因此可能是他抓出了通譯的錯誤，但那時已來不及幫助赫特與克雷沃克。他們返回船上之後才得知這項誤會。見Harthouwer, Daghregister, fol. 952v。

49 HCCA, fol. 970。

50 HCCA, fol. 970v。

51 HCCA, fol. 971。

52 HCCA, fol. 971v。

53 HCCA, fol. 972。

54 HCCA, fol. 972v。

55 HCCA, fol. 972v。

56 HCCA, fol. 973。

57 HCCA, fol. 973v。

58 哈梭威爾寫給赫特與克雷沃克的信，深滬灣，一六六一年十月三十日，Harthouwer, Daghregister, fol. 956v-957v。

59 哈梭威爾寫給赫特與克雷沃克的信，一六六一年十月三十日，Harthouwer, Daghregister, fol. 957。

60 哈梭威爾寫給赫特與克雷沃克的信，一六六一年十月三十日，Harthouwer, Daghregister, 957v。

61 HCCA, fol. 973。

62 何達鵬在他正在撰寫的一份極爲出色的博士論文當中，詳述了百姓遭受的痛苦。這份論文應可在二〇一一年間完成於聖地牙哥加州大學。參見何達鵬，"Sealords Live in Vain: Fujian and the Making of a Maritime Frontier in Seventeenth-Century China"。

63 HCCA, fol. 974。

64 Harthouwer, Daghregister, fol. 959。

65 Harthouwer, Daghregister, fol. 959。

66 HCCA, fol. 974。

67 HCCA, fol. 974。

68 Harthouwer, Daghregister, fol. 975v。
69 引文摘自DRC，頁一六七。
70 靖南王寫給揆一的信，收錄於DZ 4, E: 663-664。

窩裡砲

1 Dispencier。
2 這起事件有兩份不同的記述：Resolution, 1661-09-27, VOC 1238: 545v，以及更值得參考的DRC，頁九八。
3 DRC，頁一五一。
4 DRC，頁一一二。
5 根據卡烏的記載，醫院裡的患者超過三百人。熱蘭遮城堡的總人口約為兩千一百人。參見DRC，頁一五三。
6 Resolution, 1661-10-17, VOC 1238: 555-555v。
7 Resolution, 1661-09-21, VOC 1238: 544。
8 Resolution, 1661-11-18, VOC 1238: 574v。
9 Resolution, 1661-12-23, VOC 1238: 594。
10 Resolution, 1661-10-28, VOC 1238: 561。
11 Resolution, 1661-10-25, VOC 1238: 559-560。
12 Resolution, 1661-10-28, VOC 1238: 561。
13 DRC，頁一九一—一九二。
14 DRC，頁一五二。
15 Resolution, 1661-11-05, VOC 1238: 566。
16 Resolution, 1661-11-05, VOC 1238: 566。
17 DRC，頁一七五。
18 Vertoogh bij den coopman David Harthouwer aen den Edele Heere Frederick Coyet, Raat extraordinaris van India ende gouverneur over Formosas ommeslag etc., midtsgaders sijn E ord en nogh bij te voegene Heeren Raaden 〔29〕

November 1661, VOC 1238: 582-583（contained in Resolution, 29 November 1661, VOC 1238: 582-583）, fol. 582。

19 DRC, 139。

20 DRC, 190-192，以及DZ 4, E: 700。

21 DRC, 191-192。

22 DRC, 191-192。

23 Resolution, 1661-10-11, VOC 1238: 553, 553v；Cauw, 112。

24 Resolution, 1661-11-05, VOC 1238: 566v。

25 Resolution, 1661-10-11, VOC 1238: 553v。

26 Resolution, 1661-11-05, VOC 1238, fols. 565-566。

27 Resolution, 1661-11-08, VOC 1238: 570-570v。

28 Resolution, 26 November 1661, VOC 1238: 579-579v。

29 Resolution, 29 November 1661, VOC 1238: 581-581v。

30 Vertoogh bij den coopman David Harthouwer aen den Edele Heere Frederick Coyet, Raat extraordinaris van India ende gouverneur over Formosas ommeslag etc., midtsgaders sijn E ord en nogh bij te voegene Heeren Raaden〔29〕November 1661, VOC 1238: 582-583（contained in Resolution, 29 November 1661, VOC 1238: 582-583）, fol. 582v。

31 Vertoogh bij den coopman David Harthouwer aen den Edele Heere Frederick Coyet, Raat extraordinaris van India ende gouverneur over Formosas ommeslag etc., midtsgaders sijn E ord en nogh bij te voegene Heeren Raaden〔29〕November 1661, VOC 1238: 582-583（contained in Resolution, 29 November 1661, VOC 1238: 582-583）, fol. 582v。

32 Resolution, 29 November 1661, VOC 1238: 583v。

33 DRC，頁一九三。

34 Resolution, 29 November 1661, VOC 1238: 584v-585v。

35 Resolution, 29 November 1661, VOC 1238: 585。

36 取自兩份文獻，DZ 4, E: 690，以及DRC，頁二〇〇。

37 Coyet to the Veltheer der krijsvolckeren en tweeden gebieder over 't lantschap Fuzhou, 3 December 1661，收錄於DZ 4,

E: 686v-687v，轉引自E: 687。揆一以「殿下」稱呼將軍，而不是靖南王，實在頗為奇怪。

38 DZ 4, E: 680。

39 DZ 4, E: 691。

40 DZ 4, E: 691。

41 DRC，頁二〇二。

42 DRC，頁二〇二。

43 DRC，頁二〇二。

44 DRC，頁二〇二。

45 DRC，頁二〇三。

46 DRC，頁二〇三。

47 DRC，頁二〇五—二〇六。

48 DRC，頁二〇六。

49 揆一原著，林野文譯，《被遺誤的台灣：荷鄭台江決戰始末記》，頁一四八—一五一。

50 Resolutions of the Grand Council of the Indies, Batavia, 4 February 1662, VOC 678（unfoliated）。

51 「不忠實」一詞引自Campbell, *Formosa Under the Dutch: Described from Contemporary Records, with Explanatory Notes and a Bibliography of the Island*，頁七三；Manthorpe, *Forbidden Nation: A History of Taiwan*，頁七八—七九；Mostert, "Chain of Command: Military System of the Dutch East India Company, 1655-1663"。而Beerens在其"Formosa verwaarloosd: Frederick Coyett, een zondebok"一文裡，將卡烏指為「逃兵」（頁五〇）。

最後一戰

1 揆一，*Neglected Formosa*，頁八〇。我稍微更改了譯文，包括將「烏特勒支堡」改為「城堡後方山丘上的那座碉堡」。

2 Mostert, "Chain of Command: Military System of the Dutch East India Company, 1655-1663"；Campbell, *Formosa Under the Dutch: Described from Contemporary Records, with Explanatory Notes and a Bibliography of the Island*，頁七

三：Manthorpe, *Forbidden Nation: A History of Taiwan*，頁七九；Le Monnier, "Eine vergessene holländische Colonie", *Revue Coloniale international,* 1(1885)，頁三五二；Kalff, "De Val van Formosa"，頁一二八－一二九；Boxer, "The Siege of Fort Zeelandia and the Capture of Formosa from the Dutch, 1661-1662"。另見包樂史，*Tribuut aan China: vier eeuwen Nederlands-Chinese betrekkingen*，頁六九；楊彥杰，《荷據時台灣史》，頁二九〇－二九一；DZ 4, E: 614，註釋七八；江樹生，《鄭成功和荷蘭人在台灣的最後一戰及換文締和》，頁三〇，以及歐陽泰，《福爾摩沙如何變成臺灣府？》，第十一章。比較軍事史的文獻，也認爲羅狄斯是鄭成功攻下熱蘭遮城堡的功臣，例如Black, *War and the World: Military Power and the Fate of Continents*，頁八三。

3 海卜脫，*Reise nach Java, Formosa, Vorder-Indien und Ceylon 1659 - 1668*，頁七五。

4 《梅氏日記》，頁五〇下。

5 《梅氏日記》，頁四九－五〇下。

6 《梅氏日記》，頁四八下。

7 In reeden te vatten。

8 《梅氏日記》，頁五六下。

9 《梅氏日記》，頁五二下。

10 《梅氏日記》，頁五二下。

11 DZ 4, E: 715-716。

12 DZ 4, E: 716。

13 DZ 4, E: 716。

14 DZ 4, E: 717。

15 耀眼奪目是我自己猜測的，因爲一月十七日是豔陽高照的好天氣。參見DZ 4, E: 718。

16 《梅氏日記》，頁五二下。

17 DZ 4, E: 718, 719。

18 DZ 4, E: 721。福爾摩沙議會的決議將該距離描述爲「短火槍的射程」，亦即一百碼左右（參見Resolution, 1662-01-21, VOC 1238: 600v）。梅氏佐證了這一點，指稱主要砲台距離碉堡約二十五至三十桿。一桿約等於十英尺。

見《梅氏日記》，頁五三下。

19 DZ 4, E: 721。

20 《孫子兵法》（香港商務，一九九四），頁四一。

21 Resolution, 1662-01-21, VOC 1238: 600v。

22 Resolution, 1662-01-21, VOC 1238: 601v。

23 Resolution, 1662-01-21, VOC 1238: 601。

24 揆一寫給巴達維亞的信，一六六二年一月二十五日，收錄於DZ 4, E: 728-732。

25 Michael Engelken寫給揆一的信，一六六二年一月二十一日，收錄於DZ 4, E: 721-722。

26 DZ 4, E: 724。

27 Resolution, 1662-01-23, VOC 1238: 605。

28 Resolution, 1662-01-21, VOC 1238: 601v。

29 DZ 4, E: 724。

30 Resolution, 1662-01-22, VOC 1238: 603。

31 DZ 4, E: 725。

32 DZ 4, E: 723-724。

33 DZ 4, E; 724。

34 《梅氏日記》，頁五九下。

35 梅氏的簡短報告，一六六二年二月二日，收錄於DZ 4, E: 760。

36 「射擊丘」（schietheuvels）一詞可見於揆一寫給巴達維亞的信，一六六二年一月二十五日，收錄於DZ 4, E: 728-732, fol. 729，但關於市集裡的土丘，則是取自DZ 4, E: 724。

37 DZ 4, E: 724。

38 揆一寫給巴達維亞的信，一六六二年一月二十五日，收錄於DZ 4, E: 728-732，尤其是fols. 728-729。

39 《梅氏日記》，頁五三下。

40 揆一寫給巴達維亞的信，一六六二年一月二十五日，收錄於DZ 4, E: 728-732，尤其是fols. 728-729，轉引自頁七三四。

41 福爾摩沙議會的決議中記載爲兩千五百枚（Resolution, 1662-01-26, VOC 1238: 606）；梅氏指爲一千七百枚（《梅氏日記》，頁五三下）；伍特．舒頓也記載爲一千七百枚（伍特．舒頓，*De Oost-Indische voyagie van Wouter Schouten*，頁一七一）。江樹生採納了兩千五百枚的數字（參見江樹生，《鄭成功和荷蘭人在台灣的最後一戰及換文締和》，頁四二）。

42 江樹生，《鄭成功和荷蘭人在台灣的最後一戰及換文締和》，頁四二。

43 無論如何，這是日誌裡的記載，日誌的記述通常也相當精確。不過，這項資訊是日誌寫作者在事後間接取得的。參見DZ 4, E: 734。

44 DZ 4, E: 736。

45 Resolution, 1662-01-26, VOC 1238: 606v。

46 Resolution, 1662-01-26, VOC 1238: 607。

47 Resolution, 1662-01-27, VOC 1238: 608。

48 揆一原著，林野文譯，《被遺誤的台灣：荷鄭台江決戰始末記》，轉引自司徒琳，*Voices from the Ming-Qing Cataclysm: China in Tigers' Jaws*，頁二三二。根據福爾摩沙議會決議的記載，被拆掉屋頂的是一座倉庫——「新的倉庫」。參見Resolution, 1662-01-27, VOC 1238: 608。

49 Resolution, 27 January 1662, VOC 1238: 608。

50 Resolution, 1662-01-27, VOC 1238: 608。

51 Resolution, 1662-01-27, VOC 1238: 608v。

52 揆一寫給巴達維亞的信，一六六二年一月二十五日，收錄於DZ 4, E: 728-732，尤其是fols. 728-729，轉引自頁七三四。

53 揆一寫給巴達維亞的信，一六六二年一月二十五日，收錄於DZ 4, E: 728-732，尤其是fols. 728-729，轉引自頁七三四。

54 Resolution, 1662-01-27, VOC 1238: 610。

55 Resolution, 1662-01-27, VOC 1238: 608v。

56 Resolution, 1662-01-27, VOC 1238: 609。

57 Resolution, 1662-01-27, VOC 1238: 610。

投降

1 DZ 4, E: 737。

2 《梅氏日記》，頁四六下。

3 《梅氏日記》，頁五三下。

4 國姓爺寫給揆一的信，一六六二年一月二十八日（永曆十五年十二月九日），收錄於DZ 4, E: 740。

5 DZ 4, E: 740。在Zeelandia Dagregister正式出版的版本裡，國姓爺這第一封短信前面還有另一封較長的信件，是寫給城堡裡的官兵。見下註九。

6 國姓爺寫給揆一的信，一六六一年一月二十八日（永曆十五年十二月九日），收錄於DZ 4, E: 742-743。

7 《梅氏日記》，頁五六下。

8 國姓爺寫給揆一的信，一六六二年一月二十九日（永曆十五年十二月十六日），收錄於DZ 4, E: 745。

9 在《熱蘭遮城日誌》裡，這份寫給士兵的告示收錄錯了地方，出現在一六六二年一月二十八日的條目裡，梅氏的日記則明確指出這份告示寫於這個日期之後（參見《梅氏日記》，頁五七）。爲了確認這一點，我又回頭參閱《熱蘭遮城日誌》的草稿版本。藉由檢驗荷蘭文書抄寫工作的一項安全機制，即可明顯看出這封篇幅較長的信件放錯了時序（VOC 1238: 739v-741）。荷蘭文書抄寫人員只要寫到頁末，就會把次頁的第一個詞寫在最後一行下面。藉此可以明顯看出日誌的原稿完成之後，有人將該份告示的內容移到了比較早的日期。此人爲什麼要這麼做？可能是爲了保護自己。藉由將這封語氣凶惡、威脅攻城屠殺的信件放在前面，好讓人覺得他們迅速做出投降的決定，具有充分的理由。

10 DZ 4, E: 742。

11 哈梭威爾寫給揆一的信，一六六二年一月二十九日，DZ 4, E: 746。

12 《梅氏日記》，頁五八。

13 揆一寫給國姓爺的信，一六六二年一月三十日，DZ 4, E: 747-748。

14 DZ 4, E: 755，以及《梅氏日記》，頁五。

15 揆一寫給Joan van Oetgens與哈梭威爾的信，一六六二年二月十日，收錄於DZ 4, E: 767-769。另見哈梭威爾與Oetgens van Waveren寫給揆一的信，一六六二年二月九日，收錄於DZ 4, E: 765-766。

16 揆一寫給哈梭威爾的信，一六六二年二月十日，DZ 4, E: 767-769。

17《梅氏日記》，頁六〇下。

18《梅氏日記》，頁六〇—六一下。

19《梅氏日記》，頁六一下。

20 Resolution, 1662-02-05, VOC 1238: 618v。

21 Iperen寫給揆一的信，寫於熱蘭遮城堡，一六六二年二月十一日，DZ 4, E: 771-772。

22《梅氏日記》，頁六三下。

23 伍特．舒頓，*De Oost-Indische voyagie van Wouter Schouten*，頁一六五。

24 伍特．舒頓，*De Oost-Indische voyagie van Wouter Schouten*，頁一七一。

發瘋而死

1《先王實錄》，頁二五七。

2《海上見聞錄》，頁四〇。

3「高大蒼白」來自李科羅對自己的描述。參見李科羅寫給福州荷蘭貿易站的信，一六六五年八月九日，VOC 1257: 1156-1158，收錄於Borao, *Spaniards in Taiwan*, vol. 2, 631-633。

4 李科羅，"Hechos de la Orden de predicadores en el Imperiode China"，頁五九九。

5 Imbault-Huart, *l'Ile Formose: histoire et description*，頁七七—七八。

6 Imbault-Huart, *l'Ile Formose: histoire et description*，頁七七—七八。

7 李科羅，"Hechos de la Orden de predicadores en el Imperiode China"，頁五九九。

8 李科羅，"Hechos de la Orden de predicadores en el Imperiode China"，頁五九九。

9 李科羅，"Hechos de la Orden de predicadores en el Imperiode China"，頁六〇七。

10 李科羅，"Hechos de la Orden de predicadores en el Imperiode China"，頁六一二。

11 李科羅，"Hechos de la Orden de predicadores en el Imperiode China"，頁六〇七。此處是我的譯文。

12 宋征輿，〈鄭成功傳〉，《鄭氏史料輯補》（江西人民出版社，一九八九），頁三八三。這篇傳記寫於一六六二至一六六八年間。

13 《靖海志》，頁六〇，指稱鄭經通姦的對象是國姓爺的寵妾。其他文獻，如《海紀輯要》，頁三〇，以及《清史稿》，則指稱他通姦的對象是乳母。這起事件發生於永曆十六年（一六六二年）四月。參見《清史稿．鄭成功傳》。

14 Wills, *Pepper, Guns, and Parleys: The Dutch East India Company and China, 1622-1681*，頁二八。

15 《清史稿．鄭成功傳》，頁四四。

16 《海紀輯要》，頁三〇。

17 吳偉業，〈鄭成功之亂〉，收錄於吳偉業，《鹿樵紀聞》（台北：台灣銀行，一九六一），頁六三。

18 DZ 3, E: 444。

19 中文文獻一般認爲鄭成功死於「感冒風寒」（見《閩海紀要》，頁三〇）。其他文獻，例如吳偉業的《鹿樵紀聞》，則提到國姓爺死前撕抓眼睛與臉龐的情形，因此可能合乎梅毒第三期的診斷，因爲這個階段的病患會在臉上出現梅毒腫。有些紀錄顯示他在臨死之前陷入發瘋的狀態，例如《清實錄》就說鄭成功「不勝其怒，驟發顛狂」（引於陳勝崑，〈鄭成功死因的探究〉，《醫學，心理與民俗》〔台北：橘井文化，一九八二〕，頁五六）。另見李騰嶽，〈鄭成功死因考〉，《文獻專刊》一：七十一三（一九五〇），頁三五一四四。儘管陳勝崑與李騰嶽都探討了鄭成功的發瘋狀況，卻都沒有將其歸因於梅毒。感謝醫學博士John Hibbs針對梅毒及其流行病學提供了極有助益的醫學觀點（個人通信，二〇〇四年十月）。

20 Rougemont, *Historia Tartaro-Sinica nova*，頁一〇八一一一〇，轉引自Keene, *The Battles of Coxinga*，頁七一。我稍微更改了其中的措辭。

21 Cramer, *Borts voyagie near de kuste van China en Formosa (1662-1664)*，頁六二。

22 李科羅，"Hechos de la Orden de predicadores en elImperiode China"，頁六一九一六二三。

23 Resolutions of the Grand Council of the Indies, Batavia, 21 March 1662, VOC 678（unfoliated）。

24 Resolutions of the Grand Council of the Indies, Batavia, 17 March 1662, VOC 678（unfoliated）。
25 Resolutions of the Grand Council of the Indies, Batavia, 17 March 1662, VOC 678（unfoliated）。
26 Resolutions of the Grand Council of the Indies, Batavia, 19 May 1662, VOC 678（unfoliated）。
27 Resolutions of the Grand Council of the Indies, Batavia, 28 April 1662, VOC 678（unfoliated）。Vogels, *Coyet*，頁三六。
28 Resolutions of the Grand Council of the Indies, Batavia, 14 April 1662, VOC 678: 76。
29 見冉福立，*De 250 rijksten van de Gouden Eeuw: Kapitaal, macht, familie en levensstijl*，頁五七與頁一三一—一三二。

結語

尾聲與結論

1 海卜脫，*Reise nach Java, Formosa, Vorder-Indien und Ceylon 1659 - 1668*，頁八四。
2 海卜脫，*Reise nach Java, Formosa, Vorder-Indien und Ceylon 1659 - 1668*，頁八四。
3 這是火器局當中的一個部門，火器局最早成立於一四〇七年。參見石康，"Crouching Tigers, Secret Weapons: Military Technology Employed during the Sino-Japanese-Korean War, 1592-1598"，頁二一。
4 黃一農，〈歐洲沉船與明末傳華的西洋大砲〉，頁六〇三。
5 黃一農，〈紅夷大砲與明清戰爭——以火砲測準技術之演變爲例〉，《清華學報》二十六：一（一九九六），頁六〇—六一。
6 程開祜，《籌遼碩畫》（台北：台聯國風出版，一九六八），轉引自黃一農，〈歐洲沉船與明末傳華的西洋大砲〉，頁五七九。
7 Crosby, *The Measure of Reality: Quantification and Western Society, 1250-1600*。
8 黃一農，〈紅夷大砲與明清戰爭——以火砲測準技術之演變爲例〉。
9 DZ 4, D: 784。
10 鄭大郁，《經國雄略》，〈武備考・卷六〉。

11 鄭大郁，《經國雄略》，〈武備考．卷六〉。

12 韓森，《大屠殺與文化：西方強權崛起過程中的幾個指標性戰役》，頁二一。

13 韓森，《大屠殺與文化：西方強權崛起過程中的幾個指標性戰役》，頁四四五。

14 韓森，《大屠殺與文化：西方強權崛起過程中的幾個指標性戰役》，頁四四六。

15 Lynn, *Battle: A History of Combat and Culture*。

16 見〈一場死刑〉。

17 孫來臣，"Military Technology Transfers from Ming China and the Emergence of Northern Mainland Southeast Asia (c. 1390–1527)"，頁五〇〇。

18 石康，*A Dragon's Head and a Serpent's Tail: Ming China and the First Great East Asian War, 1592-1598*。另見石康，"Crouching Tigers, Secret Weapons: Military Technology Employed during the Sino-Japanese-Korean War, 1592-1598"。

19 國姓爺去世的日期有些爭議，但我認同衛思韓（John Wills）所指的一六六二年六月二十三日，因爲他是我所知最細心的一位學者。見Wills, *Pepper, Guns, and Parleys: The Dutch East India Company and China, 1622-1681*，頁二八。荷蘭艦隊於六月二十四日離開。

20 Wills, *Pepper, Guns, and Parleys: The Dutch East India Company and China, 1622-1681*，頁三四。

21 這是一六六〇年的事情。見《海紀輯要》，頁二六。

22 Summinpesiouw或Tsoubontjock（鄭經手下的第二號人物）寫給博多的信，一六六三年十一月十九日（永曆十七年十月十九日），收錄於Daghregister gehouden in de oorlogs vloot bescheijden onder de vlagge van den heer admirael Balthasar Bort, op de cust van China, zedert 27en October anno 1663 tot 3en December daeraen volgende, VOC 1244: 2546-2624, fols. 2597v-2598v，引自2598-2598v。

23 Summinpesiouw或Tsoubontjock寫給博多的信，一六六三年十一月十九日（永曆十七年十月十九日），收錄於DRB, 2597v-2598v，引自2598。

24 Daghregister gehouden in de oorlogs vloot bescheijden onder de vlagge van den heer admirael Balthasar Bort, op de cust van China, zedert 27en October anno 1663 tot 3en December daeraen volgende, VOC 1244: 2546-2624, 2597v。

25 Summinpesiouw或Tsoubontjock寫給博多的信，一六六三年十一月十九日（永曆十七年十月十九日），收錄於DRB, 2597v-2598v，引自2597v。

26 DRB, fol. 2593。

27 博多寫給巴達維亞的信，一六六三年十二月三日，VOC 1244: 2517-2531, fols. 2521-2522v，引自fols. 2521v-2522。

28 博多寫給巴達維亞的信，一六六三年十二月三日，VOC 1244: 2517-2531, fols. 2521-2522v。

29 可惜耿繼茂對這場戰役所寫的記載沒有詳細描述海戰過程，但就一方面而言，這點也足以讓我們得知清朝有多麼不注重海事。參見計六奇，《明季南略》。

30 DRB, fol. 2600v。

31 DRB, fols. 2601-2601v。

32 李率泰寫給博多的信，一六六三年十一月二十日，轉引自Wills, *Pepper, Guns, and Parleys: The Dutch East India Company and China, 1622-1681*，頁七三（原件收錄於VOC 1244: 2604v-2605v。此處爲衛思韓的譯文）。

33 博多寫給巴達維亞的信，一六六三年十二月三日，VOC 1244: 2517-2531, fol. 2524。

34 DRB, fols. 2601-2601v。

35 李科羅，"Hechos de la Orden de predicadores en el Imperio de China"，頁六一八。我稍稍更動了譯文。

36 Brian Platt曾在一九五九年駕駛一艘唐船航越太平洋；他撰文指稱唐船迎風航行的能力相當不錯，然而比起吃水較深的西方船隻，更容易順風側滑，因此整體的前進速度比較慢。參見Platt, "The Chinese Sail"。

37 太平公主號船員Larz Stewart，個人通信，二〇一〇年四月二十七日。關於Stewart、太平公主號與遭到油輪撞擊的事件，詳見"Oregon Native"。

38 舉例而言，Hans K. Van Tilburg指出，明朝船隻因爲船底平坦，所以逆風航行的效率可能低於明朝以前採用V形船殼的唐船，但他也指出，這點仍需要進一步的研究，因爲許多因素都可能影響船隻的航行表現，而且我們又沒有早期唐船的仿製品。參見Hans K. van Tilburg，個人通信，二〇一〇年五月五日。

39 鄭芝龍對鄒維璉的報告，崇禎六年九月二十二日（西元一六三三年十月二十四日），收錄於鄒維璉，〈奉剿紅夷報捷疏〉，頁三五。

40 Thornton, *Africa and Africans in the Making of the Atlantic World*，頁二一—二四。關於地中海，見Pryor, *Geography,*

Technology, and War: Studies in the Maritime History of the Mediterranean, 649-1571。

41 Seed, "Jewish Scientists and the Origin of Modern Navigation", *The Jews and the Expansion of Europe to the West, 1450 to 1800.*

42 Black, "The Western Encounter with Islam"，頁一二三。

43 Cramer, *Bort's voyagie near de kuste van China en Formosa (1662-1664)*，頁一一〇，轉引自Vogels, "Het nieuwe Tayouan: de Verenigde Oostindische Compagnie op Kelang, 1664-1668"，頁七三。由於原詩最主要的特色在於押韻及格律的效果，因此爲了讓讀者感受這項特色，我的翻譯發揮了很大的自由空間。

44 其中有兩座稜堡是半月形稜堡，亦即呈現渾圓的形狀，而非箭形。參見Borao, "The Fortress of Quelang (Jilong, Taiwan): Past, Present, and Future", *Revista de Cultura*, 27(2008)，頁六六—六七。比較Vogels, "Het nieuwe Tayouan: de Verenigde Oostindische Compagnie op Kelang, 1664-1668"，頁三七—四七。

45 Joan de Meijer寫給Willem Volger的信，一六六六年八月十一日，VOC 1258: 1487-1499, 1492。

46 Joan de Meijer寫給Willem Volger的信，一六六六年八月十一日，VOC 1258: 1487-1499, 1493。

47 Joan de Meijer寫給Willem Volger的信，一六六六年八月十一日，VOC 1258: 1487-1499,1495。

48 Joan de Meijer寫給Willem Volger的信，一六六六年八月十一日，VOC 1258: 1487-1499, 1490-1495。

49 Joan de Meijer寫給Willem Volger的信，一六六六年八月十一日，VOC 1258: 1487-1499, 1490-1496。

50 Joan de Meijer寫給Willem Volger的信，一六六六年八月十一日，VOC 1258: 1487-1499, 1490-1493。

51 Joan de Meijer寫給Willem Volger的信，一六六六年八月十一日，VOC 1258: 1487-1499, 1502v-1503。「採取了適當的戰爭手段」這句話的原文爲「crijghs gebruijk int werck gestelt」。

52 關於理想的歐洲攻城方式，見Ostwald, *Vauban Under Siege: Engineering Efficiency and Martial Vigor in the War of the Spanish Successio*，頁二一—四五。

53 一般政務報告，一六六八年十二月十三日，VOC 1266: 228v-229，轉引自Vogels, "Het nieuwe Tayouan: de Verenigde Oostindische Compagnie op Kelang, 1664-1668"，頁九三。

54 見Wills, *Pepper, Guns, and Parleys: The Dutch East India Company and China, 1622-1681*。

55 Wills, *Pepper, Guns, and Parleys: The Dutch East India Company and China, 1622-1681*，頁九九。

56 這一切皆詳述於Wills, *Pepper, Guns, and Parleys: The Dutch East India Company and China, 1622-1681*。

57 Wong, "Chinese Military Seeks to Extend Its Naval Power", *New York Times*, 23 April 2010.

58 張云、孫兆軍，〈中國傳統兵學與鄭成功東征台灣之役〉。

59 最淺顯易懂的介紹作品是Harro, *The Book of Stratagems: Tactics for Triumph and Survival*。

60 見劉若愚，*The Chinese Knight Errant*，以及Wan, *Green Peony and the Rise of the Chinese Martial Arts Novel*，尤其是頁二一三。

61 國姓爺寫給揆一的信，永曆十四年十月十九日，收錄於揆一原著，林野文譯，《被遺誤的台灣：荷鄭台江決戰始末記》，頁八九—九一。

62 呂榮芳與葉文程，〈鄭成功在廈門的軍政建設〉，頁一五六。

63 計六奇，《明季南略》，頁三二九。

64 見〈霧氣瀰漫的早晨〉。

65 杭行，"Between Trade and Legitimacy, Maritime and Continent: The Zheng Organization in Seventeenth-Century East Asia"，頁七〇。

66 Brook, *Vermeer's Hat: The 17th Century and the Dawn of the Global World*，頁一九。

67 Brook, *Vermeer's Hat: The 17th Century and the Dawn of the Global World*，頁二一—二二。

68 黃一農，〈紅夷大砲與明清戰爭——以火砲測準技術之演變為例〉。

69 王國斌，《轉變的中國》；Pomeranz, *The Great Divergence*。

70 McNeill, *The Pursuit of Power*；McNeill, *The Age of Gunpowder Empires, 1450-1800*；Tilly, *Coercion, Capital, and European States AD 990-1992*；帕克，*The Military Revolution: Military Innovation and the Rise of the West, 1500-1800*。

決戰熱蘭遮：中國首次擊敗西方的關鍵戰役 / 歐陽泰（Tonio Andrade）著；陳信宏 -- 二版 . -- 台北市：時報文化，2017.12
面；　公分（歷史與現場；249）
譯自：Lost Colony: The Untold Story of China's First Great Victory over the West
ISBN 978-957-13-7217-4（平裝）
1.(明)鄭成功　2. 荷據時期　3. 臺灣史
733.25
106020921

ISBN 978-957-13-7217-4
Printed in Taiwan.

歷史與現場 249

決戰熱蘭遮 中國首次擊敗西方的關鍵戰役

Lost Colony: The Untold Story of China's First Great Victory over the West

作者　歐陽泰 Tonio Andrade｜**譯者**　陳信宏｜**審訂**　查忻｜**副主編**　陳怡慈｜**校對**　呂佳真｜**責任企劃**　林進韋｜**美術設計**　許晉維｜**內文排版**　吳詩婷｜董事長　趙政岷｜**出版者**　時報文化出版企業股份有限公司　108019 台北市和平西路三段 240 號 7 樓　**發行專線**—(02)2306-6842　**讀者服務專線**—0800-231-705．(02)2304-7103　**讀者服務傳真**—(02)2304-6858　**郵撥**—19344724 時報文化出版公司　**信箱**—10899 臺北華江橋郵局第 99 信箱　**時報悅讀網**—http://www.readingtimes.com.tw｜**人文科學線臉書**—http://www.facebook.com/jinbunkagaku｜**法律顧問**　理律法律事務所　陳長文律師、李念祖律師｜**印刷**　家佑印刷有限公司｜**二版一刷**　2017 年 12 月 22 日｜**二版九刷**　2023 年 4 月 6 日｜**定價**　新台幣 460 元｜**版權所有　翻印必究**（缺頁或破損的書，請寄回更換）

時報文化出版公司成立於一九七五年，並於一九九九年股票上櫃公開發行，於二〇〇八年脫離中時集團非屬旺中，以「尊重智慧與創意的文化事業」為信念。